〈後期〉ハイデガー入門講義

Einführung in die späte Philosophie Heideggers

仲正昌樹

作品社

［はじめに］

ハイデガーは何故重要なのか？――「形而上学」と「存在」への問い

ハイデガーが二〇世紀に最も影響力があった哲学者であり、今なお多大な影響を及ぼしているのは間違いなかろう。彼の思想に否定的な人もそのことは否定できないだろう。近現代の哲学史の標準的教科書を書く場合、ラッセル、ウィトゲンシュタイン、クワインを省略したとしても、ハイデガーを省くことは困難だろう。ハイデガーを消せば、少なくともサルトル、メルロ＝ポンティ、レヴィナス、アーレント、ハーバマス、デリダも消さざるを得なくなる。最近、天才哲学者として人気が出ているマルクス・ガブリエルを新たに書き加えるのも困難になるだろう。

ただ、ハイデガーがどうして重要なのかはそれほどはっきりしない。

専門的に勉強していない哲学好きは、彼が人間の「実存」について突っ込んだ分析をして、サルトル等の実存主義の運動に刺激を与えたとか、デカルト以降の近代哲学の認識論中心主義的な傾向の中で、「存在」論を復権したということくらいしか知らないだろう。ただ、その「実存」というのがそもそも何なのかよく分からないし、「存在」論といっても何を手がかりに、「存在」などという抽象的なものについて考えたらいいのか見当もつかない、と思っている人が大半だろう。ハイデガー自身のテクストは、彼独自の専門用語が多すぎて、何を言っているか分からない。ハイデガー研究の専門家たちはというと、一部のテクストの特定のフレーズに拘り、ハイデガー用語をハイデガー自身の言い回しを使って説明しようとするので、〝部外者〟が読んでもあまり分かった気にはなれない。

拙著『ハイデガー哲学入門――『存在と時間』を読む』（講談社現代新書）では、彼の初期の主著『存在と時間』を、「実存」の意味をなるべくハイデガー自身の言い回しから距離を取って説明することを試みた。

ハイデガーの言う、他の存在者（事物）には見られない人間固有の在り方としての「実存」は、人間の日常的、社会（世間）的、歴史的な振る舞いの連鎖であって、決して現実と接点のない抽象的な観念ではないことを示せたのではないかと思う。

ただ、それだけではハイデガーの全体像を呈示したことにはならない。一九三〇年代以降のハイデガーは、私たちが「存在」について語ることを困難にしているプラトン以降の「形而上学」の超克というテーマがある。その場合の「形而上学」とは、単なる幻想とかイデオロギーのような人工的な構築物ではなく、元々は「存在」それ自体の生成運動によって生じてきたものであり、恐らく、従来の「形而上学」が解体しても、その後に、それに相当するもの、人間の「存在」に対する関係を拘束するものが生じてくるらしい。ハイデガーはその前提で、「形而上学」批判をするので、かなり話が込み入ってくる。

私の博士論文をベースにした『危機の詩学』（作品社）では、ドイツ民族にとって、あるいは西欧人にとっての「存在」との新たな関係を樹立した詩人としてヘルダリンを位置付けようとするハイデガーの議論を、「存在」の実体化を批判するアドルノのそれと対置して、ハイデガーが求めているもの、存在を受けとめる言語とはどのようなものか明らかにすることを試みた。ただ、メインテーマは、ドイツ近代にとってのヘルダリンの意義だったので、ハイデガーの「形而上学」批判を十分掘り下げて論じることはできなかった。

本書の元になった連続講義の最初の四回では、フライブルク大学での最初のヘルダリン講義に続いて行われた、「形而上学入門」講義のテクストを精読した。タイトル通り、「形而上学」とは何か、それとどう対峙すべきか正面から論じられているテクストだ。随所に当時の国際政治情勢やハイデガー自身の政治的スタンスが垣間見られるので、そこばかりが注目されがちだが、このテクストでハイデガーは、古代ギリシア人にとって「存在」とほぼイコールだった〈physis〉がパルメニデスやヘラクレイトス、ソフォクレスによってどう受けとめられたか詳細に検討し、プラトン－アリストテレス以降の「存在」観を解体（脱構築）することが試みられている。きちんと読めば、「形而上学」と「存在」の関係について彼が考えていたことが、それなりに具体的にイメージできるようになる。

後半の三回では、ハイデガーと、フランス系の現代思想との接点になった、戦後すぐの著作『ヒューマニズム書簡』を扱った。自らの考え方と、サルトルの「実存主義－ヒューマニズム」との違いを強調しながら、ハイデガーは、『存在と時間』以降の自らの思索の歩みを総括し、ハイデガー研究者たちの間で「転回」と呼ばれている出来事の意味を自ら説明している。『形而上学入門』での〈physis〉をめぐる考察が、いかにして彼自身の思索に組み込まれていったか知ることができる。

「形而上学」や「存在」といった抽象的なものが、どうして「哲学」にとって重要なのか、読者が自ら考える契機になれば、幸いである。

【4月8日の講義風景】

本書は、読書人スタジオで行われた全7回の連続講義（2017年4月8日～11月11日）に、適宜見出しで区切り、文章化するにあたり正確を期するべく大幅に手を入れたものです。なお講義の雰囲気を再現するため話し言葉のままとしました。また講義内容に即した会場からの質問も、編集のうえ収録しました。

邦訳は、主に、『形而上学入門』（平凡社ライブラリー、1994年、原書は、Einführung in die Metaphysik, Tübingen, 1953）、『「ヒューマニズム」について パリのジャン・ボーフレに宛てた書簡』（ちくま学芸文庫、1997年、原書は、Über den ≪ Humanismus ≫, paris1947）を参照しました。

本書は、テクストの精読を受講生と一緒に進めながら、読解し、その内容について考えていくという主旨で編集しています。決して“答え”が書いてあるわけではありません。きちんと本講義で取り上げられたテクストをご自分で手に取られ、自分自身で考えるための“道具”になるよう切に願っております。

最後に、来場していただいたみなさま並びにご協力いただいた「週刊読書人」のスタッフの方々に心より御礼申し上げます。【編集部】

目次

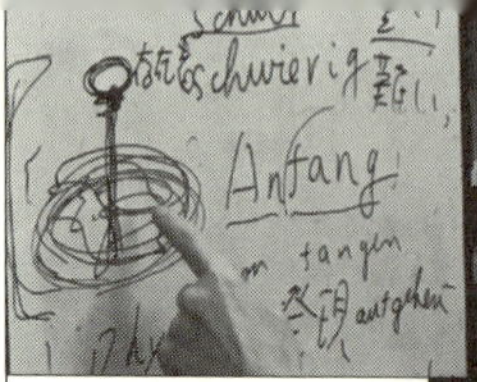

［講義］第1回

「存在《ザイン》」に関する問いを、哲学者が問うことは、歴史的必然性である

――『形而上学入門』「序」、「I――形而上学の根本の問い」

この講座ではハイデガー（一八八九－一九七六）の『形而上学入門』（一九三五）、続いて『「ヒューマニズム」について』（一九四七）を読んでいきます。

ハイデガーには新書及び文庫サイズで読めるものは他にもありますが、一番代表的な著作である『存在と時間』（一九二七）については、私は既に講談社現代新書の『ハイデガー哲学入門』で論じています――副タイトルが『『存在と時間』を読む』です。これに続けてハイデガーの後期の思想について論じてみたいと以前から思っていました。私が一番関心を持ってきたのはヘルダリン論なのですが、ハイデガーによる読解を含めた、現代思想におけるヘルダリン（一七七〇－一八四三）の位置付けは、私の博士論文のテーマです。この論文は最初世界書院から『隠れたる神の痕跡』というタイトルで出して、その後増補改訂して、作品社から『危機の詩学』というタイトルで再刊してもらいました。今回もヘルダリン論を重ねて扱うのはしつこい感じがしますし、ハイデガーのヘルダリン講義の訳は、全集に入っている値段が高いものだけで手に入りにくいです。そういうこともあって、現在廉価で出版されているハイデガーの著作の中で、中期以降の彼の哲学のエッセンスがはっきり表われているこの二冊を読むことに決めました。

『存在と時間』とは？

『存在と時間』では、「現存在 Dasein」の分析が中心になっています。〈Dasein〉は「今・此処に現にあること」を意味するドイツ語ですが、この言葉をハイデガーはかなり特殊な意味で使っています。ハイデガー自身の意図に反して、ものすごく平たく言うと、意志決定する「主体」のことです。様々なハイデガーの入門書に書かれているように、『存在と時間』を書き始めたハイデガーの主たる動機は、「現存在」の在り方、人はどのように自らの生の方向性を決めているかを解明することではなく、ましてや実存主義の教祖になるつもりなんかなくて、「存在」そのものに関する問いへと展開していくつもりでした。しかし、テクストの構想にミスがあり、現存在分析で止まってしまった節がある。一九三〇年代以降のハイデガーの思想は、「存在史 Seins-geschichte」と呼ばれるものの探究に集中することになります。「存在」が西洋の思考の中でどのように現われてきたか、あるいは扱われてきたかを、哲学や文学のテクストを通して探究していくわけです。「存在」それ自体にアクセスし、それを人々に伝えることのできる特別の言葉を使える人たちがいる、という前提でそれらの人々のテクストを当人の意図を越えて深掘りしていく。

ヘルダリン

　その存在史的なアプローチが鮮明になってくるのが、今回取り上げる『形而上学入門』辺りからではないかと思います。そして戦後まもなく出版された『ヒューマニズム書簡』では、ハイデガーが自分の「存在」に対する戦略の変遷を概略的に述べたうえで、フランスで流行しつつあった、ヒューマニズム的な実存主義と、自分の立場の違いを表明しています。これが、フランス現代思想におけるハイデガー受容の起点になったとされています。この二冊で、中期以降のハイデガー思想の戦略が概ね見えてくるかと思います。分量としても手頃なこともあり、この二冊を選びました。

　付随的なことを言っておきますと、『形而上学入門』の少し後に、『哲学への寄与』（一九三六―三八）という著作が書かれています。これは体系的なものではなく、断片的に書き連ねられたものですが、全体として一つの特徴を示しています。現存在分析という次元を超えて、存在そのものが生起してくる歴史、その意味での

「真理」の歴史としての「存在史」を描き出すという構想が示されているので、専門的な研究者は、『存在と時間』に次ぐ第二の著作ではないかと言っています。今回テクストにする平凡社ライブラリーの『形而上学入門』の「改訂版訳者あとがき」にも以下のような説明があります。

『哲学への寄与（性起について）』との関係――ハイデガーは一九三六－三八年に二八一の手記断章を書き、この膨大な原稿に『哲学への寄与（性起について）』という題までつけたが、最期までこれの公刊を保留した。これが一九八九年ハイデッガー生誕百周年を記念して、全集全体の編集のリーダーであるハイデッガー側近の門弟、現フライブルク大学教授フリードリヒ＝ヴィルヘルム・フォン・ヘルマン博士自身の編纂で全集第六五巻として刊行された。五二一頁の大冊である。

この後の箇所では、フォン・ヘルマン（一九三四－　）が『哲学の寄与』をハイデガーの第二の主著と位置付け、このテクスト以降のハイデガーの思索はこのテクストに書かれていることを中心に展開している、と主張していることが紹介されていますね。

『哲学への寄与（性起について）』を熟読すると、なるほどこれは重大である。ハイデッガーは『存在と時間』（一九二七年）（フォン・ヘルマンはこれをハイデッガーの基本著書・第一の主著と呼ぶ）からさらに跳躍している。この跳躍にはよほどの「瞬間」の決断が必要だったであろう。並大抵のことではない。ハイデッガーはアナクシマンドロス、ヘラクレイトス、パルメニデスなど古代ギリシアの哲人たちに始まる「最初の元初」とそれに続く全形而上学とに対して、つまり西洋の哲学の歴史の全体に対決し、自ら「別の元初」を始めようと準備しているのである。

この後の箇所では、一年前に行われた講義である『形而上学入門』にも『哲学の寄与』との関連、同じような語彙の使用が見受けられるということが述べられていますね。最近のハイデガーの専門的な解説書では、後期ハイデガー思想の焦点になるのはこの著作であるとかなり断定的に述べられることがありますし、研究者はこの本に集中しがちなのですが、私はそれほど魅力を感じません。何故かと言うと、完全に神学の世界に入っているとも思えるからです。ハイデガーは元々神学を研究していましたし、著作の随所で、西欧の形而上学の根

底にある「存在神学 Ontotheologie」、つまり、神学と表裏一体になった存在論が含む問題——簡単に言うと、最高の存在者としての神を想定し、神についての思弁が存在について考えることだと勘違いしたため、「存在」そのものの忘却が助長されたということです——を指摘していましたし、ヘルダリンを介して「神々の再来」について論じていました。それらはあくまで他人のテクストを介しての、神的な領域へのアクセスですが、『哲学への寄与』は、覚書的な断片だから余計にそういう感じがするのかもしれませんが、そこから一歩踏み出して、ハイデガー自身の名において新しい形而上学を作って、新たな神々を呼び込もうとしているように見えます。私は、ハイデガーの魅力は、神学に行く直前のところで踏み止まり、「哲学の限界はどこにあるのか」を考えるところにあると思っています。その観点から言うと、『哲学の寄与』は行き過ぎです。『形而上学入門』や『ヒューマニズム書簡』は「哲学とはそもそも何か？」論を展開しながら、多少哲学の外にはみ出しているようなところもあり、その微妙な匙加減、本人が結構揺れているような印象が読んでいて面白いところだと思います。そういうわけで、私としてはこの二冊の方がより魅力的だと思います。『哲学の寄与』は創文社から出ている全集の翻訳でしか手に入らないということもあり、迷わずこの二冊を選びました。

もう一点前置き的なことを言っておきます。以前、この連続講義のシリーズでデリダ（一九三〇－二〇〇四）を扱った際、前半でデリダの『精神について』（一九八七）という著作を扱いました——この記録は、『〈ジャック・デリダ〉入門講義』というタイトルで作品社から刊行されています。『精神について』はハイデガーのテクストに出てくる「精神」という言葉の意味するところをかなり深堀りしたテクストですが、そこで最も中心的に取り上げられているのが、『形而上学入門』の第一章「形而上学の根本の問い」とハイデガーがフライブルク大学の学長に就任した時の演説「ドイツの大学の自己主張」（一九三三）の二つです。「形而上学の根本の問い」には、ハイデガーの自らの哲学的探究と、ナチスを含むドイツ・ナショナリズムをどのように関係付けたらいいか、迷っている感じがよく出ています。単なる妥協の産物なのかもしれませんが、「哲学」と「ポリス」的秩序の関係について考え続けたデリダにとっては、むしろ「存在」をめぐるハイデガーの純粋哲学的に見える探究に元々、ナチスに通じる危険なものが含まれていることが示唆されているように見えたのかもしれません――「ハイデガーの動機は不純で本当は哲学的ではない」という話ではなく、その逆に「純粋に哲学的だからこそ、危険なまでの政治性を帯びる」ということです。後期のデリダの思想を理解するうえで、『形而上学入門』は重要です。

〈『形而上学入門』「序」〉を読む

では、『形而上学入門』を読み始めましょう。「序」で、このテクストの由来について次のように述べています。

> 一九三五年の夏学期に私は、ブライスガウのフライブルク大学で「形而上学入門」と題する講義をした。この講義は周到な準備をしたうえで行なわれたのであるが、そのテクストを印刷に付したのが、この本である。
>
> しかし、口述されたものは、いったん印刷されると、もはやもとのままを伝えなくなってしまう。そこで、それを補うために、内容上の変更を加えないで、長文を分解し、段落を増やし、繰り返しを削り、不注意な誤りを除き、曖昧な所を明確にした。

凡例には「原書は Martin Heidegger, *Einführung in die Metaphysik*, Max Niemeyer Verlag, Tübingen, 1953 である」とあります。つまり、講義から一八年後に刊行されたわけです。この間に何があったかと言うと、当然、第二次世界大戦がありナチス政権が崩壊、ハイデガーも非ナチス化のための委員会から査問を受け、教壇から追放されました。四九年に名誉教授の資格で再び教壇に立つことを許されました。その四年後のことですね。ナチスが政権を掌握したのは一九三三年一月ですが、先ほどお話ししたようにその年の四月にハイデガーはフライブルク大学の学長に就任し、五月にナチスに入党し、「ドイツの大学の自己主張」という悪名高い講演を行います。「ドイツの大学の自己主張」はナチス加担の思想的な証拠として、しばしば槍玉に挙がる講演です。ハイデガーは学長としてナチスの意向を受けた反ユダヤ主義的な措置も含めた「大学改革」に取り組みますが、人事問題などで内紛が起こり、三四年四月には学長を辞任し、その後はヘルダリンやニーチェ（一八四四－一

九〇〇）の研究など、本来の哲学的研究に専念するようになります。一九三六年頃になると、反ナチス的な思想を抱いているのではないかとの嫌疑を受け調査を受けています。終戦近い頃になると、労働奉仕に駆り出されています。つまり三〇年代半ば以降は、政権の覚えは必ずしもよくなかったのですが、『存在と時間』の著者としての圧倒的な影響力を背景として、初期のナチス政権の権力基盤確立に寄与したことが強く問題視され、戦後数年間追放状態になっていたわけです。

1933年、アドルフ・ヒトラーとナチスは政権を掌握

ニーチェ

この講義が行われた一九三五年は、ナチスとやや距離を置き始めたけれど、まだ親密な関係にあると見ていい時期です。距離感があるので、余計に気を使わないといけないかもしれない。ハイデガー自身は、「内容上の変更を加えないで」と強調してますが、終わりの方に結構問題になる変更箇所があります。私は変更自体はそれ程大きな問題だと思わないのですが。当時、「価値」とか「全体性」が哲学の流行り言葉になっていて、何でもかんでも「価値」とか「全体性」の話にしてしまう傾向があったのを批判するくだりです。三二三頁をご覧下さい。

> いわんや今日、国家社会主義《ナチス》の哲学として横行しているが、この運動の内的真理と偉大と（つまり地球全体の惑星的本質から規定されている技術と近代的人間の出会い）には少しも関係のないあの哲学のごときは、「価値」と「全体性」とのこの濁流の中で当てずっぽうに網打漁をしているのである。

「ナチスの哲学」と称してのさばっているものがあるが、それは本当のナチスの哲学ではない、ということです。このくだりについては、四三七頁に、ハイデガー研究者として有名な木田元さん（一九二八―二〇一四）による解説が出ています。ハイデガーこの箇所はいかにも、「ナチス」に媚び、「ナチス」の権威を借りてライバルを駆逐しようとしているように見えるので、弟子たちは削除するように助言したけれど、ハイデガーは（　）内を補っただけで、元の文章はそのままにした、ということですね。「この運動」は、普通に読めば端的にナチスの運動を指していますが、括弧内の「地球全体の惑星的本質から規定されている技術と近代的人間の出会い」というフレーズで、ナチス党の運動のことというより、世界的規模で生じている大きな運動があって、ナチスはその一つの表われにすぎないような印象になります。日本語で「ナチス」と表記すると、ヒトラー（一八八九－一九四五）を党首とするあのドイツの政党のことを直接的に指しますが、原語の〈Nationalsozialismus〉は「国民社会主義」という意味で、本来「ナチス」に限らず、ナショナリズム的な傾向を帯びた社会主義運動全般に使えるはずの言葉です——今だと、あの「ナチス」のことがすぐに連想されるので、一般的な意味で使われることはほぼないのですが。

この本の刊行後、当時まだ二四歳の博士課程の学生だったハーバマス（一九二九－　）が『フランクフルター・アルゲマイネ』紙に、「ハイデガーと共にハイデガーに抗して考える——一九三五年の講義の公刊に際して」という文章を寄稿して、徹底したハイデガー批判を展開して話題になりました。

〈I章——形而上学の根本の問い〉を読む

では本文に入っていきましょう。

——なぜ一体、存在者があるのか、そして、むしろ無があるのではないのか？

『存在と時間』以来、ハイデガーが一貫して追求してきた問いです。確かにこれは極めて根源的な問いですが、あまりに根源的すぎてどこから手を付けたらいいか分かりませんね。「主体」が「存在」することの意味だったら、人間の自己意識を手がかりに議論を始められそうですが、それだと、『存在と時間』の「現存在」分析の繰り返しにしかなりません。イヌやネコとか植物とか、原子や分子とか波動のような物理的な単位とか、お金とか、精神とか、いろんな意味で「存在」しているものがありますが、それらの存在の仕方の根底にある、「存在」という概念についてはどう考えたらいいのか？　いかなる限定もない、「存在」それ自体の意味を問おうとする際、何か特定の存在の仕方をしているものを手がかりにしてしまうと、すぐに行き詰まってしまいます。特にハイデガーのように日常的な言語を利用して哲学的な思考を進める場合、どうしても日常的に個別のものが「ある」という時の問い方に引っ張られてしまい、うまくいかない。

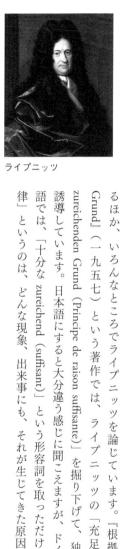

この問いに訳注が付いていますね。訳者の川原栄峰さん（一九二一－二〇〇七）の問い合わせに対して、ハイデガーの弟子で、日本でも教鞭を執ったことがあるハルトムート・ブーフナー氏（一九二七－二〇〇四）が手紙で答えた内容が紹介されています。かなり長い引用ですが、最初の方だけ見ておきましょう。

> この問いはライプニッツによって初めてはっきりした形で提出されました。ライプニッツの著作の多くの箇所でこの問いが問われています。ハイデガー自身もライプニッツからの一節を『形而上学とは何か？』の緒論に引用しています。Pourquoi il y a plutôt quelque chose que rien? (Principes de la nature et de la grâce)（…）ここで言われている無は、形而上学にとっては存在に鋭く対立しているものとして、存在者があるための十分な理由をきわだたせるというはたらきをしています。つまりこの問いは、存在者があるための充足理由について問うているのです。そして、存在者がないのではなくて、むしろあるのはなぜかということをはっきりさせることができれば、その理由は十分であり、充足的だと言えます。この「むしろ」という語は、問いただされている理由の充足、つまり存在に対応しています。

ライプニッツ

ライプニッツ（一六四六－一七一六）を、積分を発明した数学者でもある数理哲学の元祖としてイメージしている人には、ライプニッツと（数学っけのない）ハイデガーという取り合わせは意外かもしれませんが、ハイデガーは『論理学の形而上学的な始元諸根拠』（一九二八）という講義でライプニッツを中心的に扱っているほか、いろんなところでライプニッツを論じています。『根拠律 Der Satz vom Grund』（一九五七）という著作では、ライプニッツの「充足理由律 Satz vom zureichenden Grund（Principe de raison suffisante）」を掘り下げて、独自の問題圏へと誘導しています。日本語にすると大分違う感じに聞こえますが、ドイツ語、フランス語では、「十分な zureichend（suffisant）」という形容詞を取っただけです。「充足理由律」というのは、どんな現象、出来事にも、それが生じてきた原因（理由）、そうで

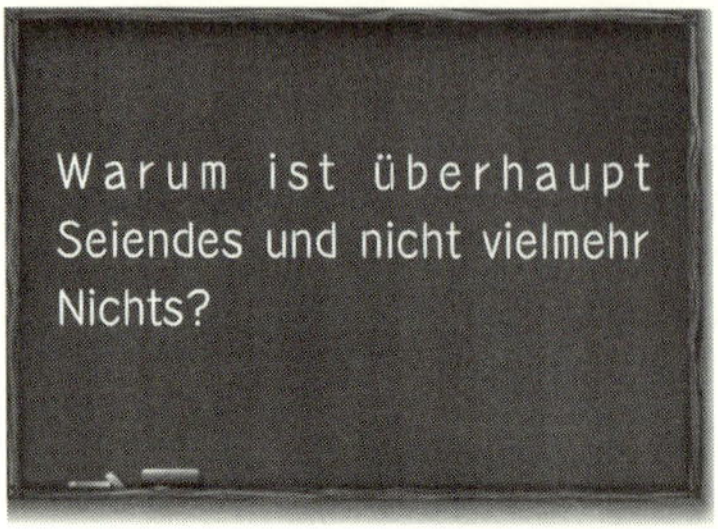
Warum ist überhaupt Seiendes und nicht vielmehr Nichts?

ないのではなくてそうなっている原因がある、という法則です。これを論理学や自然科学の基本的な考え方として採用するというのは、理解できますね。

手を離せば物質が落下するのは何故か、とか、電気にプラスとマイナスがあるのは何故かとかいうのは、充足理由律の問題です。個別の事物あるいはその種とか類、犬とか猫とか、お金とか、法律とかだったら、それが存在することの原因、あるいは理由を考えることはできそうですね。特に、人間が作ったものについては、存在理由を述べるのは簡単ですね。しかし、そもそも何もないのではなくて、「何か」が「ある」ことの理由となると、やはり答えるのは難しいですね。私たちが知っているほとんどの事物や出来事は、他の事物や出来事との関連で「存在」しているので、「〇〇は◆◆が△△になるために存在している」と言えますが、◆◆も△△も前提せず、〇〇の「存在」の意味を問うとすれば、手がかりがなくなります。

ところで、ハイデガーのドイツ語での問いは、ライプニッツのフランス語の言い回しと少し言葉遣いが異なります——ライプニッツはドイツ人ですが、当時は貴族の会話や学術的執筆にフランス語やラテン語が使われていました。黒板を見て下さい。

「何か quelque chose」ではなくて、「存在者 Seiendes」という言葉を使っているわけですね。「存在者」というのは奇妙な言い方です。普通のドイツ語ではほとんど使いません。英語の be 動詞に当たるのがドイツ語の sein 動詞で、それから派生した言葉です。英語だと、これを動名詞にした〈being〉が「存在」という意味になりますが、ドイツ語でもこれを名詞化した〈Sein〉——ドイツ語では名詞は大文字で始まります——が「存在」という意味です。この〈sein〉という動詞の現在分詞が〈seiend〉という形になります。ドイツ語の現在分詞には進行形ではなくて、もっぱら能動的な形容詞・副詞の意味、「〜している」あるいは「〜しながら」という意味で使われます。無理に訳すと、「〜である状態にある（ありながら）」という感じでしょうか。英語の〈being〉も、用法が違いますが、現在分詞として使われることがありますね。

この〈seiend〉を名詞化したのが、〈Seiendes〉ですが、「〜である状態にあるもの」というややこしい意味になるわけですから、それほど使われることはありません。この場合は形容詞や名詞を補語として伴っていないので、「『ある（存在する）』という状態にあるもの」というものすごく抽象的な意味になります。そういう不自然なドイツ語を使うことで、「存在する」という状態にたまたまある個物や出来事と、その「存在」という状態それ自体とを区別しているわけです。そう言われてみると、当たり前の話のような気もしますね。「この存在」とか、「〜な存在」と言う時は、個別の対象や現象、事態の話をしているのであって、「存在」することそれ自体は別に問題にしていません。「存在」の意味が分かっているのは自明の理になっていて、その意味を敢えて問おうとするというようなことは、哲学者とか詩人のような変わった人でないと思いつかないでしょう。しかし、西欧の哲学史では、個別の存在者（存在している状態にあるもの）と、「存在」それ自体がしばしば混同されてきました。キリスト教の影響で、神が「存在」し、かつ「至高の存在」であることを大前提にしたうえで、神の目から見ての、人間とか動物とか花とか星とかの存在の意味を問うということが行われたわけですが、それだと、大本になっている「神」が「存在する」と言う時の、「存在」の意味は問われないことになります。「神」は、「存在している」状態にあったり、なかったりすることがあり得る〝存在者〟なのか、それとも、「存在」それ自体なのか？　「神」の代わりに、「精神」とか「物質」とか「自然」とか「自己」とか「法（則）」を、〝全ての存在（者）〟の根源として〝存在するもの〟を持ち出しても、同じことになります。そういうことにならないよう、〈Seiendes〉と〈Sein〉を使い分けているわけです。

　ハイデガー用語として「現存在」と訳される〈Dasein〉も、普通のドイツ語では、〈Sein〉とほぼ同義に使われることが多いです。文字通りだと、〈da〉は、英語で〈There is (are) 〜〉と言う時の〈there〉にほぼ相当する言葉で、〈Dasein〉は、どこか特定の場所、話題になっている場所に「現にあること」というのが本来の意味ですが、限定抜きの「ある（存在する）こと」と混同されがちです。「主体」とか「人間」とかいう意味は本来ないのですが、ハイデガーは、「自分が現にここにいること」を自覚し、その意味を問う存在者というような意味合いで、「現存在」と言っています。「現存在」は、自分が今現にいる場所、そこでの自分の「あり

「現存在」〈Dasein〉

※「主体」、「人間」とかいう意味は本来ない。ハイデガーは、「自分が現にここにいること」を自覚し、その意味を問う存在者というような意味合いで、「現存在」と言う。
自分が今現にいる場所、そこでの自分の「在り方」を起点にして、「存在」についての問いを発する存在者＝人間。

方」を起点にして、「存在」についての問いを発する存在者です。

本文に戻りましょう。一三頁をご覧下さい。

> 「なぜ一体、存在者があるのか、そして、むしろ無があるのではないのか?」という問いはわれわれにとっては、まず最も広い問いとして、次には最も深い問いとして、最後に最も根源的な問いとして、等級から言って第一の問いである。

「最も広い問い」であることについては、この直後に説明がありますね。この問いはあらゆる存在者に関係しているし、現在存在しているものだけではなく、過去や未来の存在者に除外されません。あらゆる存在者の領域をカバーするという意味で広いわけです。

「深い問い」であることについては一四頁で述べられていますね。

> なぜ一体、存在者があるのか……? このように、なぜ……か? と問うことは、何が根拠になっているのか? どんな根拠から存在者は来るのか? どんな根拠の上に存在者は立っているのか? どんな根拠へと存在者は還っていくのか? と問うことである。この問いは存在者にあれこれと、それがそのとき、ここ、またそこで何であるのか、どんな状態にあるのか、何によって変えられるのか、何に便利なのかなどと問い合わすのではない。この問いを問うということは、存在的であるかぎりの存在者の根拠を求めることである。

要するに〈how〉ではなく、〈why〉という問いだということです。日本語の日常会話で「どうして?」という問いに対して、「いかに」で答えてしまうことはよくありますね。「どうして、ルールを守らないといけないの?」「人に嫌われるから」。この場合の「嫌われるから」はむしろ、そうしなかった時の結果の予想ですね。ドイツ語の日常会話でもこういう混同はよく起こります、というより、why が how にすり替わって、事物相互の横滑りの関係を述べているだけ、ということになりがちですね。それに対して、「なぜ一体、存在者があ

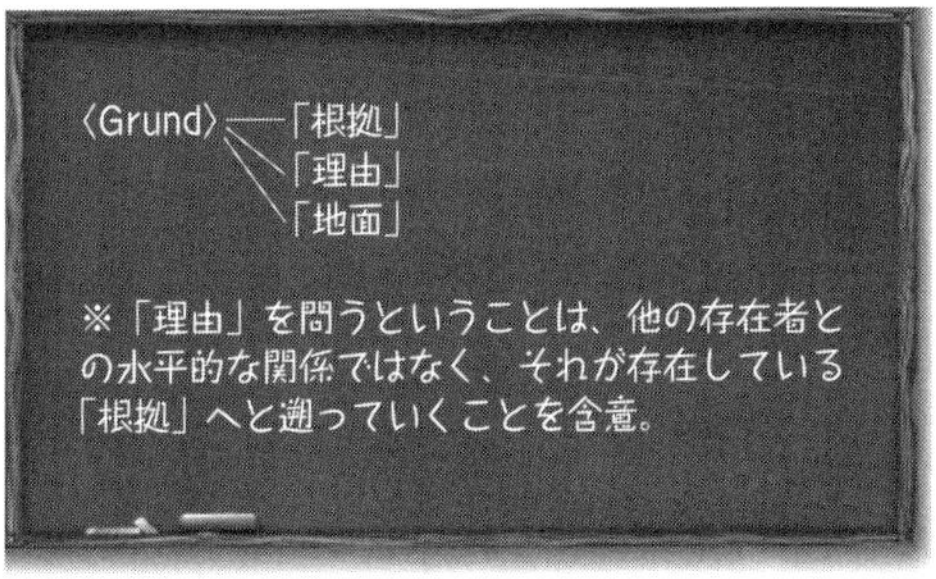
〈Grund〉
「根拠」
「理由」
「地面」
※「理由」を問うということは、他の存在者との水平的な関係ではなく、それが存在している「根拠」へと遡っていくことを含意。

るのか？」には、そうした横滑りが起きようがありません。全ての存在者について、「存在」することの意味が問われているわけですから。

「根拠」の原語は〈Grund〉というドイツ語ですが、この言葉は、こういう文脈では「理由」という意味のはずですが、この言葉には「地面」という意味、更には「根拠」という意味もあります。「根拠」と言うと深く掘り下げる、というニュアンスが出ますね。「理由」を問うということは、他の存在者との水平的な関係ではなく、それが存在している「根拠」へと遡っていくことを意味するわけです。Aが存在する根拠はBであり、Bが存在する根拠は……と遡っていくと、最後にどうして「存在者」が「存在する」のか、という一番根底にある問いに行き着くわけです。これが最も「根源的」であるという意味でもあるように思えますが、違います。「根源」の方は、一九頁に出てくるのでしばらく待って下さい。ハイデガーは「深い問い」であるということを、ドイツ語で「理由」と「根拠」が同じ単語であることを利用して説明したわけですが、これは日本語に当てはまらないのは当然として、英語やフランス語でも、「理由」「根拠」を意味する〈reason〉や〈raison〉と、「地面」や「土台」を意味する〈ground〉〈terre〉〈sol〉は違う系統の言葉なので、理由を問うことが、根拠、根っ子へと掘り下げていくことになる、というような言葉遊びはできません。

問われているものは根拠との関連へと近づいていく。けれども、問われている以上、その根拠が真に根拠づけるもの、根拠づけを得させるもの、原ー根拠《ウア・グルント》であるのかどうかは未決定である。その根拠が根拠づけを拒むもの、つまり深ー淵《アブ・グルント》であるのかどうか、あるいはその根拠は原ー根拠でも深ー淵でもなくて、根拠づけのおそらくは必然的な仮象を根拠だと偽り称しているにすぎず、したがって一つの偽ー根拠《ウン・グルント》であるのかどうか、そういうことはまだ未決定である。しかしいずれにしても、この問いは、存在者がそれがあるとおりのそのような存在者として存在しているということを根拠づけるような根拠に関する決定を求めている。

「原‐根拠 Ur-grund」というのは、もうそれ以上、その〝根拠〟を掘り下げていくことのできない、一番奥にある根拠＝理由ということでしょう。ハイデガーはそれを問題にしているわけです。そういう真に根拠付ける根拠でなかったら、「人間が存在しているのは、進化の帰結である」→「何故進化は生じるのか」→「突然変異が起こるから」→「何故突然変異が起こるのか」→「DNAの配列に変化が起きるから」→「何故DNAの配列に変化が起こるのか」→「DNAの塩基の構造が変化を許容するから」→……という感じで、延々と続きます。ハイデガーはこの例のような、自然科学的な説明は仮の「根拠」としても認めないかもしれませんが。〈Grund〉という言葉には、「底」という意味合いもあります。「原‐根拠」というのは、「根底」のことですね。根拠の根拠の根拠……の根拠を掘り下げていくというニュアンスのある〈ur-（原・）〉という接頭辞を使うことで、「根底」という意味合いを浮上させたのでしょう。

「深‐淵 Ab-grund」も〈Grund〉から派生した言葉です。こちらは普通に使われているドイツ語です。といってもほとんどは文学とか宗教的な文脈で使われるわけですが。〈ab-〉という接頭辞は「分離して」とか「隔絶して」といった意味です。「底 Grund」がなくて、どこまでも落ちていくようなイメージです。どこまで根拠を掘り下げていっても、根底に至らず、どこまでも落ちていく、「無」に通じているイメージですね。

「偽‐根拠 Un-grund」の方は、造語です。根拠＝理由がない（un-）というニュアンスですね。この言葉にハイデガーはここでは大した意味を持たせていませんが、ハイフンなしの〈Ungrund〉は、哲学史的に重要な概念です。神秘主義の思想家として知られるヤーコプ・ベーメ（一五七五‐一六二四）は、神とはその存在の理由＝根拠（Grund）を問うても、その根拠＝底が見えない、「無底 Ungrund」であると言っています。この場合の〈un-〉には、理性（理由）では把握できない、非合理的である、というようなニュアンスが含まれています。「無底」としての「神」は他のいかなるものからも拘束されない「自由意志」であり、万物の源泉です。ドイツ観念論の哲学者シェリング（一七七五‐一八五四）は、中期以降の思想への転換になったとされる『人間の自由の本質について』（一八〇九）で、この「無底」の話を取り上げています。そして、ハイデガーは一九三六年夏学期に、この『人間の自由の本質について』に関する講義を行い、シェリングがベーメに倣って、神を「原根底 Urgrund」もしくは「無底」として捉えていたことについて考察を加えています。『形而上学入門』のほんの少し後ですね。

> この問いは最も広い、最も深い問いとして、最後に最も根源的な問いである。これはどういう意味であろうか？　われわれの問いを、それが問うているもの、すなわち全体としての存在者そのものの全領域において考えてみるならば、この問いにおいてわれわれは、いまここにあるこれとかあれとかの特殊な個々の存在者をすべてすっかり遠ざけているということにもちろんたやすく思い至る。全体としての存在者とは言うけれども、その中のどれか一つの存在者を特に重要視するわけではない。ただ、この問いを問う場合、一つの存在者がいつも顕著に押し出てくる。その存在者というのは、この問いを提出する人間である。だがしかもなお、いかなる特殊な個別的存在者もこの問いの中で特別に重要なものであってはならない。この問いが制限のない広い範囲に及ぶという意味において、どの存在者もそれぞれ等価である。(…)
>
> したがって、われわれが「なぜ一体、存在者があるのか、そして、むしろ無があるのではないのか？」という問いを、その問いの意味でほんとうに徹底的に問うとすれば、われわれは何か特殊な個別的存在者を特に重要視することを思いとどまらねばならないし、人間について特に言及することもやめねばならない。

回りくどい言い回しをしていますが、ポイントははっきりしていますね。「存在」に関する「問い」を発する特別な存在者は、「現存在」としての「人間」だけです。犬や猿は、自分の存在の意味を問うたりしません。『存在と時間』では、この「問い」を発する能力を重視し、「現存在」の存在の仕方を分析することを手がかりとして、「存在」それ自体の探求へと向かおうとしたわけですが、ここでは「現存在」もまた個別の「存在者」の一つにすぎず、特別扱いすることはできない、という立場をはっきりさせているわけです。

> けれども、全体としての存在者がいつか、なぜと問うこの問いへと引き入れられるとすれば、そのかぎりにおいて、この問いを問うことは全体としての存在者に対して、また全体としての存在者はこの問いを問うことに対して、やはり独得な、そしてまたそのゆえに特異な関係を持つことになる。というのは、こ

の問いを問うことによって、全体としての存在者が初めてそのようなものとして、その可能的根拠に向かって開き示され、問うという形で未決定のまま開けたままで提出せられるからである。この問いを問うということは、全体としての存在者そのものに関連することであるから、たとえば雨の滴が落ちるというような存在者の範囲内の何か任意の事ではない。この、なぜと問う－問いは、いわば全体としての存在者を離れてそれの前に立っており、その外に出ている。もちろん決して完全に外に出ているわけではないが。だがまさにそのことによって、この問いを問うことが一つの特別の性格を持つようになる。つまり、この問いを問うことは全体としての存在者を離れてそれの前に立っているのではあるが、しかもそれとの絆を断ち切っているわけでもないので、この問いにおいて問われていることが、問うことそのことへと跳ね返ってくる。すなわち、なぜ、なぜ、なぜなのか？　全体としての存在者をそれの根拠の中へと置くと自負するこのなぜの問いそのものは、どこにその根拠を持っているのか？

何だか「問う」という言葉をめぐる禅問答みたいで、摑みどころがない感じがしますね。まず「全体としての存在者 das Seiende im Ganzen」と、「問うこと Fragen」の関係が問題になっていることを確認しましょう。「何か」について「問い」を発することは、その「何か」を、自らの関心の対象として設定し、それと向き合うことを含意します。いかなる行為も、ある意味、「何か」に対峙することですが、「問う」という行為はその「何か」の存在を全面的に意識していることを前提とします。物を持ち上げるとか操作するとかだったら、その物がどういう存在であるのか意識していないし、そもそも目の前に存在しているということさえ特に意識せず、無自覚的に触っていることさえありますね。しかも、この場合は「何故存在するのか？」という問い、先ほどの言い方だと、「根拠→根底（→深淵？）」への問いなので、その「何か」と全面的に向き合っている感じになるわけです。「可能的根拠に向かって開き示され auf seinen möglichen Grund eröffnet」る、というのは、何か根拠があるだろうという仮定のもとで、その〝根拠〟を明らかにしていこうとする「問い」が発せられることによって、その〝根拠〟に掘り下げていく竪穴の坑道の掘削が始まるというイメージで捉えればいいでしょう。無論、その掘削作業によって「根底」に到達するとは限らない。見当外れの穴になってしまい、「偽－根拠」しか見つからないかもしれないし、どこまでも底が見えないで、「深淵」が広がっているだけということになるかもしれない。だから、「可能的根拠」なわけです。

次に「なぜと問う－問い die Warum-frage」が、「いわば全体としての存在者を離れてそれの前に立っており、その外に出ている」ということの意味ですが、これは基本的に先ほどの「何か」の存在に自覚的に向き合う、ということの言い換えです。ただ、ここでは「前に立って gegenüber」――〈gegenüber〉という前置詞は基本的には「向き合って」とか「向かいに」という意味です――と「外に heraus」が強調されています。つまり、「全体としての存在者」の中から、あたかも「問い」が、あるいは、「問うているもの」がその「外」にとび出して、〝全体〟と改めて向き合っているかのような様相を呈するわけです。しかし、そうした「問い」もまた元来、「全体としての存在者」の一部であり、その中で生じてきたものにほかなりません。具体的に言うと、誰か人間がその問いを発するはずですが、その人の人間としての心身の特性、育った環境、受けた教育、付き合っている人、年齢、ジェンダー、社会経験など、彼の周囲に存在するあらゆる要素との関係、更に言えば、そうした人間としての彼が存在するに至った進化の過程や自然界の化学・物理学的諸過程の帰結として、彼がその「問い」を発するという状況が生じたはずです。そういうことを考えると、離れて向き合っているというのは、「いわば gleichsam」でしかないわけです。〈gleichsam〉は、「あたかも」というもっと弱い意味で使われることもあります。あくまで「いわば（あたかも）外に」出ているだけで、本当は「存在者」の総体を離れているわけではないので、「問い」が、それ自体へと「跳ね返る zurückschlagen」わけです。つまり、「存在者が存在する」ことを疑問に持ち、それが何故かを追い求めようとするその「問い」が生じてきた根拠は「何か」という〝問い〟が、いわば、メタ問いが生じてくるわけです。

> だがもしこの問いが提出されたならば、そしてもしこの問いを問うことがほんとうに成し遂げられるならば、そこには必ず、問われ問いかけられているものから問うことそのことへの跳ね返りが生起する。だからこの問いを問うことは、それ自身決していい加減な事象ではなく、一つの特異な事であり、これをわれわれは出来事と名づける。

「特異な事 ein ausgezeichnetes Vorkommnis」「出来事 Geschehnis」というのは大げさな言い方であるような感じがしますが、ハイデガーにしてみると、先ほど述べたような「跳ね返り」は、ありふれたことではありません。いわば、「存在」それ自体が、自らの根拠を問うような「問い」を、「存在者」の全体の中に生じさせているわけです。「存在」それ自体に誘導されている「問い」だと言ってもいい。問うている「現存在」から自然発生的に生じたものではなく、「存在」それ自体によって誘導された「問い」だからこそ、「跳ね返り」が起こるわけです。哲学者が自分の仕事を成り立たせるために、無理やり思い付いた問いではなくて、問われるべき必然性があると言いたいわけです。無論、そんなのは屁理屈だと思う人もいるでしょう。この後の段落で述べられているように、これを言葉遊びのつまらない詮索と思うか、「出来事と認めることができるのかどうか」で、この後のハイデガーの議論についていけるかどうかが決まってきます。

ただ、この「問い」が存在それ自体から発せられた「出来事」だとしても、「跳ね返り」は、問いを発する人がぼうっとしていても、自然発生して自動的に進行するものではないようです。「跳ね返り」は、問う人に特別な努力をすることを要求します。

> その場合、この特異ななぜの問いは一つの跳躍を根拠にしているということ、それは、人間がほんとうに安泰に生存しているか、それとも安泰だと自分で思いこんでいるだけなのかは別として、とにかくいままでの生存の安泰から徹底的に跳出してしまうような跳躍を根拠としているということ、このことをわれわれは経験するであろう。この問いを問うということは、この跳躍の中に、跳躍としてのみあるのであって、決してそれ以外ではない。

「跳躍 Sprung」という言い方は大袈裟な感じもしますが、言わんとしていることは分かりますね。例えば、自分がここに存在し、周囲に人間もおり、住む家があり、職場があり、自分たちを保護する日本という国が存在し、法律もあり、お金もあり……ということについて、「存在」の意味を問わなければ、すべて在って当然、となるでしょう。一度、「存在するとはどういうことだろう?」「本当に存在していると言えるものはあるのだろうか?」というような問いを発してしまうと、そうした存在者の自明の連関の中に安住し続けることはでき

なくなる。この「跳躍」ということが具体的に何を指すのかは、もう少し後で述べるということですね。

> いまのところ、この問いを問うという跳躍は自己に対して自己自身の根拠を跳び出ーさせる《エア・シュプリンゲン》、跳んで自己自身の根拠を成就する、ということを指摘すれば十分であろう。このように、自己を根拠として跳び出させるような跳躍を、われわれは語の真の意味に従って根ー源《ウア・シュプルング》と名づける、つまり自己自身にー根拠ーを跳び出させるということである。

〈Sprung〉をめぐる言葉遊びをしているわけですね。〈erspringen〉という動詞は、元々あまり使われませんが、「飛び越え」て何かを獲得するとか、何かに到達するというのが本来の意味です。〈er-〉という接頭辞は、動詞に運動や行為の目標に関わる意味合いを付与したり、外に向かっていくというニュアンスを出したりします。ハイデガーは、ハイフンを入れて、外に向かっていくニュアンスを強調したうえで、使役動詞的な意味も持たせているようですね。「存在者」が存在する「根拠」に関する「問い」を立てると、不可避的に、自分自身の存在する「根拠」というものが浮上してきて、もはや無自覚に存在し続けることはできなくなるわけです。そうした「跳躍」「跳び出し」を強いるものが、「根源 Ursprung」だというわけです。〈Sprung〉の元になっている動詞〈springen〉には「跳躍する」の他、「噴き出す」という意味もあります。名詞の〈Sprung〉にはその意味合いはありません。〈Ursprung〉というのは、事物が迸り出てくる「源泉」であるわけです。日本語で「根源」という言葉を聞くと、静止していてそれ自体は変化しないようなイメージを持ちがちですし、ドイツ語でも通常使われている〈Ursprung〉にはそういうイメージがありますが、ハイデガーは語根にある〈springen〉の意味を強調することで、〈Ursprung〉としての「存在」が、「問い」を跳び出させることで現存在を動揺させ、運動を引き起こしているというイメージを喚起しているわけです。日本語の「根源」も、「源」の方には、源泉から迸るという意味が含まれていますね。ひと昔前のハイデガー研究の人たちは、ハイデガーの言葉遊びに、うまくヒットするような漢字語を見つけるべく苦心していたようです。

先ほどの「最も根源的な問い」であると言う時の「根源的」というのはこの意味です。つまり、自らの根拠を含めて、全ての存在者の根拠に関する問いを浮上させて、最も強く動揺させ、不安にさせる、というような意味で「根源的」だということです。

根源的な能力としての問うことにいつになっても縁がないような人間的−歴史的現存在の周辺に入れば、この問いは直ちに第一というその等級を失うのである。

たとえば聖書が神の啓示であり、真理であると信じている人は、「なぜ一体、存在者があるのか、そして、むしろ無があるのではないのか?」と言う問いをどんな形で問うにしても、既にそれ以前にその答えを持っている。すなわち、存在者は神そのものでないかぎり、神によって創造されたのである。神自身は創造されざる創造者として「ある」と。このような信仰の地盤に立っている人は、確かにわれわれのこの問いを問うことを或る程度は自分でともに成し遂げることができるけれど、しかしこの人は、信仰を捨てるということがたとえどんな結果を惹き起こそうとも、信仰者としてその自己自身を断念するのでないかぎり、この問いを本来的に問うことはできない。

ここは分かりやすいですね。答えを分かっているつもりで「問う」つもりのない人に、この話をしても通じない、ということです。「神」が「存在する」と言う時の「存在する」は疑う必要がなく、いや不可能だ、信じるかどうかだけだ、と思っているような人は、「問うこと」とは無縁である、というわけです。ハイデガー哲学は、本当のキリスト教とは相性が悪いわけですね。ただ、「問うこと」の必然性を示唆しているハイデガーの立場からすると、「問い」と元から無縁で、他の人が問う意欲をなくさせてしまうような人間がいることを認めるのは少しまずい気はしますね。そういう人間が現にかなり多数いることは、「問うこと」に必然性はないのではないか、という疑問が生じてきます。ハイデガーは、それでも、「存在の根拠」について問う「哲学」の特別な役割を強調します。

「哲学」にそういう大げさな使命があるのか疑問に思う人もいますね。二三頁を見ると、哲学に対する、よくありがちな誤った見方が示されています。現代でもよく耳にする話です。一九二〇〜三〇年代のドイツでも同じようなことが言われていたのかと思うと、意外な感じがしますね。

——哲学が何かを本質的に問うその問い方はすべて、必ず時代向きではない。それは、哲学がいつもその時代よりもはるかに前の方へと投げられているゆえか、それとも哲学がその時代を、それより以前にあったもの、元初的にあったものへと結び返すゆえである。いずれにしても、哲学するということは、いつでも時代向きにはなされえないような知であるばかりでなく、むしろ逆に時代を自分の尺度のもとに置くような知である。

　哲学は本質的に時代向きではない。それは哲学が、その時代の中で直接の反響を決して持つことができないし、また決して持ってはならないという運命を常に担っているまれな事柄の一つだからである。哲学がその時代の中で反響を持つかのような兆候が現われたり、或る哲学が流行したりする場合には、ほんとうの哲学ではないか、それとも哲学が誤解されて、何か哲学とは無縁な意図に従って日常のために濫用されているかのいずれかである。

　これは説明するまでもない話ですね。「元初的 anfänglich」なものを探究する以上、本来の「哲学」と時代と共に変わっていく流行とは相容れない。これは職業意識の強い哲学教師、いい大学の哲学教師であれば必ずと言っていいくらい言うことです。やたらに難しい割には職業生活に直接役に立ちそうにないことを教えるわけですから、そういう言い訳をしたくなります。かなり有名な先生の授業であっても、本格的な――若者言葉で言うと、ガチな――哲学的思考を動員するような授業だと、同じ大学・学部の社会学とか心理学とかに比べて出席者がものすごく少ないということがよくある。だから、ついつい言いたくなる（笑）。その一方で、「哲学は、どう生きたらいいか、この苦しみにどう向き合ったらいいのか、という庶民の悩みに答えるものでなければならない」、と主張して、庶民に分かりやすい哲学本を書いてベストセラーを連発する、人気の哲学教師がいる――無論、お悩み相談本を書いたからといって売れるとは限らない、そもそも活字にできるとは限らないし、難しい本でも著者のポジションやマスコミの売り込みによって売れることもあります（笑）。少しややこしいのは、ハイデガー自身が、『存在と時間』で「実存主義」の哲学者として、つまり生き方を示す哲学者として一世風靡していたので、流行の哲学者という側面もあったわけです。世間からそう思われていると分かっているからこそ、「哲学」の基本を述べる必要を感じていたのかもしれません。こういう〝本格派〟と〝人気者〟の対立図式は、カント（一七二四－一八〇四）の時代からあったようです。

したがって哲学はまた、職人的な知識や技術的な知識などのように直接習得されるような知でもなく、経済的な知や一般に職業的な知のように、直接応用せられて、それが役に立つかどうかに応じてそのつど評価できるようなたぐいの知でもない。

しかし、役に立たないものは、しかもなお、そしてそうであるからこそますます、一つの力であることができる。日常性の中に直接の反響を持たないものこそ、一民族の歴史における本来的な出来事と最も内的に響和することができる。いな、それはそういう出来事の前奏曲の響きでさえありうる。時代向きでないものは、いつかそれ独得の時代を持つようになるだろう。このことが哲学にあてはまる。したがってまた、哲学の使命は何であるか、そしてその使命に応じて哲学に何が要求されねばならないかということを、それだけ切り離して一般的に決定することはできない。哲学の展開のさまざまな段階と始まりとは、みなそれぞれ独自の法則を持っている。だから、哲学とは何でありえないか、そして何をなしえないかということだけしか言われえない。

哲学は役に立たないものだ、と言う一方で、「一民族」の歴史における「本来的な出来事 das eigentliche Geschehen」と関係付けようとしていますね。「存在の歴史」と言うのであれば、先ほどからの「存在の根拠」への問いという見地から正当化できないわけでもないけれど、「一民族の歴史」と言うと、唐突ですし、どうしても当時の具体的な政治状況、ナチスの登場と関係付けているのかと思ってしまいます。さっき見た、結論部の「運動の内的真理」のくだりを念頭に置くと、なおさらそういう感じがしますね。時流に合わせるのは哲学ではないと言いながら、自分は民族主義に傾いている政治的時流を気にしているのではないか、という疑念が湧きますね。ハイデガーの学長としての活動もありますし。本人としては、そういうことはいったん忘れて、「民族の歴史」を「存在の歴史」と連関させて理解する道筋をこれから示すので、虚心坦懐に聴いてほしいということでしょうが。

哲学することとは？

二五頁の真ん中より少し後に空白があって、そこまでが「前置き」だということですね。では、本題に入ります。

精神の本質的な諸形態はどれもみな両義的である。それらが他と比べものにならないものであればあるほど、ますます誤解が多い。

いきなり、「精神」という言葉が出てきました。話の流れからして、「哲学」する「精神」あるいは、「哲学」の対象としての「精神」のことを言っていると想像できますが、この後も「精神」についてのちゃんとした定義や意義付けはありません。五〇頁になって、「精神的現存在」とか「精神の本質的な優越」といった表現が出てきますが、説明なしです。この後でもしばしば「精神 Geist」という名詞や「精神的 geistig」という形容詞が出てきますが、ハイデガーはこれらの意味は自明であるかのように、説明もひねった解釈も抜きで、これらの言葉を使い続けます。あれだけ哲学の基本的語彙に拘り、近代哲学の精神／物質の二元論に批判的なハイデガーが、無造作に「精神」という言葉を使っているのが、意外な感じがします。デリダが『精神について』を執筆したのは、まさにこの謎を探究するためです。ここではどうも「精神」の意味するところははっきりさせないで、「哲学」を精神の本質的な諸活動の内で特に大事なものとして位置付けているようですね。

哲学は人間的‐歴史的現存在の数少ない自主的、創造的可能性の一つであり、ときにはそれの数少ない必然性の一つでさえある。

「歴史的現存在」という言葉を使っていますね。ハイデガーは、『存在と時間』の後半部で、現存在を歴史的なものとして捉えようとしています。前半部では、「現存在」は、自分で自分を作ったわけではなくて、気が付いた時には、「世界」の中に投げ込まれていて、（自覚する以前に）周囲の事物や他人に気遣いしながら存在している、ということが論じられています。後半では、「現存在」にとっての世界はまずもって、歴史的な世界であり、民族の歴史の中で「現存在」の在り方が運命（方向）付けられている、ということが主題になります。そうした「現存在」の歴史的な在り方の中から「哲学」が立ち上がってくるわけですね。すると、「存在」

は「歴史的現存在」あるいは「民族」を介して、存在者の根拠を問う、つまり「存在」自身について問いかける、「哲学」という営みを実行していることになります。

そうやって、「哲学」を「存在」そのものに由来する、歴史を背負った「現存在」にとっての必然性のある営みとして位置付けたうえで、「哲学」に対する二つの典型的誤解を紹介しています。

> 一つの誤解は哲学の本質に対してあまりに多くを要求しすぎることからきている。もう一つの誤解は哲学の任務を曲解することに関するものである。
>
> ごく大まかに言えば、哲学はいつも存在者の最初にして最後の諸根拠をめざしており、しかもその場合、人間自身が、人間であるとは何を意味するか、それの目標はどこに置くべきかということを、ほかのことよりもずっと強調してとりあげ、学び知る。ところがこのことから、ともすれば、哲学は一民族の現在および将来の歴史的現存在とその民族の時代とのために基礎を提供することができるし、またそうしなければならないのであって、その基礎があって初めて、その上に文化が築かれることになるのだ、というようなまことしやかな考えが流布しやすい。しかし哲学にこんなことを期待したり、哲学自身がこんなことを自負したりするのは、哲学の能力と本質とに対してあまりに多くの要求をすることである。大抵の場合、この過重要求は哲学に対する難詰という形で現われる。たとえば、形而上学は革命の準備に協力しなかったから退けられるべきだなどと言われる。

これは分かりやすいですね。哲学が全ての存在者の存在する「根拠」を探究する営みであるとすれば、民族の歴史や文化の「基礎付け Grundlegung」になるようなものを示せるはずだ、と考える人たちがいる——〈Grundlegung〉は、「基礎 Grund」を「置くこと Legung」という言葉の作りになっているので、「基礎付け」と訳した方が、「根拠」との違いもはっきりしていいでしょう。しかし、それは「哲学」に対する過大な期待だというわけですね。民族にとっての「歴史的現存在」と「哲学」を結び付けているハイデガーの先ほどの主張、あるいは、実存主義の教祖扱いされ、ナチス政権からも期待されていた彼の立場からすると、彼自身、哲学は真の民族的覚醒のための革命的な基礎付けのようなことをやってくれそうな期待を抱かれがちですが、それは過剰期待だと言っているわけです。自分自身がそう思われがちなので、敢えて強調しているのかもしれません。

> これに反して、哲学がその本質から言って、それであることができ、またそれでなければならないこと、それは、尺度と等級とを設定する知の軌道と視界とを哲人的に開き示すことであって、この知において、またこの知から、一民族は歴史的―精神的世界の中の自分の現存在を概念把握し、成し遂げる。この知こそ、すべての問うことと評価することとを燃え立たせ、おびやかし、強要する知である。

哲学の本質は「知の軌道と視界とを哲人的に開き示すこと」だということですが、違いが分かりにくいですね。ポイントは「自分の現存在を把握し、成し遂げる」の主語が「哲学」ではなくて、「一民族 ein Volk」だということです。「哲学」は「民族」がその仕事を成し遂げるよう強く働きかけるだけで、自分でやるわけではありません。

> ここでとりあげる誤解のうち第二のものは、哲学の任務を曲解するものである。哲学が文化の基礎を作り出しえないということは既に明らかだとしても、少なくとも哲学は、存在者の全体を整えて、その概観と体系とを作りあげ、ありとあらゆる物と物の領域とを一つにまとめた世界像、いわば世界地図とでもいうようなものを用意して万人の実用に供し、そういうふうにして誰でもが一様に自分の方向をはっきり決めることができるようにしてやったり、あるいは、もっと特殊なこととしては、諸科学の前提や基礎概念や原則を徹底的に考察して、科学から労苦を軽減してやったりして、文化の建設を容易にしてやるのには役に立つと考えられる。人は、哲学が労苦軽減という意味で実用的―技術的な文化事業を促進すること、いな推進することさえ期待している。

諸科学の前提や基礎概念を明らかにして、進んでいくべき方向を示すという形で役に立つべきと考える立場のことですね。現代だと、分析哲学系の科学哲学や生命倫理、環境倫理、クリティカル・シンキングなどをやっている人にこういう傾向がありますね。この時代には、哲学は科学の概念的基礎付けに徹するべきで、実証的な研究によって決着を付けることができない形而上学的問いに拘るのは無意味だと主張する、ウィーン学団等が登場しています。ルドルフ・カルナップ（一八九一―一九七〇）やオットー・ノイラート（一八八二―一九四五）を中心とするウィーン学団が名乗りを上げるのは、一九二九年のことです。ウィーン学団は、現代の分析哲学の主要な源流とされています。カルナップは『言語の論理的分析による形而上学の克服』（一九三二）という論文で、ハイデガーの哲学用語の無意味さを指摘しています。

けれども――哲学はその本質から言って、決して事物をやさしくするものではなく、むしろむずかしくするばかりである。そして、それは、たまたま哲学のものの言い方が日常の常識には異様に見えるばかりか狂っているようにさえ見えるというような理由からではない。そうではなくて、むしろ歴史的現存在を、したがってまた根本的には存在そのものを、むずかしいものにするということが哲学の真の使命なのである。むずかしくするというこのことが事物すなわち存在者に重みを（存在を）与え返す。それはなぜであるか？　むずかしくするということはすべての偉大なものが発生するための本質的な根本条件の一つだからであり、偉大なものとしてわれわれはまず第一に歴史的な民族とその民族の諸業績との運命をあげる。ところが、運命というものは、事物についての真実な知が現存在を支配しているような所にだけある。このような知の軌道と視界とを開くもの、それが哲学である。

「哲学」が問題をわざと難しくするというのは、よく聞く話ですが、ここにドイツ語の言葉遊びがあります。「難しい」という意味の形容詞〈schwer〉は、元々「重い」という意味です。「むずかしくすること Erschwerung」は、字面としては、「重くする」ということです。〈Erschwerung〉には、「重荷を与えること」という中間的な意味合いがあります。そこで「重み Gewicht」を与え返すという言い方が生きてきます。これは言葉遊びですが、ハイデガーは、人間は事物（存在者）が「存在」しているという事態の重みを忘れ、世の中で生じているいろんな事態をあまりに軽く受け止めていることを示唆しているわけです。だからこそ、いや、「精神が存在するというのは実は大変なことなんですよ」、と考えさせるような、重たい問いを投げかけ、「存在」との関係に思い至らせるのが「哲学」の仕事だと言いたいのでしょう。現代思想で、「重み」とか「重力」という言葉を使うことがよくありますが、それはハイデガーの「存在」に相当するようなものが行方不明になって、諸事物・事象が軽くなったように感じられる、それに伴って自分たちの生も軽く感じられるようになった、という状況を指す表現です。

しかし、こういう重々しい哲学入門の話を聞いたからといって、感銘を受けるとは限りません。むしろ、「哲学をやってもはじまらない」、全然得しない、世の中変わるわけじゃない、と実利的な文句を言う人が多そうですね。ハイデガーは、目の前の学生がそう思っているだろうなと思いながら、講義しているのでしょう。

> 「哲学をやってもはじまらない」というのは全く正しくまことに結構である。ただまちがいは、これで哲学に対する判断は終わったと思うことである。じつはこれで終わったわけでなく、まだこのあとに短い捕捉がつく。その捕捉というのは次のような反問の形をとっている。すなわち、いまかりにわれわれは哲学に関わっているのだとして、さてわれわれが哲学を学んでもはじまらないと言うのはもっともだけれど、結局哲学の方もこんなわれわれと関わっていてもはじまらないのではなかろうか？　と。哲学か何でないかを明らかにするためには、いまのところこれで十分であろう。

素っ気ない言い方ですが、言わんとしていることは分かりますね。「哲学」するつもりのない人間に、「哲学」は何も与えてくれない、ということです。「今の時代、哲学することの意義を読者・聴衆に説明できない哲学者はダメだ」、とか、分かったような口ぶりで無茶苦茶なことを言ってくる手合いには、こういうことを言ってやりたくなります（笑）。ただ、これは単なる買い言葉ではないのでしょう。歴史的現存在は、存在をめぐる哲学的な問いへと呼びかけられているのだけれど、本人が、覚悟性（Entschlossenheit）――『存在と時間』の用語で、自らの意志で覚悟するよう存在によって仕向けられている、中動態的な状態を指します――をもってその呼びかけに応じようとしないと、何も把握できないまま、ぼうっと時間が過ぎていく、ということを言いたいのだと思います。これ、キリスト教の説教みたいですね。神はいつも私たちに手をさしのべて下さっているけれど、自分から求めないと、神の声は聞こえない。ハイデガーは説教しているつもりはないでしょうが、元々神学者志望なので、神父・牧師風の物言いになってしまうのでしょう。

三〇頁の半ばで、「哲学」とは「普通のこと das Geläufige」「毎日きまりきっている尋常平凡なこと das im

Alltag geordnete Ordentliche」を超えて問うことだと述べられていますね。『存在と時間』で言うところの、現存在としての「本来的 eigentlich」な在り方に関心を持たず、日常の常識に留まりたい人にとっては、「哲学をやってもはじまらない」。そしてニーチェが引用されています。ハイデガーは一九三六～四六年にかけてニーチェに継続的に取り組んでいて、一九六一年にそれらを『ニーチェ』という一冊の本にまとめて刊行しています。

> ニーチェはかつて言っている（Ⅶ，269『善悪の彼岸』292）、「哲学者とは、いつも異常なことを体験し、見、聞き、怪しみ、希望し、夢みる人間である……」と。
>
> 哲学するとは異‐常なことを問うことである。けれども初めに示唆だけしておいたように、これを問うことは結局、自己自身へと跳ね返ってくることになるのだから、問われているものが異‐常であるだけでなく、問うことそのことが異‐常なのである。

ここでは、「異常な außerordentlich」というドイツ語で言葉遊びをしています。言葉の作りが英語の〈extraordinary〉に対応しています。〈ex-〉に当たる〈außer-〉は、「外に」という意味です。〈ordinary〉に当たる〈ordentlich〉は、「秩序立っている」という意味ですね。先ほど「毎日きまりきっている尋常平凡なこと das im Alltag geordnete Ordentliche」というのが出てきましたが、これは形容詞〈ordentlich〉を名詞化したものと、その元になった「秩序付ける」という意味の動詞〈ordnen〉の過去分詞を重ねて使っているわけです。そうした秩序付けられた平凡なものの「外へ」へ出ることが、「異常なこと」であるわけです。〈außer-ordentlich〉と間にハイフンを入れることで、それを際立てているわけです。

そしてこの「秩序の外に出ること＝異常」を、先ほどの「自分自身に跳ね返ってくること」に関係付けています。厳密に言うと、ここでの原語は、先ほどと少し違って、〈Rückstoß〉です。先ほどの〈zurückschlagen〉が「打ち返される」という意味合いなのに対し、これはどちらかというと、「押し返されること」とか「ぶつかった衝撃が返ってくること」というような意味合いです。恐らく、自分の日常的な地盤から外へとはみ出していく、「存在」をめぐる「根源的（源泉から迸るよう）」な哲学的問いを放出すると、ロケットやミサイルを打ち上げた反動で地面が大揺れするのと同じような反動が我が身にまで及んでくる、というイメージなのでしょう。

> ということは、これを問うことが道端に横たわっていて、われわれがいつか何か、はからずも、あるいはむしろ過ってそこへ落ちこむというようなものではないことを意味する。またこの問うことが日常の日課の中にあって、われわれが、何かの要求もしくは指図から、どうしてもそれを問わざるをえなくなるというものでもない。またこの問うことは一般的な要求に急いで応じたり、それを満たしたりすることの範囲内にあるのでもない。この問うことそのことが尋常平凡事の外にあるのである。それは全く自発的であり、すっかり、そしてもっぱら自由という深遠な根拠、さきに跳躍と呼んだあのことへと基づけられている。やはりニーチェが言っている、「哲学とは……自ら進んで氷と高嶺との中で生きることである」（XV，2『この人を見よ』序言三）と。われわれはいまや、哲学するとは異ー常なことを異常に問うことであると言うことができる。

「平凡尋常事」の「外に」ある「問うこと」は、「自発的 freiwillig」でないといけない。つまり、自分自身の「覚悟性」を起点にしないといけない。この「自発性」は、「自由という深淵な根拠＝跳躍 der geheimnisvolle Grund der Freiheit = Sprung」を飛び越えることを意味する。これは意味深な言い方ですね。「自由」というのは制約をふりはらうこと、大げさに言えば、自分自身が日常的に立っている足場（Grund）を飛び出していくことですが、それは実は、深い未知の「根拠」からの働きかけに身を委ねるということかもしれない。私たちは行為する時、大抵何かの「理由 Grund」に従っているわけですが、完全に自由に決断して行為する時は、いかなる「理由」にも縛られずに決断する。そう考えがちです。しかし、本当に全く何の「理由」もないのか、無自覚的に何かを「根拠」にしているのではないか、行為をする以上、あるいは、行為をする／しないを決めている以上、何かの決め手となる「根拠」があったのではないか、それに気付いていないだけではないか、という問いを立てることができます。精神分析だったら、何か無意識の理由を見つけてきそうですね。フロイト（一八五六－一九三九）は、ハイデガーよりも三三歳年長で、ハイデガーが学生になった頃には、精神分析はかなり社会的に認知されていました。精神分析ではなくても、先ほど見たように、ベーメやシェリングの系譜には、意識の根底に、非合理的な「無底」があり、それが、理性では把握できないような形で、私たちの自由の根拠になっている、というような考え方があります。ハイデガーはここではそういう細かい説明をしていませんが、恐らくそういうことを念頭に置いているのでしょう。

〈physis〉とは何か

ここまではまだ前置きの続きっぽいのですが、三一頁の半ばからようやく本当に本論らしい内容に入っていきます。

全体としての存在者そのものを問うということに真の元初を与えたのはギリシア人であったが、あの西洋哲学の最初の、そして決定的な展開期においては、存在者は *physis* と名づけられた。存在者を言い表わすこのギリシアの根本語は普通「自然《ナトウーア》」と訳される。ラテン語訳の natura が使われているわけであるが、このラテン語はもともと「生まれる」、「誕生」を意味する。しかしこのラテン語訳では *physis* というギリシア語の初めの意味は既に押しのけられ、このギリシア語の独得の哲学的呼称力は損なわれている。このことは、この語のラテン語訳だけにかぎらず、他のすべてのギリシアの哲学者の言葉のラテン語訳に関して言えることである。ギリシア語のラテン語訳ということは、決してどうでもよいこと、痛くもないことではなくて、ギリシア哲学の根源的な本質を遮断して隔離してしまうという一連の出来事の第一段階をなすものである。この第一段階に続いて、こんどはこのラテン語訳《ユーバーゼッツング》がキリスト教とキリスト教的中世とに対して基準的になった。このキリスト教がさらに近代哲学にまで伝わって《ユーバーゼッツェン》きたのである。だから近代哲学は中世の概念世界の中で動き、そこから、いま一般に通用しているいろいろな表象や概念語を作っているのであるが、人々はいまなおこういう表象や概念によって西洋哲学の元初を自分にわかりやすいものにしてしまっている。そしてこの元初は、いわゆる超えられたものというレッテルを貼られ、現代人がずっと以前に卒業してしまったものだということにされてしまっている。

存在者の存在の意味を問うことが、古代ギリシアにおける哲学の始まりだというのは、「存在者／存在」の区別を前提とした言い回しは別として、よく聞く話ですね。ここでポイントになっているのは、存在者を意味するギリシア語の〈physis〉がラテン語の〈natura〉に完全に翻訳され切っていない、ということですね。因みに〈physis〉は「物理（学）」を意味する〈physics〉や「生理学」を意味する〈physiology〉の語源ですが、〈physis〉自体はどちらかといえば、「自然」という意味の言葉だと辞書的に説明されることが多いです。しかし、英語の〈nature〉とかドイツ語の〈Natur〉の語源である〈natura〉と〈physis〉を等値すると、〈physis〉の本来の意味が失われる、とハイデガーは言っているわけです。つまり、古代ローマ以降の「自然」概念は、古代ギリシアのそれとズレており、その失われた意味を探究することが、「存在者」が「存在」することの意味をめぐる古代ギリシア人たちの思索を再現し、私たち自身の「存在」観の一面性を克服することに繋がる、と示唆しているわけです。

こういう風に言葉の本来の意味を問い直すところから始めて、自分の問題設定へと誘導していくのは、ハイデガーの得意な論法です。言葉の本来の意味に注目するという手法は、ハイデガー以外の哲学者もよくやることです。現代の分析哲学者以外は何らかの形で語源とか言葉の真の意味の探究をやると言っていいでしょう。ただ、ハイデガーはそれを議論の一番肝心なところで、かなり戦略的にやります。プラトン以前のギリシア哲学、これから名前が出てきますが、ソクラテス（前四六九頃－三九九）以前の「自然哲学者」――「自然哲学者」という場合の「自然 physis」とは何かが問題になるわけです――の使っていた概念と、それがラテン語になって以降のズレに焦点を当てます。それも、「存在」と意味が重なってくるような基本的な用語を集中的に取り上げます。そして、ラテン語への翻訳によって失われたものがドイツ語によって再現できることを示唆するわけです。それは、ラテン系の言葉にない、ドイツ語の特性のおかげだと主張します。こうしたところが、ハイデガーの言語ナショナリズム的なところだと言われるわけです。

ルビがふられている、〈Übersetzung〉は「翻訳」という意味ですが、元々は「伝達」「伝承」という意味です。その元の意味の〈übersetzen（伝わる）〉にもルビがふられていますね。「翻訳」がただの翻訳に終わらず、

「存在者」を意味するギリシア語の〈physis〉

英語の〈physics〉の語源。ラテン語の〈natura〉に完全に対応していない。辞書的には「自然」と訳されることが多い。
ハイデガー：英語の〈nature〉、ドイツ語の〈Natur〉の語源である〈natura〉と〈physis〉を等値すると、〈physis〉の本来の意味が失われる。
※古代ローマ以降の「自然」概念は、古代ギリシアのそれとズレており、その失われた意味を探究することが、「存在者」が「存在」することの意味をめぐる古代ギリシア人たちの思索を再現し、私たち自身の「存在」観の一面性を克服することに繋がる。→〈physis〉とは「発現 aufgehen」し、その後、そこに永く「滞在 verweilen」すること。

意味内容も歪んで伝わっていることを示唆しているわけです。そういう歪みをきちんと把握しないといけない。

> われわれはしかし、いま損傷と退落とのこの全行程を跳び越えて、言葉と語句とのもとのままの呼称力を再びわがものにしようと試みる。というのは語や言葉はただ話したり書いたりのやりとりのために物を入れておくだけの容器ではないからである。語の中に、言葉の中に、初めて物は生じ、また、ある。だからまた、ただの雑談や標語や慣用句などの中での言葉の誤用は、物への真の関係をわれわれから奪うものである。さて *physis* という語は何を言っているのであろうか？　それは、おのずから発現《アウフゲーエン》するもの（たとえばバラの開花《アウフガング》）、自己を開示しつつ展開すること、このように展開することにおいて現象へと踏み入ること、そしてこの現象の中で自己をひき止めて、そこで永くとどまること、簡単に言えば発現し－滞在する支配《ヴァルテン》を言う。辞書によると *phyein* は成長する、成長させるの意である。だが、成長とは何のことか？　それはただ数量的に増－加することと、より多く、より大きくなることなのか？

「言葉 Sprache」の中で「ある」という事態が生じている、というわけですね。「言葉」と「存在」を強く結び付けているわけです。これが、一九三〇年代半ばくらいからのハイデガーの思考の特徴です。〈physis〉とは「発現 aufgehen」し、その後、そこに永く「滞在 verweilen」することだというわけですね。ドイツ語の〈aufgehen〉には、「開花する」という意味もありますが、これは分かりますね。内に秘められていたものが、外に現われてくるようなイメージですね。「支配する」という言葉が浮いている感じがしますが、「支配する」という意味のドイツ語の動詞の〈walten〉には、「統治」の意味での「支配」だけでなくて、「作用を及ぼす」という意味もあります。神の「摂理が働く」というような意味で使われることもあります。ここでは、支配的な影響力・作用を及ぼすというような意味合いでしょう。因みに、この〈walten〉から派生した〈Gewalt〉という名詞は、「権力」あるいは「暴力」という意味です。〈physis〉の元になったギリシア語の動詞〈phyein〉が、「成長する」「成長させる」という意味だとすると、「発現（開花する）」＋「支配的な影響力を発揮しながらそこに留まり続ける」というハイデガーの説明と合っているような気がしますが、ハイデガーはそれで分かった気になってはいけない、と言っているわけです。

発現《アウフゲーエン》としての *physis* は、例えば天体の諸事象（太陽の上昇《アウフガング》）、海の浪のうねり、植物の生長、動物や人間が母胎から出産することなど、到る所で経験されうる。しかしこれらの事象は、今日なおわれわれが「自然《ナトゥーア》」に属することと考えているものであるが、発現する支配としての *physis* はこれらと同義ではない。この発現と、自己の－中で－自己－から－出て立つこととを、ほかのいろいろな事象と同じように、存在者において観察できる一つの事象だと思ってはならない。*physis* は存在そのものであり、これのおかげで初めて存在者は観察可能になり、いつまでも観察可能なのである。

先ほど〈physis〉をドイツ語で〈Aufgang（発現）〉と訳したので、〈physis〉の元になった動詞の辞書的な意味に即して理解すればいいのではないかという気になりましたが、どうも、動物の誕生とか、植物の生長、天体や海の動き一般のようなよくある自然現象は、ラテン語由来の〈Natur〉の範疇の話であって、〈physis＝Aufgang〉とは次元が異なる、ということのようです。

「発現」と並んで、〈physis〉のもう一つの要素として挙げられている「自己の－中で－自己－から－出て立つこと In-sich-aus-sich-Hinausstehen」という長い合成語が仰々しいですね。ハイデガーはギリシアの概念を説明する際に、ドイツ語のいくつかの語を合成して長い名詞を作る傾向があります。ドイツ語は方向性や位置関係を表示する副詞や前置詞が発達しているので、それを利用しているのでしょう。この語の場合、「自分の（内から抜け出し）外に出て立つ aus sich hinaussthen」ということ、つまり、発現することと、その運動が「自分の内で」起こること、という二つの意味を合成していることがポイントです。

矛盾しているように聞こえて、訳が分からないですね。ただ、〈physis〉というのが「神」とか「絶対精神」のような、宇宙の始原にして創造者のようなものと考えると、全く理解できない話でもないですね。神（存在）が自分の一部を自分の体（本体）から取り出して、一定の独立性を持った被造物（存在者）を生み出す。しかし、その被造物の存在する範囲も、広い意味では神の一部。そういう風にイメージすると、多少は分かりやすくなりますが、それだと〈physis ≒ Sein（存在）〉を擬人化したことになるし、キリスト教っぽくなってしまう。それに、哲学の抽象的な概念をアナロジーで説明するのはそもそも邪道で、ハイデガーは特にそれを嫌う人だと思います――文学系の議論をする時のハイデガーは明らかにアナロジーを使っていますが、本人はアナロジーで説明しているとは言いません。

> ギリシア人は *physis* が何であるかということを自然の諸現象において初めて経験したのではなくて、その反対である。存在についての詩作的-思惟的根本経験が基礎になって、彼らが *physis* と名づけざるをえなかった或るものが彼らに解示されたのであった。この解示を基礎として初めて彼らは狭い意味での自然を見る眼を持ちえたのであった。したがって *physis* はもともと天をも地をも、石をも植物をも、動物をも人間をも、人間と神々との作品としての人間の歴史をも意味し、最後に、そして第一に、命運《ゲシック》の下にある神々自身を意味する。*physis* は発現する支配と、その支配によってあまねく支配せられた永続とを意味する。この発現し滞在する支配の中に、「生成」も、動かないでじっとしていることという狭められてしまった意味での「存在」もともに含みこまれている。*physis* は発-生、すなわち隠蔽されたものから自己を連れ出し、そのことによって初めて隠蔽されたものを存立の中へと連れて行くことである。

最初の文が抽象的で理解しにくいですね。要は、〝自然〟に関する「経験」から〈physis〉を引き出したのではなくて、「詩作的-思惟的根本経験 eine dichtend-denkende Grunderfahrung」から〈physis〉を導き出したということです。〝自然〟というのがどういうものか何となく分かったうえで、〝自然現象〟を観察しているうちに〈physis〉の本質を見出すということではなくて、「詩作的-思惟的根本経験」によって初めて、〈physis〉に遭遇した、というわけです。そう言ってもまだピンと来ないかもしれませんが、二つ重要なポイントがあります。一つは、私たち近代人は、風景とか夜空の星とか動植物などを中心に〝自然〟についての一定のイメージを既に持っているけれど、古代ギリシア人がそれと同じだと思ってはいけない、ということです。もう一つは、〈physis〉を発見したのは、日常生活に埋没している一般人ではなく、言葉によって特殊な経験の領域を切り開いた「詩人」とか「哲学者」である、ということです。それを前提としたうえで、彼らによって発見された〈physis〉には人間や神々をも含まれているわけですね。

先ほど見たように、〈physis〉には「発現」という側面と、そこに留まって支配的影響力を発揮し続けるという側面がある。それは、近代の哲学で「存在 Sein」と「生成 Werden」という形で二元論的に捉えられている二つの側面を兼ね備えている。ロマン派とかニーチェ、あるいはハイデガーの影響を受けた現代思想には、「存在」を静的なものとして狭く捉え、動的な「生成」と対置する図式がありますが、ハイデガーは〈physis〉はその両面を含んでいると見ているわけです。

「隠蔽されたものから自己を連れ出し、そのことによって初めて隠蔽されたものを存立の中へと連れて行く」というのは、先ほどの「自己の－中で－自己－から－出て立つこと」を別の角度から、つまり「出で立つこと」を引き起こすものの視点から言い換えた表現です。運動を引き起こしているのも〈physis〉です。〈physis〉は引き出すものであると同時に、引き出されて、立たされるものでもあるわけです。

「隠蔽されたもの das Verborgene」というのは、存在者が現われてくる背景をなしている「存在」、個々の存在者を「図」とすると、それとの対比で「地」を成している「存在」と考えて下さい。ハイデガーは『存在と時間』の時点から、「存在」というのは、一切が混然一体となっている黒い塊のようなもので、そこからいろいろな存在者が浮かび上がってくるというイメージで考えていました。真理のことをギリシア語で、〈aletheia〉と言いますが、最初の〈a-〉は、英語の〈un-〉とか〈dis-〉に相当する否定の接頭辞で、「忘却」とか「隠蔽」という意味の〈lethe〉を否定した状態ということです。［真理＝非隠蔽性］というのは、ハイデガーが大好きな定式です。森林を伐採することをドイツ語で〈Lichtung〉と言いますが、これは、「光」を意

「隠蔽されたもの das Verborgene」：
存在者が現われてくる背景をなすものとしての「存在」、個々の存在者を「図」とすると、それとの対比で「地」を成している「存在」。

［真理＝非隠蔽性］：ハイデガーが大好きな定式。
森林を伐採することをドイツ語で〈Lichtung〉と言う
→「光」を意味する〈Licht〉から来ていて、木を切って日光が通るようにする（lichten）という意味合い。
→〈Lichtung（明るみを開くこと）〉を、「真理＝非隠蔽性」と結び付けて語ることが多い。

味する〈Licht〉から来ていて、木を切って日光が通るようにする（lichten）という意味合いです。ハイデガーは、この〈Lichtung（明るみを開くこと）〉を、「真理＝非隠蔽性」と結び付けて語ることが多いです。

> ところでしかし、よくあることだが、*physis*を、発現し滞在する支配という根源的な意味でなく、自然《ナトゥーア》という後世および今日の意味で理解し、さらに加えて、自然の根本現象として現代の物理学《フュジーク》が自然《フュシス》として研究している元素や原子や電子などの運動事象をあてるならば、ギリシア人の元初的哲学は一つの自然哲学、すなわちすべての物を表象《フォアシュテレン》することだということになってしまい、しかもその表象に従えば、すべての物はもともと物質的な本性を持つということになってしまう。

これは先ほどお話しした、〈physics（物理学）〉の語源になった〈physis〉を、「自然」の意味で捉えてしまう、現代の「自然」観を古代に投影してしまう、近代人の錯覚を問題にしているわけですが、ここでは「表象すること」を問題にしていますね。英語の〈represent〉など、ラテン語系の言葉では、「再－現前化 re-present」、今・此処にもはやないものを再び現われさせるという語の作りになっていますが、ドイツ語の〈vorstellen〉は、「前に立てる vor-stellen」という語の作りになっています。私たちの目の前、あるいは心の目の前に立てるわけです。ハイデガーは、「引き立ててきて、前に立てる」というようなニュアンスでこの言葉を使うことが多いです。

しかし、そうすると、「物 Ding」を「引き出してきて、（私たちの目の）前に立てる」「表象」という行為と、先ほどの「隠蔽されたものから自己を連れ出し、そのことによって初めて隠蔽されたものを存立の中へと連れて行く」のと、どう違うのか、という疑問が生じますね。ここでハイデガーは細かく説明していないのですが、ポイントは、「物質的な本性 stoffliche Natur」なるものが予め確定しているか、ということでしょう。現代人、特に物理学のような自然科学は、自然界を構成する「物質」の基本的性格（本性）、その運動の法則は決まっていて、理論によって客観的に「明らかにする」ことが可能であり、実験や観察によってその「本性＝自然 Natur」を実証することが可能である、と想定します。その「本性」を数式などの記号で「表象する」わけで、それでその「物質」が分かったことになります。それに対して古代ギリシアの詩人や哲学者は、「自然」の客観的性質が確定しているなどとは想定しておらず、様々な物が混然一体となって、識別不可能な〈physis〉から〝何か〟が「引き出されてくる」プロセス、出来事に立ち会い、それを言葉で捉え、留めようとした。言葉で捉えるといっても、何か既成の概念枠組みに当てはめるような形で把握するわけではありません。それだと「表象」と同じになってしまいます。

既成の概念枠組みを持たずに、〝何か〟が引き出されてくるのをじっと見つめるというのは、近代人にとっては、何か原始的（primitive）な素朴さという感じがしますが、ハイデガーはそうやって安易に〝プリミティヴさ〟に言及するのも宜しくない、と見ているようです。

> そうなるとギリシア哲学の元初は原始的《プリミティーフ》なものだという印象を与える。だがこの原始的《プリミティーフ》という語もじつはラテン語に由来するものであって、常識的には始まりというものは原始的なものだと思いこまれている。もしそうだとすれば、ギリシア人は要するに未開人の中のやや良いものの一つであり、これに比べると現代科学は無限に遠く進歩しているということになる。西洋哲学の元初を原始的なものと解することに含まれている個々の不都合はすべて論外としても、この解釈は、ここで問題になっているのは哲学であり、それは人間が持っている数少ない偉大なものの中の一つなのだということを忘れていると言わねばならない。

〈primitiv〉がラテン語由来だということに言及しているわけですが、それはここではあまり重要ではありません。肝心なのは、西洋哲学の「元初 Anfang」について、それが古い時代だというだけの理由で、彼らの思考や想像力が未開人のように粗雑で、自らの体感的な自然の延長上でいろんなことを思いついたんだろう、と思い込んでしまう傾向に囚われていないか、ということです。一九世紀後半に登場した初期の文化人類学では、未開社会の人たちの思考は素朴であると〝素朴〟に信じられていましたが、ハイデガーはそういう偏見を批判して、何の手がかりもないところから〈physis〉という概念を見出した、ソクラテス以前の哲学者たちの「偉大さ」をきちんと踏まえるべきだと強調しているわけです。

全体としての存在者そのものをギリシア人は *physis* と呼ぶ。ただ、ついでに言えば、ギリシア哲学の内部で直ちにこの語の意味を狭めるということが始まったが、しかしそれでも、それの最初の意味は、ギリシア哲学の経験と知と態度とから消え失せはしなかった。アリストテレスの場合、彼が存在者そのものの諸根拠について語るとき、なおこの語の根源的な意味についての知が響きをとどめている（『形而上学』*Γ* I，1003a 27 参照）。

これもハイデガーがよく使う論法です。ソクラテス以降の哲学が構築した形而上学のおかげで、「存在＝physis」が狭まっていったけど、古代の哲学者たち自身は、元初の観念を完全に忘れていないので、そのテクストをじっくり読むと、その痕跡を読み取ることができる、と主張します。ハイデガーは元々、アリストテレス（前三八四－三二二）の研究をしていたこともあって、アリストテレスのテクストからそういう〝痕跡〟を読み取ることを得意としています。ただ、ソクラテス以前の哲学者のテクストは断片的にしか残っていないものがほとんどなので、結局、プラトン（前四二七－三四七）やアリストテレスのテクストの中に、それ以前の哲学の〝痕跡〟を見出し、それを根拠にプラトンやアリストテレスを批判するということをやるわけです。

しかし *physis* という語の意味が狭くなって、だんだん「物理的《フュジシュ》なもの」を意味するようになった過程は、決してわれわれ現代人が考えるような仕方では生起しなかった。われわれは物理的なものに対して「心理的なもの」、心的なもの、生気あるもの、生命あるものを対置する。しかしこれらはすべてギリシア人にとっては、その後期においても、やはり *physis* に属している。*physis* に対立する現象としては、ギリシア人が *thesis* すなわち定立、措定と呼ぶもの、もしくは *nomos* すなわち人倫的なものという意味での法則、規則と呼ぶものがある。これはしかし決して道徳的なものではなくて、慣習的なもの、つまり自由にみずから進んで自分を拘束することと伝統から指図を受けることとにもとづくものであり、人間の自由な態度と身構えとに関するもの、人間の歴史的存在の形成に関するもの、すなわち *ēthos* であるが、これが後に

——は道徳の影響を受けて倫理的なものへと低下させられたのである。

ここでポイントになっているのは、「物理的 physisch」を何との対比で理解するかです。近代人は「心理的 psychisch」との対比で考えがちだけど、古代人はそうではなかった、ということです。「心的」の原語は〈seelisch〉で、これは「魂 Seele」がある、ということです。「生気ある beseelt」も同じ系統の言葉で、魂が備わっているとか宿っている、という感じですね。「生命ある lebendig」だけ、訳の字面では浮いている感じがしますが、これは、生物学的な話ではなくて、「魂」的なものが宿っているので、純粋な物体とは違うということでしょう。

古代ギリシア人にとって、〈physis〉と対になるものとして、定立とか措定という意味の〈thesis〉と、法とか規則という意味の〈nomos〉を挙げているわけですね。いずれも、人間が人為的に作り出した秩序です。ただ、〈physis〉と〈nomos〉を対置する場合、後者を「道徳的 moralisch」な意味合いで理解するのではなく、「慣習的なもの das Sittenhafte」という意味で理解すべきだというわけですね。「慣習的なもの」＝「自由にみずから進んで自分を拘束すること Bindung aus Freiheit」＋「伝統から指図を受けること Zuweisung auf Überliefe-rung」＝「人間の自由な態度と身構え freie Verhaltung und Haltung」＋「人間の歴史的存在 das geschichtliche Sein des Menschen」。平たく言うと、「慣習」には、個々の人間の自発性によって新たに形成される部分と、伝統や歴史によって予め決まっている部分がある、ということですね。これは当たり前と言えば当たり前の話ですが、『存在と時間』の「現存在」観、つまり、気が付いてみると世界の中に投げ込まれているが、そのまま受動的にあり続けるわけではなく、その自分の置かれている状況を主体的に捉え直し、自己の在り方を未来に向かって「企投 entwerfen ＝ project」していく能動的な面の両方を含んだ人間観を踏まえているような感じがしますね。因みに、経済学者のハイエク（一八九九－一九九二）は、計画的に措定するというニュアンスの強い〈thesis〉と、慣習的に形成されたものとしての〈nomos〉を峻別し、〈physis/thesis/nomos〉の三分法で考えるべきだと主張しています——これにつ

プラトンとアリストテレス（ラファエロ画「アテナイの学堂」より）

いては、拙著『今こそハイエクに学べ』(春秋社)をご覧下さい。
そしてハイデガーは、「道徳」という意味合いを抜いた〈nomos〉を「エートス ēthos」と等値していますね。ということは、「エートス」というのは元々、「自由意志」+「歴史」によって形成された「慣習」だということになります。これを、道徳とほぼ同じ意味での「倫理 Ethik」として捉えるのは、後世の人間の歪曲だというわけです。アリストテレスには、『ニコマコス倫理学 Ēthika Nikomacheia』と呼ばれる著作がありますが、これも現代的な意味での「倫理学」の書と見るべきではない、ということになりますね。「ニコマコス倫理学」というタイトル自体は、数世紀後の人が与えたものですが、テクスト自体の中に「エートス」という言葉が出てきます。ポリスの中で生きる人々の慣習に裏打ちされた健全な生き方というような意味合いで使われています。ハイデガーの哲学には、道徳がないということがよく言われますが、アリストテレスの哲学から「倫理」という要素を消去しているわけですね。

> *physis* という語の意味が狭められるのは *technē* と対立することによって生じる。—— *technē* とは芸術でも技術でもなくて、或る種の知ることである。知ることによって、自由に計画したり、整えたりすることを心得ていること、およびもろもろの整いを思いのままに使いこなすことである(プラトン『パイドロス』参照)。*technē* は知ることによって出来《しゅつらい》させることとしての生産、建設である(*physis* と *technē* との中には本質的には同じものがあるが、これは特殊な考察においてでなければ明らかにできない)。

[physis ⇔ technē] の対立によって、〈physis〉の意味が狭まったというわけですね。〈technē〉は字面から分かるように、英語の〈technique〉の語源ですが、当然古代ギリシア語には、自然科学の応用としての工業技術のような意味はありません。一般的には、英語の〈art〉、ドイツ語の〈Kunst〉に当たる「芸術」や「技芸」の意味で理解されています。ハイデガーには、この『形而上学入門』と同じく平凡社ライブラリーから訳書が出ている『技術への問い』(一九五三、五四)という著作もあり、ここでは〈technē〉の本来の意味が、「隠蔽されているもの」から何かを引き出し、取りまとめて立てること(Gestell)であり、その意味で、「真理 aletheia」と深い関係にあるという議論をしています。ここで言っている、〈technē〉とは「或る種の知ること ein

Wissen」であるという点や、更に、「知る」ことを通して、「出来－させる Hervor-bringen」という意味での「生産」や「建設」であるという点は、『技術への問い』で本格的に展開される技術論に繋がっているわけです。〈hervorbringen〉という動詞は、通常は「もたらす」という意味ですが、ハイフンで接頭辞の〈hervor-〉を分離することで、「向こうから her」「目の前へ vor」と現われ来たる、という意味合いを強調しているのでしょう。〈technē〉が、隠れているものの本質を摑んで、それを表に引き出すことだとすれば、隠れているものから自己を発現させる〈physis《フュジシュ》〉の運動と親和性があるような感じがしますね。

> しかるに現代では、物理的なものに対立する概念は、歴史的なものという概念である。ところが歴史的なものという存在者のこの領域もまた、ギリシア人にはやはり初めの広い意味の *physis* の意味で理解せられている。ただし、このことは歴史の自然主義的解釈などとは全然関係がない。全体としての存在者そのものが *physis* である。——すなわち *physis* は発現し－滞在する支配をその本質とし、性格としている。そしてこのようなものは、或る仕方で最も直接的に押し迫って来るもの、後に狭い意味での *physis* が意味するようになったもの、すなわち *ta physei onta* または *ta physika* つまり自然的存在者において最もよく経験される。physis 一般が経験される場合、すなわち存在者そのものとは何であるかと問われる場合、*ta physei onta* が何よりもまず手がかりを与える。もっとも、その場合、この問いを問うことは、初めから無生物、植物、動物などという自然の個々の領域に停滞していてはならず、*ta physika* を超え出なければならないのではあるが。

「自然（物理）⇔歴史」という対立も違うというわけですね。これは恐らくディルタイ（一八三三－一九一一）とか新カント学派のような、「歴史」的に形成されたもの、つまり人間の営みの積み重ねによって生み出された文化を扱う精神科学と、自然科学を方法論的に区別して、前者を擁護する考え方を指しているのでしょう。ギリシア人は、歴史的に形成されたものも〈physis〉に入れていたので、この区別も無効である。

歴史的なものも含めて、「全体としての存在者そのもの」、つまり存在者の総体が〈physis〉で、その全体の中から、先ほど見たような、「発現」してきて、支配的な影響を及ぼしながら留まるものがある。ハイデガーが存在者の総体としての〈physis〉を、「存在」に引きつけて理解しようとしていることが見て取れますね。〈ta physika〉と〈ta physei onta〉といったギリシア語が追加されたので、混乱して難しいという印象を受けるかもしれませんが、ポイントはそんなに難しいことではありません。これらは、言葉の作りだけからすると、〈physis〉の個別の現われを指しているはずです。〈ta〉は英語の〈the〉に当たるギリシア語の定冠詞です。細かく言うと、中性名詞の複数形に付く時の形です。〈ta physei onta〉の方は、「physisによって存在しているものたち」、〈ta physika〉の方は、「physis的なものたち」という意味になります。ただ、これらの言葉で表現されるもののほとんどは、近代人が「自然的存在者 das naturhaft Seiende」として理解しているものである、つまり、意味が狭まる、そう言っているわけです。だったら、〈physis〉の意味のベースはやはり〝自然〟ではないのか、と疑問が生じてきますが、ハイデガーは、いや、それは、隠蔽されてくるものからの出来と存立という〈physis〉の本性がはっきり現われてくるのは、いわゆる〝自然現象〟だからだ、と説明しているわけです。

今引用した箇所の「ta physikaを超え出なければ über ta physika hinaus」というところが意味深です。これは恐らく、「形而下学的＝自然的なもの（ta physika）を超えて形而上学（metaphysica）の領域へ」ということを暗示しているのでしょう。

〈Metaphysik〉の〈meta-〉というギリシア－ラテン語系の接頭辞は、現在では「超えて」という意味で使われることが多いですが、元々はギリシア語の前置詞兼接頭辞で、「後で」とか「付け加えて」とかいう意味でした。三七～三八頁にかけて、哲学の基礎知識がある人向けの〝解説〟らしきことが述べられていますね。元々は「アリストテレス全集」を後の時代の人が編集する際、「自然学」に相当する〈ta physika〉の部分の「後に meta」、現在、「形而上学」と呼ばれている領域に属する論考を配置して、〈ta meta ta physika（自然的なものの後のもの）〉と呼びました。それが〈metaphysica〉と短縮されたうえで、「自然」を超えたところにあるものを問う知の領域という意味になりました。因みに「方法」という意味の〈method〉も、ギリシア語の語源に遡ると、〈meta-〉+〈hodos（道）〉、つまり、「後に続く道」という意味です。

——ギリシア語では「何かを超える」、「超」のことを *meta* という。存在者そのものを哲学的に問うことは

——*meta ta physika* である。つまりそれは存在者を超えて問う、形而上学《メタフュジク》である。

ハイデガーは当然、〈metaphysica〉の本来の由来を知っているわけですが、ここでは敢えて、〈meta〉に「超える」という意味を読み込んでいるわけです。それによって、〈ta physika〉、つまり個別に形而下で存在する者の本性について調べ、解明しようとすれば、その個別的な存在性格を「超えた」水準に問いを進めていかねばならない、という議論をしているわけです。哲学ではなくても、学問は、対象の本性を明らかにするために、その対象のレベルを超えて、個々の対象を成り立たしめる法則を明らかにするということですので、語源学的にはおかしな誘導の仕方をしているけれど、基本的な考え方は間違ってはいないでしょう。三八頁で、「古い意味での『自然学《フュジカ》』はそれ自身既に ta physica を超えて、存在者に達している」と述べているのは、そういう意味です。〈physis〉の端的な現われである〈ta physica〉、「自然的存在者」を探求することは、不可避的に、「存在」を問うことになるわけです。

しかし、そうは言ってもいったん確立された「形而上学」の枠内で、個々の「存在者」についての問いと同じ流儀で、「存在」そのものについて問うことが可能である、という錯覚が起きるということが指摘されていますね。「存在そのものについても、なるほど程度の高いものではあるが、やはり一つの超越論的な問いにすぎないということになる」、と述べられていますね。この場合の「超越論的 transzendental」は、カントやフッサール（一八五九―一九三八）の意味で言われているのでしょう。カントの「超越論的」というのは、主観による認識を成り立たしめている条件に関わる、いわゆるメタ・レベルの問題であることを示すために、フッサールの場合、「現象学的還元」を経た後に現われてくる、諸事物や主体自身が存在するこの世界を「構成」する、主体の根源的な働き、主体／対象の関係自体を作り出す働きを指します。カントもフッサールも「超越論的」を、「主観（主体）」——の

「超越論的 transzendental」

・カント：主観による認識を成り立たしめている条件に関わる、いわゆるメタ・レベルの問題であること。

・フッサール：「現象学的還元」を経た後に現われてくる、諸事物や主体自身が存在するこの世界を「構成」する、主体の根源的な働き、主体／対象の関係自体を作り出す働き。

※カントもフッサールも「超越論的」を、「主観（主体）」——の根源的な作用——に関係付けて使っている。

根源的な作用——に関係付けて使っているわけです。そうなると、「存在」というのは、「主観」にとっての〝存在〟ということになってしまいます。

存在者を越えて問う、形而上学

もっとも、このように問いの意味を変えてしまうことはありがちなことで、特に『存在と時間』の中で「超越論的地平」ということが言われているだけに、ますますそうである。しかしあの場合に言われている「超越論的なもの」とは、決して主観的意識のそれではなくて、それは現－存在の実存論的－脱自的《エクスタティシュ》時間性から規定されているのである。それにもかかわらず、存在そのものについての問いの意味を変えてしまって、それを存在者そのものについての問いと同列のものにしてしまうということがなかなか後を絶たないのは、何よりもまず存在者としての存在者についての問いの本質的由来がいまだに不明瞭だからである。このことが、なんらかの仕方で存在に関係している問いを問うことを、すべて不明確にしているのである。

ハイデガー自身も『存在と時間』の中で「超越論的」という言い方をしているわけですが、それについての弁明ですね。「現存在」を主観と見ると、ハイデガーの言う「超越論的地平」は、主観的なものだということになってしまいますが、そうではないということですね。「実存論的－脱自的時間性」は、ハイデガーに言わせると、主観の内に備わっているものではない。むしろ、自分ではどうすることもできない、時間の流れの中に私たちの「実存」は投げ込まれている。「実存 Existenz」と聞くと、私たちは内面に向かう意識の在り方を連想しがちですが、ハイデガーはむしろ、時間によって急き立てられるように、不可避的に内から外へ向かっていく志向として、「実存」を捉えています——それがサルトル（一九〇五－八〇）とか新左翼系の人にハイデガーが意外と受ける理由でしょう。〈Existenz〉には、「外へ」という意味の接頭辞〈ex-〉が付いていますが、ハイデガーはそれを強調し、「脱自的 ekstatisch」とセットで使うことが多いです。〈Ex-istenz〉の〈-istenz〉部分の元になったラテン語の動詞〈sistere〉は「立たせる」という意味です。英語の〈ecstasy〉、ドイツ語の〈Ekstase〉の語源になったギリシア語の〈ekstasis〉は、やはり「外へ」という意味の〈ek-〉と「立たせる」という意味の動詞〈histanai〉から合成されていて、本来、〈Existenz〉と同じ意味です。ハイデガーにとっての「超越論的地平」としての「実存論的－脱自的時間性」は、「存在」それ自体を問う手がかりになるはずだったんですね。

いずれにしても、これまでの哲学者では「存在」そのものに対する問いが、「存在者」をめぐる問いにズレがちだった。それは、「存在」そのものを問い始めた哲学の原初の関心が失われてしまったことに原因がある、というわけです。

四二頁で、「問う」という行為の意味について考察しています。ハイデガーは、「存在」をめぐる自分の「問い」をその根底で規定している「意向 Gesinnung」について次のように述べています。

> 問いの意向はむしろ知ることを－志すという点にある。志す《ヴォレン》――ということは単なる欲求することや追求することではない。知ることを欲求する者も、表面では問うているかに見える。が、彼はこの問いを口にすること以上には出ない。彼はこの問いが始まるちょうどその所で立ちどまる。問うとは知ることを－志すことである。志す人、彼の現存在の全体を一つの意志の中へと置く人、そういう人は決意《エントシュロッセン》してある。決意はぐずぐず延ばしたり、こそこそ逃げたりしないで、その瞬間からして、しかも絶え間なく行動する。決－意は決して単なる行動の決心ではなくて、行動の決定的始まりであり、すべての行動に先んじ、すべての行動を徹頭徹尾貫いている始まりである。志すとは決意してあることである。

「知ることを－志す Wissen-wollen」という言い方が意味ありげですね。「知ることを欲求する」の方は、原文では〈zu wissen wünschen〉で、〈wollen〉という助動詞ではなく、〈wünschen〉という動詞が使われています。〈wollen〉は英語だと〈want to ～〉、〈wünschen〉は〈wish〉に対応する言葉です――語源的には、〈wollen〉は英語の未来の助動詞の〈will〉と繋がっているのですが、意味的にはむしろ〈want to ～〉です。普通のネイティヴのドイツ人や英米人は、この二つの動詞は単に用法が違うだけで、そんなに本質的な違いはないではないかと思うところでしょうが、よく考えてみると、〈wünschen〉や〈wish〉が、単にそうなってほしいという願望を主観的・抽象的に抱いているだけなのに対し、〈wollen〉や〈want to 〜〉は、その実現に向けて動いている、積極的に働きかけているようなニュアンスを伴っていることが多いですね。名詞形の〈Wollen〉にすると、「意欲」という意味になり、そのニュアンスが強くなります。もう少し具体的に言うと、その実現に向けて自分の心身が既に動いている、体勢ができている、という感じです。ハイデガーはそのニュアンスを出そうとしているわけです。つまり、既に「意欲」が発動していて、もはや〝自分〟でもそれを止められなくなっている、というニュアンス、「衝動」に近いニュアンスです。

〈Wollen〉という言葉のそうした意味合いを、先ほどお話しした、「覚悟＝決意性 Entschlossenheit」と結び付けているわけです。今読み上げた箇所の後の（ ）の中では、『存在と時間』の中でのこの言葉の用法について説明されていますね。要は、「私」が個別の「行動の決心 Beschluß zu handeln」をする前に、そういう決心をせざるを得ないように、「私」の根底に働き、私を動かしているものがあることを示唆しているわけですね。そうやって、「決意 Entschluß」へと迫られている受動とも能動とも言えない状態を表現しているわけです。やはり、「存在への問い」を、一部の人間の主観的な関心ではなく、「存在」そのものによって突き付けられていることだということにしたいようです。

> しかし、知るとは真理の中に立ちうるということである。真理とは存在者の開明性である。したがって、知るとは存在者の開明性の中に立ちうること、つまりそれに耐えることである。単なる知識を持つことは、それがどんな広い知識であっても、決して知ることではない。

これは「真理＝非隠蔽性（アレテイア）」という議論ですね。「開明性」の原語は〈Offenheit〉で、素朴に訳すと、「開かれている（offen = open）こと」です。これは、伐採した後の空き地の「明るみ Lichtung」と同じイメージですね。トマス・アクィナス（一二二五頃－七四）以来の伝統的な哲学では、「真理 veritas」とは「知性と事物の一致 adaequatio intellectus et rei」とされてきました。つまり、事物の実際の在り方と、それについての自分の頭の中での観念が一致しているということです。その一致を確認するのは、知性、主観の側ですね。それに対してハイデガーは、「真理」とは主観の中にあることではなくて、存在の暗闇から存在者が現われる運動として生起するもの、「出来」であって、私たちはその運動に立ち会うよう仕向けられているのだ、ということを示唆しているわけです。そうやって切迫してくる運動、呼びかけに応えることが、「覚悟性」です。「存在忘却 Seinsvergessenheit」のおかげで、そういう呼びかけに気付きにくくなっている、自分が日々「開明」に立ち会っているのに分からなくなっている、というわけですね。

五〇～五一頁にかけて、哲学的思惟による「存在」に対するアプローチが正当化されています。「無」について語ることは論理学の規則に反していて、非学問的であるという——恐らくカルナップ等を念頭に置いているのでしょう——批判に反論し、「哲学」の他の学問に対する優越的な位置を強調しています。

> 無について誠実に語ろうとする人は当然非学問的にならざるをえない。これは一大不幸事のように思われるが、しかしこれが一大不幸事であるのは、学問的な思考だけがただ一つの本来的な厳密な思考であって、哲学的思惟といえども、それの尺度としてはただこの学問的思考だけしか持ちえないし、またそうでなければならないというような考えが抱かれているかぎりにおいてのみである。ところが、事態はむしろ逆である。学問的思考とはすべて哲学的思惟の一形式にすぎず、哲学的思惟から派生し、次いでそのようなものとして固定されたのにすぎない。哲学が学問から出て来るとか、学問をとおして発生するというようなことは決してない。哲学は決して諸学問と同列に置かれえない。哲学はむしろ諸学に対してはその序列の前に置かれており、しかもそのことは単に「論理的に」とか諸学問の体系表の中でというような意味ではない。哲学は精神的現存在の全く違った領域と等級との中に立っている。

ここは分かりやすいですね。「哲学」が「学問 Wissenschaft」一般の基準に従うべきなのではなく、「学問」が「哲学」に従うべきだというわけですね。何故なら、「学問」の諸領域は全て「哲学」から派生したから。これは、あまりに大風呂敷な話のように聞こえますが、歴史的には正統です。「哲学」を意味するギリシア語の〈philosophia〉は元々、あらゆる洗練された知のジャンルを包括していました。先ほどお話ししたアリストテレスの『自然（形而下）学』は、今の感覚では「自然哲学」ですが、当時は「自然学」そのものでした。アリストテレス全集に含まれている『政治学』『経済学』『宇宙論』『植物について』なども、「〇〇哲学」ではなくて、その分野の最先端の知であったわけです。ガリレオ（一五六四―一六四一）やニュートン（一六四二―一七二七）は哲学者と呼ばれていました。『プリンキピア』（一六八七）と呼ばれているニュートンの主著の正式名称は、《Philosophiæ Naturalis Principia Mathematica》、『自然哲学の数学的諸原理』です。一八世紀になって、自然科学や人文系諸科学が哲学から明確に分離するようになりますが、「哲学」は諸学の基本であるという考え方は長いこと続きました。フッサールの現象学は、諸学の基礎付けとしての「哲学」の位置付けを再確認する試みだったとされています。フッサールの晩年の著作『ヨーロッパ諸学の危機と超越論的現象学』（一九三六）には、その意図がはっきり表われています。ハイデガーの場合は、諸学の基礎付けという域を更に超えて、人類と「存在」との最初の遭遇の時点にまで遡っていこうとしているわけです。

哲学および哲学の思惟と同列にいるのは、ただ詩だけである。だが、そうかといって詩作と思惟とが同じものであるのでもない。無について話すということは学問にとっては常に一つの嫌悪すべきことであり無意味なことである。これに反して、哲学者のほかには詩人が無について話すことができる。――ただしそれは決して、常識が考えているように詩においてはすべてがあまり厳密でないからという理由によるのではなく、詩（もちろん真の偉大な詩だけのことを言っているのだが）においては、すべての単なる学問においてとは違って、精神の本質的な優越が支配的であるという理由によってである。精神のこの優越性があるからこそ、詩人はいつも、あたかも存在者が、そのとき初めて語り出され、語りかけられたかのごとくに語るのである。詩人の詩作と哲人の思惟との中には、いつでも広い宇宙空間が開けられていて、そこでは一つ一つの物、木とか山とか家とか鳥の啼き声とかが、どうでもよい平凡なものという性格を全く失ってしまう。

ここもクリアですね。「存在」や「無」をめぐる問いに有意味に取り組むことができるのは、哲学的な「思惟 Denken」と「詩 Dichten」だけだと断言していますね。「思惟」と「詩」の言葉がどういう意味で特別なものであるか、逆に言うと、どういう「思惟」や「詩」が「存在」、あるいは〈physis〉の運動を捉えることができるかということは徐々に明らかにされていきます。あとここでもいきなり、「精神」という言葉が出てきましたね。ハイデガーの中で「存在」と「精神」は深く結び付いているようです。

五一〜五八頁にかけて、『存在と時間』での実存分析的な手法を使いながら、何故、「無」ではないかという問いが、自己の周囲の事物や人間に「気遣い」ながら存在する「現存在」の基本的な在り方に関わっていることが示唆されています。また、個々の存在者は、存在することも存在しないことも可能であり、存在と非存在の間で振動するということが指摘されています。それを踏まえて、五九頁でギリシア語の〈to on〉には、その都度存在しているものという意味と、前者を存在せしめている、根底にあるものという二重の意味があると述べられていますね。それから七〇頁にかけて、個別の「存在者」をいくら観察しても、「存在」そのものを見出すのは困難であることが述べられています。

六六頁に、ゴッホ（一八五三－九〇）の絵の話がやや唐突に出てきますね。

> ファン・ゴッホの描いたあの絵、無骨な百姓靴一足のほかには何もない。この絵は本来何ものをも呈示していない。にもかかわらず、これを見るや直ちに、われわれ自身が晩秋のたそがれ、じゃがいもの茎を燃やし終えて鍬を肩に野から疲れた足で家路をたどっているかのようにわれわれはこの絵にあるものとひとりで対面する。何がそこで存在的であるのか？　画布か？　筆触か？　色彩か？

この絵については、『形而上学入門』のすぐ後に行われた講演『芸術作品の起源』（一九三五）で詳しく論じられることになります。ポイントは分かりますね。絵の中に何かが「存在」している、ように感じられる。しかしそこに「存在している」ものは一体何か？　素朴唯物論的には、画布、筆触、色彩の組み合わせがあるわけですが、それ以上の何かが「ある」ように思われますね。『芸術作品の起源』では、それを起点に考察を進めて、「芸術」とは、「真理（存在の明るみ）」を「作品」という形で、「樹立する stiften」ことである、という、有名な議論を展開していきます。

七〇頁で、「存在」という言葉をめぐる論争が空転しがちであることを認めたうえで、「『存在』とは単なる語なのか、そしてそれの意味は幻であるのか、それともそれは西洋の宿命であるのか」という問いを立てて、西欧文明全般に関わる問題へと転回していきます。この後に、ハイデガーのドイツ中心主義的な傾向を窺わせる悪名高い箇所、デリダが『精神について』で焦点を当てているくだりが続きます。

このヨーロッパは今日救いがたい盲目のままに、いつもわれとわが身を刺し殺そうと身構え、一方にはロシア、一方にはアメリカと、両方からはさまれて大きな万力の中に横たわっている。ロシアもアメリカも形而上学的に見ればともに同じである。それは、狂奔する技術と平凡人の底のない組織との絶望的狂乱である。地球のすみからすみまで技術的に征服されて、経済的に搾取可能になり、どこで、いつ、どんな事件があろうと、それがみな思いどおりの速さで知られるようになり、フランスの或る国王暗殺計画も、東京の交響楽の演奏会も同時に「体験」することができ、時間とは、かろうじて速さ、瞬間性、同時性であるにすぎず、歴史としての時間はあらゆる民族のあらゆる現存在から消え去ってしまい、拳闘家が民族の偉人と思われ、何百万という大群衆の数が勝利であるようになっているとき、――このとき、まさにこのときにあたって、なおかつ、この喧騒をよそに、何のために？ ――どこへ？ ――そしてこの後何が？ ――という問いが幽霊のように襲いかかってくる。

いきなり政治的モードに入った感じですが、全く脈絡なしにプロパガンダを始めているわけではありません。ロシア＝ソ連と、アメリカを、機械的技術に支配された物質文明の代表に見立てて、それにヨーロッパが挟まれているというイメージを描いているわけですね。通信技術の急速な発達のおかげで、物質文明が支配している領域では、あらゆる出来事が全ての人にとって同時に「体験 erleben」可能になっている。ハイデガーがこの講義を行っていた時代には、「同時に gleichzeitig」と言うのは言い過ぎな感じがしたでしょうが、ネット時代である現代ではかなりリアリティがありますね。技術によって物事がどんどん進行し、各人がそれを体験するタイミングまで決められてくる。そうなると、ハイデガーが『存在と時間』で論じたような、実存的・脱自的な時間性というのは体験されにくくなる。体験していても、すぐに忘却されてしまう。ましてや、歴史的な流れとして、形成されてきた。運命としての「歴運」のようなものは、ピンと来にくくなる。人々は自分自身の存在が負っている歴史性、過去－現在－未来を繋ぐ時間性のことなど考えなくなる。ロシアもアメリカも形而上学的に「同じ dasselbe」であると言う時の「形而上学」というのは、自分たちと存在や時間との関係を考えなくていいように仕向ける〝形而上学〟、自分たちと存在の関係の地平である「形而上学」の存在を隠蔽し、忘却させ、形而上学的問いを無価値と思わせる〝形而上学〟ということでしょう。

最後の「──」が何本か入っている部分で出てくる、「幽霊」という言葉の原語は〈Gespenst〉で、これは『共産党宣言』（一八四八）の冒頭の「ヨーロッパに妖怪が出る──共産主義という名の妖怪が」という有名なフレーズの「妖怪」と同じ言葉です。ヨーロッパやソ連が出てくる段落の締めくくりなので、もじっているのは間違いないでしょう。あと、「喧噪」の原語は〈Spuk〉で、これの元の意味は「化けて出ること」「怪奇現象」「妖怪＝幽霊」などです。ハイデガーには、悪い意味での「妖怪」、物質文明という「妖怪」が左右からヨーロッパを襲っているように感じられたのでしょう。デリダの『マルクスの亡霊たち』（一九九三）は、マルクスのテクストにおける〈Geist〉〈Gespenst〉〈Spuk〉といった言葉の系譜を研究した著作です。

「存在」と「精神」

大地の精神的退落はひどく進んでしまって、諸民族は（「存在」の運命との関連から見た）退落を見て、それを退落だと認めることができるだけの精神力の最後のかけらをさえも失いかけている。このように一口に断定したからとて、それは文化悲観主義や、またもちろん楽観主義とはなんの関わりもない。けだし、世界の暗黒化、神々の逃亡、大地の破壊、人間の集団化、創造的で自由なもののすべてに対する嫌疑、これらが既に全地上にひどくはびこってしまって、悲観主義とか楽観主義とかいうたわいもないカテゴリーは、とうの昔に笑止になってしまっているほどだからである。

「大地 Erde」という言葉が出てきますね。『芸術作品の起源』では、「大地」は「世界」を構成する諸事物がそこから立ち現われてくる場であり、いわば「世界 Welt」を下から支えているけれど、「世界」が「開かれている」のに対し、「大地」は隠蔽性を保とうとして、「世界」に対立し、抗争するということが述べられています。文学的で分かりにくい言い方ですが、「大地」には諸事物を引き寄せ、逃がさないようにする重力のようなものがある、というイメージなのでしょう。重力のようなものが働いていて、簡単に逃がさないからこそ支えになる。諸事物の背景が出現してくる地平のような意味も込められている感じです。「地面」は見えるけれど、そうした形而上学的な意味を込めた「大地」は通常不可視です。それを見えるようにするのが、ゴッホの『一足の靴』（一八八七）のような芸術作品だというわけです。その「大地」を基盤にして、精神的な文化の創造性が育まれるのだけれど、そうしたポテンシャルがなくなって、「大地」が干上がっているように見える、ということでしょう。

ハイデガーなりの哲学的な意味は込められているのですが、この時代に大地の危機のようなことを言うと、ナチスの「血と大地 Blut und Boden」の神話を連想してしまいますね。

われわれは万力の中にいる。われわれドイツ民族は真ん中にいるので、万力の一番きつい重圧を経験している。われわれは最も隣人の多い民族であり、したがって最も危険にさらされた民族であり、そのうえさらに形而上学的な民族である。われわれはこの天命を覚悟しているのだが、しかしこの天命からわが民族が自分の運命を成就するとすれば、それはただ、まず自己自身の中に反響を、この天命の反響の可能性を作り出し、自己の伝統を創造的に把握するときだけであろう。これらすべてのことは、歴史的な民族としてのわが民族が、自己自身および、ひいては西洋の歴史を、それの将来的生起の中心から存在の諸力の根源的領域の内へと取り出して置くことを含んでいる。ヨーロッパに関する重大な決定が破壊の方向をもって行なわれてはならない以上、それはただ新しい歴史的精神力を中心から取り出して展開することによって行なわれうるだけである。

自分たちは「形而上学」と特別な関係を持った民族だと規定しているわけですね。「真ん中 Mitte」というのは、直接的にドイツが地理的にヨーロッパの中央に位置しているからですが、そこに精神的文化の中心という意味も込めようとしているわけです。先ほどの、形而上学的問いを無意味化する二つの勢力に挟まれているという指摘が、この位置付けと関わってくるわけです。「真ん中」にあって、大地から湧き上がってくる「存在の諸力」を受け止め、それを精神的な伝統へと変換する「天命 ein Schicksal」を担っている、というわけです。親ナチス的とは言えないまでも、哲学的自民族中心主義であるのは間違いないでしょう。

この後しばらくまた、「存在」や「存在論」という言葉をめぐる一般論が続いた後、七〇頁代の後半で再び、「存在」をめぐる問いと、人間の歴史的現存在、特に西欧の精神的運命と深く関わっていることが改めて強調されています。八〇頁で、「哲学においてのみ――すべての学問と違って――存在者への本質的諸関連が常に形成せられるのであるから、今日われわれにとって、この関連は根源的に歴史的なものでありうるし、また確かにそうでなければならないのである」とまとめられていますね。

抽象的な言い方ですが、ここからハイデガーは、「哲学」を諸事物と人間の関係を客観的に考察して記述する他の学問とは違って、むしろ「存在者」への「本質的諸関連 wesentliche Bezüge」を作り出すものと見ていることが読み取れます。「本質的諸関連」というのは、人々が他者や事物に関わる時の最も基本的な態度ということでしょう。当然、そこら辺にいる平凡な〝哲学者〟でもそうした「本質的諸関連」を作り出せるわけではなく、深く「思惟」する本当の哲学者でないとダメでしょう。「本質的諸関連」を作り出せるというのが、哲学者と、創造的な言葉でそれをやる「詩人」の共通点であるわけです。「詩作」を意味するギリシア語〈poiesis〉の原義は、「作ること」です。哲学的な「思惟」や「詩作」が、「存在」をめぐる問いに導かれて、「存在者」に対する「本質的諸関連」を作り出し、後世の人たちがそれに従わざるを得ないということになると、これは確かに歴史的な問題です。

しかし、先行する―問いを「形而上学的に」問うことは徹頭徹尾歴史的なことであるというわれわれの主張を理解するためには、その場合、歴史《ゲシヒテ》はわれわれにとって決して過去のものと同義ではないのだということをまず考えねばならない。というのは、過去のものとは確かに、もはや生起《ゲシエーエン》していないものだからである。けれどもまた、それにもまして歴史は単なる今日のものでもない。今日のものもやはり生起しているのではなく、いつもただ「去来し」、登場しては過ぎ去るだけだからである。出来事《ゲシエーエン》としての歴史《ゲシヒテ》とは、将来から規定を受け、かつて本質的にあったものを引き受けつつ、現在をとおして絶えずはたらきかけたりはたらきかけられたりすることである。現在とはまさにこの出来事の中で消滅するものにほかならない。

「先行する－問い Vor-frage」というのは、「存在者」をめぐるあらゆる問いに論理的に先行する問い、個別の問いを立てるための前提条件をめぐる問い、という意味でしょう。「存在」の意味を予め問うてある程度明らかにしておかないと、いかなる「問い」も、何を問うているのか分からなくなり、意味をなさなくなるということでしょう。

ここでは「歴史 Geschichte」という言葉を、「出来事＝生起 Geschehen」と関係付けていることは分かりますね。この二つの言葉は、古いドイツ語の同じ語源から来ています。普通のドイツ語ですと、当然、〈Geschichte〉は過去に起こったことの客観的な記録ですが、ハイデガーは、〈Geschichte〉というのは完結したものではなく、「生起しつつある」もの、「未来」と「過去」を「現在」において関係付けるものとして捉え直そうとしているわけです。〈geschehen〉は現在形で使われていますが、ハイデガーはこれを現在完了的な意味で使っていますね。ドイツ語では、現在完了には、英語の現在完了の「継続」用法はなく、現在形がその役割を担っているので、〈geschehen〉の現在形が過去から続いている状態を表わしていてもおかしくないわけです。無論、ドイツ語の普通の現在や現在完了が、大昔から未来まで続いていくような、ものすごく長い継続を表わすことはありません。言葉遊びで、そういう意味合いがあるように見せているわけです。

八一頁の終わりから、また先ほどの「(ヨーロッパの)精神の暗黒化」あるいは「無力化」と、アメリカとロシアの物質文明の圧力の話が出てきます。八三頁の終わりから「精神」に関する四つの誤解が述べられています。第一は、「精神＝知性」であるという誤解、第二は、それによって、「精神」を道具的に利用できるものだと考える誤解、第三は、精神的世界を、意識的に育成したり立案したりできる「文化」と同一視してしまう誤解。第三の誤解の下で、精神の産物である文化は贅沢品、装飾品として扱われるようになる。そして、文化はそれがどれだけ有用であるかを示す、「価値 Wert」という尺度で測られることになる。ハイデガーは、精神的なものを計測可能なものであるかのように表象する、「価値」という言葉を好ましいと思っていないようですね。第四は、「精神」を自分が野蛮でないことを証明する贅沢品、装飾品と見なすということですね。

こうした誤解に対峙する形で、ハイデガーは自分がフライブルク大学の学長に就任した時の演説（『学長就任演説＝ドイツの大学の自己主張』）の一節を、正しい「精神」理解として引用しています。

「精神とはむなしい明敏のことでもなく、無責任な機智の戯れでもなく、理づめの分析を果てしなく続けることでもなく、さらにまた世界理性などでもない。精神とは存在の本質への根源的に気分づけられた知的決意性である」

「精神」とは、「存在の本質」へと迫っていこうとする「知的決意性」だというわけですね。「気分づけられた gestimmt」というのは、ハイデガーがよく使う言葉で、「声」を意味する〈Stimme〉の動詞形〈stimmen〉の完了分詞・受動態です。〈stimmen〉は「整える」「調子を合わせる」「調律する」といった意味です。これをもう一度名詞化した〈Stimmung〉は「調子」とか「気分」という意味です。〈be-〉という接頭辞を付けて、〈bestimmen〉という名詞にすると、「規定する」という意味になります。ハイデガーは、こうしたいろいろなニュアンスを帯びた〈gestimmt〉を、本人の意図とは関係なく、ある方向に向かうよう気分を調律されている、という意味合いで使っています。

ハイデガーはこの自分からの引用のすぐ後で、「精神とは、全体としての存在者そのもののもろもろの力を盛り上げるもののことである」と述べていますね。これは、「存在者」の根底にある、「存在」それ自体を浮上させ、私たちと「存在者」との関係をより生き生きしたものにする、より密なものにする、ということでしょう。「精神」は、「存在」それ自体から立ち上がってくる根源的な気分＝情調性（Gestimmtheit）に対応し、人々に「存在」との関係を想起させ、「存在者」との生き生きした関係を保ち続ける働きをするようです。だからこそ、「存在」を問うことは、「精神」を覚醒させることになる、という循環的な関係にある、ということのようです。ハイデガーはそうやって、「存在」への問いを、ヨーロッパの形而上学の中心に位置するドイツの「精神」の復活と結び付けているわけですが、デリダはそれに納得せず、ハイデガーの「精神」という言葉の使い方に不穏なものを感じ取ったわけです。

「精神」⇒「存在の本質」へと迫っていこうとする「知的決意性」。

・**ハイデガー**：「存在」への問いを、ヨーロッパの形而上学の中心に位置するドイツの「精神」の復活と結び付ける。

・**デリダ**：ハイデガーに納得せず、ハイデガーの「精神」という言葉の使い方に不穏なものを感じ取った。

次回以降、読んでいく第Ⅱ、第Ⅲ、第Ⅳの章では、こういう政治的な煽りのような内容は少なくなり、ソクラテス以前のギリシア人の思考の内在的な分析に沈潜していきます。ただところどころで、先ほどの〈physis〉のように、近代ヨーロッパ人には理解できなくなったギリシア語の概念を、ドイツ語の固有語、つまりラテン系でない言葉で再現するということをやっています。ハイデガー・プロパーの研究者は、その巧みな移し替えをハイデガーの優れた哲学的資質と見るのですが、デリダたちからしてみると、それは、言語ナショナリズムに陥る危険の高い手法であるわけです。

■質疑応答

Q1　第I章では、ギリシア的な元初に帰って〈physis〉の意味を捉え直そうということが、繰り返し強調されています。「元初へ」、ということが繰り返し出てきますが、一方で「〈physis〉的なものに元初はあるのか?」、という問いはありません。「生成」「運動」について抽象的に述べられているだけです。時間という観点からすると「始まり」があるとか、何か起源的なものとして〈physis〉や「存在」を考えてしまうのですが、ハイデガーはそのようには捉えていないのでしょうか? 人間の哲学的思考の元初としてギリシアがあり、その歴史を改めて我々ゲルマン民族が……という風に議論を進めていますが、そもそも〈physis〉そのものの始まりがあるとは捉えていないのでしょうか?

A1　〈physis〉に〝はじまり〟はないのだろうと思います。〈physis〉あるいは「存在」が具体的な形を持って変化するものだとすれば、それが誕生した瞬間を確定することができるでしょうが、〈physis〉は混沌の中から存在者が立ち現われてくる運動それ自体です。ビッグバンのような形での〝はじまり〟を想定していらっしゃるのかもしれませんが、物理的な意味での時間を遡っていって、その極限にあるものが〈physis〉だというような話ではありません。ビッグバンのような現象も〈physis〉の運動の一部であり、〈physis〉の運動から「時間性」が、私たちが時間として経験しているものが立ち上がってくるのだから、〈physis〉自体の時間的な意味での〝はじまり〟はない、ということになると思います。ただ、ハイデガーがこのテクストの中で「元初 Anfang」と言っているものは、物理的な時間の原点ということではなく、哲学者や詩人の言葉によって〈physis〉が実体的に捉えられ、「形而上学」が生まれた〝瞬間〟のことですから、厳密な意味で確定できなくても、ある程度はっきりさせることができます。これから読んでいく、ソクラテス以前のギリシアに、西欧人たちを現に支配している「形而上学」の「原初」がある、とハイデガーは考えているわけです。

この時期のハイデガーは「現存在」分析に留まることなく、「存在」それ自体を解明すべきことを強調するようになるわけですが、彼は、科学哲学のメタ認識論のように、認識主体としての人間、あるいは理性的存在が生まれる〝以前〟の「時間」はどうだったのか、というような議論をしたいわけではないので、〈physis〉の〝はじまり〟の有無のような問題には関心がないのではないか、と思います。彼の「存在論」というのは、あくまでも歴史的現存在である人間にとっての「存在論」です。

Q2　「出来」と不可分の関係にある「現われ」は、アーレント（一九〇六－七五）の人間論で重要な位置を占めています。かなり影響が強いと思いますが、アーレントはこの講義を聴いていたのでしょうか？

A2　直接的に聴いてはいません。アーレントは一九三三年に亡命していますから。ですが、『存在と時間』で既に、「現われ Erscheinen（phainomenon）」や「真理＝アレテイア」をめぐる議論は見られますし、一九五〇年にはハイデガーとの交流を再開しています。アーレントが『人間の条件』（一九五八）を刊行する五年前に『形而上学入門』が刊行されているので、当然読んでいるでしょうし、「アレテイア＝非隠蔽性」をめぐるこの前後の議論も当然視野に入れているでしょう。市民たちの公的領域での「現われ」に基づいて、彼らの人間性や、共通世界が形成されてくる、という発想は、人間中心主義的ですが、ハイデガー的だと思います。各人に内在する理性のようなものを前提にするのではなく、ポリスという意味空間における、本人の意志だけではどうにもならない、「現われ」によって、人間の在り方が規定されるという発想は、ハイデガーに通じていると思います。言語によって事物の本質が開示されるという発想も、ハイデガーからアーレントに継承されていると思います。ハイデガーの場合、そうした言語の存在論的創造性を駆使できるのは、市民一般ではなく、「原初」に位置するごく少数の哲学者や詩人だけですが。

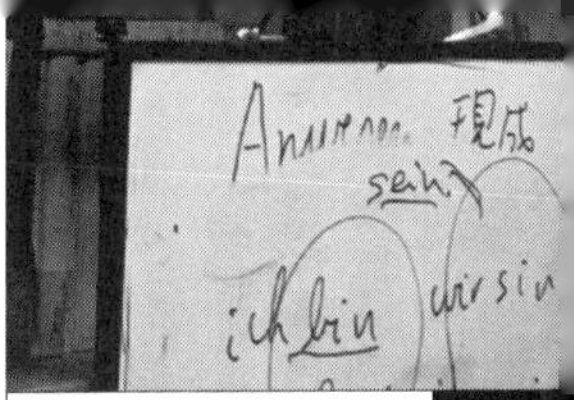

[講義] 第2回

sein 動詞の複数の語源と、そこに見出される「存在」経験について

――『形而上学入門』「II ――『ある《ザイン》』という語の文法と語源学とによせて」、「III ――存在の本質についての問い」

前回読んだ第I章では「存在」に関する問いを、哲学者が問うことの――ハイデガー自身はこういう言い方をしていませんが――歴史的必然性が強調されていました。哲学者が勝手に「存在」の意味について問うているのではなく、それは歴史的必然性を持っているのだ、「存在」に関する問いは避けて通ることができないものである、という主旨の議論が展開されていました。更に、それを当時のドイツをめぐる国際情勢や学問の状況、ヨーロッパ的精神危機といった時事的なことを絡めることを試みています。「存在」をめぐる問いを探究することは、衰退しつつある「精神」を復活させることに繋がるわけです。

〈II章――「ある《ザイン》」という語の文法と語源学とによせて〉を読む

第II章から、「存在」という概念に様々な角度からアプローチすることが試みられています。章タイトルは『ある《ザイン》』という語の文法と語源学とによせて」とあります。前回お話ししたように、ハイデガーは語源学を通して、既に当たり前になっている言葉の根底に潜む意味を引き出すという手法を得意としています。ラテン語を介してヨーロッパの近代語に取り入れられた、ギリシア起源の概念の失われた意味を示し、それをドイツ語の固有語をいくつか合成した語によって再現します。そうした操作を通して、ドイツ語が近代において、「存在」をめぐる新たな語彙の体系を打ち立てるのに適した言語、哲学的言語であることを示そうとします。

『存在と時間』では、「現存在」分析を起点にして「存在」そのものにアクセスしようとしたけれど、その試みは中途挫折してしまいました。「現存在」についての実存的理解をいくら掘り下げて考えても、「存在」それ自体には到達できない。では、今回は、「存在」それ自体にどうやって迫ろうとしているのか？　人間にとって「存在」は直接的にアクセス不能なものだけれど、「存在」から何らかの形でメッセージのようなものが発せられている。それは人間の言語とは異質なもので、普通の人間にはカオティックなノイズにしか見えなく、なかなか捉えられない。これを何らかの形で普通の人間にも理解でき、生の指針になるような形へと翻訳してくれる者として「哲学者」や「詩人」がいる。そういう前提で、ハイデガーは「哲学者」や「詩人」の言説の分析に集中します。

「形而上学」〈Metaphysik〉と「存在論」〈Ontologie〉

▶通常は哲学の一つの関心領域あるいは一部門。

▶ハイデガーの場合：「詩人」の言語や、ごく少数の卓越した哲学者の言葉の分析から「形而上学」と「存在」に迫る、また言葉の本来のニュアンスを問題にする。

→　西欧の人々の思考を最も根底で規定している言語構造のような意味で使っていると思われる。

あと、〈Metaphysik〉と〈Ontologie〉の訳語としての「形而上学」と「存在論」という言葉に注意して下さい。通常は、哲学の一つの関心領域あるいは一部門という意味で使われますが、ハイデガーの場合、「詩人」の言語を絡めていることや、ごく少数の卓越した哲学者の言葉だけを問題にしていること、言葉の本来のニュアンスを問題にしていることから分かるように、西欧の人々の思考を最も根底で規定している言語構造のような意味で使っていることが多いです。哲学者・思想家が直接的に「形而上学」とか「存在論」といった言葉を使っていなくても、ハイデガーはそこに、〈physis〉や「存在」をめぐる一定の基本的な思考パターンやイメージを読み取っていきます。「〜学」とか「〜論」という日本語のイメージに合わない話をしていることが多いので、日本語の語感に引きずられないようにして下さい。

ハイデガーの見方では、西洋人にとっての「存在」をめぐる基本的な言語－思考体系は、プラトン－アリストテレスの思想でいったん固定化されます。西洋人が世界や事物、他者を見る時、明確に意識していなくても、プラトン－アリストテレス的枠組みの中で考えているわけです。しかし、その枠組みが徐々に機能不全を起こし、学問や文化が自らの基盤を見失い、人々は歩んでいくべき方向性を見失っている。そういう危機の時代だからこそ、既存の枠組みに囚われることなく、「存在それ自体」から発せられるメッセージを、自分なりの仕方で受け止め、新たな「存在論－形而上学」を樹立しようとする人たちが出てこようとしている。その中心的役割を担っているのが、「存在」と親和性のある言語を持ったドイツ人だと言いたいわけです。

しかし、いきなりそう断言してしまうと、言語神秘主義、自民族中心主義の宗教になってしまうので、まず、「存在それ自体」を古代ギリシア人がどのように受け止め、それを言語化していったのか文献学的に洗い直すことで、自分が主張する「存在」と「言語」の関係がそれほど荒唐無稽なものではなく、既に起こったことであること、そしてこれから再び起こるかもしれないことを示唆しているわけです。

存在がわれわれにとっては、かろうじてむなしい語であり、ふわふわした意味であるにすぎないとすれば、いよいよもってわれわれは、少なくとも存在への関連のなごりであるこの語だけでも、すっかり捉えようと努めざるをえない。したがってわれわれはさしあたり次のように問う。

（一）「存在《ザイン》」という語は一体――語形から言って――どんな語なのか？

（二）この語の根源的な意味に関して、言葉についての知はわれわれに何を言うか？

学問的に言えば、われわれは（一）「存在」という語の文法と、（二）その語源学とを問う。

出だしは常識的ですね。「存在」それ自体は摑みどころがないけれど、「存在」という意味の言葉が私たち――この場合の「私たち」というのは、西欧の言語を使っている人のことでしょう――の先祖によって使われるようになった以上、何らかの形で最初の「存在」との出会い（＝「原初」）があったはず。その「原初」の痕跡が、自分たちが現に使っている言葉に残っているのではないかと推測し、その痕跡を見つけやすいと思われる文法と語源学を利用しようというわけです。

――単語の文法というものは単にその綴字と発音との諸形態にたずさわるだけのものでもなく、またそういうことを第一の仕事とするものでもない。単語の文法においては、いまあげた二つの形式的要素は目印の役を果たすものとされている。すなわち、語句はいろいろなことを意味することができ、またその意味に応じて、文章や、さらに長い話の構造の中へ組み入れられることがあらかじめ示されているのであるが、その場合どんな決まった方向と方向の区別とがあるかをこの二つの形式的要素が指示するのである。

綴字と発音を手がかりに分析を進めていくわけですが、少し難しそうなことを言っています。この二つの手がかりそれ自体は形式的なものにすぎないので、実質的な意味はないのだけど、その形式的な区別が、何と何を区別するために使われているのか突き止めれば、その区別の根底にある志向性、それを使っていた人たちが表現しようとしていたことが浮上してくるということでしょう。形式的区別がどういう役割を果たしているのか調べるというのは、言語を差異の体系と見る、ソシュール（一八五七―一九一三）の構造主義言語学の発想に近いですね。ただ、ソシュールは差異による弁別作用を分析するだけで、その弁別作用の根底で働いている力までは論じようとしません。言語学者だからです。ハイデガーは、その弁別作用の根底で蠢いているものを明るみに出そうとしているわけです。

彼は行く er geht、われわれが行くならば wir gingen、彼らは行ってしまった sie sind gegangen、行け！ geh!、行きつつ gehend、行くこと gehen ――これらの語は同じ一つの語が一定の意味方向に従って変化した形である。われわれは文法用語でそれらを、直説法現在―接続法過去―完了―命令法―分詞―不定法というふうに知っている。だがこういうことは既に久しく技術的手段にすぎないものになってしまい、これらの指示に従って言葉が分解され、規則が固定されている。言葉への根源的な関連がきざしている所では、単なる機械構造としてのこんな文法的な諸形式などは死んだものだという感じがする。

ここでは、「行く」という意味の〈gehen〉という動詞の人称変化と時制の変化が羅列されているだけです。〈gehen〉を例にしたことにここではそれほど大きな意味はありません。ハイデガーがこの例で言わんとしているのは、言語学者は、こうした語形変化を単に記述するだけで、こういう形態での語形の変化にどういう意味があるのか、こういう形で時制とか人称が分化することで、何が表現されつつあるのかを論じない、という形です。言語学者は、この形からこの形に移ったら、どういう意味になる、という規則は論じるが、それだけ。その言語にとって、そういう規則がどうして必要になったのかを問題にしない。自分はそういうことを問題にしたいのだ、というわけです。

例の中で挙げられている、現在完了形の〈sie sind gegangen〉が少し気になります。ハイデガーは、現在完了に特別な意味を持たせているのではないかと思います。ドイツ語では、英語の現在完了の完了や経験の用法に当たる部分だけでなく、比較的近い過去に起こったことも現在完了で表現しますので、日常会話の大部分が現在完了形で語られることになります。〈sind〉は英語の be 動詞に当たる sein 動詞を人称変化させた現在完了の助動詞です。英語の場合、完了形を作る際には have 動詞を使います。口語英語だと現在完了進行形で〈I have been working...〉等と言うことが多いので、be 動詞の完了形の出番が多いですが、現在完了自体と be 動詞間に必然的な結び付きはないですね。ドイツ語の場合、動詞の多くは現在完了形で〈haben〉を完了の助動詞にしますが、〈sein〉を使う場合もあります。ドイツ語の文法用語で、それぞれ haben 支配、sein 支配と言います。sein 支配になる単語は決まっており、移動や状態、生まれる・死ぬ等の生成変化を表わす自動詞です。「～で(が)ある」「行く」「来る」「留まる」等、基本的な意味の動詞が〈sein〉を取ります。

ただ、haben 支配と sein 支配の境界線は多少曖昧です。例えば「立っている」という意味の stehen を完了形にする場合、北のドイツ語では〈Ich habe gestanden.(私は立っていました)〉と言い haben 支配ですが、南のドイツ語では〈Ich bin gestanden.〉と言い sein 支配です。「座っている」という意味の〈sitzen〉や「横になっている」という意味の〈liegen〉についても、同じ傾向があります。つまり、南の地域ほど、sein 支配の現在完了形を多用する傾向があるわけです。ハイデガーの講義を聴いたネイティヴは、西南ドイツの方言に特有のリズムがある話し方だと言います。リズムに乗って話しているので、論理的に飛躍しているところでも、筋が通っているように聞こえてしまうと言います。

ドイツ語の完了形では、完了分詞が一番最後に来ます。例えば、「私は今朝八時に起きた」という場合、〈Ich bin heute um 8 Uhr aufgestanden.〉です。西南地方の方言では、最後に来る完了分詞の後ろから二音節目を長く延ばしながら、イントネーションを上げます。いかにも時間的に続いているようなリズムと発音の仕方をするわけです。そのシュヴァーベン方言を話しているハイデガーが現在完了をうまく使うと、ドイツ語のネイティヴには、時間がゆったりと続いているような感じがする。オーストリア系ユダヤ人として生まれたジョージ・スタイナー（一九二九－　）という批評家は、ハイデガーの講義のテクストは読むと分かりにくいが、音声として聴くと頭に入ってくると言っています。ハイデガーは、『存在と時間』を出す前から、巧みな講義によって学生たちを魅了していたと言われます。アーレントも、『存在と時間』が刊行される前、マールブルク大学で教えていた頃、それほど有名ではなかったハイデガーの講義に魅せられて、心酔しました。

「存在 Sein」という言葉に話を戻しましょう。〈Sein〉は、動詞〈sein〉をそのまま名詞にしたものです。ドイツ語では、動詞の最初の文字を大文字にすると、名詞になります。

「存在」とはどの語形から言って一体どんな語なのだろうか？「存在」――これには行くこと、落ちること、夢見ることなどが対応する。これらの単語形はパン、家、草、物などと同じようにひとまとめに名詞として区別されている。だが、われわれは第一群の語を、行く、落ちる……などの動詞（Verbum）にたやすく還元することができるが、第二群の語はそうはできないという区別があることにすぐ気づく。なるほど「家《ハウス》」に対して「住まう《ハウゼン》」という形があり、「彼は森に住まう」などと言うことは言う。けれども〝行くこと〟（進行）と〝行く〟との間の文法的関係と、〝家〟と〝住まう〟の間の文法的関係では、その意味が違う。また他方から言えば、第一群の語（〝行くこと〟〝飛ぶこと〟）に正確に対応していて、しかも〝パン〟〝家〟などと同じ性格と意味とを持っている単語形もある。たとえば「使節は食事《エッセン》を与えた」とか、「彼は不治のわずらい《ライデン》で死んだ」というような場合である。この場合には、われわれはもはや食事やわずらいがもともと動詞に属しているのだということを全く気にかけない。

何を言っているのか、と思うでしょう。日本語に訳してしまうとピンと来にくいのですが、動詞から派生した名詞の話をしているわけです。先ほどお話ししたように、〈Sein〉も動詞由来の名詞です。ドイツ語の動詞は、大文字にすると抽象名詞になります。ドイツ語の名詞には男性・女性・中性があり、それぞれ異なった冠詞を付けます。「行く」という動詞は〈gehen〉ですが中性の定冠詞〈das〉を付けて大文字にして、〈das Gehen〉とすると、「行くこと」という意味の抽象名詞になります。「落ちること」は、〈fallen（落ちる）〉→〈das Fallen（落ちること）〉。従って、〈das Sein〉は名詞の仲間です。

しかし、「名詞」といっても、「パン、家、草、物」等の元々名詞であるものとは違う、という話をしているわけです。「家」を意味する中性名詞〈das Haus〉から「住まう」という意味の〈hausen〉を作ることができます。それをもう一度名詞化して、〈das Hausen〉という抽象名詞にすることもできます。本文中に「住まう」という表記で出ているのは、この名詞化した〈das Hausen〉です。この動詞は、「彼は森に住まう er haust im Wald.」というような形で使うこともできますが、こういう風に動詞化できる名詞というのは例外です。また、〈gehen〉と、〈das Gehen（der Gang）〉――「進行」と訳されているのが〈der Gang〉で、これも〈gehen〉から派生した名詞で、これは「進行（進路）」とか「通り道」といった意味で使われます――の関係は、前者の行為・過程としての性格を、後者がそのまま受け継いでいるのに対し、〈hausen〉と〈das Haus〉では、前者が「住まう」という行為であるのに対し、後者は「家」という実在する物の名称ですから、意味内容が変質しています。

「食事」という意味の〈das Essen〉は、「食べる」という意味の動詞〈essen〉から派生した言葉です。「病」という意味の〈das Leiden〉は、「苦しむ」とか「被る」という意味の動詞〈leiden〉から派生したものです。ただし、これらは完全に名詞化しています。つまり物が名前になっていて、動作とか行為、プロセスを意味する機能はほぼ消滅しています。

日本語にするとややこしいですが、要は、形の上で名詞化していても、意味的に「動詞」としての性質を保持している抽象名詞と、具体的に実在する物の名前を示す本来の「名詞」は性質が違う、ということです。その点を確認したうえで、「存在 das Sein」は、完全に名詞化している〈das Essen〉や〈das Leiden〉とは違って、やはり動詞としての性格を保持している、ということを示唆しているわけです。

ドイツ語のネイティヴにとっては当たり前の話では？と思うかもしれませんが、ネイティヴでも、〈das

Sein〉という名詞を目にすると、ついつい「存在」という物が〝存在〞するかのような錯覚を起こしてしまいます。動詞と思うか名詞と思うかによって、「存在」の捉え方が大分違ってきます。だからハイデガーは、〈das Sein〉はどっちでしょう、みなさん名詞と思っているかもしれませんが、本当にそうでしょうか、〈Essen〉や〈Leiden〉とは違って、物の名前になり切っていないでしょう、ということを示唆しているわけです。

「動詞」「不定法」「名詞」から「存在《ザイン》」を考える

ところで、これと同じような関係が、われわれがとりあげている「存在」という語にも見られる。「存在《ザイン》」という名詞は「ある《ザイン》」という不定法に還元される。この不定法は君はある《ビスト》、彼はある《イスト》、われわれはあった《ヴァーレン》、君たちはあった《ザイト・ゲヴェーゼン》というような諸形式と同類のものである。「存在」は名詞としては動詞に由来している。だから「存在」という語は「動名詞」だと言われている。動名詞というこの文法的形式を指示するだけで「存在」という語の言語上の特徴づけはもうかたづいている。

「存在 das Sein」という語は、動詞〈sein〉の不定法、つまり人称変化も時制変化もしていないニュートラルな辞書に載っている形を名詞化したものであり、英語で言うところの動名詞だということです。〈du bist...〉〈er ist...〉は〈sein〉の現在人称変化、〈wir waren....〉は過去形、〈ihr seid ...gewesen〉は現在完了形。いずれにしても、「存在」は動詞に近いものだということです。

「存在」を文法的に考える時、「動詞」「不定法」「名詞」の三つの側面を考える必要があると述べられていますね。「動詞」と「名詞」は西欧に文法が生まれた時からあった概念です。この両者の関係、前者から後者へ移行した形態である「動名詞 Verbalsubstantiv」を検討していくことになるわけですが、その前に「不定法 Infinitiv」について論じていますね。

> 不定法《インフィニティーフ》とは何か？　この用語は完全に modus infinitivus というのを縮めたものであり、無限定性、無規定性のことを言う。つまり一般に動詞がその意味づけのはたらきと方向とを営み示す仕方における無限定性、無規定性の様式を言うのである。

〈Infinitiv〉は、ラテン語の形容詞〈infinitivus〉から派生した言葉で、この綴りの中に、「終わり＝目的」という意味のフランス語〈fin〉やイタリア語〈fine〉に通じる〈-fini-〉という文字の並びがありますね。「終わり」とか「境界線」という意味の名詞〈finis〉が元になっています。英語の〈finish〉も同じ系統ですね。境界線（finis）が「ない in-」、つまり、「無限定」「無規定」というのが、〈infinitivus〉の本来の意味ですね。つまり、「不定法」は意味付けの方向が規定されていない状態にある、ということです。

何でこんな分かり切ったことをいちいち確認しているかというと、恐らく、「不定形」という言葉から、全く動いていないような、静止して実体として固まっているようなイメージを持ってしまいがちなので、そうではなくて、方向性が未だ定まっていないだけで、これからどこかに向かって動いていくのだ、むしろいろんな可能性を秘めていると見るべきだ、と示唆したいのでしょう。

> modus infinitivus というこのラテン語の文法用語は、他のすべての文法用語と同様に、ギリシアの文法家の仕事に由来している。ここでもまたわれわれは *physis* という語を吟味したときに触れておいた翻訳の過程ということに直面する。ギリシア人の間に文法というものが発生し、それがローマ人に受け継がれ、さらにそれが中世および近代に伝えられたというような個々のことには、ここでは立ち入る必要はない。われわれはこのような過程については個々のことをたくさん知っている。

第Ⅰ章で、〈physis〉が〈natura〉に翻訳されたことで、〈physis〉を近代人が想定する狭義の「自然」の意味に矮小化して理解する態度が生まれてきた、という議論がありましたね。「不定法」という言葉、更に言えば、ラテン語文法を基にして作られたヨーロッパの諸国語の文法用語についても、ギリシア語の文法にははっきり認めることができた原初的な要素を失っているのではないか、というわけです。

> 西洋の文法の形成がギリシア語に対するギリシア人の熟慮に起因しているということが、この過程にそれの意味のすべてを与える。というのは、ギリシア語は（思惟の可能性という点から見て）ドイツ語と並んで最も強力であるとともに最も精神的な言葉だからである。

ギリシア語の概念が他のヨーロッパの諸言語の文法の基礎になったので、ギリシア語を特別扱いするのはい

いとして、ドイツ語も特別に「精神的」だと言うのはやはり唐突ですね。こういうことを言うから、ハイデガーは言語ナショナリズムだと批判されるわけです。

とりわけよく考えてみなければならぬことは、*onoma* と *rhēma* というギリシア的な形をとっている二つの基礎語形（名詞と動詞、Nomen と Verbum）の標準的な区別が、その後これまた西洋全体に対して標準的なものになった存在の把握と解釈とに最も直接的、最も親密に連関して仕上げられ、またそうして初めて確立されているという事実である。

ラテン語由来の文法体系を学んで、慣れている私たちが「名詞」及び「動詞」という言葉で言い表わしているものが、「存在」の理解に関連するということですね。先ほど見たように、「存在」に相当するドイツ語や英語などの単語は元々は「〜がある」「〜である」という意味の動詞だったのに、「不定形」を経て「名詞」に加えられ、最初から「名詞」であるかのように、つまり静的な言葉であるかのように扱われるようになったということですね。そうした「動詞」と「名詞」の区分けによって言語を理解するシステムが、その後の「存在」という概念の変遷史にも大きな影響を与えたのではないか、と示唆しているわけですね。プラトンの対話篇の一つ『ソフィステス』で、〈onoma/rhēma〉、つまり、後の「名詞」と「動詞」の区別に相当するものの区別と、「存在」の解釈の間に密接な関係がある、ということですね。『存在と時間』の前書きに当たる部分でも、冒頭で『ソフィステス』における、「存在」をめぐるエレアの旅人の困惑の台詞が引用され、それについてハイデガーが簡単にコメントしています。

けれどもその頃も、さらにその後のプラトンの時代にも、この二つの術語は言語使用全体を言い表わす術語と考えられている。*onoma* は、当該の人物や事柄を意味するのではなく、言葉による呼称を意味し、また語の発音をも意味する。語の発音は後世、文法的にはむしろ *rhēma* と解されているが。ところがまた *rhēma* は、言葉による言いとめ、言うこと、を意味する。*rhētōr* とは、動詞だけでなく、名詞という狭い意味での *onomata* をも使用する語り手、演説家のことである。

ややこしいことを言っているようですが、要は〈onoma〉も〈rhēma〉も元々、言葉を使用して何かを言い表わす行為、難しく言うと、言表行為全般を指す言葉で、名詞と動詞の原型になるような意味を持っていたわけではないということです。〈rhēma〉は〈rhetoric〉と語源的に関係しているわけですね。

元々両者は同じ系統の言葉だったわけですが、『ソフィステス』の中でプラトンが区別することを試みたということですね。

——広い意味での onoma とは *dēlōma tēi phōnēi peri tēn ousian*、すなわち音声にのせるという方法によって存在者の存在との関連において、またその領域内で開明することである。

自然界の音を象徴的に表現した音を「オノマトペ onomatopée」と言いますが、その語源になったギリシア語の〈onomatopoiïa〉も、〈onoma〉から派生した言葉で、「名称（onoma）を作ること」という意味です。ハイデガーは「広い意味での onoma」と言っていますが、『ソフィステス』の該当箇所では、まず、一般的に「語」という意味での〈onoma〉について、このような定義が成され、その後で（広義の）〈onoma〉には、物を名指しする〈onoma（名詞）〉と、行為を叙述する〈rhēma（動詞）〉とがある、と述べられています。〈onoma〉に「語」という意味と、「動詞」と対立するものとしての「名詞（名前）」という意味がある、ということが説明されていないせいで、何が話題になっているのか分かりにくいですね。ハイデガーにしてみれば、自分の講義を聴講している学生は、そんなギリシア語の基礎なんて分かっていて当然ということでしょうが。

「音声にのせるという方法によって存在者の存在との関連において、またその領域内で開明する」というのが少し取っ付きにくいですが、「存在者の存在との関連において」というハイデガーによる意訳のせいで分かりにくくなっているのだと思います。これに相当するのが、〈peri tēn ousian〉という部分です。〈ousia〉というのは、哲学事典を見ると、「実体 substance」もしくは「本質 essence」という意味が載っていますが、元々ギリシア語の be 動詞に当たる〈eimi〉の現在分詞形から派生した名詞で、日常的に「財産」とか「所有物」、特に不動産の意味で使われていたようです。その後に、「実在」「実在するもの」という意味でも使われるようになったようです。このことは少し後で、ハイデガー自身が説明しています。

問題のフレーズをごく普通に理解すれば、「その事物の本質に関係付ける形で」ということでしょう。つまり「語（名前）onoma」は、ある特定の音声によって、当該の物や対象の「本質」を言い当てる役割を担っている、ということでしょう。これはソシュールの言語学で、語というのは、聴覚映像としての「意味するもの signifiant」と、概念としての「意味されるもの signifié」の統一体でというのと、ほぼ同じことでしょう。「イヌ」という音で、「犬」という概念が含む属性を持つ生き物を表わすわけです。「イヌ」という音によって、個々の犬の「本質」に当たるものを表象する、と考えれば分かりやすいわけですが、ハイデガーに言わせれば、「本質 substantia」というような後世のラテン語系の概念に置き換えて分かった気になるのはおかしい、そもそもあなたたちは、「本質」とは何か分かっているのか、ということでしょう。特に、〈ousia〉が元々存在を表わす動詞だから、その原義に拘っているのでしょう。だから、〈ousia〉を「本質」ではなく、「(存在者の）存在」と訳しているわけです。

「すなわち音声にのせるという方法によって存在者の存在との関連において、またその領域内で開明することである」は、原文では、〈Offenbarung in bezug und im Umkreis des Sein des Seienden auf dem Wege der Verlautbarung〉となっています。「関連において in bezug」と「その領域内で im Umkreis」は並列になって、「存在者の存在 Sein des Seienden」にかかっています。〈Umkreis〉は「領域」というより「範囲」という意味です。それから、開明（開示）されるべき対象のことが言及されていないので、分かりにくくなっていますが、「存在者の存在」というフレーズの「存在者」が、その対象でしょう。そこで、「ある存在者を、その存在者の存在に関連付ける形で、かつ、その範囲内において、音声によって開示する」のが〈onoma〉である、という風に少し補って訳すと、多少分かりやすくなるでしょう。

それでも、「存在者の存在」というのが、どういうことか分かりにくいですが、恐らく、目の前にあって名指されるべき当の存在者を「存在」せしめているもの、その存在者を根底において支えているもの、それを存在している状態へともたらしているもの、ということでしょう。その存在者の「本質」と一言で言えば簡単なのですが、ハイデガーはそう言いたくないのでしょう。因みに、岩波から出ているプラトン全集の藤沢令夫さん（一九二五－二〇〇四）の訳では、問題の箇所はごくシンプルに、「音声（言葉）による物事の在り方の表示」となっています。

存在者の領域内では *pragma* と *praxis* とは区別される。前者はわれわれが関わっており、そのつど問題にしている事柄であり、後者は最も広い意味での行動と行為とであって、これは *poiēsis* をも含みこんでいる。単語には二種類（*ditton genos*）ある。すなわち *dēlōma pragmatatos*（*onoma*）事柄の開示と、*dēlōma praxeōs*（*rhēma*）行為の開示とである。*plegma* すなわち *symplokē*（両者の編み合わせ）が生起すると、そこに *logos elachistos te kai prōtos* 最も短い、（しかし同時に）最初の（本来の）言がある。

〈pragma〉は「プラグマティズム pragmatism」の語源になった言葉です。〈praxis〉は英語の〈practice〉の語源です。形容詞の〈pragmatic〉と〈practical〉、ドイツ語だと〈pragmatisch〉と〈praktisch〉は通常はほぼ同義だと見なされます。カントは、前者を「便宜的」とか「実際的」というような日常的な意味で、後者を「実践理性」と言う時の「実践」、つまり物理的因果法則ではなく、道徳法則に従う行為を形容する意味に使い分けていますが、普通の人はそんな使い分けをしません。

その〈pragma〉と〈praxis〉が区別されるという文がいきなり出てくるので、一体何をテーマにしているんだと思ってしまいますが、これは私たちが両者は基本的に同じ範疇に属するはずだという先入観を持っていることと、先ほど「存在者の存在～の領域」という似たようなフレーズがあったこと――ここで話題になっているのは、「存在者の領域」です――から来る難しさだと思います。「存在者の領域は pragma と praxis に区別される」と意訳すると、少し分かりやすくなるでしょう。私たちが「存在している seiend」ものとして認識する〝もの〟には、〈pragma〉という言葉で表わされる「事柄」と、〈praxis〉という言葉で表わされる「行為」「行動」の二種類があり、前者を音声で表示するのが〈onoma〉で、後者を音声表示するのが〈rhēma〉。〈poiēsis〉は「つくること」とか「創造すること」「あらしめること」という意味で、この語から「オートポイエシス autopoiesis」や「詩 poesy」という言葉が派生したわけですね。そういう広い意味での「つくる」も、〈rhēma〉に含まれるわけです。〈onoma〉と〈rhēma〉が合わさることで、本来の意味での「言 logos」になると言っているわけです。これは、『ソフィステス』の中でエレアからの客人が言っていることです。

『ソフィステス』ではこのようにして「名詞」と「動詞」の区別の原型が示されているわけですが、その後、アリストテレスが『命題論』で、前者を時間と無関係なもの、後者は時間を含んでいるものとして厳密に定義して、それが西欧の文法の基礎になった、ということですね。ドイツ語では「名詞」のことを〈Substantiv〉、つまり「実体的なもの」と呼び、「動詞」のことは英語のように〈Verb〉とも言いますが、ドイツ語固有の表現として〈Zeitwort（時間語）〉と言います。ハイデガーとしては、「存在」を「時間」と結び付けて理解しようとする自分の「存在」観、及び、ドイツ語の特権的地位を強調する立場から、強調しておきたい点でしょう。

　そしてまたラテン語由来の文法で「不定法」と呼ばれているものの話に戻ります。

> modus *infinitives* verbi 動詞の不定法という否定的な表現からして既に、これが modus finitus すなわち動詞が意味づけするのを限定したり規定したりする法に対するものであることを示している。だが不定法と限定法というこの区別が生まれるためのギリシアの典型は何であろうか？　ローマの文法家が modus すなわち法という色あせた語で言い表わしているものは、ギリシア人にあっては *enklisis* すなわち側面への傾斜と言われている。この語はギリシア人のもう一つの文法上の形式語と、意味の上で同じ方向をとって動いている。もう一つというのは、われわれには casus というラテン語でよく知られている *ptōsis* つまり名詞の変化という意味での格である。しかしこの *ptōsis* は、初めは名詞の場合だけでなく、動詞の場合をも含めて、基礎語形の変化（偏向、活用）のすべてを意味している。基礎語形の区別がかなり明確に立てられるようになって初めて、それぞれの語形に属する変化の方も別々の術語で呼ばれるようになったのである。名詞の変化は *ptōsis*（格）と呼ばれ、動詞の変化は *enklisis*（活用）と呼ばれるようになった。

　ここは比較的分かりやすいですね。「不定法」、つまり「無限定」の「法」がある以上、「限定法」があるはずだし、実際あったという話ですね。「法」というのは〈modus〉のことですが、これは英語で言うと〈mode〉、カタカナで「～モード」と言う時の「モード」ですね。ただ、現在の英語の文法でこれに当たるのは、同じ系統の〈mood〉という言葉で、「直接法 indicative mood」「命令法 imperative mood」「条件法 subjunctive mood」などという形で使います。どうしてこの系統の言葉だと不都合かというと、これに相当するギリシア語の文法用語〈enklisis〉と呼ばれていたものが本来持っていたニュアンス、「側面への傾斜 Neigung nach den Seiten」というニュアンスが消えてしまうからです。この〈enklisis〉の元になった〈klinein（傾く）〉というギリシア語の動詞から、ラテン語の〈clinare〉を経て、英語の〈incline（傾く）〉や〈decline（減少する）〉〈recline（もたれかかる）〉などが派生します。〈decline〉は、名詞・代名詞・形容詞を「活用する」という意味で使います。英語にはあまり語形変化はありませんが、強いて言えば、［I～my～me～mine］のようなものを念頭に置けばいいでしょう。文法用語として「傾く」という意味のものが残っているわけですが、「法」の方にはもはやないわけですね。「不定法」のことをギリシア語で、〈enklisis aparemphatos〉と言いますが、この〈aparemphatos〉というのは「二次的（派生的）な意味がない」という意味です。強いて訳すと、「派生的な意味を持たない傾き」ということになるでしょうか。

〈casus〉というのは、ドイツ文法で言う「格」のことです。簡単に言うと、主語を表わす主格、目的語を表わす対格、所有を表わす属格、間接目的語に相当する与格などです。現代のヨーロッパ語の多くは英語を筆頭に格変化は少なくなっていますが、ロシア語やポーランド語などスラブ系の言葉には格がはっきり残っています。ドイツ語とギリシア語の格は四つですが、ラテン語は七つ、ロシア語は六つ、ポーランド語は七つあります。その〈casus〉の変化が〈declination〉、ドイツ語だと〈Deklination〉です。ハイデガーが言っているのは、〈casus〉の元になったギリシア語の文法用語の〈ptōsis〉は元々、動詞の変化も指していたのだけれど、いつのまにか、名詞・代名詞・形容詞の活用だけを意味するようになり、動詞・助動詞の時制や法による変化である〈enklisis〉と使い分けられるようになった、ということです。

「立ち続ける本来の状態」こそが「存在」となる

肝心なのはその次です。

――*ptōsis* と *enklisis* という名称は、倒れること、傾斜すること、傾くことを意味する。そこには、正しく真っ直ぐ立っているものから離れ－ずれるということが含まれている。ところが、このように自分自身で高く上を向いてそこに立つこと、存立へ至り、存立の中にとどまること、これをギリシア人は存在と考える。このように存立へ至り、自己自身で存続的になるものは、そのさいみずから進んで自由に自己を自己の限界（*peras*）の必然性の中へ投げ入れる。限界とは決して存在者に後ほど外から付け加わってきたものではない。いわんや、これは不利な制限という意味での欠如ではない。限界によって自己を制御する保持、存続的なものが自己を保っているその自己―所持、これが存在者の存在であり、むしろこれが初めて存在者をして非存在者と区別した意味での存在者たらしめるのである。

名詞にしろ動詞にしろ変化を表わす語は、「倒れる」とか「傾く」という意味だったわけですね。それは、「正しくまっすぐ立っている状態 Aufrecht- und Geradestehen」からズレるということですね。ということは、その逆に、ズレていない、まっすぐな状態があるということです。それが「存在」だというわけです。話に飛躍があるような気がしますが、恐らく、動詞にしろ名詞にしろ、現実に眼の前にある具体的な存在者に関わる語は何らかの形で「傾き」を持っている、つまり、変化したり、衰退したり、消滅したりしていくが、それから逆算して、そういう外面的な変化・衰退にもかかわらず、自らの力でしっかり存続している、立ち続ける（ständig）本来の状態が、より根底にあるというような想定があるはずであり、それが「存在」と呼ばれるようになった、というようにハイデガーは推論しているのでしょう。

「立つ」ことが強調されますが、ドイツ語で「存続」とか「存立」に関わる言葉が、「立つ」という意味の動詞〈stehen〉から派生しているからです。「存立」と訳されている〈Stand〉は、〈stehen〉の名詞形で、「立っていること」の他、「状態」とか「地位」「足場」「身分」といった意味があります。形容詞の〈ständig〉は「恒常的」という意味になります。〈be-〉という接頭辞を加えて、〈bestehen〉という動詞にすると、「持続する」「存立する」「持ちこたえる」といった意味になります。英語の〈stand〉も同じ系統の言葉ですが、ここまで意味が広がりません。ハイデガーはこの「立っていること」と「存在し続けること」の繋がりを意識しながら話を進めているわけです。

ただ、自分の力で存続し続ける、と言っても抽象的すぎてピンと来ないかもしれませんね。例えば、「家」

の存在を考えてみて下さい。木や石やレンガが集められただけだと、家ではなくて、ただのがらくたの集合体ですが、建築学的な法則に則って一定の形にもたらすと、何十年かは表面の変化・劣化にもかかわらず、本質的な部分は変化せず、そこに立ち続けます。存立に至り、その状態が持続する、つまり「存在」するようになるわけです。あらゆる存在者にそういう風に、本質を構成し、立ち続ける核心的な要素があるように思えます。ハイデガーは、そうやって存在者の奥に潜んでいるもの、背景を成しているものを、「存在」と呼ぶわけです。

「家」の例で考えると、「家」が存在するには、「家」とそれ以外の周囲のものを分ける境界線が必要です。その境界線が、ここでハイデガーが「限界 peras」と呼んでいるものです。境界線に囲われ形を与えられ、その中で立っていることによって「家」は存立するようになります。この〈peras〉は、英語だと〈end（終端＝目的）〉、ドイツ語だと〈Ende〉、フランス語の〈fin〉などに相当する語です。

> したがって、存立へ至るとは自分に限界を得させること、限界－獲得のことである。それゆえ、存在者の一つの根本性格は *to telos* である。もっともこれも、目標とか目的とかを意味するのではなく、終わりを意味する。「終わり」はここでは決して、そこで何かがもはや進まなくなり、止まってしまい、やんでしまうといったような否定的な意味で言われているのではない。終わりは完結の意味での終了である。限界と終わりとは、それとともに存在者があることを始めるようなものである。アリストテレスが存在者に適用した最高の述語、すなわち *entelecheia* はこの観点からこそ理解されるべきである。*entelecheia* すなわち自己を－終了（限界）の－中で－保つ（護る）ことである。（…）限界を満たしながら自己を自己の限界の中へと置いて、そのようにして立っているもの、それは形態 *morphē* を持つ。ギリシア的に理解された形態は、その本質を、発現して－自己を－限界の－中へと－設－置することから得ている。

〈telos〉は〈peras〉とほぼ同義ですが、通常は「目的」という意味で使われます。〈entelecheia（完成態）〉の〈-tele-〉の部分は〈telos〉のことです。アリストテレスは通常、自然に関しても政治（ポリテイア）に関しても、事物や秩序にはそれ固有の存在「目的」があると主張した人、目的論（Teleologie）の人だと思われていますが、ハイデガーは確かにアリストテレスは〈telos〉を論じたが、それは「目的 Zweck」とか「目標 Ziel」

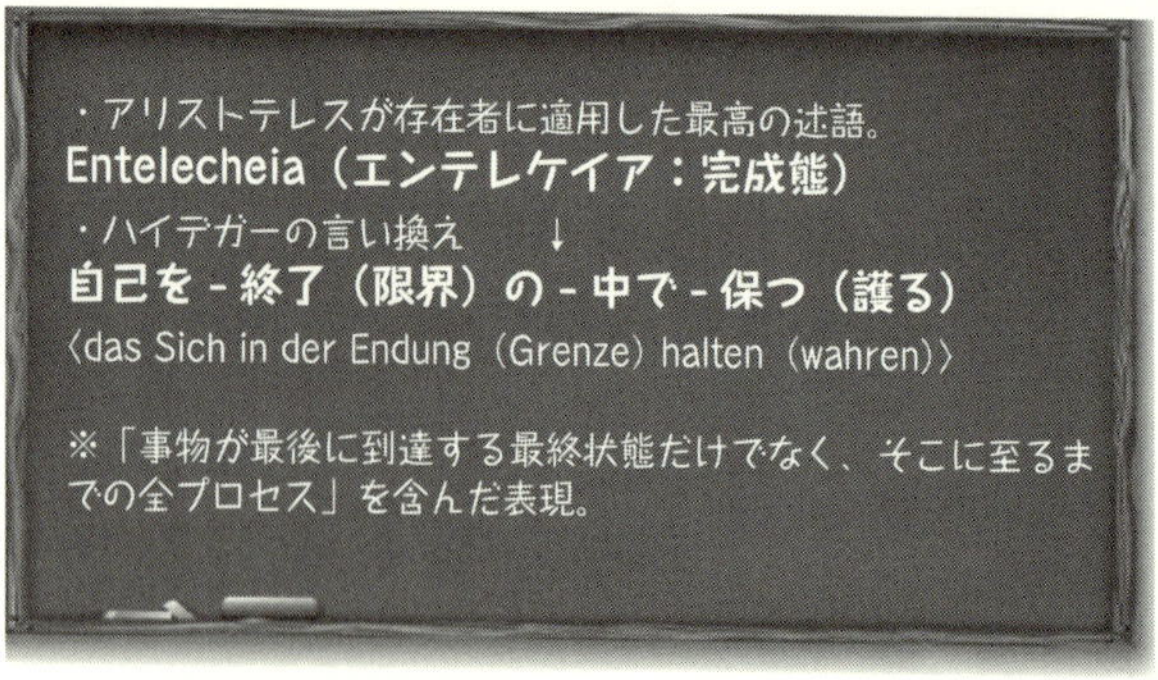
・アリストテレスが存在者に適用した最高の述語。
Entelecheia（エンテレケイア：完成態）
・ハイデガーの言い換え ↓
自己を－終了（限界）の－中で－保つ（護る）
〈das Sich in der Endung（Grenze）halten（wahren）〉
※「事物が最後に到達する最終状態だけでなく、そこに至るまでの全プロセス」を含んだ表現。

の意味ではなく、「終わり Ende」という意味だと言っているわけです。説明していないので、「目的」や「目標」の意味に理解するとどうまずくなるのか分かりませんが、恐らく、「目的」や「目標」という言い方をすると、それを作ったものの意図によって、「終点」が定まっているようなニュアンスになってしまうからでしょう。だとすると、先ほどの「家」の例を出してしまったのはまずかったかもしれません（笑）。雲とか竜巻とか生命体とかの方がよかったかもしれません。ただ、「家」でも作り出して完成するまでに所有者や設計者、作業する人が変化し、改装されていくうちに、用途が住居から集会所や仕事場に変化していくこともあるでしょう。ただ、ある敷地内に、当初の何か特定の素材で建て始めた以上、変化に限界（peras）はあるし、何らかの形で完成に至る（entelecheia）でしょうし、その後、文字通りの意味で「終焉」することになる。そうした意味で〈telos〉と〈peras〉によって方向付けられながら存立し、生成することが「家」の「存在」だとすれば、ハイデガーの記述とうまく合致するような気がします。

ハイデガー的なヘンな用語の説明をしておきますと、「エンテレケイア」の言い換えとして出てくる、「自己を–終了（限界）の–中で–保つ（護る）こと」の原語は、〈das Sich in der Endung（Grenze）halten（wahren）〉です。単純に「自己を保つこと」だったら、すんなり分かりますね。それだと〈telos〉の意味が失われてしまうので、「自己 Sich」と動名詞本体〈halten〉の間に〈Enndung〉と〈Grenze〉を挿入しているわけですが、単なる「終わり」ではなく、動的なプロセスであることを示すために、〈Ende〉を「終わる」という意味の動詞〈ende〉に換えてから、それを再度名詞化した〈Endung〉という形に置き換えています。また、〈halten〉だと、単に「保持する」という意味にしかならないので、「護る」という意味合いがはっきり出る〈wahren〉という動詞で補っているのでしょう。ニュアンスを補いながら一つの単語にまとめようと頑張ったので、ヘンに長い造語になってしまったわけですが、ドイツ語はこうやって動名詞本体と目的語や前置詞句をハイフンで繋いだ長い単語を作ることをかなり許容します――そんな単語をやたらに使うのは、ドイツ語としても悪文であることは間違いありませんが、ハイデガーなので許されてしまうわけです（笑）。それを日本語に忠実に訳そうとすると、余計に読みにくくなるわけです。

結局、「完成という意味での『終わり』に向かって進んでいるプロセスにある自己の状態を、一定の限界内において保持していること」が、ハイデガーの言うエンテレケイアだということになります。ということは、「エンテレケイア」というのは、通常理解されているように、事物が最後に到達する最終状態だけでなく、そこに至るまでの全プロセスを含んでいることになります。「目的」とか「目標」という言葉を使うと、最終状態にフォーカスする通常のアリストテレス理解みたいになるので、どうしても「目的」とか「目標」という言葉を出して説明したくないのでしょう。そのせいで、その辺の背景を知らない人にはものすごくまどろこしくて、意味不明に見えてしまうわけです。

「形態」の本質としての「発現して－自己を－限界の－中へと－設－置する」の原語は、〈das aufgehende Sich-in-die Grenze-her-stellen〉です。「自己を限界の中へ」という部分はさっきの「エンテレケイア」の定義から取ってきたものなので、分かりますね。「発現して aufgehend」というのは、前回見た、〈physis〉の特性の一つとしての「発現」から来ています。〈aufgehend〉は、「発現する（立ち現われる）」という意味の動詞〈aufgehen〉の現在分詞形です。「発現しながら」ということですね。〈her-stellen〉というのは、「産出する」、言葉の作りに即して言えば「引き出して立てる」という意味の〈herstelln〉を、ハイフンを使って接頭辞と動詞本体に分割したものです。〈stellen〉単独だと、単に「設置する」「置く」「立てる」ですが、〈her-〉を足して、〈herstelln〉に関連付けて、「潜在的な可能性から引き出し、発現させる、という意味で、産出する」というようなニュアンスを出そうとしているのでしょう。

――だが、自己の－中で－そこに－立っているものは、それを見る者の立場から言うと、自己を－呈－示するもの、見えるままの相をして自己を提－示するものになる。或る事物の相をギリシア人は *eidos* あるい

は *idea* と呼ぶ。*eidos* の中には、われわれドイツ人が、事物は顔を持っている、それは自己を見せることができる、それは立っていると言う場合にわれわれもまた意味していることの原初的な響きが含みこまれている。事物は「坐っている」。それはそれの本質の現象することの中で、すなわち出来《しゅつらい》の中で安らっている。

哲学の教科書的に出てくる、プラトンの「イデア」と、アリストテレスの「エイドス」の説明ですね。実は、どちらも「見る」という意味のギリシア語の動詞〈idein〉から派生した言葉で、元々は「見かけ」とか「外見」とかいう意味です。「相」という言葉で訳されているのは、〈Aussehen〉というドイツ語で、これは、「外観」とか「外見」の意味です。動詞形の〈aussehen〉は、英語の〈seem〉のように「〜に見える」という意味で使われます。「相」と訳したのは、恐らく、「外観」だと、「外観」と「本質」を二元的に捉えているように聞こえるからでしょう。「現われ」のいくつかの「位相」「階層」があるというような意味合いを込めたかったかもしれません。ただ、単に「相」と訳したのでは、それこそ、失われるものが大きいと思います。

「自己の－中で－そこに－立っているもの」の原語は〈das in-Sich-da-Stehende〉。先ほどの「立っている」という要因が入っていますね。分かりにくいのは、「自己の－中で」と「そこに」が入ってきていることです。間のハイフンは一つの単語にするうえで必要上入ってきただけなので、理解するうえでは無視していいです。「自己の中で立っている」というのが普通ならどういうことか分かりませんが、前回見た、〈physis〉の特徴として挙げられていた、「自己の－中で－自己－から－出て立つこと In-sich-aus-sich-Hinausstehen」と同じような発想でしょう。自然界で起こっている現象、例えば、植物の発芽のような現象は、その背後により大きなもの、植物の本体、その植物が種全体として営んでいる生命活動、自然環境のようなものが潜んでいます。そうしたより大きなもの、(私たちの目に)「隠蔽されているもの」の一部が、私たちの前に現象してくると考えれば、「(背後に潜んでいるより大きな)自己の中で」「立つ」ということを言いたいのではないか、と推測できます。「そこに」というのがそれでも引っかかりますが、ドイツ語の〈da〉は英語の〈there〉やフランス語の〈là〉のように、場所としての「そこ」を示しているというより、話題になっている場所、話者の目の前に現にある、

ドイツ語の〈da〉

・場所としての「そこ」＝英語の〈there〉やフランス語の〈là〉
・ドイツ語におけるその他の意味：話題になっている場所やテーマ。話者の目の前に、到達可能な範囲に現にあること。
・ハイデガー：「現存在 Dasein」の〈da〉＝今、此処に現に（ある）
・ヘーゲル：「定在 Dasein」の〈da〉＝無限定ではなく何らかの限定＝規定を受けている。

という意味で使われます。ハイデガー用語だと「現存在 Dasein」の〈da〉、ヘーゲル（一七七〇－一八三一）だと「定在 Dasein」の〈da〉です。ハイデガーの場合は、「今、此処に現に（ある）」という意味合い、ヘーゲルの場合は、無限定ではなく何らかの限定＝規定を受けているという意味合いです。この場合も、「現にそこに具体的な形で現われている」という意味合いでしょう。

「自己を－呈－示するもの das Sich-dar-Stellende」は、「呈示する」という意味の動詞〈darstellen〉の〈dar-〉という接頭辞を分離して、〈dar-〉と、「立てる」という意味の動詞本体〈stellen〉の双方を際立たせているわけです。〈dar-〉は基本的に先ほどの〈da〉と同じもので、母音で始まる動詞と結合する時に、母音が連続しないように、間に〈r〉の音を挟んでいるわけです。〈stellen〉は〈stehen（立っている）〉の自動詞形と考えればいいでしょう。

「事物は顔を持っている die Sache hat ein Gesicht」というドイツ語の慣用的な言い回しが、「自己を呈示するもの das Sich-dar-Stellende」という〈physis〉的な性格を示しているのは分かりますね。「それは自己を見せることができる sie kann sich sehen lassen」は日本語にすると大した違和感はありませんが、「示す」とか「見せる」という意味、英語の〈show〉に当たる〈zeigen〉ではなくて、英語の〈look〉に当たる、「～に見える」という意味の〈sehen〉を使っています。これが、「自らを～に（の）なるがままにしておく」という意味の〈sich ～ lassen〉という動詞とセットで使われています。〈lassen〉は英語だと〈let〉もしくは〈leave〉に当たる動詞ですが、「放っておく」とか「～させておく」という意味で使われます。〈sich ～ lassen〉は、字面的に、受動的な状態を自発的に作り出すというニュアンスを帯びています。ギリシア語の文法で言うと、中動相的なニュアンスを帯びているわけですね。ドイツ語では、〈sich ～ lassen〉構文が比較的多用されます。ただ普通のネイティヴは当然、それが中動相的な意味を帯びているなどとは考えていません。例えば、〈Ich habe mir die Haare schneiden lassen.（私は髪を切ってもらった）〉のような使い方をしますが、これは英語の［have（get）＋目的語＋受動態］とほぼ同じです。普通のドイツ人は英語でも自分たちと同じような言い方をしているじゃないか、としか思っていないでしょう。

「坐っている sitzt」とか「休らっている ruht」というのは、ドイツ語で所在を表わすのによく使われる動詞です。前者は会社とか官庁の所在地、後者は建物とか大型機械の設置場所を指すのに使われることが多いです。ネイティヴはニュアンスをいちいち気にしていないでしょうが、元の意味からすると、事物がゆったりと安定してそこにあり続けているというニュアンスがあると見ることができます。「立っている」とか「立たせる」という表現が出てきたけど、無理に立たされているのではなくて、発現した後、さっと消えていくのではなく、ゆったり安定した感じでそこにあり、一定の「外観」を示し続けている。

いま列挙した存在の諸規定は、しかしすべてギリシア人が *ousia* と呼び、あるいは、より完全には *parousia* と呼んでいるものに基づき、それによって統べ保たれているのである。この *ousia* あるいは *parousia* において、ギリシア人は疑いもなく存在の意味を経験した。平凡無思慮の連中がこの語を「実体《ズブスタンツ》」と翻訳し、それとともにすべての意味を逸してしまっている。われわれは *parousia* にうまくあてはまるドイツ語として現－存《アン・ヴェーゼン》という語を持っている。われわれドイツ人は、ひとまとめになっている地所、屋敷のことを Anwesen と呼ぶ。アリストテレスの時代には、なお *ousia* はこの意味とさらに哲学的な基礎用語の意味との二つで使われている。或るものが現－存する。それは自己の中で立ち、自己をそのように呈示している。それはある。「存在」とはギリシア人にとって根本的には現存性を意味する。

〈ousia〉をラテン語の〈substantia〉に訳したことで、〈ousia〉の本来の意味が失われたということですね。〈substantia〉の方は、「下に」という意味の〈sub-〉と、「立つ」という意味の動詞〈stare〉から派生した〈-stance〉から合成されていて、語の作りから言うと、「下に立っているもの＝基礎にあるもの」という意味です。これに対して〈ousia〉は先ほど確認したように、be 動詞に当たる〈eimi〉の現在分詞から派生した名詞です。確かにその点で、〈ousia〉の方が「存在」と関係ありそうです。〈parousia〉は、「現前」「居合わせている

「現－存」〈An-wesen〉

「現前」もしくは「地所」という意味の〈Anwesen〉にハイフンを入れて分解。
「そこにあること」を意味するギリシア語の〈ousia〉が「財産」、特に「不動産」の意味を持っていることに対応していることを示唆。

※〈Anwesen〉
「～に接して」とか「～に即して」という意味の〈an-〉という接頭辞。
＋
「本質」という意味の〈Wesen〉という名詞。〈Wesen〉には他に、「生命」とか「本性」「特性」、あるいは「叛乱」などの意味。

こと」という意味です。キリスト教神学では、キリストの「再臨」、キリストが「やって来ること」を意味します。〈parousia〉の〈par-〉は、英語でもよく使われる接頭辞〈para-〉と同じもので、「～のそばに」「～の横に」「～の傍らに」「～に向かって」といった意味です。この〈parousia〉にはっきり表われている「現前」という意味は、〈substantia〉には受け継がれていない、というわけです。

「現－存」と訳されている〈An-wesen〉は、「現前」もしくは「地所」という意味の〈Anwesen〉にハイフンを入れて分解したものですね。〈Anwesen〉が、「現前」という抽象的な意味に加えて、「地所」という意味も持っている点が、やはり「そこにあること」を意味するギリシア語の〈ousia〉が「財産」、特に「不動産」の意味を持っていることに対応していることを示唆しているわけですね。ギリシア語とドイツ語の「存在」に関わる基礎的語彙は通じ合っている、と言いたいわけですね。

〈Anwesen〉は、「～に接して」とか「～に即して」という意味の〈an-〉という接頭辞と、「本質」という意味の〈Wesen〉という名詞から合成されています。〈Wesen〉には、他に、「生命」とか「本性」「特性」、あるいは「叛乱」といった意味で使われます。元々は〈sein〉と互換的に使われていた〈wesen〉という動詞です。今では〈wesen〉という動詞として使われることはほとんどありません。「居合わせている」という意味の形容詞〈anwesend〉とか、「不在の」という意味の形容詞〈abwesend〉として使われることが多いです。sein動詞の完了形は〈gewesen〉ですが、これは〈wesen〉から借りてきた形です。英語のbe動詞の過去形〈was〉や〈were〉も、語源的に同じ系統です。前回お話ししたようにドイツ語では現在完了形を多用しますが、「AはBであった」と言う時、〈A ist B gewesen.〉という形になります。sein 動詞が助動詞、及び完了形として二重に使われ、しかも完了形の方は、綴りに〈-wesen〉が入っています。見ようによっては、「(これまで)～であった」という現在完了的な状態の中に、その事物の「本質 Wesen」が現われているような感じがしますね。ヘーゲルやハイデガーはこのことを利用した言葉遊びをやっています。特にハイデガーは〈-wesen〉を利用した言葉遊びが大好きです。

〈Anwesen〉は、通常は名詞として「地所」「不動産」という意味でしか使われませんが、形容詞の〈anwesend〉と、元々〈wesen〉という動詞だったことから、何かに密着して(an-)現前しつつある(wesend)というようなニュアンスで使われます。最後の文は、「『存在』とはギリシア人にとって根本的には現存在を意味する」と訳されていますが、これはミスリーディングです。「現存性」という言葉を使っているので、〈Dasein〉に関係する言葉かと思ってしまいますが、原語は〈Anwesenheit〉。〈anwesen〉という形容詞を抽象名詞化した形になっています。どうも、〈Wesen〉単独の場合を「現成」、〈an-〉が付いた〈Anwesen〉を「現存」と訳し分けているようなのですが、別に前者だけ「生成」していて、後者は生成が止まって、静かに存立している、というわけではないので、それほどいい訳し分けではありません。あまりしっくりくる訳し分け方はないのですが、〈Wesen〉を「現成」、弘文堂から出ている『現象学事典』では、〈Anwesen〉の方を「現前」と訳していますが、こちらの方がいいでしょう。〈an-〉を、何かに即して、その場所に居合わせて、というような意味で理解しているのでしょう。

いま述べたことから、われわれが初めに形而上学という名称を説明したときに触れた存在のギリシア的解釈、つまり存在を *physis* として会得するということが、ずっとわかりやすいものになる。後世の「自然」という概念は全く退けられねばならないとわれわれは言った。*physis* とは、発現して自己を立て起こすこと、自己の中に滞在して自己を展開することである。この支配の中に、根源的な統一から分かれ出た静止と運動とが秘められ、また開示されている。この支配は思考の中でまだ統御されないままの制圧的な現-存であって、この現-存の中で現存するものが存在者として現成《ヴーエスト》するのである。だがこの支配は、それが自己

を世界として戦いとるとき初めて隠蔽性から歩み出る、つまりギリシア語で言う *alētheia*（非隠蔽性）が生起する。世界を通じて初めて存在者は存在的になる。

「いま述べたこと」と言われても、話があっちこっちに行ったので「なんだったっけ？」と思ってしまいますが（笑）、要するにギリシア語の単語には名詞・動詞の区別に関係なく、「傾き／直立」のようなニュアンスがあり、特にbe動詞に相当する〈eimi〉関連の言葉には、限界付けられた中で自己自身から現われ出て○○の目的に向かっているとか、自己自身の内で立つ、立ってそこに留まり続ける、といったニュアンスがあるということです。それが前回見た、この本の第Ⅰ章で論じられている〈physis〉の基本的性格とかぶっているという話です。特に先ほどの［ousia-Anwesen］系の話と、オーバーラップしているではないか、というわけです。先ほどお話ししたように、「現－存」や「現存する」の原語はそれぞれ〈An-wesen〉、〈anwesend〉です。ハイデガーとしては、〈physis〉を〈an-wesend〉するもの、何かに即してそこに現われ出て居合わせ、それを自らの〝本質〟として示すもの、というように捉えたいのでしょう。そういう意味で、「現成する」ことが、隠蔽されていた状態から、非隠蔽＝真理の状態に移行することだ、というわけです。細かいことですが、「現成west」のルビが「ヴーエスト」となっているのは、「ヴェースト」の間違いでしょう。

「闘争」と「作品」

そして、小アジアのエペソスで活躍した、ソクラテス以前の哲学者ヘラクレイトス（前五四〇頃－四八〇頃）の言葉、「断片五三」が引用されていますね。「万物は流転する Ta Panta rhei」というフレーズで知られている人ですね。このフレーズはヘラクレイトス自身のものとされる「断片」にはなく、後世の人がヘラクレイトスに帰したものだとされていますが、それはここでは本題ではありません。

相互抗争はなるほど万物（現存者）にとって生産者（発現させるもの）ではあるが、しかし（また）万物にとって支配する保護者でもある。すなわち、それは一方のものどもを神々として、他のものどもを人間として現象せしめ、一方のものどもを奴隷として、他のものどもを自由民として（放り出して）設置する。

ここで「相互抗争 Auseinandersetzung」と訳されている〈polemos〉という言葉をヘラクレイトスが使ったのは有名ですね。カール・シュミット（一八八八―一九八五）やデリダであれば、神々／人間、奴隷／自由民の分裂に関心を持つことでしょう。というより、そこに関心を持つのが普通ですが、ハイデガーは普通ではありません。

> ここで言われている*polemos*は、神的なものおよび人間的なもののすべてに先立って支配している争いであって、人間的な仕方による戦いではない。ヘラクレイトスによって思惟された闘争は、現成するものを、まず対抗において相互に分離せしめ、それに現存の中での位置と存立と等級とを初めてあてがう。このような相互分離の中で、裂け目と隔たりと遠さと接続《フーゲ》とが開示される。相互抗―争において世界が生ずる（相互抗争は統一を引き裂いたり、破壊したりしない。むしろそれは統一を形成する、それは集約（*logos*）である。*polemos*と*logos*とは同じである）。

「分離 Gegeneinander」によって「裂け目 Klüfte」ができることで、「現成」が生じるということですね。宇宙の始原の何かが存在していると言えるかどうか分からない状態があったとして、そこでビッグバンが起こり、ある素粒子aが誕生したとすると、aではないものとの間に根源的な差異が生じたはずです。aとは根本的に対立する性質を持った別の物質が存在しないと、aが存在しているとは言えない。プラスの電荷を帯びたものが存在するには、マイナスの電荷が存在しないといけない。生物が存在するには、先ほど出てきたように「限界 peras」によって、それ以外のものとの区別が設定されねばなりません。生命体は、自分と自分以外のものを区別し、外からの侵入に対して自己を防衛しようとします。そうした各存在者が存在するための条件としての「他」との差異、境界線のことを、「争い」とか「相互分離」と呼んでいるのでしょう。だから、「争い」「分離」である一方で、相互に「接合」されてもいる。「争い」というのが実際には「境界線付け」「区分け」「分離」に伴う力の発生・生成だとすると、それが同時に、〈logos〉であるというのも納得できますね。〈logos〉は、〈legein〉という動詞の名詞形ですが、〈legein〉は「集める」とか「整列させる」というのが原義で、

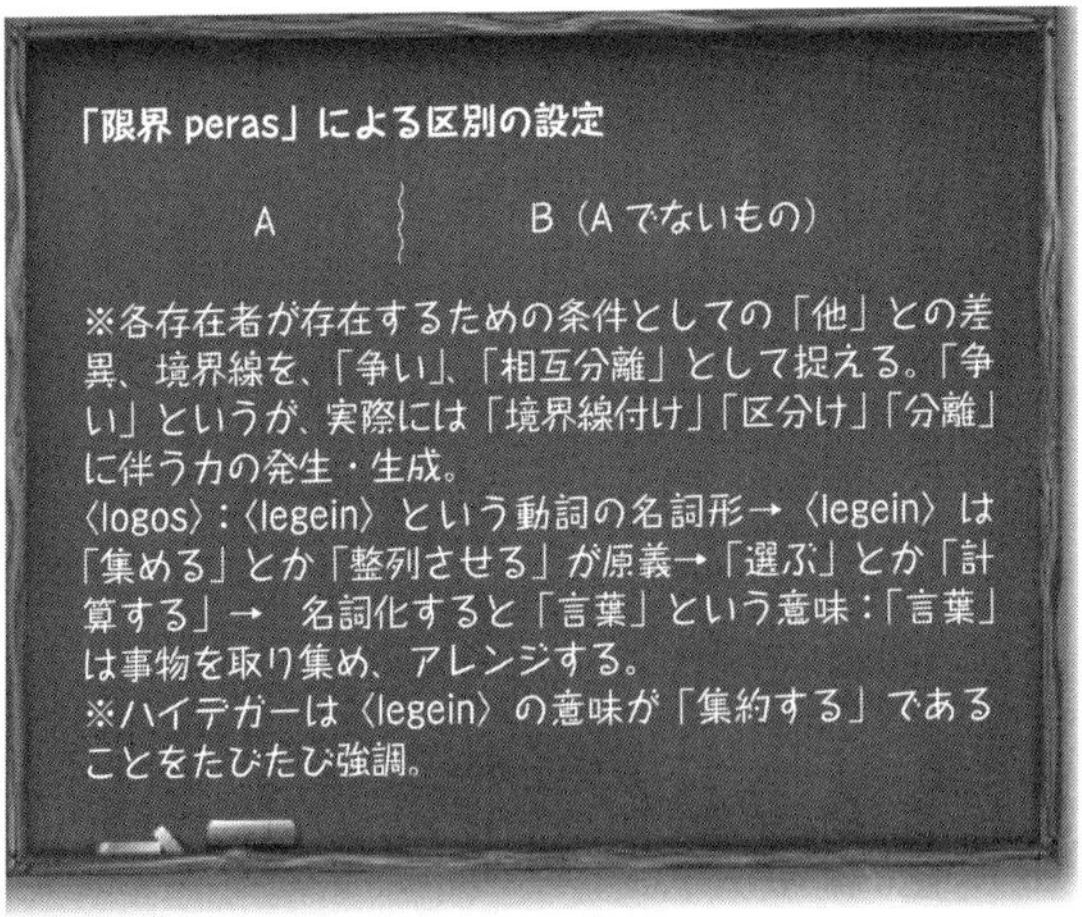
「限界 peras」による区別の設定
A
B（Aでないもの）
※各存在者が存在するための条件としての「他」との差異、境界線を、「争い」、「相互分離」として捉える。「争い」というが、実際には「境界線付け」「区分け」「分離」に伴う力の発生・生成。
〈logos〉：〈legein〉という動詞の名詞形→〈legein〉は「集める」とか「整列させる」が原義→「選ぶ」とか「計算する」→ 名詞化すると「言葉」という意味：「言葉」は事物を取り集め、アレンジする。
※ハイデガーは〈legein〉の意味が「集約する」であることをたびたび強調。

それから「選ぶ」とか「計算する」という意味も派生します。それが名詞化すると、「言葉」という意味になります。「言葉」が事物を取り集め、アレンジするということでしょう。その「ロゴス」がヘラクレイトスによって万物の根本原理という意味に転用されることになった。ハイデガーは〈legein〉の意味が「集約する」であることをたびたび強調します。

一〇七～一〇九頁にかけて、そうした「闘争」の担い手は、創造者、詩人、哲人、政治家であり、彼らが作り出した作品――政治家の場合は、ポリスということになるでしょう――という枠（peras）の中で、そうした闘争が起こり、〈physis〉が生じる、ということですね。

この作品とともに初めて、支配すなわち *physis* が、現存するものの中で存立へと到来する。こうなって初めて存在者は存在者として存在的になる。このような世界の生成が本来的な歴史である。闘争はそのようなものとして存在者をただ発ー生させるだけではない。この闘争だけが、存在者をそれの存続性の中で保護するのでもある。闘争が中断しても存在者が消滅することはないが、世界はそむきそれる。存在者はもはや擁護され（つまりそのようなものとして護られ）ない。存在者はもはやただ眼の前にー見いだされるにすぎず、それは既存のものにすぎない。完結したものはもはや限界の中へはめこまれたもの（すなわちその形態へと置かれたもの）ではなく、かろうじてそれはできあがったもの、そのようなものとして誰にでも処理できるもの、眼の前にあるものにすぎず、そこではもはやいかなる世界も世界になることなく――むしろそこでは人間が自分に処理できるものをつかさどり、支配する。存在者は対象となる。考察の対象（有様《ありさま》、像）であれ、製作の対象すなわち製産品と計算されたものとであれ。根源的に世界に

なるもの、すなわち、*physis* は、いまや模写と模造とのための典型になり下がる。自然はいまや、芸術や一切の設置可能なものや計画的に構成できるものとは違った一つの特殊な領域になる。

――「作品 Werk」の中に〈physis〉が到来し、そこで「世界」が生成するというのは、『芸術作品の起源』のメインテーマです。ここではそれを要約したうえで、言語を中心とした人間の営み全般に適用した感じになっていますね。ただ、〈physis〉を人間の「作品」と関連付けていることや、「作品」によって「世界」が開かれるという言い方が引っ掛かりますね。あまりクリアではないのですが、ハイデガーはどうやら、人間にとっての〈physis〉の到来と支配を問題にしているようです。人間がいなくても〈physis〉は生成するものかもしれませんが、それは人間には認知できないこと、つまり人間にとってはないのと同じかもしれません。「芸術」、あるいは「創作 poiesis」という行為は、少なくともある事物を「限界」付けすることによって、それを他から際立たせます。先ほどの言い方だと、「闘争」を引き起こすわけですね。

ハイデガーはどうも、「作品」という形での枠付けが、一つの「世界」を生じさせると考えているようです。大げさな感じがしますし、「作品」の中の〝世界〟なんてものすごく小さいではないかと思ってしまう人が大半でしょう。ただ、彼は「作品」を枠付けている境界線を物理的というか純粋視覚的に捉えているわけではなくて、「作品」を通して、私たちが〈physis〉、広い意味での「自然」を見るフレームが設定される、と考えているようです。風景画によって、普通にぼうっと見ていたのでは注意が向かない事物の形や色彩に気付き、それに着目するということがある。そうやって、見方を設定することで、何かをその「枠」の中に出来させ、見るものに対して支配的な影響を及ぼすようにすることが芸術作品の使命であるというのであれば、それほど違和感はないでしょう。それが狭義の芸術作品創作行為だけでなく、哲学によって思索の枠を作るとか、ポリスを作るとか、拡大した意味での作品にも当てはまると考えれば、納得いくでしょう。作品の限界（peras）の物理的な内側だけでなく、何らかの形でそれに接する全ての人たちが、〈physis〉の出来に立ち会う機会を得るわけです。

その限界内で、一つの「世界」が開けると考えればいいでしょう。ハイデガーは万物と人間を包摂する唯一の「世界」を想定しているわけではなく、存在者ごと、現存在ごとに固有の「世界」があると考えているようです。ハイデガーの「世界 Umwelt」概念は、生物学者ユクスキュル（一八六四－一九四四）の「環境（環世界）Umwelt」概念から影響を受けていることが知られていますが、「環世界」というのは動物が各種ごとに構成している固有の世界のことです。マダニというダニの一種には視覚と聴覚がない代わりに、嗅覚、触覚、温度感覚が発達していて、森や茂みで血を吸う相手が通りかかるのを待ち構えていると言います。相手の接近は、哺乳動物が発する酪酸の匂いで感知し、鋭敏な温度感覚で体温を感じ取るということです。そうしたマダニの「環世界」は、さほど敏感でない五感を使っている私たちの「環世界」とはかなり違うはずです。『存在と時間』の記述を見ても、ハイデガーが「世界内存在 das In-der-Welt-Sein」と言っている時の「世界」は、各人が日常的に生きて、無自覚的に道具を使ったり、周囲の他者と関係を持っている「世界」が具体的に念頭に置かれていることが分かります。もっとも、「現存在」が投げ込まれている「世界」は、動物の「環世界」と違って、「現存在」の覚悟によって変容する可能性があり、開かれています。

　そうやって「作品」の枠組みによって、「闘争」（区別）が起こり、それまでとは異なった仕方で〈physis〉が生じてきて、「存在者」が意義付け直されるわけですが、それがいつのまにか、存在者は、目の前に完結した形で、最初からずっとそういう形であったかのように見出される、ただのオブジェに成り下がってしまった、というわけです。そして、工場で製作（Machen）される「製産品 Gemächte」になってしまった。

「作品」という言葉に私たちが通常抱く語感からすると、同じことではないのか、という疑問を持ってしまいますが、ハイデガーにとって、「作品」によって「限界」を設定することは、人間が自分の都合だけで勝手にやっていることではなく、制作者（詩人）と自然との「闘争」なのでしょう。どこかに潜んでいて、全貌が見えない自然の力と闘い、それに形態（Gestalt）を与えようとする者がいて、その者が闘いの末に、何らかの限界＝輪郭線を設置することに成功したので、そこに〈physis〉が出来し、「世界」が開かれる。ヘボな画家や詩

ユクスキュル

人でも、出来合いのイメージに従って、それなりに〝自然〟を描けますが、ハイデガーはそんなのは数に入らないと思っているのでしょう。しかし、プラトン以降、特に近代に入って、「自然」全体が、科学・技術によって客観的に、つまり誰がやっても同じように認識・操作できる〝対象〟になってしまったので、隠れたる〈physis〉と格闘して、それを力技で引き出してくるべく格闘し、「作品」を打ち立てるというような考え方が理解されなくなり、数に入れるべきでない、陳腐な出来合いの対象しか私たちの周囲に見出せなくなった、ということでしょう。

「傾き」の「輝き」

一〇九頁でこうした意味での〈physis〉及び〈ousia〉を「存在」の両面性として捉え直したうえで、それをようやく先ほどの〈ptōsis〉や〈enklisis〉と結び付けています。

> 「存在」はギリシア人にとっては二重の意味で存続性を言い表わしている。
> （一）発－生することとしての自己の－中に－立つこと（*physis*）。
> （二）だが、そのようなものとして「存続的」であり、滞留的であり、滞在である（*ousia*）。
> 非－存在とはしたがって、このようにおのずから発－生した存続性から歩み出ること、すなわち*existasthai*である。「実存《エクシステンツ》」、「実存する」とは、ギリシア人にとってまさに非－存在を意味するのである。現在「実存」と「実存する」という語は存在を意味するために使われているが、この無思想と無気力とは、これまた現代が存在とそれの根源的に強力で決定的な解釈から縁遠くなってしまったことの証拠である。

「存在」の発生と存立という側面を「自然」と訳されている〈physis〉に、滞在という側面を、「財産」から転じて「実体」という意味で使われるようになった〈ousia〉に割り当てているわけですね。そのうえで、「実存 Existenz」の語源であるギリシア語〈existasthai〉をそれに関係付けているわけですね。この言葉は、「ズレる」とか「脇に立つ」とかいうのが元の意味で、そこから転じて「驚愕する」という意味です。中道態で、英語の〈ecstasy〉の語源でもあります。前回お話ししたように、「立たせる」という意味の動詞〈histanai〉から

〈Existenz〉

・人間の「実存」、個としての自覚を持った生き方言葉というイメージが強い。
※**ハイデガー『存在と時間』**でもそういう使い方。
・元々の意味は、「本質存在 essentia」に対する「事実存在 existentia」。
「本質存在」：それが何であるかを規定している概念、神の内にある概念。
「事実存在」：それが実際に存在していること。
・『存在と時間』：〈Existenz〉を、語源的に〈Ek-sistenz〉と分解。「外に立つ」というのが原義で、〈Ekstase〉と同様に自分の外にある状態を指す言葉だったことを指摘
⇒「外に立つこと」「立っている状態から外れること」と、「傾き」を意味する〈ptōsis〉や〈enklisis〉を関係付ける。

派生した形です。

〈existasthai〉を「非－存在 nicht-sein」を意味するというのは言い過ぎですが、「自分で立っている」ことが「存在する」ことだとすると、それから外れることが〈existasthai〉なので、ある特定の「存在（存立）」状態の否定であると言うことはできるでしょう。

〈Existenz〉は、現在では人間の「実存」、個としての自覚を持った生き方のことを指す言葉というイメージが強くなっています。ハイデガーも『存在と時間』でそういう使い方をしています。ただ、元々の意味は、「本質存在 essentia」に対する「事実存在 existentia」です。「本質存在」というのは、それが何であるかを規定している概念、神の内にある概念であるのに対し、「事実存在」は、それが実際に存在しているということです。『存在と時間』では、〈Existenz〉を、語源的に〈Ek-sistenz〉と分解して、「外に立つ」というのが原義で、〈Ekstase〉と同様に自分の外にある状態を指す言葉だったということを指摘しています。

こうした「外に立つこと」「立っている状態から外れること」と、「傾き」を意味する〈ptōsis〉や〈enklisis〉を関係付けます。一一一頁の説明では、ギリシア語の動詞の基本は、一人称単数現在直説法――直説法とは命令法や仮定法ではないということです――だと述べられています。そして、語形変化は、「可能的な存在的なものとして表象されているだけ nur möglicherweise seiend vorgestellt」のものを現前化させる働きをするということが述べられていますね。

―― 変化した語形が、以上のようなことをすべて、ともに現前へともたらし、

直接、ともに理解させる。他のものをともに現前へともたらすこと、ともに立ち上がらせること、ともに見せること、これが*enklisis*、つまり真っ直ぐ立っている語がわきにそれ傾いている形の能力である。だからこそこの形は*enklisis paremphatikos*と言われる。*paremphainō*という修飾語はまさしく、存続的なものとしての存在者に対するギリシア人の根本関係から言われている。

「傾き」としての語形変化が何かネガティヴなこととして捉えられているのではないかという印象を受けましたが、どうもそういうことではなくて、「真っ直ぐ立っている gerade stehen」のではなく、どっちかの方向に「傾いている neigen」からこそ、「現前 Vorschein」が可能になるということですね。〈Vorchein〉というのは、文字通りには、「前に（vor-）」出て「輝く schein」ということです。

一一二～一一六頁にかけて、〈paremphatikos〉の意味が「不定法」と関連付けながら説明されています。先ほど、「不定法」に相当する〈enklisis aparemphatos〉の〈aparemphatos〉という部分が、「派生的な意味がない」という意味だという話をしましたが、〈paremphatikos〉はそれと同系統で、否定辞の〈a-〉がない形ですから、〈paremphatikos〉は「派生的」という意味でしょう。動詞形の〈paremphainō〉は、〈par-〉+〈emphainō〉と分解できます。〈par-〉は先ほど見たように、「～のそばに」「～の傍らに」というのが原義で、「不正な」とか「異常な」という意味もあります。〈emphainō〉は、「(私は）呈示する」「示す」という意味です。合わせると、「派生的な形において示す」という意味の動詞になります。語の活用というのは、本来の純粋な形から傾けて、派生的な形にもたらすことで、現前化させる作用だというわけです。

一一二～一一三頁に、「場所」あるいは「空間」を意味する〈chōra〉という名詞について説明されています。ただ、近代のヨーロッパ語で「場所 Ort（location）」とか「空間 Raum（space）」というと、何らかの座標軸に客観的に実在するスペースを指しているような感じを受けますが、ハイデガーによると、〈chōra〉というのは、そこに立っている事物に固有の「場」だということのようです。これは〈physis〉の特性である、「自己の－中で－自己－から－出て立つこと」にうまく合致しますね。因みにデリダに、この〈chōra〉をテーマにした『コーラ』（一九九四）という著作があります。

話を戻しましょう。「活用 enklisis」された言葉は、現前化をもたらす「傾き」を示すわけですが、ラテン語で〈infinitivus（不定法）〉と訳される〈enklisis a-paremphatikos〉――語尾が違いますが、〈enklisis aparemphatos〉と同じことです――は、その「傾き」がない状態を指しているわけですが、ハイデガーによると、事物を現前化させる個別の要素が「欠如」あるいは「不足」しているということが、〈aparemphatikos〉という形容詞で示されていることが重要です。だから、「欠如」を意味する接頭辞〈a-〉をハイフンで分離して強調しているわけですね。

一一六頁では、再び「ある」という意味の動詞に焦点が当てられます。語学の教科書的には、ギリシア語では〈einai〉、ラテン語では〈esse〉ですが、方言によってこの形に揺らぎがあるということですね。いずれも〈enklisis〉によって傾いた形（限定法）の方はほぼ統一されているのに、〝不定法〟がなかなか確定しなかったのはヘンではないか、ということですね。彼に言わせるとそれはすなわち、「不定法」に当たるものが、単なる抽象化された形なのか、それとも、全ての変化（傾き）の原動力になるものを示しているのかという、重要な問題に対応しているということですね。

けれども、「ある《ザイン》」について日頃言い慣れている das Sein という形を念頭に置くならば、現在問題にしている不定法という語形をわれわれはまだまだ完全に説明していないことになる。われわれは《das Sein》と言う。この言い方は、抽象的な不定法形の前に冠詞を置いて、その不定法形を名詞に変えることによって生ずる。ギリシア語で言えば *to einai* という言い方である。冠詞とはもともと指示代名詞である。指示代名詞とは、指されているものが、いわばそれだけで立ち、それだけであることを言い表わす。指示的、指名的な呼称は言葉の中ではいつも特異な機能を持つ。ただ「ある」とだけ言えば、名指されたものはそれだけで既に十分無規定なままにとどまっている。ところが、文法的に不定法を動名詞に変形すると、既に不定法の中にあったあの空虚が、いわばもっと固定される。そして、「ある」が確立している対象のように提置される。そのように名指されているものそのものがいま「ある」のだということを言外に含んでいる。こうなると「存在」はそれ自身「ある」ものになる。ほんとうは、明らかに存在者があるだけで、なおそのうえさらに存在もある、とは言えないのだが。ところが、もしも存在自身が存在者において存在する何ものかであるならば、われわれはやはりそれを見いだすことができるはずだろう。ことに、たとえわれわれが存在者の特殊な性状を個々にわたってはっきりとは捉えていなくても、存在者における存在者存在はわれわれに立ち向かってくるのだから。

〈das〉というのは、英語の〈the〉に当たる定冠詞で、中性名詞に付く形です——ドイツ語の名詞には、男性、女性、中性があります。ドイツ語では、動詞の最初の文字を大文字にし、中性名詞を定冠詞にすると、動作や状態を示す抽象的な名詞になります。〈das Sein〉もその一種です。不定法を動名詞にする、というのは、そういうことです。それ以上のことは普通のドイツ語ネイティヴは考えません。強いて言えば、ここでハイデガーが言っているように、一応動詞である不定法が動名詞になったことで、「無規定 unbestimmt」性が更に強まり、「空虚さ das Leere」が固定された感じになるということぐらいでしょう。

しかし、ハイデガーは定冠詞の歴史的起原に着目し、ギリシア語では、定冠詞の役割を果たしている〈tó〉——これは中性名詞に付く形です——は元々指示代名詞であったことを指摘します。ギリシア語には不定冠詞はありませんでした。ということは、定冠詞を付けて動詞を名詞化した、〈to einai（存在）〉という言葉は、具体的な対象を指示する性格をまだ保持していた、ということです。「その存在（者）」というようなニュアンスがある、ということです。ドイツ語の定冠詞は、少し変形して、指示代名詞として使うこともあります。そう考えると、〈das Sein〉という言葉は、時空間上のどこかの地点に具体的にあるようなニュアンスを帯びているわけです。具体的に「ある」と言えるのは、個別の存在者であって、「存在」それ自体についてはそう言えないはずですが、定冠詞の〈das〉を付けるのはそういう意味を持っている、ハイデガーはそれを問題にしているわけです。

英語やフランス語など西欧の言語の多くで、形容詞や存在を表わす繋辞を名詞化する際に定冠詞を付けます。ネイティヴの人はそれで抽象名詞になると慣習的に考えているのでしょうが、考えてみると、抽象的な名詞に指示性のある定冠詞を付けるのはヘンですね。ハイデガーは、特に〈das Sein〉の場合、個々の存在者の根底にあって、それをあらしめている〝何か〟が感じられ、それを指し示そうとする人々の潜在意識があるからこそ、この〈das〉が付与されているのではないか、と穿った推測をしているわけです。

存在というこの語形が既に、意味の空虚化と空虚の固定化らしく見えることとに向いているのだとすれば、存在という語がこのように空虚な語であることをいまなお怪しむことはなかろう。「存在」というこの語はわれわれにとっては戒めになる。動名詞という最も空虚な形に誘いこまれないように注意しよう。また「ある」という不定法の抽象に巻きこまれないようにしよう。

ここはクリアですね。ドイツ語の〈das Sein〉は、先ほど言っていたような意味での「傾き」を秘めていたし、定冠詞を付加されていることから見て取れるように、個々の存在者の根底にあってそれをあらしめている何かを指しているニュアンスが本来あるはずなのだけど、ラテン語由来の既存の文法概念のおかげで、何の動きもない抽象名詞であるかのように思われがちだけど、それに惑わされるな、ということですね。

「私はある」ich bin とわれわれは言う。誰でも、ここで意味されている存在をめいめい自分だけについて言うことができる。すなわち、私の存在と。だが、その存在はどこに存立し、どこに隠れているのか？われわれは、ほかのどんな存在者によりも自分自身がそれであるところの存在者に一番近いのだから、この私の存在を明らかにすることほど容易なことはないはずだと思われる。われわれ自身は、すべての他の存在者ではない。われわれ自身がなくても、すべての他の存在者はまだ、あるいは既に、「ある」。われわれは、われわれ自身がそれであるところの存在者に近くあるのと同じぐらい他のどんな存在者にも近くあることはできないように思われる。しかしほんとうは、何といってもわれわれ自身がそれなのだから、われわれはめいめい自分自身がそれであるところの存在者に近いのだとさえ言うことができないのである。しかもこの場合、各自は自分自身にとって最も遠いものであり、「汝はある」という場合の汝から私が遠いのと同じぐらい自分自身が遠いのだと言えるのである。

ここも比較的クリアですね。「私はある Ich bin」と言う時の「ある bin」は、自分のことなので、よく分かっているはずだと思いがちだけど、実は、そうではない、全然分かっていない、ということですね。私以外の物や他人であれば、自分の目の前にある――ハイデガー用語だと「手前存在 Vorhandensein」――という意味で「ある」のだと言うことがとりあえずできるけれど、自分自身についてはそれは言えない。その手前の基準になる「私」自体の、「ある」が問題になっているからです。私自身は何を基準にして「ある」と言えるのか？ 前近代のキリスト教世界の人が、神を引き合いに出したくなるのも分かりますね。

「ある」の語源学

一一九頁以降、「ある」をめぐる語源学的考察が展開されています。英語でもそうですが、ドイツ語の〈sein〉動詞も、「私はある ich bin」「彼はある er ist」「私はあった ich war」と言うように、元々違う系統の動詞を変化形にしています。先ほど話題にした、過去分詞形の〈gewesen〉も明らかに系統が違いますね。第2節「『ある』という語の語源学」では、そうした問題が論じられているわけです。

sein 動詞は、一人称単数が〈ich bin〉、複数が〈wir sind〉、親しい人への二人称が〈du bist〉、複数が〈ihr seid〉、三人称単数〈er ist〉というように、現在形だけ見てもかなりばらばらです。その系統を区分するところから話を始めています。それぞれの系統のインド・ゲルマン語に共通の語源まで遡っていますね。

（1）で、不定法の〈sein〉、一人称複数現在の〈sind〉、三人称単数の現在形〈ist〉の語源に当たる〈es〉という形が取り上げられていますね。ギリシア語の〈eimi〉（一人称単数現在）や〈einai〉（不定法）やラテン語の〈esse〉（不定法）などもこの系統だということですね。この系統の言葉は、「生、生きもの、自己自身から自己の中に立ち、行き、安らっているもの、つまり自立的なものである」ことを特徴とする、ということですね。

（2）は、〈ich bin〉や〈du bist〉の語源についての話です。昔のドイツ語ではもっと広範にこの系統のものが使われていたが消滅したということですね。

――もう一つのインド・ゲルマン系の語幹は、bhū、bheu という。これに属するのがギリシア語の *phyō* である。すなわち発現する、支配する、自己自身から存立へと到来し、その存立の中にとどまることを意味する。

> このbhūは従来、*physis*と*physein*との普通の皮相な把握に従って、自然および「成長する」という意味があるとされていた。だがギリシア哲学の元初と取り組むことから生まれてくるもっと根源的な解釈によれば、「成長する」は実は発現することだということがわかり、発現もやはり現存と現象とによって規定されているということがわかってくる。最近、*phy*－という語根は*pha*－つまり*phainesthai*（現ワレル）と連関があると言われている。もしそうだとすれば*physis*は光の中へと発現していくものであり、*phyein*は輝く、光る、したがって現象するを意味することになろう。

この第二系統は、ハイデガーが「存在」それ自体と強く結び付けようとしている〈physis〉と関係しているということですね。ここでハイデガーがこの系統を「成長する」という意味で理解することに否定的なのは、「成長」だけだと、それが「発現する」こと、つまり自らの内から出て「存立」するようになるという、出だしの部分、元初が含まれないからでしょう。

ここでは更にその〈physis〉が、「育つ」とか「萌出る」「現われる」という意味の動詞〈phyein〉や、それから派生した「現われる」という意味の〈phainesthai〉などと同じ語源だということも指摘されているわけですね――〈phyein〉には通常「光る」という意味はありませんが、ハイデガーは「育って現われ出る」ことは、「光る」ことだと解釈しているのでしょう。〈phainesthai〉から、英語の〈phenomenon（現象）〉の語源に当たる〈phainomenon〉という言葉が出てくるわけです。「現われ（現象）」は、単なる表面的なことではなく、〈physis〉＝「存在」と深いところで関わっているわけです。

「第三番目の語幹はゲルマン語の動詞《sein》の語形変化の領域だけに現われてくるもの、すなわちwes」だということですね。これまで話題にした過去分詞の〈gewesen〉はまさにこの系統に属します。過去形の〈Ich war（私はあった）〉もこの系統に属します。「住む、滞在する、停滞する」といった意味のゲルマン語の動詞〈wesan〉が元になっていて、昔のドイツ語には「本質」とか「～な存在」「生命」とかいう意味の名詞〈Wesen〉の動詞形〈wesen〉があったわけです。それらは現在のドイツ語では、「an-wesend現－存およびab-wesend不－在という語の中に保存されている」というわけです。だからハイデガーは、これらの言葉を多用して、「存在」との関係の深さを強調するわけです。

以上三つの語幹から、われわれは明らかに決定的な三つの初期の意味、すなわち生きる、発現する、滞在するを取り出す。言語学がこの三つを確認している。さらに言語学は、この初期の意味は今日では消失してしまって、「ある」という「抽象的な」意味だけがかろうじて残っているということをも確認する。だがここに決定的な問いが生まれてくる。すなわち、上述の三つの語幹はいかにして、どこで一致するか？　この存在という言い方が言い伝えられてきたことを何が支え、何が導いているのか？

この箇所を見る限り、ハイデガーは「存在」を、哲学用語として狭く抽象的に捉えようとしているのではなく、むしろその逆に、原初に遡って、三つの具体的な意味を取り出しているわけです。このことと関連して、一二三～一二五頁にかけて九つの問いを立てていますね。

われわれは次のような一連の問いを立てねばならない。

（一）「ある」という語の形成に際して、いかなる種類の「抽象」がはたらいたか？

（二）そもそも、ここで「抽象」などということが語られてもよいのか？

（三）わずかに残存している抽象的意味とは一体どんなものか？

（四）三つの違った意味、つまり違った経験が、成長するにつれて互いに相寄り集まってきて、ただ一つの、しかも決して任意なものでない動詞の語形変化の成分になったという、いまここで開示されたこの出来事は、そのさい何かが失われていったのだというふうに簡単に説明されうるだろうか？

単なる消失ということによっては何ごとも発生しはしないし、ましてやもともと違っているものを意味の統一の中で一致せしめ混ぜ合わすようなものが発生するはずがない。

（五）どんな主導的な基礎意味が、ここに生起している混合を導いたのだろうか？

（六）この混合によって種々な意味がぼやけたにもかかわらず、どんな意味が最後までもちこたえて残っているか？

（七）ほかならぬ「ある」というこの語の語としての内的な歴史は普通、語源が探知されている任意の他の語と比較対照して扱われるけれども、この歴史はそういう扱いからは除外して、別扱いにすべきではなかろうか、(…)

(八)存在の意味がわれわれには「抽象的」な、したがって派生的なもののように思われるのは、単に論理的、文法的な解釈を基礎にするからなのだが、そんな抽象的、派生的な存在の意味が、それだけで十分であり、根源的でありえようか?

(九)このことは、言葉の本質を十分根源的に捉えたならば、明らかになるだろうか?

くどい感じがしますが、おかげでハイデガーの関心の方向性が分かりますね。本来、「存在」という概念は、三つの語源が示しているように、〈physis〉の運動の三つの局面を示していたのに、そうした特徴が消失して、ものすごく抽象的な中身のない言葉、単に文法上の形式的であるかのようになってしまったが、それは何故か? 単にラテン語系の文化に哲学的感性が薄いという話なのであれば、それでおしまいですが、ハイデガーはそれだけではなくて、「存在」が抽象的で形式的なものとしか見なされなくなる、西欧人の思考の根底における変化があって、それが文法にも表われている、と見ているようですね。一二五〜一二六頁にかけての彼自身による要約でも、そういう主旨のことが述べられていますね。

〈Ⅲ章——存在の本質についての問い〉を読む

第Ⅲ章「存在の本質についての問い」に入りましょう。「存在」という言葉の一般的イメージに話が戻ります。

「存在」という語は最も空虚な、したがってすべてを包括する意味を持つ。この語において考えられていること、つまりその概念は最高類概念(genus)である。これをさらに別の言葉で言い換えるとすれば、昔の存在論が言った《ens in genere》(類ニオケル存在)と言えばよいであろう。しかし、そう言ったからとて別に何も明らかにならないに決まっている。この空虚な語「存在」に、こともあろうに形而上学の決定的な問いを結びつけようとしたりするのは、すべてを混乱に陥れることである。ここには、語の空虚というこのいわゆる事実を事実として承認してそれをそのままにしておくという、たった一つの可能性が残っているだけである。

これは『存在と時間』の冒頭で呈示される議論です。抽象的な概念である「存在」は、具体的なものを何かの上位概念に包摂して、抽象的な本質を一つにまとめる過程で出てくるのではないか、という発想に対する批判です。「個」を包摂する「種」があって、「種」の上に「類」があって、その類概念の更に上位のメタ類概念……というように、階層を上に昇っていき、その最上位に「存在」があるというように従来は説明されていたわけです。そういう博物学の分類法のようなやり方では、「存在」は捉えられない。

そこで具体的な「存在者」の「存在」の仕方を検討してみようというわけです。一三〇頁で、私たちはどこからそれぞれの「存在者」が「存在」することを確信するのか、という問いが立てられていますね。その後、「存在」という言葉が「現存在」である我々にとって特別の意味を持っている、これまた『存在と時間』でお馴染みの話がしばらく続きますね。一四一頁を見て下さい。

存在の理解はさしあたり大抵不明確な意味の中で浮動しており、しかもこのこと自体は常に確実に明確に知られるゆえに、したがってまた存在の理解は、卓越した等級にありながらも不明瞭で混乱しており、覆われ隠蔽されているゆえに、解明され、ときほぐされ、隠蔽性からもぎ離されねばならない。このことは、われわれが最初はただ一つの事実のように軽く受け取っていた存在理解に向かって問い求め、それを問いへと置くときにのみ生起することができる。

「不明確」なのか「明確」なのかが〝不明確〟ですが、ここは訳語に問題があります。「不明確な意味の中で」の原語は、〈in einer unbestimmten Bedeutung〉です。これは「不明確」ではなく、「未規定」と訳すべきでしょう。「しかもこのこと自体は常に確実に明確に知られるゆえに」は〈in diesem Wissen sicher und bestimmt bleibt〉となっていて、この部分は、（存在の理解は）「この知の中に確実にしっかりと留まり続ける（がゆえに）」と訳すべきでしょう。つまり、「存在」という言葉はその意味するところは未規定なのだけど、私たちは、自分が存在を理解している、ということは常にはっきり分かっている、ということです。〈bestimmt〉の意味が、「規定／未規定」という形容詞から、「確実に」という意味の〈sicher〉とほぼ同義の副詞へとシフトしているのに、無理に同じ言葉で訳そうとしたので混乱しているのでしょう。無論、これはハイデガーの言葉遊びですが、これはそれほど深い意味の言葉遊びではないでしょう。

この部分のポイントは、「理解（Verstehen）≠知（Wissen）」であり、「理解」している内容が「未規定」のこともある、特に存在の場合はそうだ、ということです。「理解」ではなく、「了解」と訳しておいた方がニュアンスが伝わりやすいと思います。

「了解」されている「存在」の意味内容が「不明瞭 dunkel」――〈dunkel〉を忠実に訳せば、「暗い」――なのは、存在が通常、「覆われ隠蔽されている verdeckt und verborgen」からだということですね。「隠蔽性 Verborgenheit」というのはこの時期のハイデガーのキーワードですね。これは「真理」を意味するギリシア語〈aletheia〉を、〈a（非）+letheia（隠されている状態）〉と分解して、それのドイツ語訳として当てた言葉です。「存在」は基本的に隠蔽されている状態にあり、放っておくと、暗くぼんやりしたままの状態に留まります。「存在」を覆っているものを取り去って、「存在」を露わにする、「真理」を獲得するには、「問い」を立てねばならない。

> 問うということが、最高の等級からわれわれの現存在を力の中に保っているものを尊重する真の正しい唯一の仕方である。したがって存在についてのこのわれわれの理解は、まして存在そのものはなおさら、すべての問うことの中で、最も問うに価するものである。われわれがこの最も問うに価するものに、つまり存在はわれわれにとって全く不明確に、しかも最も明確に理解されているものであるというこのことに、できるだけ直接的に辛抱強く関わり続ければ続けるほど、われわれはそれだけますます真正に問うことになる。

『存在と時間』でも述べられているように、自らの「存在」の意味、つまり自分が「今・此処」に「ある」というのはどういうことか「問う」ことこそが、他の存在者と異なる「現存在 Dasein」としての人間の特徴です。〈Dasein〉というのは、現に今・此処にあること、具体的な形をもって実在することを意味するドイツ語です。〈da〉というのは、英語の〈there〉のように、話者たちの目の前のどこかに「ある」ことを示す副詞です。

『存在と時間』の第三二、第四四、第六五節で、そうした「存在の意味」をめぐる「現存在」の理解や関心の在り方について詳しく論じたということですね。第四四節と第六五節では、「気遣い Sorge」という概念について詳しく論じられています。〈Sorge〉というのは英語の〈care〉に当たる言葉で、通常のドイツ語だと〈care〉と同義だと考えていいのですが、ハイデガーは「現存在」が日常的に自分の周囲の事物や他者の存在を「気遣い」しながら生きており、それらの「気遣い」の中から自分自身の「存在」に対する「気遣い」も生じてくる、と主張します。理性的な主体としての意識的な認識以前に、既に自分に関わるいろんなものの存在に関心を向けている、ということがポイントです。どんな人も無自覚的にいろんな方向に「気遣い」している。いろいろな方向に「気遣い」しているうちに、気遣いしている自分が気になってくる。そこが、一つの「環境世界 Umwelt」の中だけで自足して生きている他の動物と人間の違いです。そうした人間的な「気遣い」のその延長線上に、「存在の意味」への「問い」があるわけです。

そういう現存在の「問い」を通して、存在者の存在が「開示 eröffnen」され、それが「存在」それ自体の「開明性 Offenbarkeit」に繋がる。それは客観的な「事実 Tatsache」ではなくて、あくまで「現存在」にとって開示されることです。「現存在」が自分の置かれている状況に対して能動的に関心を持ち、問いを立てない限り、「開示」されないからです。

このような存在の開示がなければ、われわれは決して「人間」ではありえないであろう。われわれがあるということは、もちろん無制約的に必然的であるわけではない。人間が全くいないというようなことも、それ自体としてはありうる。確かに人間がいなかった時もあった。だが厳密に考えれば、人間がいなかった時があったとわれわれは言うことができない。どんな時でも人間はあったし、あるし、またあるであろう。というのは、時間は人間があるかぎりでのみ時熟するからである。

存在論に拘るハイデガーにしては意外なことに「人間 Mensch」という言葉に強い意味を持たせて使ってい

「時熟する zeitigen」：ハイデガー用語

「現存在」の「気遣い」の三つの方向性と関連

1、自分がそれまで世界の中にあったこと
2、現時点でどういう状態にあるか
3、どういう状態になろうとしているか

それらが現われ、時間の流れの方向性が見えてくる ⇒〈zeitigen（時間化する）〉。
※「現存在」の「気遣い」を方向付ける「時間 Zeit」というものを明らかにする。
「現存在」と不可分の「時間」を表わすための用語としての「時間性 Zeitlichkeit」。
※ハイデガーにとって、「時間」は物理的・客観的・単線的に流れていくものではなく、「現存在」の「気遣い」と共に現われてくる。

「歴運 Geschick」：ハイデガー用語

「現存在」の「時間」との関わりは、その都度の各自の気分のようなものでどうにでもなるのではなく、それぞれの「現存在」が属する歴史によって規定されている。
⇒ 歴史性に根ざした「存在」理解 → 「存在」の意味や「時間（性）」はそんなにふわふわしていない。

ますが、当然これは生物学的な意味でのヒトのことではなくて、存在論的定義です。自分の周囲のことに関する関心が、「存在」の意味への問いへと繋がっていくような特殊な存在者を「人間」と定義しているわけです。当然、全てのヒトが「人間」ではないでしょう。

ここで出てくる「時熟する zeitigen」というのは、ハイデガー用語として有名ですが、「熟」という漢字を使うと、まるで時間が擬人化して成熟するような印象を受けますが、そういうわけではありません。普通のドイツ語だと、時が熟して、何かがもたらされるという意味で使われることがありますが、ハイデガーは普通の意味では使いません。ハイデガーによると、「現存在」の「気遣い」は、自分がそれまで世界の中にあったこと、現時点でどういう状態にあるか、どういう状態になろうとしているか、という三つの方向性があって、それらが現われ、時間の流れの方向性が見えてくることを、〈zeitigen（時間化する）〉と言っています。ハイデガーにとって、「時間」は物理的・客観的・単線的に流れていくものではなく、「現存在」の「気遣い」と共に現われてくるものです。

人間がいなかった時というものはない。それは人間が永遠このかた永遠にわたってあるからではなく、むしろ時間は永遠ではないから、時間は人間的ー歴史的現存在としてそのつど或るー時時熟するのみだからである。だが人間が現存在の中に立っているとすれば、人間が現ー存在することができるための一つの必然的制約は、人間が存在を理解するということである。この

ことが必然的であるかぎり、人間はまた歴史的に現実的である。そのゆえにこそ、われわれは存在を理解しているのである。それも単に、初めにそう見えたように、ふわふわした語の意味という仕方においてではない。われわれが不明確が意味を明確に理解しているその明確さは、むしろまぎれもなくはっきりと限定できる。

一瞬、千葉雅也さん（一九七八－　）などの紹介で知られるようになったクァンタン・メイヤスー（一九六七－　）の思弁的実在論と対極の話をしているように聞こえますが、ハイデガーは宇宙的時間論を展開したいわけではなくて、「現存在」の「気遣い」を方向付ける「時間 Zeit」というものを明らかにしたいわけです。そういう「現存在」と不可分の「時間」を表わすための用語として、「時間性 Zeitlichkeit」という言葉が使われることもあります。人間がいないところでも、物理的な時間の方向性は決まっているのかは、少なくともこの講義でのハイデガーの関心外でしょう。

　ここで述べられているのは、「現存在」の「時間」との関わりは、その都度の各自の気分のようなものでどうにでもなるのではなく、それぞれの「現存在」が属する歴史、「歴運 Geschick」によって規定されている、ということです。そうした歴史性に根ざした「存在」理解であることもあって、「存在」の意味や「時間（性）」はそんなにふわふわしているはずがない。

「存在」への決定的な一歩

　一四四頁で、哲学としての「決定的な一歩」を踏み出す必要があると強調されていますね。これは、個別の存在者、対象に拘るのではなく、「存在」そのものに関する「問い」を発することで「存在」を成就（erwirken）せしめる、生起（geschehen）させる、ということです。個別科学では、対象が存在することは自明で、その相互関係を探究します。そうした対象が「ある」ことの意味を問うたりしません。それに対して、「存在」を問題にする「哲学」は、自ら「問い」を立てて、「存在」が開示されるように仕向けねばなりません。

――形而上学は存在者から出発して存在者に向かう。それは存在から出発せず、存在の開明性という問うに価することへと入っていかない。「存在」の意味と概念とは最高の一般性を持っているから、形而上学《メタ・フュジク》は「自然学《フュジク》」である以上、もはやこれ以上さらに立ち入った規定に昇っていくことができない。だから形而上学にとって残った道はただ一つ、一般者から去って個別的存在者に向かう道だけである。そのことによって存在概念の空虚も満たされる、すなわち存在者の側から満たされる。

ここで「形而上学」と呼ばれているのは、プラトン以降の西欧を支配してきた、画一化された形而上学のことでしょう。「存在者」から出発して存在者に向かうというのは、恐らく、物理的対象や生物、人間の属性を調べて、それから宇宙とか神の本性を解き明かそうとするようなもののことを言っているのでしょう。宇宙とか神とか、スケールは大きくなっても、「存在」の意味は素通りしてしまう。精々、神があるかないかの議論をするだけ。神があるかないかという議論を、「存在」の意味を問わないで展開しても、ハイデガーの言っている意味での「存在」論ではありません。「存在」の意味と概念が最高の「一般性 Allgemeinheit」を持っているというのは、先ほどお話しした、［個→種→類→超・類→……存在］というように、だんだん階層を昇っていくと共に抽象度を上げていくような考え方でしょう。ハイデガーに言わせれば、抽象化を進めて、万物に共通する「一般性」に到達したら、それが「存在」だという発想は見当外れです。「形而上学 Meta-physik」が「自然学 Physik」だというのは、その手の形而上学は結局、個別の対象から共通性を抽出するということしかしないので、「自然学」を実際には「超えて meta-」いない、ということでしょう。いずれにしても、「存在」そのものの意味を問わないで、個別の存在者の属性の研究に終始する。

しばしば引き合いに出される個別的存在者も、われわれが既に前もって存在を存在の本質において理解しているときにのみ、そしてまたその理解の程度に応じてのみ、そのようなものとして自己を開示することができるのだからである。

この本質は既に明るくされてはいる。が、それはまだ問われないままにとどまっている。

個別的存在者の存在の本質（Wesen）、それがどのように現成し、どのようにそこに留まり、影響力を発揮するのかを予めある程度理解していなければ、その存在者の本性を解明することはできない。存在に関する了

解が、あらゆる認識の前提になっているわけです。その意味で、私たちの知っている個別の存在者はある程度は、明るくなって（gelichtet）はいるのだけれど、まだ、哲学的に問われるには至っていない――〈lichten〉は前回もお話ししたように、「光を当てて明るくする」という意味と「森の木を切って光を通す」という意味を併せ持つハイデガーの半造語です。

結局のところ、「存在」を自明のものと見なし、自然的な対象のように扱う「形而上学」が支配している西欧では、「存在」に対する関心はますます希薄になっていく一方だ、だからここで、その方向を転換する「決定的な一歩」を踏み出す必要がある、と煽っているわけですね。

> そこで結論を言うと、結局、「存在」という語、それの変化、およびこの語の領域内にあるすべてのことにおいて、語と意味とは、他の語の場合よりももっと根源的に、この語が言いあてようとしているものにつながっている。しかもまたその逆でもある。つまり存在そのものは、どんな存在者とも全く違った、もっと本質的な意味で語に結ばれている。
>
> 「存在」という語は、すべての変化形において、その国語の他のすべての名詞や動詞が、その名詞や動詞で言われている存在者に関係するのとは本質的に違ったふうに、存在という語で言われている存在そのものに関係する。

個別の存在者とそれを表わす語の活用や使い方、ニュアンスはそれほど深く結び付いていないけれど、「存在」という「言葉」を使うことによって初めてはっきりと開示される「存在」の場合、II章で確認したような、「存在」関連の言葉の変化や意味の系列と不可分に結び付いているはずである、というわけです。無論、非西欧語を母国語としている私たちからしてみれば、いや日本語ではそんな痕跡は見受けられない、とか言いたくなりますが、そう言われたらハイデガーは恐らく、インド・ゲルマン語は、「存在」に対する「問い」を立て、存在を開示することのできた特別の言語なのだと答えるでしょう。カルナップとか、現代の分析哲学の正統派であれば、人間にとって最も普遍的な概念を論じているはずなのに、特定の語族に結び付けるのはおかしいと言いそうですが。

われわれの存在理解は独得な仕方で規定されており、存在の側から指令された指示を受けているということ、およびいかにそうであるかということを示さねばならない。われわれはいま存在を言うことを出発点にしているが、そのわけはわれわれが或る仕方でいつも本質的にそうせざるをえないようにしむけられているからである。そこでこの場合、われわれはそこで言われている存在そのものに留意することを試みよう。われわれは、簡単で普通でほとんどぞんざいにさえ聞こえる言い方、存在が一つの語形で言われて、その使用があまりに頻繁なので存在を言っているということにほとんど気がつかないほどであるような、そんな言い方を選ぶ。

ここでは二つのことが言われています。一つは、「存在理解 Verstehen des Seins」は私たちが勝手にやることではなくて、「存在」の側から「指令 fügen」された「指示 Anweisung」によるものであること。もう一つは、そうやって「存在」の側から使うように仕向けられた語は、何の気なく、「存在」を意味するということが特に意識されないで使われているということ。

それぞれのそのたびごとに「ある《イスト》」は違った意味で使われている。われわれはそのことをたやすくそう確信することができる。特にこの「ある《イスト》」という言い方を、単なる文章だとか切り離された文法の文例とかとしてではなく、それが実際に生起しているとおりに、つまりそのたびごとに一定の状況と使命と気分とから語られているとおりに受け取るならば、われわれはそのことをたやすく確信することができる。「神がある」、すなわち現実的に現在する。「大地がある」、すなわちわれわれは大地を存続的に眼の前に既にあるとして経験し、そのようなものと考える。「教室で講演がある」、すなわち居場所を見いだしている。「この人はシュヴァーベンの出身である」、すなわちそこから来ている。「この杯は銀製である」、すなわち……でできている。「百姓は畑にいる」、すなわち彼の居どころを畑に置いている、彼はそこに停滞している。「この本は私のものである」、すなわち私に属する。「彼は死んでいる」、すなわち死の状態に陥っている。「赤は左舷である」、すなわち表示する。「犬が庭にいる」、すなわちそこでうろついている。「山々の頂に静けさがある」、すなわち？　？　？　この詩の中の「ある《イスト》」は、静けさが自己を見いだしている、眼の前に既にある、居所を見いだしている、停滞しているということだろうか？　これらはみなこの場合に適切だとは言えない。しかもそれは同じ簡単な「ある《イスト》」である。ではこの句は、学校の教室を静粛が占めているように、山々の頂を静けさが占めているということを意味するのだろうか？　そうでもない！　それともおそらく、山々の頂に静けさが横たわっている、あるいは静けさが支配していることだろうか？　この方がましではあるが、しかしこの書き換えもやはり適当ではない。

「A＝B」であることを示す「繋辞」とは違う用法が結構あって、それらは「存在」と関係しているけれど、意味合いが結構違っているということですね。英語からの連想で理解できるものもありますが、そうでないものもあります。「この本は私のものである Das Buch ist mir」や「この杯は銀製である Der Becher ist aus Silber」のように帰属や属性を示している場合。「彼は死んでいる Er ist des Todes」は、少し訳に難があります。「既に死んでいる」のではなくて、「死に瀕している」という意味です。特定の終焉に向かっていく状態に陥っている、ということです。「赤は左舷である Backbord ist rot」というのは、日本語にすると、赤の場所を示しているように聞こえますが、これは夜間航行の時に、左舷に赤ランプ、右舷に緑ランプを灯して、方向性を示すことから来ている表現です。左舷全体の色を示しているのではないわけです。

「山々の頂きに静けさがある Über allen Gipfeln/Ist Ruh」というのは、ゲーテ（一七四九－一八三二）の詩の一節ですが、少し後に解説があります。

「山々の頂に静けさがある」、この「ある」はどうしても書き換えられない、しかもこれはただの「ある《イスト》」にすぎない！　ゲーテがイルメナウの近くのキッケルハーンの山にある板小舎の窓の直柱《さん》に鉛筆で書いた（一八三一年九月四日付、ツェルター宛書簡参照）あの短い数行の詩句の中へ何気なく織りこんで言っているこの「ある《イスト》」。不思議なことに、いまこれを書き換えようとして尻ごみし、ためらい、ついに全くやめてしまったのだが、それはこれを理解することがあまりに困難だからではなく、この句がきわめて簡単に、日常の話や談話に別に吟味もされずに絶えず混じりこんでくる他のありふれた「ある《イスト》」のどれよりももっと簡単に、あざやかに言われているからである。

一つ一つの用例の解釈がどうであろうと、いま引用した「ある《イスト》」の言い方から、「ある《イスト》」の中には存在がわれわれに対して多様な仕方で自己を開示しているという一つのことだけははっきりわかる。存在は空虚な語であるという、最初はもっともらしく見えた主張は、さらにもう一度、そしてもっと印象的に真でないものとして証明されたわけである。

ゲーテ

「山々の頂に静けさがある」は、ゲーテが一七八〇年にドイツ中部、チューリンゲン地方のイルメナウ近郊の山小屋の壁に書き付けたとされる詩の最後の言葉です。一八一五年に刊行されたゲーテの著作集に、一七七六年に書かれたもう一つの詩と共に「さすらい人の夜の歌 Wanderersnachtlied」というタイトルで収録され、両方とも後にシューベルト（一七九七－一八二八）が曲を付けています。それだけ有名な詩です。ゲーテは死ぬ半年前、一八三一年八月末に、三〇年ぶりにイルメナウを訪れ、例の山小屋を訪ね、かつて自分が書き付けた詩句を見て涙を流したと伝えられています。友人である音楽家のカール・フリードリヒ・ツェルター（一七五八－一八三二）に宛てた手紙で、そのことを報告しています。〈Ruh〉は「静けさ」とか「沈黙」といった意味の他、「安らぎ」や「落ち着き」、「死」とかいった意味もあります。「静けさ」が「ある」というのは、詩的だけど、何となく分かりますね。ハイデガーは、こういう時の「ある」の意味は、圧倒的に自明で、言い換える必要もなかろうと言っているわけです。

これも、分析哲学とか言語学の人からすれば、そんなのは単なるドイツ語の文法もしくは語法から生じてきた問題であって、哲学的意味などないと言うでしょうが、それに対してハイデガーは、いやそういう語法が生じ、ドイツ語に定着したことが重要なのだと言うでしょう。一五二頁の後半に、それとは少し違う、予想される突っ込みが示されていますね。「存在」という言葉が空虚だから、状況に応じていろいろな意味を適当に当てはめられるだけでは、という異論です。

この異論に対してどう言うべきか？　われわれはいま、一つの決定的な問いの領域に到達している。すなわち、この「ある《イスト》」は、それがそのつど担わされている文の内実を、つまり文が語り出している主題の領域を基礎として多様なもの《マニヒファルティゲ》になるのか、それともこの「ある」《イスト》つまり存在はそれ自身の中に多く《フィール》のひだ《ファルト》を蔵していて、そのひだの折り重なりがあるために、そもそもわれわれが多様な《マニヒファルティゲス》存在者を、それがそのつどあるとおりの姿においてわれわれの手の届くものにするということ、そういうことを可能ならしめるのであるか？　という問いである。この問いはいまのところただ提出するだけにとどめておこう。

「存在」の「多様性」を「襞」の比喩で記述しているわけですね。これは「多様性」を意味するドイツ語〈Mannigfaltigkeit〉が、語の作りからして、「折り目」「襞」「しわ」といった意味の〈Falte〉が、「複数ある」「重なっている」という意味合いになっていることから来ている言葉遊びです。ドゥルーズ（一九二五－九五）に『襞――ライプニッツとバロック』（一九八八）という著作があります。「存在」というのは、襞のような多重な折り畳み構造になっていて、一見単純に見えるけど、よくよく見ると、多様な要素・側面が含まれていることが見えてくる。そういうことをライプニッツ（一六四六－一七一六）のテクストと、バロック芸術に即して論じています。ライプニッツは実際、世界を構成する最小単位である「モナド（単子）」の表面には「襞」があり、それらが自らを「開い développer」たり、「閉じ込む envelopper」運動をしているという言い方をしています。また、バロックの建築や芸術は、ストレートな線ではなく、様々な「襞」がある形を好んだとされています。「襞」は、「存在」の表面を複雑にします。

中沢新一さん（一九五〇－　）が数学のフラクタル理論を引き合いに出していたのも、同じ発想です。例えば、このペンの縦のラインは一見真っすぐに見えますが、顕微鏡で見ると凹凸があるはずです。高性能の電子顕微鏡で見ると、量子効果による不確定性が見えてくるでしょう。そうした凹凸に沿って、机やペンの長さを測ると、高性能の機器を使うほど、細かい襞が見えてきて、それを算入しなければならなくなり、どんどん延びていきます。無限にまで達するかもしれません。これ、微分や積分に通じる発想ですね。ドゥルーズは、ライプニッツ思想のそうした側面をバロック文化と関係付けて論じているのですが、意外なことにハイデガーも後期にはかなりライプニッツを重視して、自分の「存在史」の中に位置付けています。先ほどの箇所もライプ

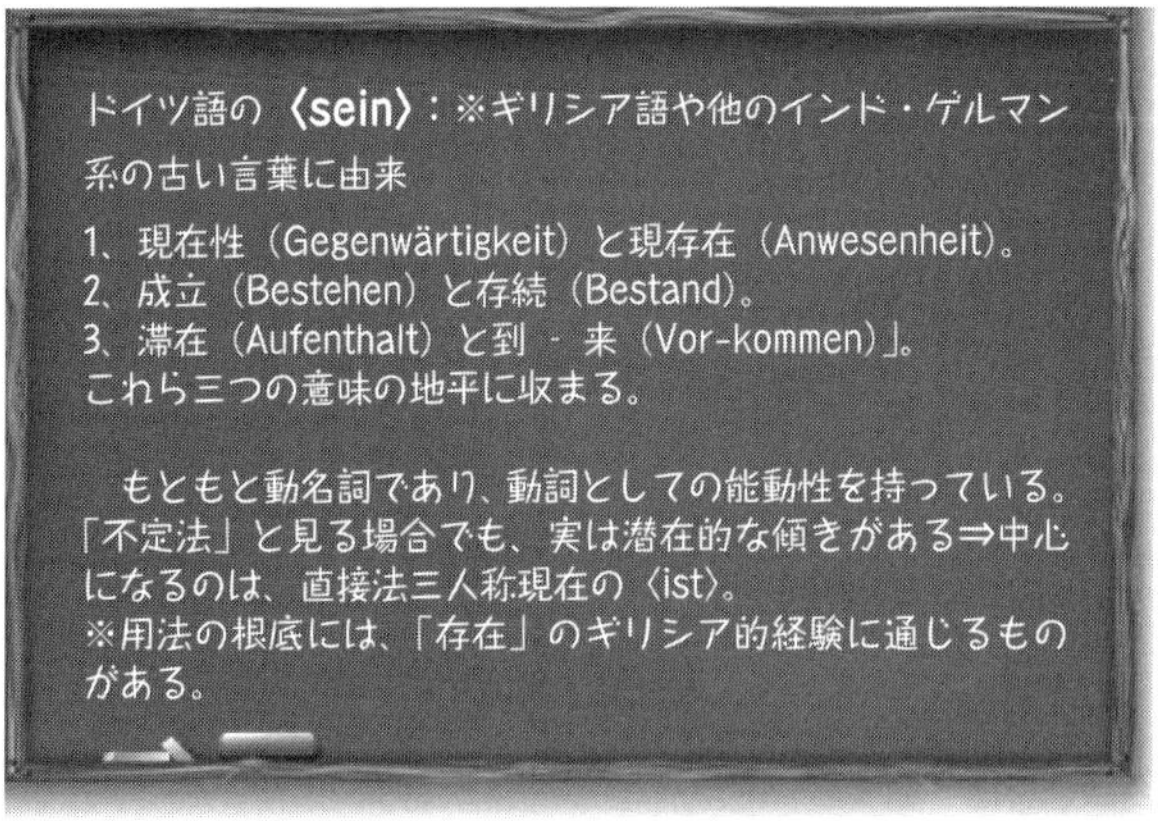
ドイツ語の〈sein〉：※ギリシア語や他のインド・ゲルマン系の古い言葉に由来
1、現在性（Gegenwärtigkeit）と現存在（Anwesenheit）。
2、成立（Bestehen）と存続（Bestand）。
3、滞在（Aufenthalt）と到 - 来（Vor-kommen）」。
これら三つの意味の地平に収まる。
もともと動名詞であり、動詞としての能動性を持っている。「不定法」と見る場合でも、実は潜在的な傾きがある⇒中心になるのは、直接法三人称現在の〈ist〉。
※用法の根底には、「存在」のギリシア的経験に通じるものがある。

ニッツを念頭に置いている可能性はあります。

「ある《イスト》」の中で言われている「ある《ザイン》」は「現実に現在する」、「存続的に眼の前に既にある《フォアハンデン》」、「居所を見いだしている」、「から来ている」、「できている」、「停滞する」、「属する」、「陥る」、「表示する」、「自己を見いだす」、「占める」、「歩み出ている」、「登場する」を意味する。これらに共通している一つの意味を一般的類概念として取り出して、いま列挙したさまざまな意味の「ある《イスト》」をそれの種概念としてそれに従属させるということは、困難であるばかりか本質にもとることだから、おそらく不可能であろう。とはいえしかし、これらの意味のすべてを貫いて、統一的にはっきりした一本の線が通っている。この線が「ある《ザイン》」についてのわれわれの理解を一つのはっきりした限界線《ホリツォント》へと向かわせ、この限界線からしてわれわれの理解が実現される。「存在《ザイン》」の意味の限定は、現在性と現存在、成立と存続、滞在と到ー来の圏内にとどまっている。

ドイツ語の〈sein〉にもいろいろな用法があるけれど、これらは基本的に第Ⅱ章で確認した、ギリシア語や他のインド・ゲルマン系の古い言葉に見られる、「現在性（Gegenwärtigkeit）と現存在（Anwesenheit）、成立（Bestehen）と存続（Bestand）、滞在（Aufenthalt）と到ー来（Vor-kommen）」という意味の地平に収まる、ということですね。まだ抽象的ですが、かなり動的なイメージになったのは確かですね。〈vorkommen〉は本来、「生じる」という意味の動詞ですが、ハイフンを入れて〈vor-kommen〉とすると、「前へ vor-」という運動性が強調されます。

これらはみな、われわれが最初に存在のギリシア的経験と解釈との特徴を示したさいに直面したものと同じ方向を指している。われわれは不定法の意味を解釈する場合の常道を守ったのだが、そうしてみると、

「ある《ザイン》」という語は、限界線に統一があり、限界線がはっきり決められていて、この語はそこからその意味を得ているし、この限界線がこの語についてのわれわれの理解を導いているということがわかった。すなわち要約すると次のようになる。われわれは「存在《ザイン》」という動名詞を不定法から理解するのだが、この不定法はいつも「ある《イスト》」と、それのいま述べた多様性とに関連している。つまりこの場合、特定の一動詞形「ある《イスト》」、すなわち直説法現在三人称単数の形が優位を占めている。われわれは「存在《ザイン》」を、「汝はある《ビスト》」、「汝らはある《ザイト》」、「私はある《ビン》」、「彼らはあろう《ヴェーレン》」などとの関係において理解しはしない。これらもみな「ある《イスト》」と同じように「存在《ザイン》」の動詞的変化形には違いないのだが。「ある《ザイン》」は、われわれにとっては「ある《イスト》」の不定法なのである。逆に言えば、われわれは、まるでそれ以外の仕方が不可能ででもあるかのように、知らず知らずのうちに「ある《ザイン》」という不定法を「ある《イスト》」から明らかにするのである。

「存在 Sein」は本来動名詞であり、元々動詞としての能動性を持っていること、「不定法」と見る場合でも、「不定法」にも、実は潜在的な傾きがあることを想起しているわけですね。動詞として見た場合、〈sein〉動詞にはいくつもの語根があり、それらは異なったニュアンスを持っているけれど、一番中心的なのは、やはり直接法三人称現在の〈ist〉である、というわけです。この〈ist〉の用法の根底に、「存在」のギリシア的経験に通じるものがあるということのようです。

そうすると、「存在《ザイン》」はいま述べたような意味、存在の本質のギリシア的把握を思い出させるような意味を持っていることになり、この意味は、どこからかわれわれの所へ偶然落ちてきたものではなく、われわれの歴史的現存在を昔からずっと支配している一つの被規定性なのである。「存在」という語の意味がいかに規定されているかということについてのわれわれの探究は、ここで突然、それの本来の姿、すなわちわれわれの隠された歴史の由来についての熟慮という姿をはっきりととることになる。

「存在」という一見抽象的で捉えどころのなさそうな言葉には、古代ギリシア以来の特殊な経験が込められている。しかも、その「存在」という概念を、「われわれ」が継承してきたのは単なる偶然ではない。それは、「われわれの歴史的現存在 unser geschichtliches Dasein」を太古より規定してきた歴運である、つまり歴史的必然性があるというわけです。

この「われわれ」というのが西欧人一般か、ドイツ人かで話は結構違ってきますね。「隠された歴史 verborgene Geschichte」という言い方をしているところを見ると、また、これまでの話の流れから見ても、どうも、ラテン語文化を通り越して、古代ギリシアの存在経験と、近代以降のドイツ人のそれとが、「ある」という意味の言葉を軸に繋がっている、と言いたい感じですね。

今日の話は、ドイツ語をちゃんと学習していない人には、大変だったと思いますが、これを聞いていたドイツ人の学生にとっては別の意味で大変だったでしょう。普段、全く考えないで使っている当たり前の言葉の変化形について、「こういう意味があるはずだ、自覚しなさい！」、と講義の場で迫っているわけですから。でも、いったんピンと来たら、そういう哲学的に含蓄の深い言葉を使っている自分たち民族に誇りを持ちそうですね。それがハイデガーの戦略です。日本語だと、存在を表わす「ある」という動詞と、繋辞の「だ」が分かれているし、「だ」の使い方が曖昧なので、西欧語と同じ方式で、言語における「存在」経験を主張するのは難しいでしょう。無論、それとは別の形で、あるいは「存在」とは別の概念を軸にした、言語経験の形而上学を展開することも全く不可能ではないでしょう。国学とか日本浪漫派は、そういうことをやろうとしたのかもしれません。

次回読む第Ⅳ章からいよいよ本題です。ようやくギリシア人がどのように「存在」を経験していたのかという話が、哲学者の言説や悲劇のテクストに即して〝明らか〟にされていきます。

■質疑応答

Q　以前の先生の『啓蒙の弁証法』についての講義の際に、ハイデガーが使っている〈Sein（存在）〉と〈Dasein（現存在）〉の違いについて質問したことがあります（→仲正著『現代ドイツ思想講義』第一回を参照）。その際、時間的な視点から説明頂いたと記憶しています。〈Dasein〉の方は、今現に目の前に立ち現われている状態だということでしたね。それとの対比で、〈Sein〉の方は、「歴史」の根底にあって不動であるようなイメージを抱いていたのですが、今日読んだハイデガーの説明からすると、むしろ、様々な相互関係におけるダイナミック（動的）なものがありそうな感じがします。二つの対立するものの摩擦みたいなところから生じ、立ち現われてくるような。そうやって現われてくることもあるけれど、通常は、ずっと隠れている。〈Dasein〉は、その具体的な現われみたいなものかと思ったのですが。

A　普通のドイツ語の語法を基準にすると、おっしゃるように〈Dasein〉は、様々な鬩ぎ合いの中からの「存在」の具体的な現われと考えていいと思いますが、ハイデガー用語としての〈Dasein〉は、自分が「今、此処にある」ことを自覚している主体としての人間です。『存在と時間』で、人間の意味で〈Dasein〉を使ってしまったので、〈Dasein〉を、「存在」の具体的な現われという意味で使えなかったのだと思います。あと、〈Dasein〉を時間の流れの中での「存在」の具体的な現われだと言ってしまうと、存在の本体がどこかに隠れているかのような印象を与えそうです。それだと、中世以来の「事実存在 Existenz」と「本質存在 Essenz」の区別と同じ話のようになって具合が悪い。ハイデガーは、「存在」という実体がどこかに隠れているような、神秘主義的な話にするのを避けています。あくまでも「存在」それ自体が、個別の存在者と共に「現われてくる」と言いたい。そのせいで、議論が分かりにくくなっているのです。

　彼は、永久に不動で同じ形を保ち続け、全ての存在者の原型になっているような、プラトン＝キリスト教的な「存在」のイメージを解体することを狙っています。恐らくそれは一貫しているでしょう。だから、「時間」と「存在」の一体性を示す『存在と時間』を書いた。だから、「時間」を超えた不変の「存在」のようなイメージを出したくない。

　ただ、その「時間」というのは物理的な時間ではなく、「現存在」によって、［過去→現在→未来］という方向性が読み取られ、自らの生と関係付けて意味付けされる「時間」です。とはいっても、人間自身が勝手に自分の都合で、「時間」という虚構の単位を作り出したのではない。「時間」は、人間に読み取られることによって方向性がはっきりし、意味を持つようになるが、「人間」が作り出したものではなく、「存在」と共に生起する。人間は、その「時間」の流れの中に「ある」自らを発見し、自らの生に関する根源的な選択をするよう仕向けられている。

「存在」の現われ方は一様ではありません。おっしゃって頂いたように、諸事物の激しい polemos（闘争）の中で、それまで見えなかったものが「現われ」、力を及ぼすようになる。その力によって、様々な事物が影響を受け、方向付けられる。そのことの意味に人間は気付く。そこで、人間にとって「存在」と「時間」が生じるわけです。どこかに究極の「実体」のようなものとしての「存在」があって、それから全てが派生するわけではなく、「存在」それ自体が「時間」と表裏一体に現われ、変容し続け、それに人間が巻き込まれていく、というイメージを出そうとするので、チャート的な思考に慣れている私たちにはなかなかついていけない。ハイデガーに言わせれば、それは私たちが、ギリシア的な存在経験から遠ざかっているからだ、ということになるのでしょうが。

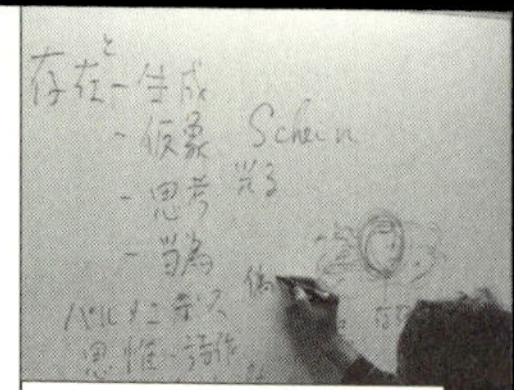

［講義］第3回

存在と思考をめぐって
——『形而上学入門』「Ⅳ——存在の限定」

前回読んだ第Ⅱ、第Ⅲ章ではドイツ語の sein 動詞の複数の語源と、そこに見出される「存在」経験について考察されていました。「存在」を意味する名詞〈das Sein〉の元になったのは、〈sein〉という「不定形」だと考えられがちですが、通常〈sein〉から派生したと思われがちの「定形」、つまり人称・時制変化した様々な形は、同一系統ではなく、複数の語源に由来するもので、それらには具体的な意味があり、それらを分析してみると、「存在」というのは抽象的な概念ではなく、動的な性格を持っていて、そのことを古代ギリシア人は経験していた、というのが結論でした。

〈Ⅳ章——存在の限定 Die Beschränkung des Seins〉を読む

第Ⅳ章は「存在の限定 Die Beschränkung des Seins」というタイトルが付いています。「存在」という言葉は全く無規定ではなく、西洋哲学の歴史の中で、いろいろな概念と結び付くことで「限定」されてきたということです。「存在と生成」「存在と仮象」「存在と思考」「存在と当為」といった言い方がよく出てくる、つまり哲学のテーマになる。その結び付きに必然性があるとハイデガーは見ているわけですね。一五七～一五九頁にかけて、この四つの結び付きについて、七つのポイントが述べられています。㈠が、これらが存在の被規定性で

「存在」という言葉

※全く無規定ではなく、西洋哲学の歴史の中で、いろいろな概念と結び付くことで「限定」されてきた。以下の四つの区別による「存在」の限定が行われたことは、「存在」それ自体に起因する何等かの「力 Macht」による。

1、「存在と生成」／2、「存在と仮象」
既にギリシア哲学の元初、つまりソクラテス以前からあり、最も古いもの。

3、「存在と思考」
認識論。その下地は古くからあって、プラトンとアリストテレスによって展開された。本来の形を得たのは、近代初期。⇒カント『純粋理性批判』

4、「存在と当為」
この区別はもっぱら近代に属する。十八世紀以来、存在者一般に対する近代精神の態度の中の重要な一つを規定。⇒カント『実践理性批判』

これら四つと「存在」との対立関係が西洋哲学の基本テーマに
：西洋哲学の基本構造に深く浸透しており、それぞれの対立がテーマとして浮上してきた順序にもちゃんとした意味がある。

あるということ、㈡〜㈣は、この四つの被規定性は偶然のものではない、ということ。

㈣したがってまた、初めは定式のようになってしまっているものと思われたこの対立は、偶然の機会に現われてきて、いわば慣用句として言葉の中に入ってしまったのではない。この対立は存在という語の形成過程との密接な連関において発生したのであり、しかもその存在の開明性が西洋の歴史にとって規準的なものとなったのである。この対立は哲学の問うことの始まりとともに始まったのである。

㈤この四つの区別は西洋哲学の範囲内で支配的であっただけではない。これがことさらに、あるいはこのような語句で表現されない所でも、この区別はすべての知を知ること、行なうこと、言うことの中へ浸透している。

㈥ここに列挙した四つの標題の順序は、そのままそれらの本質的連関と、それらの形成過程の歴史的継起との順序を示している。

「対立」というのは、これら四つが「存在」と対立する関係にある、ということです。これらは西洋哲学の言葉に深く浸透していて、それぞれの対立がテーマとして浮上してきた順序にもちゃんとした意味がある、ということですね。

「存在と生成」「存在と仮象」は既にギリシア哲学の元初、つまりソクラテス以前からあり、最も古いものだということですね。第三の「存在と思考」もその下地は古くからあって、プラトンとアリストテレスによって展開されたものではあるが、これが本来の形を得たのは、近代初期になってからだと述べられていますね。「これはその歴史から言っても、当然最も複雑なものであり、その意図から言っても最も問題的なものである（だからこれはわれわれにとって最も問うに価するものである）」。

「存在と思考」とは、簡単に言うと認識論ですね。認識論では、理性的な自己による「存在」の把握という形で問題が立てられます。古代だと、「私」が思考する主体であるかどうか不明確でした。存在の方が私の内に入り込んで「思考」させる、というハイデガー的な見方も可能でした。近代に入ると、自律した認識する主体がいかにして、対象の存在を認識するかを論じる認識論が成立し、カントが『純粋理性批判』（一七八一、八七）で立てたような問いが立てられるようになったわけです。ただ、デカルト（一五九六－一六五〇）の「我思うゆえに、我有り」のように人間の存在に限っては、「存在＝思考」と見なす見方もあり、「存在」と「思考」の関係はそれほど単純ではありません。

> 第四の区別（存在と当為）は、ギリシア人が *on* の特徴を *agathon* と認めることによってかすかにその下描きが作られただけであって、この区別はもっぱら近代に属する。はたせるかな、この区別は十八世紀以来、存在者一般に対する近代精神の態度の中の重要な一つを規定しているのである。

〈on〉はギリシア語のbe動詞に当たるもので、〈agathon〉は「善いこと」という意味です。ただし、英語の〈good〉と同じで、必ずしも道徳的な「善」だけでなく、「良」の意味も含まれていることに注意して下さい。「気高い」とか「勇敢な」という意味もあります。つまりギリシアでは、「存在」は「善」なるものだと考えられていたわけです。これはキリスト教神学の全ての存在（者）の源泉である神の本性は、善であるという考えに繋がっていきます。近代に入って「ある」かないかという問題と、「善」とか「正」「自由」「平等」など当為の問題がはっきり区別されるようになりました。カントだと『実践理性批判』（一七八八）に相当します。カントは、道徳的な規範は、感性的な認識の対象とは同じレベルで、ある／ないを論じられないという立場を取っています。

㈦存在の問いを根源的に問うということは、いまや存在の本質の真理を展開するという使命を帯びるに至ったのであるが、その場合われわれはこの四つの区別の中に隠されている諸力に関してみずからを決定へと置き、その諸力をそれぞれの独自の真理へと連れ戻さねばならない。

「1――存在と生成」

この四つの区別による「存在」の限定が行われたことは、「存在」それ自体に起因する何らかの「力 Macht」によるということですね。これ以下、四つの限定について一つずつ論じられていきます。まずは「1――存在と生成」。「生成 Werden」との関係は、「存在」についての問いに最初から絡んでおり、今日でもよく知られている、ということですね。

すなわち、成るものはいまだない。あるものはもはや成る必要がない。「ある」もの、すなわち存在者は、それが、とにかくいったん成ってしまい、成ることができたならば、すべての生成をやめてしまう。本来の意味で「ある」ものはまた、生成が押しかけてくるのに抵抗する。

抽象的な言い方ですが、要は「ある」は、固定し静止した状態としてイメージされていて、それと絶えざる変化である「生成」が対比されていたわけですね。逆に言うと、「生成」の状態にあるものは、「まだない」あるいは「もうない」ということになるわけです。例えば、これから大学生になる人は大学生ではありませんし、大学生だった人も大学生ではありません。その場合、想定されている〝大学生〟は存在していないことになります。

「思惟し―詩作しながら、存在者の存在を生成と対照してとりだした」人物として、ソクラテス以前の哲学者で、紀元前六世紀の後半から五世紀の初めにかけて生きたパルメニデスのことが論じられています。パルメニデスは「一者」という概念で有名ですね。ハイデガーが言うように、彼の「教説詩」はただ断片として残されているだけですが、ここでは、そのごく少数の詩句の解釈が試みられています。

「思惟し―詩作しながら denkend-dichtend」という言い方に着目してください。「思惟」とは、単に何かにつ

パルメニデス

（前500年～475年－没年不明）

「思惟し－詩作しながら、存在者の存在を生成と対照してとりだした」人物。

ソクラテス以前の哲学者で、紀元前6世紀の後半から5世紀の初めにかけて生きた。

「一者」という概念で有名。出身は、南イタリアのギリシアの植民都市エレア。

※*「思惟し－詩作しながら denkend-dichtend」*

「思惟」とは、単に何かについて考えるということではなく、「存在」の中核に迫っていく、人間の生き方を変えるような「思惟」≒「詩作」。

「詩作」とは、狭い意味での「詩」を書くことだけを意味するのではない。ギリシア語で言うところの〈poiesis〉、「創作」あるいは「創出」の営み全般。

※パルメニデスにあっては、両者は一体不可分の関係にあった。

いて考えるというものではなく、当然「存在」の中核に迫っていく、人間の生き方を変えるような「思惟」のことを言っているわけですが、ハイデガーはそれと「詩作」とをセットで考えているようです。「詩作」というのは、当然、狭い意味での「詩」を書くことだけを意味しているのではありません。ギリシア語で言うところの〈poiesis〉、「創作」あるいは「創出」の営み全般を指していると考えられます。ただ、ハイデガーの議論では、焦点は、言語による「創作」、言葉によって新しい事物を名指したり、新しい関係を作り出したりすることにあるので、「詩作」と訳すのは必ずしも不適切ではありません。いずれにしても、近代では、「哲学的思惟」と「詩作」は全く別のものだと考えられるようになり、特に分析哲学では、〝文学的〟だというのは、論理的な厳密さを欠いた誤魔化しが多いということとほぼ同義で、軽蔑的な意味で使われます。ハイデガーは両者が一緒だとは言いませんが、少なくとも非常に近しいものとして捉えています。元初の哲学で「存在」そのものを捉えようとする試みの中では、「思惟」と「詩作」がかなり接近していた時期があり、パルメニデスにあっては、この両者は一体不可分の関係にあった。細かいことですが引用は、訳では、ラテン・アルファベット表記になっていますが、原文ではギリシア・アルファベットで引用した後、ドイツ語で訳が付けられています。

――

「だがまただ一つだけ道の話が残っている。

（その道で）あるとはどんなことか（が開示される）。この

（道）には、
それを示すものがはなはだ多くある。
存在は発生も壊滅もなく、
それのみでそこに完全にー立ち
また、自己において震動なく、やっとおしまいになるなどということもない。
それは、かつてあったものでもなく、いつかあるだろうということもない。
というのは、現在としてそれはすべてーそのときにあるからだ、ただ一つだけで、一つにしつつ、一つにされて

自己の中で自己から自己を集めつつ（現在性を一杯に集めて締めくくりつつ）」。

「発生 Entstehen」と「壊滅 Verderben」がセットで「生成」の意味になっていて、「存在」はそれらと排他的な関係にあることが確認されているわけですね。「存在」は「現在（現前）性 Gegenwärtigkeit」にしか属さないということですね。つまり、「存在」と生成を含意する「時間」は相性が悪い。でもハイデガーは、このパルメニデスの詩句をかなり高く評価しているようですね。

存在からいわれたこのことは *sēmata* である。すなわちこれは、存在の符号でもなく、述語でもなく、存在へと見遣ることとの中で存在の側から存在自身が示すものである。すなわち、このように存在を見遣る場合、われわれはすべての発生や消滅などを存在から能動的な意味で見離し、見ーすごす、つまりそれを見つつ、遠ざけてー保ち、突き離さねばならない。*a-* とか *oude* とかいうような語で遠ざけられるものは、存在にはふさわしくない。存在の尺度は別なのである。

〈sēmata〉というのは、「記号」「兆候」「象徴」といった意味のギリシア語〈sēma〉の複数形です。英語で「意味論」を〈semantics〉、「記号論」を〈semiotics〉と言いますが、それらの語源です。ハイデガーは、それは人為的に設定された「符号」ではなく、「存在」それ自体から生じてくるものだと言っているわけです。そうした「符号」の意味を理解するには、「存在」ではない要素、発生したり消滅したりする要素を排除して、

ヘラクレイトス
（前540頃—480頃）
「万物は流転する」という言葉で有名。パルメニデスより二、三世代前。出身は、小アジアのエペソス。
※［「生成」の思想家ヘラクレイトスvs.「存在（一者）」の思想家パルメニデス］という分かりやすい対立図式で理解　⇒ハイデガー：二人に共通するものに注目。→「存在」と「生成」を対立するものと見なす発想

純粋な「存在」へと還元しないといけない。

〈a-〉はギリシア語の否定の接頭辞です。〈aletheia〉の〈a-〉もそうですし、現代の英語だと〈atom〉〈atheism〉〈apathy〉〈anarchy〉などにその痕跡が残っています。〈oude〉は英語の〈not at all〉とか〈not even〉に相当する強い否定を意味する副詞です。このような否定の語によって排除できてしまう、つまり生成変化するような要素は、「存在」には属さないというわけです。

> 以上のことすべてから、われわれは次のことを察知する。すなわち、存在はパルメニデスのこの言に対して、不安定や交替に関わりのない、自己の中へと集められた存続的なものの独自の堅固さとして自己を示している。今日なお西洋哲学の元初を述べるさいには、パルメニデスのこの説に対してヘラクレイトスの説を対置するのが常である。しばしば引用される *panta rhei* すべては流れの中にある、という語句はヘラクレイトスに由来すると言われている。これによれば、存在はない。すべては生成で「ある」。

ヘラクレイトスが「万物は流転する」と言ったという高校の倫理の教科書にも書かれていることですが、この〈panta rhei〉に正確に対応する言葉は彼の断片にはないようで、後世の脚色のようです。ヘラクレイトスの方がパルメニデスより二、三世代前で、活動していた地域も、ヘラクレイトスが小アジアのエペソスであったのに対し、パルメニデスの方は南イタリアのギリシアの植民都市エレアです。個人的な接点はなさそうですが、通常、［「生成」の思想家ヘラクレイトスvs.「存在（一者）」の思想家パルメニデス］という分かりやすい対立図式で理解されることが多いということですね。図式として分かりますね。

しかしハイデガーに言わせると、「パルメニデスに鋭く対立して生成の説をなしたと言われているヘラクレイトスも、実はパルメニデスと同じことを言っている」。どう同じなのかと言うと、「存在」と「生成」を対立

するものと見なす発想が、ということです。

「2――存在と仮象」

では、「2――存在と仮象」に入りましょう。実際に存在しているものと、存在しているように見えるにすぎないものの対立です。真実を見分けるという、いかにも哲学の問いっぽい問題設定ですね。ハイデガーは、普通に考えられているほど単純なものではないと見ているようですね。「仮象」の方に重要な意味があると見ているわけですね。これもまた、ギリシアに起源があるけれど、ドイツ語にもその痕跡がある、ということですね。

> われわれは「仮象《シャイン》」と言い、雨と日光《シャイン》とを知っている。太陽は光る《シャイント》。われわれは「その部屋はろうそくの光《シャイン》でかすかに照らされていた」と物語る。西南ドイツ方言には「光る木《シャイン》」という語がある。すなわち闇の中で照り輝くような木である。われわれは聖者を叙述する聖光背《シャイン》という語があるのを知っている。

仮象という意味のドイツ語〈Schein〉という単語に他には、「輝き」という意味もあります。〈scheinen〉という動詞形でも使われます。〈Scheinholz〉というのは地元の方言だということですね。訳では「西南ドイツ方言」となっていますが、原文では〈alemanisch（アレマン方言の）〉という言い方になっています。ドイツ西南、フランスのアルザス・ロレーヌ地方、スイス、オーストリア西部のフォアアールベルク州、北イタリアのチロル地方で話されている方言です。

> だがわれわれはまた偽信者《シャイン》、つまり聖者らしく見えるが実はそうではないような者という語をも知っている。われわれは八百長試合《シャイン》、つまり真剣試合と見せかけるたくらみにも出会う。太陽は光る《シャイント》。そのとき太陽は地球のまわりを回っているように見える《シャイント》。光って《シャイント》いる月が直径二フィートであるのは、ただそう見えるだけであり、仮象にすぎない。

「光る」「輝く」と並んで、「～のように見える」「仮象」「似非～」「偽の～」という系統の意味もあるということですね。

ここでわれわれは二種類のシャインおよびシャイネンに直面する。この二種類はしかし単に並列しているのではなく、一方は他方の変種である。たとえば太陽が地球のまわりを回っているような見せかけ《シャイン》をそれ自身において持つことができるのは、ただただそれが光る《シャイン》から、つまり照るから、照ることにおいて現象《エアシャイネン》するから、すなわち現前《フォアシャイン》へと到来するからである。

「光る」が本来の意味で、光り輝き、膨大な光線とエネルギーを発しているからこそ、その周囲にいろいろな「仮象」が生じている、ということです。「現象」の言語の〈erscheinen〉という動詞は、〈scheinen〉に「外に向かって」とか「広げて」というニュアンスの接頭辞〈er-〉を付加したものです。「現前」と訳されている〈Vorschein〉は、〈Schein〉に「前へ」という意味の接頭辞〈vor-〉を付け足したものです。

　より詳しく調べてみると、われわれは三通りのシャインを見いだす。（一）光輝と照り輝きとしてのシャイン、（二）現象《エアシャイネン》としての、或るものがそこへと到来する現ー前としてのシャインとシャイネン、（三）単なる見せかけ《シャイン》としての、或るものが呈している外観としてのシャイン。だが同時に、第二にあげた「シャイネン」、すなわち自己を示すという意味での現象《エアシャイネン》が、光輝としてのシャインにも外観としてのシャインにもあてはまり、しかも任意の一性質としてでなく両者の可能性の根拠にとしてあてはまるということが明らかになる。シャインの本質は現象にある。それは自己をー示すこと、自己をー呈ー示すること、停ー立すること、前にー横たわることである。長い間待っていた本がいま出た《エアシャイネン》、すなわちそれが前に横たわっている、眼の前に既にある、したがって手に取れる。月が光る《シャイント》という場合、それは月が光を広げる、或る明るさを広げるということだけでなく、月が空に立っている、月が現存する、月があることをいう。星が光る《シャイン》、すなわち照りつつ星は現存者である。この場合、シャインは存在と正確に同じものを意味している。

「光」の系統と、「見せかけ」の系統の中間に、先ほどの〈erscheinen〉の系統、つまり「現ー前 Vorschein」という意味合いもあると言っているわけです。この二番目は、〈er-〉とか〈vor-〉といった接頭辞を付けないと、はっきり出てこないわけですが、ハイデガーは潜在的にそういう意味合いがあると主張しているわけです。

ピンダロス

「自己を－示す sich zeigen」「自己を－呈・示する sich dar-stellen」あるいは、「停・立する an-stehen」というのは、前回見た〈physis〉の基本的な作用に通じていますね。「立つ」という意味の〈stehen〉に、「密着している」とか「接している」という意味の接頭辞の〈an-〉を付加した〈anstehen〉は通常は、「〜に並ぶ」とか「列を作る」という意味ですが、ハイデガーは間にハイフンを入れて、「〜に隣接してそこに留まっている」というニュアンスを出そうとしたのでしょう。そうした［phyein － physis］的な意味を持つ［scheinen － Schein］は、まさに「存在」ではないか、というわけです。そこで、〈physis〉として自己を開示する、ギリシアの「存在」に話が戻ります。

> 発現し－滞在する支配は、それ自身において同時に光って《シャイネン》いる現象である。*phy-* という語幹と *pha-* という語幹とは同じことを意味する。*phyein* すなわち自己の中に安らっている発言とは、*phainesthai* すなわちひらめき輝く、自己を示す、現象することである。

〈phy-〉という語幹と、英語の〈phenomenon〉の語源である〈phainesthai〉の〈pha-〉という語幹が元々同じだという話は前回も出てきましたね。ここでは、これらが先ほどの［scheinen － Schein］と同じように、輝きの中で自己を示すという意味合いを持っているということがポイントです。

> たとえばピンダロスにとっては *phya* が現存在の根本規定をなしている。*to de phyai kratiston hapan; phya* から、また *phya* によってあるものは全く最も力強いものである。

ピンダロス（前五二二頃－四四三）は、ギリシア本土のテーバイで活躍した詩人で、オリンピックの祝勝歌を多く残しています。ヘラクレイトスとパルメニデスの間くらいの年代です。〈phya〉なるものから、最も力強いものが生じるというフレーズをハイデガーは、「存在」が現われてくるという意味合いに解釈しているわけです。で、その〈phya〉とは何かですが、

> phya は誰かが根源的、本来的に既にそれであるそのものを意味する。既に現成－しているものであって、あとからむりやりにとって付けたような作り

ごとやわざとらしい所作ではない。存在は高貴なものと貴族との根本規定である（すなわち、高い本質の由来を持ち、その由来の中で安らっているようなものの規定である）。

〈phya（φυά）〉とは、「誰かが根源的、本来的に既にそれであるそのもの was einer ursprünglich und eigentlich schon ist」という説明では、抽象的すぎて頭に入ってきませんが、ピンダロスの原文では、これは「生まれついて」という意味の形容詞として使われているようです。特に、オリンピックの競技の勝者に生まれつき備わっている、高貴な身体能力の由来を示すために使われているようです。それをハイデガーは、人間の身体的な特性ではなく、存在者が「根源的、かつ本来的にそうである」性質という意味に拡大解釈しているわけです。

自己の中に立つこととは、ギリシア人にとってはとりもなおさず、そこに－立つこと、光の－中に－立つことをいう。現象は、存在にいつかくっついてしまった、あとからの付け足しというようなものではない。存在は現象として現成するのである。

「自己の中に立つ in sich stehen」というのは、（ハイデガーの解釈による）〈physis〉の特徴の一つですが、〈phya〉はその〈physis〉の形容詞形と考えていいですし、この言葉自体に、それ本来の在り方をしているという意味があるのを、「自己の中に立つ」に関係付けたのでしょう。「そこに－立つこと Da-stehen」が「光の－中に－立つこと Im-Licht-stehen」であるというのは、［存在すること＝現われること］が、先ほど確認したように、「光」を伴っていること、そして、どこか特定の場所を占めて「そこ」に立ち続けることに繋がるということでしょう。この〈da-〉は、〈Dasein（現存在）〉の〈da-〉です。

いま述べたこととともに、ギリシア哲学について一般に流布している考え、すなわちギリシア哲学は近世の主観主義と違って、「実在論的に」客観的存在自体を説いたのだという考えは、むなしい虚構として崩壊する。この通俗的な考えは浅薄な理解から来ている。われわれは「主観的」と「客観的」、「実在論的」と「観念論的」というような術語を退けねばならない。

唐突なので、どうして今の話からギリシア哲学が「実在論的 realistisch」でないと言えるのかピンと来ませんが、この場合の「実在論」というのは、恐らく、その周囲に誰か人間がいるかとか、どういう現われ方をするかといったことによって左右されることのない、あらゆる面で不動の実体あるいは物質が存在するというような考え方でしょう。「存在」は「生成」の途上にあるし、「現われ」に左右される。かといって、主観的なものでもない。私の側の認識の形態とか感情によって「存在」が作り出されるわけではなく、「存在」の方から現われてきて、それを私が受け止めるわけです。ハイデガーは通常の哲学の教科書でよく使われる、主観／客観、観念論／実在論といった区別を回避するので、分かりにくいというのは有名な話です。

> 存在は *physis* として現成する。発現して支配することとは現象することである。現象は現前へともたらす。このことの中に既に、存在すなわち現象は、隠蔽性から離脱させるということが窺われる。存在者がそのようなものとしてあるとき、存在者は非隠蔽性 *alētheia* へと自己を置き、その中に立っている。

「存在」が〈physis〉と不可分に結び付いていて、「現われる」ものであるということから逆算して、元々は「隠蔽」されていたはずだ、と考えるわけです。無から急に何かが出てくるわけではなく、いろいろなものが隠れて潜んでいる、光が通らない、真っ暗な混沌状態があって、「そこ」に光が差して、何かが輝いて現われ出てくること、つまり、隠蔽性を脱すること、それが「存在」である、ということです。そうやって「存在」と「現象＝仮象」と「非隠蔽性＝アレテイア（＝真理）」の三者が繋がってくるわけです。

> われわれドイツ人は無思想にもこの *alētheia* というギリシア語を「真理《ヴァールハイト》」という語で訳している、つまり誤解している。なるほど今日では次第に *alētheia* というギリシア語を文字どおりに訳し始めてはいる。だがこのことは、すぐそのあとから「真理」をまた再び全く別な非ギリシア的な意味に理解し、この別な意味を基礎にして *alētheia* というギリシア語を推し測って解釈するのだから、あまり役に立たない。というのは、真理のギリシア的本質は *physis* としての存在のギリシア的本質と一つにされてのみ可能だからである。*physis* と *alētheia* との独得な本質連関に基づいて、ギリシア人は次のように言うことができる、すなわち存在者は存在者として真である。そして真なるものはそのようなものとして存在的であると。これは次のようなことを意味する。すなわち支配しつつ自己を示すものは非隠蔽的なものの中に立っている。非隠蔽的なものはそのようなものとして自己を示すことにおいて、立つことへと到来する。真理は非－隠蔽性

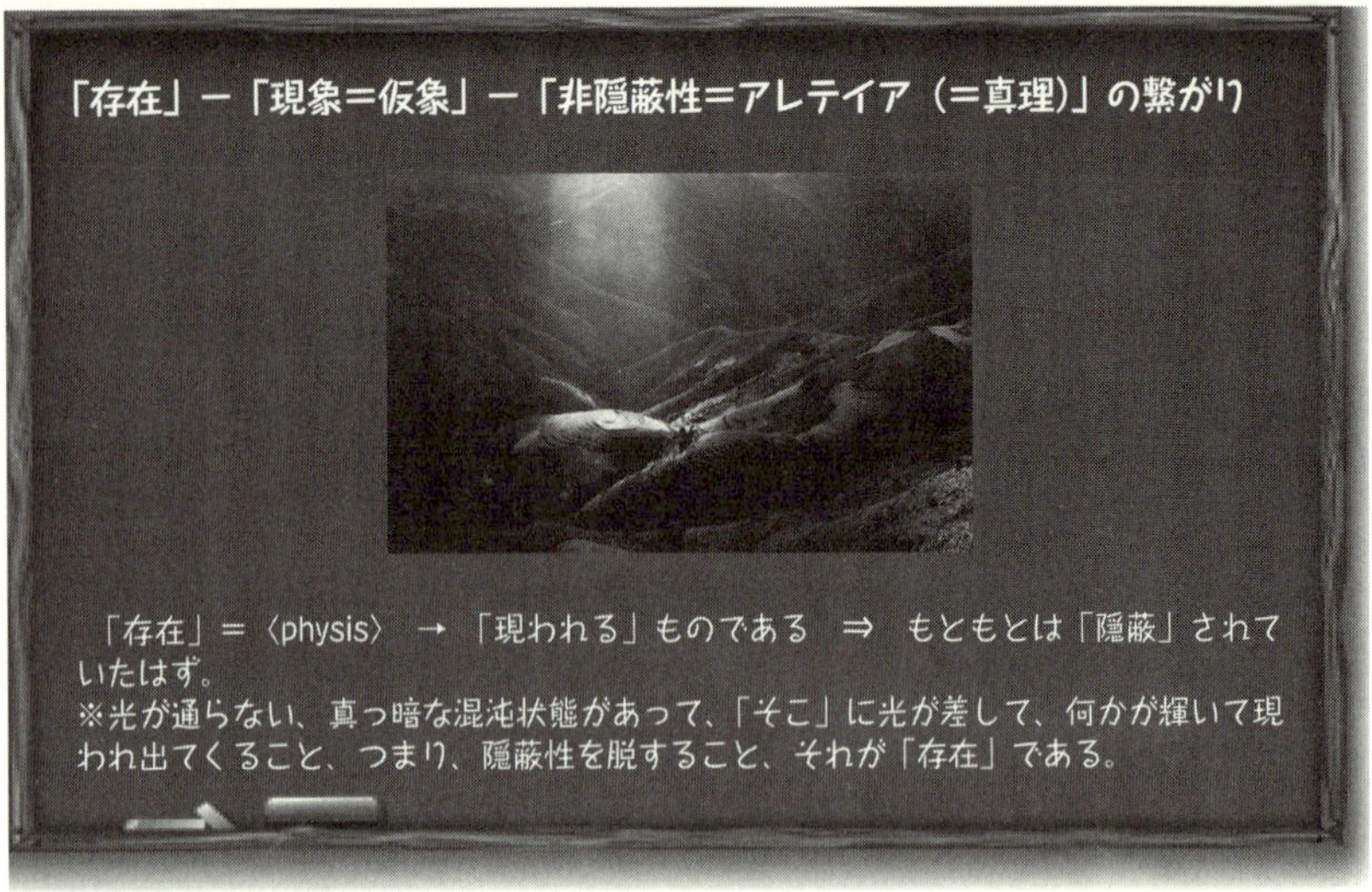
「存在」－「現象＝仮象」－「非隠蔽性＝アレテイア（＝真理）」の繋がり
「存在」＝〈physis〉 → 「現われる」ものである ⇒ もともとは「隠蔽」されていたはず。
※光が通らない、真っ暗な混沌状態があって、「そこ」に光が差して、何かが輝いて現われ出てくること、つまり、隠蔽性を脱すること、それが「存在」である。

> ——として決して存在への付加物ではない。

ここではドイツ語がダメだという話をしていますね。ドイツ語の〈Wahrheit〉は一応、〈alētheia〉の訳語として採用されているけれど、実際には、「非隠蔽性」という本来の意味を見失っている、というわけです。非ギリシア的な意味というのは、私たちがよく知っているような意味、数学とか論理学のように、問題の答えになっているということでしょう。当然、真／偽がはっきりしている問題です。トマス・アクィナスは、「真理」を「物と知性の一致 adaequatio intellectus et rei」と定義したことで知られています。私たちが知っていることと、事物の本当の状態が一致している、つまり本当の状態を正確に知っているということです。現代の私たちが何となく持っている真理観も大体そういう感じでしょう。こういう真理観では、物の本当の状態が確定していることが前提になりますが、それだと「現われ」とか「生成」は関係なくなってしまいますね。

> 真理は存在の本質に属する。存在者であること——このことの中には、現前へと到来すること、現象しつつ－登場すること、自己を提－置すること、何かを設－置することが含まれている。これに反して、非存在とは、現象から、現存在から退場することをいう。現象の本質の中には真に明示的、指示的意味での登場と退場、去、来がある。存在はだから多様な存在者の中へと散在している。この存在者は一番手近なもの、いつでもまにあうものとして、ここかしこでのさばっている。それは現象する

―ものとして、自己に対して様子《アンゼーエン》 *dokei* を与えている。

「現象しつつ登場する erscheinen-auftreten」はいいとして、「提－置する hin-stellen」「設－置する her-stellen」はこれまでの話の流れとは違って、何か人為的・機械的な感じがして、違和感がありますね。これは多分、訳すことに無理があるのでしょう。普通のドイツ語では、〈hinstellen〉は「(ある方向に向けて)立てる」という意味で、〈herstellen〉は「生産する」という意味です。ハイデガーは後者を、技術論の文脈で、〈her-stellen〉と分離して、〈physis〉から「引き出す」とか「引き立てる」という意味で使います。〈her〉には、話者の方に向かってくる方向の運動を指示する意味合いがあり、〈hin〉はその逆に、遠ざかっていく運動を指します。〈hin und her〉は、「あっちこっちへ」という意味の熟語です。そうしたことを念頭に置いて、ハイフンを入れたうえで並べることで、〈hin〉や〈her〉に、あっちやこっちへ〈stellen〉する、立てる、産出するという意味合いを出しているのでしょう。存在者が自己自身をそうするわけです。

この「あっちこっちへ」立てることに、退場とか「去」もあるわけです。「去、来」の原語は、〈Hin- und Her-treten〉となっていて、あっちこっちへと「歩く」、ステップを踏むことです。これとその前の「登場と退場 Auf- und Abtreten」と、〈treten〉という部分で平仄を合わせているわけです。ハイデガーのテクストには、ドイツ語の特性を利用したこういう言葉遊びが多いわけです。

〈dokei〉は「様子 Ansehen」と訳されていますが、実際には動詞で、英語で言うとむしろ、〈seem〉に当たります。「〜は〜にとっては〜に見える(思える)」という意味です。「存在」≒〈physis〉に「現われる」という意味があるところから、「〜にとっては〜に見える」に繋がってくるわけです。

> *doxa* とは様子、つまり誰かがその中で立っているその様子のことである。この様子が、その中で発現しているものに適って、きわだってみごとなものである場合、*doxa* は光輝と名声《ルーム》とを意味する。ヘレニズムの神学と新約聖書とにおいては *doxa theou*, gloria Dei は神の栄光である。称賛と尊敬《アンゼーエン》とを奉納して称揚するということは、ギリシア的には、光の中へと置くこと、そのことによって存続性、すなわち存在を得させることである。

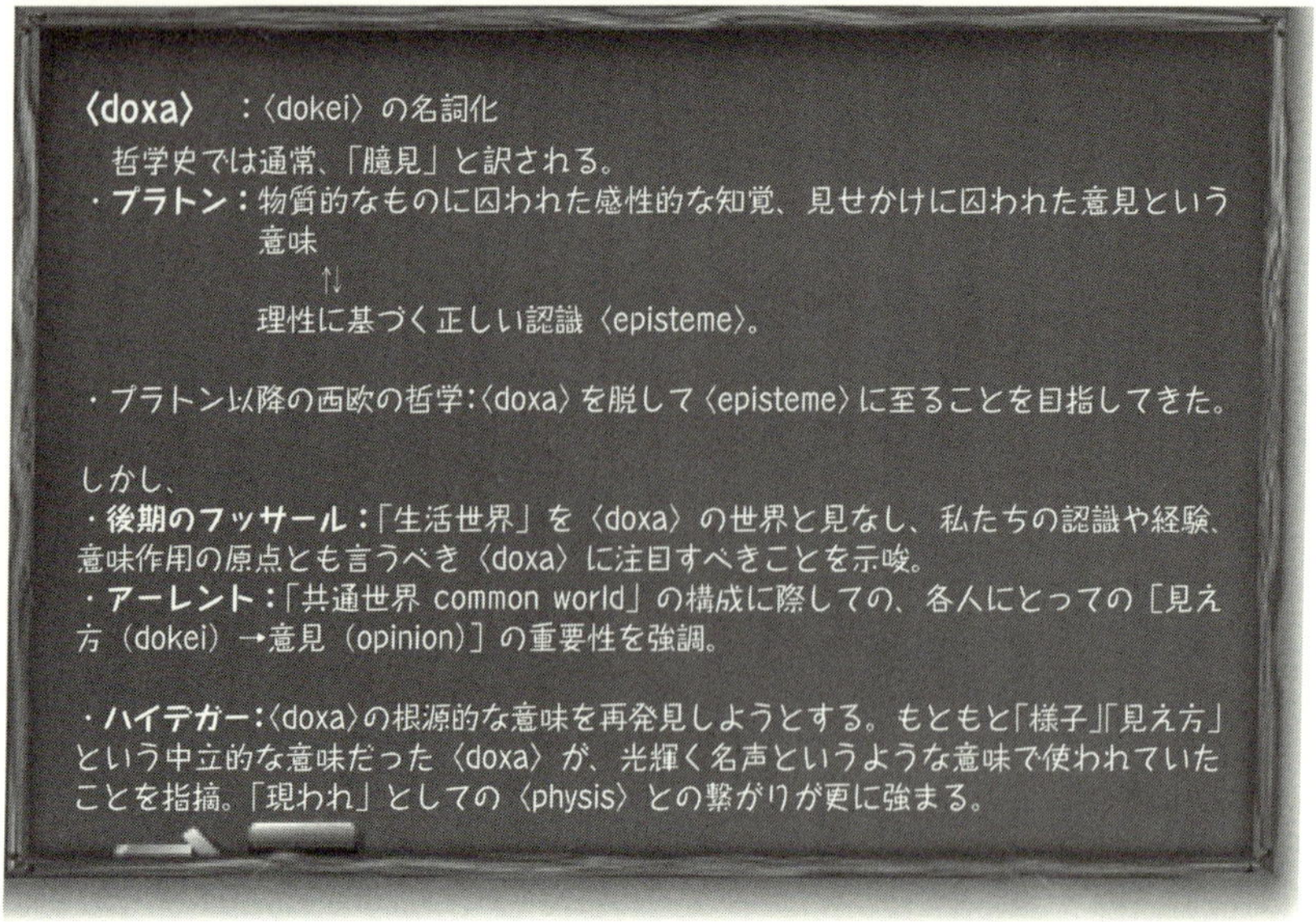
〈doxa〉：〈dokei〉の名詞化
哲学史では通常、「臆見」と訳される。
・プラトン：物質的なものに囚われた感性的な知覚、見せかけに囚われた意見という意味
⇅
理性に基づく正しい認識〈episteme〉。
・プラトン以降の西欧の哲学：〈doxa〉を脱して〈episteme〉に至ることを目指してきた。
しかし、
・後期のフッサール：「生活世界」を〈doxa〉の世界と見なし、私たちの認識や経験、意味作用の原点とも言うべき〈doxa〉に注目すべきことを示唆。
・アーレント：「共通世界 common world」の構成に際しての、各人にとっての［見え方（dokei）→意見（opinion）］の重要性を強調。
・ハイデガー：〈doxa〉の根源的な意味を再発見しようとする。もともと「様子」「見え方」という中立的な意味だった〈doxa〉が、光輝く名声というような意味で使われていたことを指摘。「現われ」としての〈physis〉との繋がりが更に強まる。

〈dokei〉を名詞化した〈doxa〉は哲学史では通常、「臆見」と訳されます。プラトンは物質的なものに囚われた感性的な知覚、見せかけに囚われた意見という意味で使い、理性に基づく正しい認識である〈episteme〉と対置しました。プラトン以降の西欧の哲学は、〈doxa〉を脱して〈episteme〉に至ることを目指してきたとされます。しかし後期のフッサールは、「生活世界」を〈doxa〉の世界と見なし、私たちの認識や経験、意味作用の原点とも言うべき〈doxa〉に注目すべきことを示唆した。アーレントも、「共通世界 common world」の構成に際しての、各人にとっての［見え方（dokei）→意見（opinion）］の重要性を強調しています。ハイデガーも、〈doxa〉の根源的な意味を再発見しようとしているのでしょう。

　ここでは、元々「様子」「見え方」という中立的な意味だった〈doxa〉が、光り輝く名声というような意味で使われていたということが指摘されているわけですね。ここで、〈physis〉との繋がりが更に強まりますね。

名声は *doxa* と呼ばれる。*dokeō* とは、私は私を示す、現象する、光の中へ歩み入ることである。いま多分に、見ることと外貌とから経験されていること、つまり誰かがその中で立っているその様子を、名声を表わす他の語 *kleos* が、むしろ聴覚と呼ぶこととから捉えている。すなわち名声は誰かがその中で立っているその呼び声である。

〈dokeō〉は〈dokei〉の主語が一人称単数（私）になった時の形です。「名声」を意味するもう一つのギリシア語〈kleos〉に言及しているのは、〈physis〉には視覚だけでなく、聴覚的側面、そこにいる人に呼びかけてくる側面もあることに注意を向けるためでしょう。この〈kleos〉という言葉を使ったヘラクレイトスの断片も引用されていますね。

> *doxa* は誰かがその中に立っている様子《アンゼーエン》であり、もっと広い意味では、そのつどの存在者がその相《アウスゼーエン》（*eidos, idea*）において隠したり露呈したりしている様子である。一つの町は壮大な有様《アンブリック》を呈する。一つの存在者が自己において持っており、それゆえにこそ初めて自己から呈することのできる光景《アンジヒト》は、そのたびごとにあれやこれやの視点から受け取られる。観点の相違に応じて呈される光景《アンジヒト》も違う。したがってこの光景《アンジヒト》は、いつも同時に、われわれがわれわれ自身のためにそのさい受け取り、作るものでもある。存在者を経験し、それを取り扱うことにおいて、いつもわれわれはわれわれのためにそれの相《アウスゼーエン》からいろいろな光景《アンジヒト》を形成する。

「形相」と訳されるアリストテレスの〈eidos〉、プラトンの「イデア idea」はいずれも、「見る」という意味の動詞〈idein〉から派生した名詞で、「見かけ」とか「外観」「様子」が本来の意味です。ここでのポイントは、「見かけ」なので、受け取り手次第で見え方が結構違う。我々も、存在が見える「光景」の形成に参加しているわけです。「相」と訳されている〈Aussehen〉が、どちらかというと存在者＝事物側に備わっている性質で、「光景」と訳されている〈Ansicht〉の方が、私たちによって作り出される側面が多いようです。

> いまわれわれはわれわれが目指していたところに達した。存在、すなわち *physis* は現象の中に、つまり相《アウスゼーエン》と光景《アンジヒト》との提示の中に存立しているのだから、本質上、したがって必然的に、存続的に、存在は、存在者が真理の中で、つまり非隠蔽性の中でそれであるところのそのものをまさしく被覆し隠蔽しているようなそのような相の提示の中に立つかもしれないという可能性を持っている。

ややこしい言い方をしていますが、ここでのポイントは「相」と「光景」を呈示することによって「存在」が「存立 bestehen」している以上、露わにしている部分と隠蔽している部分があるはずだ、ということです。

混沌の中で光を当ててどこかを映し出せば、必ず陰になる部分ができるということでしょう。

doxa という名称で多様なことが名づけられる。（一）名声としての様子《アンゼーエン》、（二）何かが呈する率直な光景《アンジヒト》としての様子《アンゼーエン》、（三）ただそう見えるだけという意味の様子《アンゼーエン》、単なる外観《アンシャイン》としての「仮象《シャイン》」、（四）一人の人間が自分で形成する見解《アンジヒト》、意見。この語のこのような多義性は決して言葉の粗雑さを示すものではなく、この語の中に存在の本質的な諸動向を保護しているギリシア語という偉大な言葉の成熟した智恵の範囲内での根の深い戯れである。ここで初めから正しく見るために、われわれはてっとり早く、仮象《シャイン》を何かただ「想像されたもの」、「主観的なもの」と考えて偽化してしまわないように注意せねばならない。むしろ、現象《エアシャイネン》が存在者そのものに属しているように、存在者には仮象《シャイン》もまた属していると言わねばならない。

〈doxa〉の多義性を説明するのにわざわざ回りくどい言い方をして、分かりにくくしている感じがしますが、要は、〈Ansicht〉と〈Ansehen〉という「見る sehen／見える aussehen」という意味合いのドイツ語の単語を使うことで、一見、（二）や（三）とは異質に見える「名声 Ansehen」とか「意見 Ansicht」という意味も繋がっていることを示唆しているわけです。［Schein － Erscheinen］は当然、〈sehen〉と意味的に繋がっています。〈doxa〉の意味がバラバラになっているのをドイツ語をうまく使って、繋いでいるわけですね。

従って、〈Schein〉は、「存在」の［physis － doxa］的な性質と不可分に関わっているわけで、単に、主観の側の適当な想像によって作り出されたものとして片付けてはいけないということになります。太陽や月は、見る場所、時間帯によっていろんな見え方（現象）をして、それらは「仮象」であるけれど、決して単なる想像の産物ではない。そういう風に、ギリシア語では、「存在」と「現象する」、あるいは「仮象」が不可分であったわけですが、

ただこれを受け継いだ後々の者ども、疲れてしまった者どもの賢すぎる才智が、この仮象《シャイン》を「主観的なもの」と説明するだけで仮象《シャイン》の歴史的な力がわかってしまったと思いこんでいるにすぎない。しかも、いうところの「主観性」の本質が何であるかはきわめて疑わしいのである。ギリシア人はこのことを違ったふうに経験した。ギリシア人はいつも、存在を仮象《シャイン》からもぎ離し、存在を仮象《シャイン》に対して保護せねばならな

かった（存在は非－隠蔽性から現成する）。
存在と仮象《シャイン》との戦いに勝つことによってのみ、ギリシア人は存在者から存在をもぎ取り、存在者を存続性と非隠蔽性とへともたらしたのであった。

「仮象」は「存在」の一側面であり、必然的に「存在」に伴うけれど、「存在」を「仮象」から闘い取らねばならないと言っているわけです。説明していないので分かりにくいですが、「仮象」のままで放っておくと、そこに見えていたものはいつの間にか消えてしまう。何か空に眩しい輝きが見えるというだけでなくて、その輝きから太陽という形を取り出して、丸くて、どんな色——西洋では太陽は赤ではなくて、黄色ですね——で、どの時間にどの辺にあって、ということを確定させることで、「太陽」が存在していると言えるようになります。いわば、仮象から〝実体的〟なものを取り出すわけです。「実体」と言ってしまえば、もっと分かりやすいのですが、そう言うと、「実体」が最初から厳然とした形で存在していて、「仮象」の影に隠れているだけ、みたいな感じになるので、「実体」とは言いたくないのでしょう。

存在者から存在をもぎ取る（abbringen）というのも基本的には同じことでしょう。この場合の「存在」は、いろんな存在者が混然として凝集していて光が当たらず、何が存在しているのか分からない状態ということでしょう。そういう黒一色あるいは灰一色のような「存在」から個々の「存在者」をもぎ取って、一定の輪郭を与えて存続せしめるということでしょう。人間が各「存在者」を「存在」の混沌、そして「仮象」による覆いから引き離す作業をしないと、「〇〇は存在する」というステータスを付与することはできないわけです。「仮象」というのは、玉ねぎの皮みたいなもので、「存在」の一部なのか、非本質的で分離可能な外皮なのかよく分からないステータスにあるわけです。ソフィストやプラトンが「仮象 doxa」を、現代で言われているような意味での「仮象」に格下げして、それに対して、超感覚的な「イデア」を持ち上げたと述べられていますね。元の意味は、イデアもドクサも「現われ」「見え方」であるのに。

脱隠蔽=真理化し、光が当たるようにするための闘い

これに反して、ギリシア的現存在の偉大な時代は、存在と仮象という二つの力のからみ合った対抗が紛糾しながら創造的に自己を主張したただ一度かぎりの時代である（人間の現存在、存在そのもの、非隠蔽性の意味での真理、被覆としての不真理、この四つのものの間の根源的な本質連関については、『存在と時間』四四節および六八節参照）。

初期のギリシアの哲人たちの思惟にとっては、存在と仮象《シャイン》との統一と抗争とが根源的に強力であった。だが、このことが最も純粋に叙述されたのはギリシア悲劇詩においてである。

「存在」と「仮象」の間に「対抗 Gegenspiel」あるいは「抗争 Widerstreit」があるということですね。原語は違いますが、前々回、前回と出てきた「存在」をめぐる「抗争」というのはこういうことでしょう。つまり、人間の力が加わって、「存在者」をぼんやりとした仮象からもぎ取り、輪郭を与える闘い、言い換えれば、脱隠蔽=真理化して、光がはっきり当たるようにする闘いが必要である、そのことをギリシア人は分かっていて、様々な作品を残したというわけです。

ソフォクレスのオイディプス王を考えてみよう。オイディプス、初めは国の救済者であり君主であり、名声の光輝と神々の恵みとの中にあったオイディプスは、この仮象《シャイン》から、決してオイディプス自身の自分についての単に主観的な見解《アンジヒト》ではなく、彼の現存在の現象がその中で生起しているところのこの仮象からはじき出されて、ついに父を殺し母をはずかしめた者としての彼の存在の非隠蔽性が生起するに至る。あの光輝の始まりからこの戦慄の終わりまでの道は、仮象（隠蔽性、仮装性）と非隠蔽性（存在）との間の比類なき戦いである。先王ライオスを殺した者という隠蔽せられたものが町を取り囲んで潜んでいる。光輝の開明性の中に立つ者の、ギリシア人である者の激情を抱いて、オイディプスはこの隠蔽されたものの露顕へと向かって行く。そして彼は一歩一歩自己自身を非隠蔽性の中に置かざるをえない。そして結局、この非隠蔽性に耐えるためには、彼はわれとわが身の両の眼を刺し、つまりあらゆる光から自分を追い出し、秘匿する夜を自分の周囲に突然広がらせ、盲目になって、こんな姿こそ実は彼があるところのものなのだ

――ということが人みなに明らかになるように、戸という戸をすべて開けろと絶叫するほかはなかった。

「エディプス」は精神分析系の議論ではしょっちゅう出てきますが、ハイデガーが言及するのは少し意外な感じがしますね。ただ言われてみれば、エディプスの人生は、最初は「仮象」、仮の身分・出自で始まりますが、次第にその仮象を脱隠蔽化して、真実を見出していくわけですね。その過程で彼は闘い続ける。最終的に、自分は本当の父を殺して本当の母と結婚し、子供をもうけたこと、それによって自分の出生にまつわる不吉な予言が成就したことを知ったわけです。彼が自分の目を潰したことを、非隠蔽性＝真理の光の耐えがたさと見るわけです。

だがわれわれはオイディプスを、ただ、没落する人間としてのみ見てはならない。われわれはオイディプスの中にギリシア的現存在の形態を、存在露顕すなわち存在そのもののための戦いの激情という、現存在の根本の激情が最も広く最もなまなましい域にまで突き出している形態を把握せねばならない。ヘルダーリンは「美わしい青空に……花咲く」という詩の中で、「オイディプス王はおそらく眼を一つ余計に持ちすぎているのだ」という預言者のような語句を言っている。多すぎるこの一つの眼こそ、すべての偉大な問うことと知ることとの根本条件であり、またそれの唯一の形而上学的根拠である。ギリシア人の知と学問とはこのような激情である。

どうしても真理を知らずにはすまない「激情 Leidenschaft」と、その原因となった「眼 Auge」、つまり形而上学的に方向付けられた知への意志がポイントです。この〈Leidenschaft〉は、「苦しみ」あるいは「受動」と訳すことのできる〈Leiden〉に、「～性」という意味合いの〈-schaft〉を付け足した形です。「仮象」から「存在者」を何としてももぎ取り、仮象の奥にあるものを引きずり出そうとする情念があって初めて、〈Physik〉を超えた形而上学的（meta-physisch）な見方が可能になるわけです。

初回にお話ししたように、ハイデガーはこの時期にヘルダリンに関する一連の講義を始め、その後もヘルダリン研究を続けます。ヘルダリンはピンダロスとソフォクレス（前四九七／四九六－四〇六／四〇五）の翻訳に従事しています。音韻や統語法が異なるギリシア語の詩形をドイツ語に移し替えるべくいろいろ試みています。ソフォクレスの作品としては、『オイディプス王』と『アンティゴネ』の翻訳を手掛けており、それに対する注釈として、ギリシア語的な表象とドイツ語的な表象を対比するような論文を書いています。この注釈論文は哲学的に含蓄が深いので、現代思想でもよく引用されます——拙著『危機の詩学』をご覧下さい。

ソフォクレス

コロス（合唱隊）の台詞が引用されていますね。

——一体誰が、どんな男が
制御せられた——結構な現存在をより多く携えているのか、
彼が仮象の中に立ち、
次いで——仮象している者として——それ曲がる程度にそれを携えているとすれば、
それ以上に誰がそれを携えていようか？
（それ曲がる、すなわちまっすぐ-自己の-中で-そこに立つことからそれ曲がる）

「仮象の中に」というところでは名詞〈doxa〉が、「仮象している」というところでは動詞〈dokein〉が使われています。（）の中は、「それ曲がる」の原語のギリシア語の動詞〈apoklinein〉に対するハイデガーの付け足しです。日本語に訳すと分かりにくいですが、ギリシア語の原文でもドイツ語訳でも、〈apoklinein〉及び〈abzubiegen〉が最後に来ていて、それが唐突で、何から「それ曲がる」のか分からないので、その「何から」の説明を（）に挿入しているわけです。（nämlich aus dem Gerade-in-sich-dastehen）となっていて、「すなわち」、「自己の-中で-そこに立つこと」、つまり自立して存続している状態から、「それ曲がる」ということだと説明しているわけです。

不定法の本質を解明したとき、enklisisを示すそれ-曲がりとか転倒（格）とかいうような語に言及した。いま、仮象するとは、存在の一変種として、転倒と同じものだということがわかる。それは、まっすぐ-自己の-中で-直立して-そこに立つことという意味での存在の一変種である。存在からのこの二つの偏向は、光の-中に-立つこと、すなわち現象することの存続性としての存在からその規定を得ている。

> 〈enklisis〉：動詞の「活用」という意味のギリシア語だが、元々「傾き」という意味。
>
> 「不定法 enklisis aparemphatos」とは、その「傾き」がないこと。
>
> ※「まっすぐ－自己の－中で－直立して－そこに立つこと」が「存在」の標準的な在り方で、それから少しズレることが、名詞や動詞の活用（傾き）に現れる「活用」とは「存在」の「仮象」や「転倒」の現われ。

「enklisis を示すそれ－曲がり（Ab-biegen）」という言い方は、先ほど出てきた「仮象＝それ曲がり」が、言語においては、「動詞の活用」という形で表現されるということでしょう。〈biegen〉という動詞には、語尾変化という意味もあります。ハイフンを入れてそれを強調しているのでしょう。「転倒（格）」の原語は、〈Umfallen（casus）〉ですが、これは、名詞の主格、属格、目的格等の「格」をドイツ語で〈Fall〉あるいはラテン語を使って〈Casus〉と呼ぶことを念頭に置いた言葉遊びです。格変化という意味のドイツ語は、〈Beugung〉もしくは〈Deklination〉――これも「傾く」という意味のギリシア語〈klinein〉から派生した言葉ですね――ですが、通常は「転倒する」とか「変節する」という意味の〈umfallen〉に、強引に「格変化」の意味を持たせています。〈um-〉という接頭辞は「変容させる」「ひっくり返す」という意味なので、〈Fall〉と組み合わせると、「格 Fall」を変容させる、格変化させる、という意味が生じるわけです。

動詞の「活用」という意味のギリシア語〈enklisis〉は元々「傾き」という意味で、「不定法 enklisis aparemphatos」というのは、その「傾き」がないということですね。「まっすぐ－自己の－中で－直立して－そこに立つこと」が「存在」の標準的な在り方で、それから少しずれることが、名詞や動詞の活用（傾き）に現われているような、「仮象」や「転倒」として現われるということでしょう。「転倒」というのが、具体的にどういうことか分かりませんが、〈umfallen〉を「変転する」という意味に取ると、分かるような気がしますね。ある存在者が、それまでとは全然違うイメージに変わる、例えば、水が氷や水蒸気になるようなことをそう言っているのかもしれません。

> ここまでくると、現象することとしての存在そのものに仮象《シャイン》が属しているということがいっそう明らかになるに違いない。仮象としての存在が非隠蔽性としての存在よりも力が弱いということはない。仮象は存在者そのものの中で、存在者そのものとともに生起する。だが仮象は存在者を、そ

> の存在者が本来そうでないような姿で現象せしめるだけではない。仮象は存在者の仮象なのだが、その存在者を仮装するだけではない。仮象は、その場合自己を存在として示しているのであるかぎり、仮象としての自己をみずから被覆する。このように仮象は被覆と仮装とによって本質的に自分で自分を仮装するのだから、われわれが仮象は欺くと言うのはもっともである。この欺瞞の理由は仮象そのものにある。仮象がみずから欺くからこそ、それは人間をだますことができ、人間をそのことによって迷妄の中へ置きやることができる。この迷妄はしかし、人間が存在と非隠蔽性と仮象とがからみあった三重世界の中で動く場合のいろいろな動き方の中の一つであるにすぎない。

回りくどい文章ですが、ポイントはシンプルです。「仮象」が自分の〝本性〟を隠す、欺くということです。つまり、「仮象」と「存在」の間の本当の関係を隠して、自分こそが「存在」そのものだと思わせたり、逆に、自分は一切実体のない虚構であると思わせたりするということでしょう。「仮象」が人間を迷わせてしまう。「存在」にそれを輝かせる「仮象」が伴う限り、全てが脱隠蔽化されて、露わになるというわけにはいかない。

> 存在と仮象とが相関しており、相関するものとして絶えず互いに相伴しており、この相伴においていつも一方から他方への交替を呈し、したがって絶えざる混乱を呈し、そこから迷誤と錯誤との可能性を呈するがゆえに、哲学の元初、すなわち存在者の存在の最初の開示にさいしては、思惟の主要な努力は、仮象の中にある存在の苦境《ノート》を制御し、存在を仮象に対して区別することに向けられるほかはなかったのである。ところが、そのためには、非隠蔽性としての真理を隠蔽性に対し、露呈を被覆および仮装としての隠蔽に対して優位に置かねばならない。しかし、存在が他のものに対して区別され、*physis* として確定されざるをえなくなると、そのとき存在と非存在との区別が成し遂げられる。が、同時にまた非存在と仮象との区別も成し遂げられる。この二通りの区別は決して一致しない。

「仮象」の迷わしのせいで、「存在」がなかなか露わにならない。だから「思惟」によって、無理やり、〝存在本体〟を「仮象」から引き離さないといけない。元初の哲学はその作業に力を入れた。だから、プラトンやアリストテレスは、臆見＝仮象（doxa）に対して、存在の真理（アレテイア）を防衛しようとした。その対立の場面ばかりが際立ち、「哲学」の使命として固定化してしまった、というわけですね。「苦境 Not」という言い方をしているのは、「存在」が安定した形で姿を現わせないこと、それが人間にとっても苦しいことをそう表現しているのでしょう。

「存在／非存在」の区別と同時に「非存在／仮象」の区別も成し遂げられるというのが説明がないのでどういうことかはっきり分かりませんが、恐らく、「仮象」の背後には何か、本来のものが隠れているのに対し、「非存在」は文字通り、どこにも実体がない、ということでしょう。「仮象」は、〈physis〉の外側に放逐される「非存在」とは異なるわけです。だから二つの区別は一致しないのだけれど、「仮象」の本来の役割が忘れられたので、混同されがちになったということでしょう。

人間には「存在を存立へともたら」し、「仮象の中で、また仮象に対して、存在を保持」し、「仮象と存在とを同時に非存在の深淵からもぎ離」す、という三つの課題が与えられている、ということですね。その課題を最初にはっきり告げたのが、パルメニデスの教説詩「断片四」だということですね。大事なところだけ見ておきましょう。人間の「問いただし」が最終的にどこに通じていくか、という問いに対して、二つの可能性、道が示されています。

一つの道は、いかにそれがあるか、（それ、すなわち存在とは何か）そしてまた、いかに非存在が不可能（である）かということ。
これは根拠のある確信の小道である。すなわちこの道は非隠蔽性へと通じている。
もう一つの道は、いかにそれがあるのではないかということ、またいかに非存在が必然的であるかということである。

これは比較的分かりやすいですね。「存在＝非隠蔽性」への道と、「非存在＝無」への道がある、ということですね。断片四自体はこの二つにしか言及していませんが、ハイデガーは断片六に第三の道が示されていると指摘しています。ここは全部読み上げておきましょう。

――「必要なことは、その存在における存在態を集約しつつ提置し、またこれを会得することである。

すなわち存在態は存在を持っている。非存在は「ある《イスト》」を持たない。もちろんこのことをよく承知して
保つように、私はお前に命ずる。
すなわち、何よりもまず、問いただすことのこの後者の道から遠ざかれ。
だが次にまた、明らかに人間、無－知な、頭が二つある人間が、
自分だけで合点しているようなことからも遠ざかれ。というのは、勝手がわからぬこと、
これがこういう人間どもの誤った会得の尺度だからだ。だが彼らはあちこちと投げられ、
そのうえ、唖者で、盲目で、ぼんやりしている。差別しないものどもの徒党、
眼の前に既にあるものと眼の前にないものとは同じであり、
また同じでないというのが彼らの規則だ。こういう連中にはことごとに小道は逆行する」。

存在と非存在をちゃんと区別しようとしないで、ぼんやりしながら歩んで迷っている人たちがいるということですね。

ここで言われている第三の道は仮象の意味での *doxa* の道である。この道では存在者は、時と場合で違ったふうに見える。ここではいつもただ見解だけが支配している。人間は一つの見解から他の見解へとすべって往ったり来たりする。こうして人間は存在と仮象とをごちゃごちゃに混ぜ合わす。

この道はいつもよく通られるので、人間はこの道の上で全く迷ってしまう。

仮象の中で、また仮象に逆らって、存在が自己を露顕するためには、ますますもってこの第三の道をそのようなものとして知ることが必要である。

いろいろと迷わせ、あっちこっち引っ張り回す「仮象」の道を知ることによって、本当の意味で「第一の道」、すなわち「存在＝真理」への道を歩むことが可能になる、ということです。「ほんとうにものを知っている人 ein wahrhaft wissender Mann」とは、ただ盲目的に〝真理〟だけを追いかけるのではなく、三つの道の性質を心得て、「存在の道」を歩める人だということですね。この三つに闘いを挑むべきだというパルメニデスの主張は、先ほど見たヘラクレイトスの〈polemos〉に通じているということですね。

フィヒテ

「3——存在と思考」

「3——存在と思考」に入りましょう。ここが一番肝心なところですね。

> 存在が思考に表ー象《フォア・シュテレン》され、したがって対ー象《ゲーゲン・シュタント》として思考に対立して立つという具合に、思考は存在に対立して置かれている。（…）このことからして、いまや、なぜこの差別が優位を占めるかに至るかということも看て取れる。この差別は、他の三つの差別の間にそれらと並んで置かれることなく、それらすべてを表象《フォア・シュテレン》し、したがってそれらを自己ーの前にー置くことによって、それらをいわば置き換える《ウムシュテレン》。そのかぎりにおいて、この差別は優越的な力を持っているのである。そこで、思考は何か他の種類の区別の一対立項にすぎぬものではなく、むしろ対立しているものをそうと決定するもともとの基盤になり、立脚点になることになり、しかもそれが嵩じてそもそも存在は思考からその解釈を受け取るのだというようなことにまでなってしまう。

これは先ほどお話ししたように、デカルト以降の近代哲学の基本的な考え方ですね。フィヒテ（一七六二—一八一四）は、「存在」は、自我によって措定されるとさえ言っています。存在しているものの在り方は、思考する自我の「表象」によって規定される。初回にお話ししたように、「表象する」という意味のドイツ語〈vorstellen〉は、語の作りからして、自分の「前に—立てる」というのが原義です。〈umstellen〉の〈um-〉は先ほどお話ししたように、「変容させる」という意味合いですが、ここでは、〈vorstellen〉と〈stellen〉繋がりであることを強調しているわけですね。あと、「対象」という意味の〈Gegenstand〉は分解すると、〈gegen-〉＋〈Stand〉となります。〈gegen〉は「〜に向き合って」あるいは「〜に抗して」という意味、〈Stand〉は、英語の〈stand〉と同系統で、「立っていること」「（立っている）状態」を意味します。これも、「立てる」繋がりですね。

> われわれは一見どうでもよいもののように見えるこの存在と思考との差別こそ西洋の精神の根本の立場であると看破しなければならないのであって、われわれの本来の攻撃はまさにこの立場に対して向けられているのである。この立

場は根源的にのみ、すなわちそれの元初的な真理がそれ本来の限界の中へと導き入れられ、そのことによって新たに基礎づけし直されるというふうにしてのみ克服されうる。

ここは分かりやすいですね。このように「思考」優位の形で、「存在」と「思考」を分ける発想が現在まで西洋的な「精神」を深く規定してきたので、それを克服するには、どのようにしてこの区別が「真理」として開示され、定着したのか原初にまで遡って明らかにしなければいけない、と宣言しているわけです。

思考《デンケン》とは何か？「人間は考え《デンケン》、神がその成否を決する《レンケン》」と言われる。この場合、思考《デンケン》とはあれこれと工夫し、計画することを意味する。「悪事について考える《デンケン》」とは、悪事を企てることである。あれやこれやへと《アウフ》考える《デンケン》ということは、あれやこれやを目指し、ねらうことである。或ることを考える《アンデンケン》とは、それを忘れないことである。思考《デンケン》はこの場合には、記憶《アンデンケン》を意味する。われわれは、自分でしかじかと考えて《デンケン》いるだけという言い方をする、すなわち、心に描く、想像することである。そのことはうまくゆくと私は考える《デンケン》と誰かが言う場合、それはつまり、私にはそんな気がする、私はそういう見解を持つ、そういう意見を抱くということである。強調された意味での思考《デンケン》は思ー慮《ナーハ・デンケン》と呼ばれ、何かを、一つの状況とか計画とか事件とかを考慮することである。「思考《デンケン》」はまたわれわれが「哲人《デンカー》」と呼んでいる人の仕事や作品を意味する語として使われる。なるほど動物と違って人間はみな思考《デンケン》しはするが、しかし誰でもが哲人であるわけではない。

取りとめもない話のようですが、ここでは取りあえず、ドイツ語の〈denken〉はどのように使われるのかという文法的な話をしています。日本語の「思う」とか「考える」も多義的ですが、ドイツ語の特性として、密着するというニュアンスの接頭辞〈an-〉と合成すると、「記憶する andenken」という意味になることと、英語の〈on〉や〈upon〉〈about〉に相当する前置詞〈auf〉とセットで使うと、「〜を目指す（狙う）auf 〜 denken」という意味になる、ということがあります。それから、人間を表わす〈Denker〉という形にすると、単なる「考えている人」ではなく、「思想家」という意味になります。一九六頁を見ると、ハイデガーはドイツ語の〈denken〉から、以下の三つの要素を引き出しています。

（一）「われわれの側から」もっぱら自由な振舞いとして表ー象すること。
（二）分析しつつ綜合するという仕方での表ー象。
（三）一般的なものを表象的に捉えること。

〝主体〟の側の能動性の度合いに違いがありますが、いずれにしても「表象」すること、存在者を自分の前に引き立てて、自分が何かを把握するために用立てる、という意味合いを含んでいるわけですね。

一九七～一九八頁にかけて「論理学」に対する批判が展開されています。私たちが「論理学」に対して一般的に抱いているのは、ここでハイデガーが扱っているようなテーマとは関係のない、無味乾燥な数学的な記号の操作のようなイメージです。ハイデガーの時代には既に、ブール代数とか述語論理の公理化などが行われています。ブール（一八一五－六四）はハイデガーが生まれるずっと前に活躍した人ですし、フレーゲ（一八四八－一九二五）は、ハイデガーの師匠で、やはり数理論理学から出発したフッサールよりも更に一一歳年長です。ハイデガーは数理（記号）論理学嫌いで通っていますが、大学の講義で「論理学」を担当しているし、前回お話ししたようにライプニッツとは集中的に取り組んでいます。「論理学」それ自体に関心がないわけではないことは確かです。

> 論理学は一つの確実で信頼に値する学問としてとおっている。論理学は大昔このかた同じことを教えている。なるほど、或る人は伝統的な個々の教材をその構造と順序との観点から置き換え、また或る人はこれやあれやを削り、或る人は認識論から取ってきて付録をくっつけ、また或る人は心理学によってすっかり基礎工事をする。だが全体としては、一つの喜ばしい一致が支配している。論理学は思考の本質についてあれこれくどくどと問う苦労をすべてわれわれから免除してくれる。

フレーゲ

少しまどろっこしい言い方ですが、主旨は分かりますね。「論理学」は昔から、思考の正しい規則を教える学問だという触れ込みです。近代に入ってから、認識論による論理の基礎付けとか、心理学による基礎付けとかいろいろあったけど、「論理学（者）」は、自分（たち）が思考の正しい規則を教えてあげるので、もうあんたたちは「思考の本質」についてああだこうだと考える必要はないと〝啓蒙〟します。今もそうですが、昔からそうなんですね。フッサール現象学のスタートとされる『論理学研究』（一九〇〇）は元来、心理学主義を排して、論理学の真の基礎付けをすることを標榜しています。

> にもかかわらず、われわれはなお一つの問いを持ち出したい。「論理学」とは何か？　この標題は *epistēmē logikē* つまり *logos* についての学という語の省略形である。そしてこの場合 *logos* は言表《アウスザーゲ》を意味する。しかるに論理学は思考についての教えだと言われている。一体なぜ論理学は言表についての学であるのか？　と。

「論理学 Logik」は元々〈logos〉、言い換えると「言表」の学という意味だったわけですが、それが「思考」の本質を教える学へと昇格したのはどうしてか。「論理学」が登場した時期と関係があります。

> それはギリシア哲学が終わりを遂げて、哲学が学校と制度と技術との仕事になってしまって以来である。そしてこのことは、*eon* すなわち存在者の存在が *idea* として現象し、このようなものとして *epistēmē* の「対－象」となって以来始まっている。論理学はプラトン－アリストテレスの学校経営の圏内で発生した。論理学は、哲学者でなく、学校の先生が案出したものである。そして哲学者が論理学に精通したことがあったとしても、それはいつも論理学のためにではなく、もっと根源的な動因からそうなったのである。そしてまた、伝統的論理学を克服しようとする決定的な偉大な努力がライプニッツ、カント、ヘーゲルという三人のドイツの、しかも最大の哲人たちによってなされたということも、決して偶然ではない。

さらっと書いてありますが、すごく大事なことです。ハイデガーが「存在者の存在 das Sein des Seienden」と意訳している〈eon〉は、「存在する」という意味の〈on〉の現在分詞形です。〈idea〉については先ほど見た通り、元々は、「存在」を覆っている「仮象＝光」であったのですが、プラトン以降、仮象の向こうにある真実の姿という意味を獲得し、次第に実体化していきます。「見え方」は関係なくて、物質的な見せかけの背後で、光を発しているイデアの世界を想定し、そのイデア相互の関係を規制する規則を「言表」する学として、論理学が成立したわけです。その時、イデアは、人間に正確に認識できるかどうかは別として、「認識」の対象になったわけです。

そうやって、イデアを固定化し、その規則を再現できると謳った方が、哲学の学校を経営するには便利です。プラトンがアカデメイア、アリストテレスがリュケイオンを創設したのは有名ですね。中世のスコラ哲学の「スコラ schola」も、「学校」という意味です。教会系の学校・大学での学問のオーソドックスな教授・研究のスタイルを「スコラ（学）的」と形容したのが始まりです。日本語で「スコラ哲学」と言うと、いかにも権威ありそうに聞こえますが、語源を知っている人からすると、学校で教えられているという型にはまった、安定志向の商売としてやっている〝哲学〟という意味にも取れます。近代の哲学で、スコラ哲学のように古いという意味と、学校での授業のように型にはまっているという意味を兼ねて、「学校的」という言い方をする人が結構います。

ついでに言っておきますと、現代の大学の教養科目の起源とされている「自由七科 septem artes liberales」の一つに、文法学、修辞学、論理学、算術、幾何、天文学、音楽と並んで、「論理学」が入っています。「自由」というのは、自由に学べるという意味ではなくて、自由人、つまり市民のための、という意味です。ローマの末期に確立されて、中世の大学で、専門科目を学ぶ前の基礎教養として導入されました。ハイデガーにしてみれば、「論理学」はそういう経緯から、ものすごく型にはまって、悪い意味で学校的になっているわけです。

二〇〇頁に、「論理的なものは真理の絶対的形式である、いな、それよりもより以上である、純粋な真理そのものでさえもある」というヘーゲルの『エンツィクロペディー（哲学体系）』（一八一七、二七、三〇）の一節が引用されていますね。ヘーゲルはそうした事情を承知のうえで、論理学に高い地位を与え、自らその探究に力を注いだわけです。

思考とはラテン語で intelligere と言う。つまり思考は知性《インテレクトゥス》の事柄である。われわれが主知主義と戦う場合、ほんとうに戦うためにはわれわれは敵を知らねばならない。すなわち、主知主義とは、長い間準備された、そして西洋の形而上学を助けとしてうち建てられた、思考の優位の今日の形でのまことに貧弱な

一支線であり一支流であるにすぎないということを知らねばならない。今日の主知主義の雑草を刈り取ってしまうことは大切である。しかしそうしたからとて、主知主義の地位は少しもゆるがないし、びくともしない。むしろ主知主義と戦おうとしている人にこそ、主知主義に逆戻りする危険がいつもある。

ハイデガーは人間の知性、合理的計算能力を偏重する主知主義に反発する傾向がある思想家ですし、ナチス体制を意識した政治色が強いこの講義では特にその傾向が強く出ていますが、仲間に向かって、主知主義を表面的に批判するだけではダメだと言っているわけです。表面的な批判でやっつけたつもりになると、かえって自分の方が主知主義に囚われる。「理屈ばかり言っているインテリはダメだ。○○先生がおっしゃっているから間違いない」とか、平気で言っている人が結構いますね（笑）。あと、ハイデガーやフランス系現代思想に対しては強気でも、分析哲学や数理論理学、経済学にはすぐに服従してしまうとか。何故主知主義が出てきたのか、〈logos〉の原義まで遡って考えねばならない、とします。

二〇二頁に、「存在」と「思考」との差について考えるのに必要な五つの問いが挙げられていますね。

（一）*physis* と *logos* との統一としての存在と思考との根源的統一は、いかにして現成するか？
（二）*logos* と *physis* との根源的な相互分離はいかにして生起するか？
（三）いかにして *logos* が統一から離脱して登場するようになるのか？
（四）いかにして *logos*（「論理的なもの」）が思考の本質になるのか？
（五）いかにしてこの *logos* は理性および悟性として、ギリシア哲学の元初において存在を支配するに至るのか？

〈logos〉と〈physis〉が分離してしまって、「論理学」が〝自然〟の現象と無関係に成り立つということになりました。〈physis〉と切り離されたことで、「生成」という要素がなくなり、〝論理〟は不動であり、アプリオリなものということになったわけです。

直ちに決定的なものへ向かい、一体 *logos* と *legein* とは、もし思考を意味するのでないとしたら、何を意味するのか？ と問うことにしよう。*logos* は語、話を意味し、*legein* とは話すことである。Dia-log は互いに話すことであり、Mono-log はひとりで話すことである。だが *logos* はもともとは話すこと、言うことではない。*logos* という語は内容上、言葉への直接的関連を持っていない。*legō*, *legein* はラテン語で legere であって、これはドイツ語の《lesen》と同語である。落穂を拾う《レーゼン》、枝を拾う《レーゼン》、葡萄を摘む《レーゼン》、選り抜き《アウスレーゼ》などという。「本を読む《レーゼン》」は本来の意味での《Lesen》の一変種にすぎない。本来の Lesen とは、一方のものを他方のものに添えて置く《レーゲン》、一つに収集する、簡単に言えば集める《ザンメルン》ことをいう。

〈legein〉は〈logos〉の動詞形です。〈logos〉が元々、「話」とか「語」という意味だということは高校の倫理の教科書にも出ていますね。ただ、それは本来の意味ではないというのがここでのポイントです。〈legein〉やこれと同語源のラテン語の〈legere〉、及びドイツ語の〈lesen〉は元々、「集める」という意味です。〈legere〉と〈lesen〉は、通常、「読む」という意味で使われます。ギリシア語の場合は［集める→話す］、ラテン語とドイツ語の場合は［集める→読む］という意味のシフトがあるわけですが、ここから連想が働きますね。「言葉（ロゴス）」というのは、何らかの法則に基づいて事物を集めることで、その「法則」から「意味」が生じる。その「意味」が読み取られる。ワインが好きな人はご存知かもしれませんが、ドイツ語で選り抜きの素材から作ったワインを「アウスレーゼ」と言いますね。「選り抜く」というのは、ロゴスのイメージに通じていますね。

「ロゴス」の原義である〈legein〉に、「収集する」という意味があることを指摘するのは、ハイデガーがよく使う論法です。「収集する」のだとすると、〈physis〉の生成と自立化の運動と繋がってきそうな感じがしますね。

「集める」という *legein* のもともとの意味の実例として、ホメロスの『オデュッセイア』第二四巻第一〇六行の一節をとりあげてみよう。これはアガメムノンとその惨殺された求婚者とが黄泉《よみ》の国で出会う場面である。アガメムノンが求婚者を見つけて、彼女に次のように話しかける、

「アンフィメドンよ、どんな危険を冒してお前は大地のこの暗闇の中へもぐり降りてきたのか、ここにいるのはみんな優れた男ばかりで、しかもみんな同じ年齢である。ここ以外では、どんなにポリスを探し

> 尽くしても、ここほど高貴な男たちを収集する（*lexaito*）ことはおそらくできまい」と。
> またアリストテレスは『自然学』のΘ I、252 a 13で *taxis de pasa logos*「だが秩序というものはすべて、収集するという性格を持つ」と言っている。

デタラメにではなく、ある一定の秩序に従って集める、あるいは秩序が生まれるように集めるということのようですね。〈lexaito〉という形から、英語で「語彙」という意味で使われていて、法律系情報サイトの名称によく出てくる〈lexis〉も、〈legein〉の系統だということが分かりますね。

> われわれはいまだまだ、どうしてこの *logos* という語が、初めは言葉、語、話となんの関係も持たなかったもともとの意味から、言うこと、話の意味へと移ってきたかということについては追究しない。ただわれわれは、このさい *logos* という名詞が話と言表とを意味するようになってから相当年月がたっても、やはりそれはもとの意味を保持して、「一方のものの他のものへの関係」を意味しているということを指摘しておこう。
>
> われわれは集約、集めることという *logos* の根本の意味を熟考してみたけれども、それだけではまだ、ギリシア人にとって存在とロゴスとはいかなる程度において根源的に一致して同じものであるか、そしてだからその後この二つが相互に対立することができ、また明確な根拠に従ってそうならざるをえないのか？　という問いを解明するためにはほとんど得るところがなかった。

ここは少し慎重になっていますね。「集める」がどうして「話」になったのかを解明しないといけない。それに加えて、「集める」という意味の〈logos〉と、「存在」がどう関係しているかをきちんと考えないといけない。そこで「存在」を、これまで確認してきた意味での〈physis〉、「発現する支配 das aufgehende Walten」としての〈physis〉に置き換えたうえで、パルメニデスとヘラクレイトスに即して考えてみようというわけです。

存在をめぐるギリシア的思考1――ヘラクレイトス

ヘラクレイトスは最も古いギリシアの哲人のなかで、一方から言えば西洋の歴史が進むにつれて最も根本的に非ギリシア的なものに解釈し変えられた人であり、また他方から言えば近代およびごく最近、本来的にギリシア的であるものを再び解示することへの最も強い刺激を与えた人である。だからヘーゲルとその友ヘルダーリンとは、それぞれの仕方でともにヘラクレイトスの偉大で実り多き魔力に捕らえられた。もっともヘーゲルは後ろを振り返り見て錠をかけ、ヘルダーリンは前を見やって錠を開けたという違いがある。さらにニーチェとヘラクレイトスとの関係はまた違っている。確かにニーチェはパルメニデスとヘラクレイトスとを対置するという通俗的なまちがった考え方の犠牲になった。なぜ一体ニーチェの形而上学が決定的な問いに達する道を見いださなかったのかということの本質的理由の一つはこの点にある。もっともニーチェは他方から言えば、ギリシア的現存在の偉大な元初の時代を或る仕方でやはり把握してはいたのであって、ニーチェのこの把握をしのぐものとしては、わずかにヘルダーリンがあるだけである。

ヘーゲルは『哲学史講義』（一八二三―二六）で、ヘラクレイトスを自らの弁証法の前進として位置付けています。ハイデガーはそのことを言っているのでしょう。おかげで、ヘーゲルの歴史の「弁証法」の前座のような陳腐な役回りにされてしまった。若き日のヘーゲルにヘラクレイトスの偉大さを教えたのはヘルダリンです。ヘルダリンは、ギリシアのトルコからの独立戦争に参加する若者を主人公にした書簡体小説『ヒュペーリオン』（一七九七、九九）の中で、〈εν διαφερον εαυτω（自己自身の内で区別されるもの）〉というヘラクレイトスの言葉を引用しています。ハイデガーは、ヘルダリンのヘラクレイトス理解が、ヘルダリン自身の新しい存在把握へと繋がっていると見ているのでしょう。「錠を閉じる／開ける abschließen/aufschließen」という比喩は、ヘーゲルがヘラクレイトスの思考は、既に自分の論理学の中で発展的に生かされているので、それ自体にはもはや価値がないかのような扱いをしているのに対し、ヘルダリンは自分の向かっていく目標として、「自己内で区別を生じる存在」をめぐるヘラクレイトス的思考を設定し、解釈の可能性を拡げたという対比でしょう。

初回にお話ししたように、ハイデガーは、この講義の少し後くらいからニーチェに関する一連の講義を始めます。ハイデガーはニーチェを、プラトン以降の形而上学の頂点に位置する思想家として評価していますが、それを乗り越えるには至っていないと見ています。ニーチェは「生成 Werden」を重視するので、ヘラクレイトスを評価しているのは当然のような気がしますね。『この人を見よ』（一八八八－八九）で、自分が見出した「生成」の思想に近いものを見出した人として、ヘラクレイトスを挙げています。ただ、『ギリシア人の悲劇の時代の哲学』（一八七三）という草稿では、ヘラクレイトスを「生成」と「戯れ Spiel」の思想家として持ち上げる一方で、パルメニデスを抽象的な計算の人であり、存在を静的に捉えていたとして過小評価するような論評をしています。先ほど見たように、パルメニデスとヘラクレイトスに共通する［存在－physis］理解を再発見しようとするハイデガーにとっては表面的な見方しかできていないということでしょう。

〈logos〉について論じているヘラクレイトスの断片からの引用がありますね。ヘラクレイトスのテクストはオリジナルが失われていることもあって、微妙に異なる表現があり、いろんなヴァージョンがあり、番号の付け方も違うのですが、少なくとも番号はハイデガーに従うことにします。

断片一、「だが *logos* は存続的に *logos* のままであるのだが、人間どもは、それを聞いてしまう前にも、それをやっと聞いてしまった後にも、把握しない者（*axynetoi*）のような顔つきをしている。すべてのものは、実は、*kata ton logon tonde*、すなわちこの *logos* にのっとり、従って、存在者になるのである。にもかかわらず彼ら（人間ども）は、私がそれぞれのものを *kata physin*、つまり存在にのっとって、分解し、それがどんな状態にあるかを明らかにするさいに述べる語句や作品を聞いたり読んだりして自分で試みてはみるのだが、しかも彼らは何ごとかを経験するということに関して大胆な吟味を一度もしたことがない者に似ている。他の人間ども（他の人間ども、誰もかれもみな *hoi polloi*）に対しては、彼らが眠っているときにしたことは、その後再び彼らに対して隠蔽されてしまうのと同じように、ほんとうに目覚めているときにしたことも、やはり隠蔽されているのである」。

〈physin〉は〈physis〉の変化形です。〈logos〉と〈physis〉がほぼ同義で使われているわけですね。諸事物は、［logos ≒ physis］に従って出来上がっているので、その〈logos〉に従って、各事物を解明し、語ろうとするが、どうしても肝心なものを取り逃がしてしまう。結局、その事物の〈logos〉は、その人に対して「隠蔽」されてしまう。パルメニデスの「真理」と「仮象」の話と確かに似ていますね。細かいことですが、ハイデガーは「隠蔽される sich verbergen」と訳していますが、原文では、「忘れる」という意味の〈epilanthanomai〉という動詞が使われています。

断片二、「だから存在者の中のこの凝集《ツザンメン》に従うこと、これにたよることが必要である。だが *logos* が存在者の中のこのような凝集として現成するのに、多くの人はめいめい独自の悟性（見識）を持っているかのように生きていく」。

「凝集」の原語としては、「共通の」という意味の形容詞〈koinos〉が使われています。〈logos〉によって共通にまとめられた事物の本性があるはずなのに、各人はその共通のもの、みんなに知られていることに着目せず、自分勝手に考えているので、見当外れの方向に行ってしまうというわけです。「悟性（見識）Verstand (Sinn)」の原語は通常は「賢慮」と訳される〈phronesis〉です。

このニつの断片からわれわれは何を読み取るか？

ロゴスについては次のことが言われている。（一）ロゴスにとって独得なことは存続性、滞留である。（二）ロゴスは存在者の中の凝集、存在態の凝集、つまり集約するものとして現成する。（三）生起するもののすべて、つまり存在へと到来するすべてのものは、この存続的な凝集にのっとってそこに立っている。この存続的な凝集こそ支配するものなのである。

ここで *logos* について言われていることは、集約という語の本来の意味に正確に一致している。だがこの集約《ザンムルング》というドイツ語が、（一）集めることと、（二）集められていることとを意味するように、この場合 *logos* もまた集めつつ集められている集約態《ゲザンメルトハイト》、根源的に集めるものを意味する。*logos* はここでは決して、意味とか語とか教えとか、ましてや「或る教えの意味」とかではなく、存続的に自己の中で支配しつつ、根源的に集めつつ集められている集約態である。

ここは分かりやすいですね。「ロゴス」の元々の意味は、「集約された状態 Gesammeltheit」であり、そこではその「集約されたもの」を自立的に存続させる力が働いている。二一〇〜二一一頁にかけて、先ほどの断片一から、ロゴスには「聞く Hören」という面があることが述べられています。断片五〇では、「お前たちが私に聞いたのではなく logos に聞いたのなら、それに従ってすべては一であると言うのは賢いことである」（断片五〇）と述べられている、ということですね。「すべては一である Eines ist alles（ἓν πάντα εἶναι）」というのは、パルメニデスの「一者 ἕν」の思想とされるものに通じていますね。

だからヘラクレイトス自身も次のように言っている（断片七三）。
「決して、眠っているときのように行なったり、話したりしてはならない」。
この場合 *legein* は *poiein* に対立しており、話す、語る以外のことを意味しえないということは明らかである。にもかかわらず、あの決定的な箇所（断片一および二）の中では *logos* は話や語を意味してはいないということはやはり正しい。*logos* が話を意味するということを特にはっきりと弁じているかに見える断片五〇は、正しくこれを解釈すると、或る全く違った観点から *logos* を理解することへの一つの指標をわれわれに与えてくれる。

〈poiein〉は、「ポイエシス poiesis」の動詞形で「作る」という意味です。〈legein〉が「語る」とかという意味だとしたら、何で〈poiein〉と対立するのか分かりませんが、〈legein〉が集めて秩序付けることだとしたら、対立している理由が見えてきますね。つまり、でたらめに話を作る（poiein）ことは、〈legein〉ではない。〈legein〉には、本来の正しい集まり方、秩序立っていて安定する凝集の仕方という意味合いが含まれているようですね。「ロゴス」には「一つ ἕν（hen）」の在り方しかない、ということのようです。ヘラクレイトスの断片を更に検討することで、「存続的集約 ständige Sammlung」としての「ロゴス」の本性を明らかにしていくということですね。

ロゴスに対立して人間が立っている、しかもその人間はロゴスを把－握《ベ・グライフェン》していないもの（*axynetoi*）としてロゴスに対立している。ヘラクレイトスはこの *axynetoi* という語をよく使う（特に断片三四参照）。これは「集めもたらす」を意味する *syniēmi* の否定形である。*axynetoi* つまり人間どもは……を集めもた

らしていない者どもである。だが何を集めもたらしていないというのか？　*logos* を、存続的に凝集しているものを、集約態をである。人間はそれをいまだ聞いていなかろうと既に聞いてしまっていようと、いずれにしても依然としてそれを収集せず、把－握せず、一へとまとめ捉えていない。これが何を意味するかを、これに続く次の文が言っている。すなわち、たとえ人間が語句 *epea* でどんなに試みても、人間はロゴスへは到り着かないと。確かに、ここには語と話とが言われている。けれどもそれは、まさに *logos* と区別して、いな、むしろ *logos* と対立して言われているのである。ヘラクレイトスが言わんとするところは、人間どもはなるほど聞きはする、つまり語句を聞く、だがこの聞くことにおいて人間どもはもろもろの語のように聞くわけにいかぬもの、話ではないもの、つまり *logos* であるものを「聞く」ことができない、つまりそれに従うことができないということである。

〈logos〉というのは単なる言葉ではなく、「存続的集約」だということですね。単に表面的に語句を操っているだけではダメで、事物の凝集した在り方である〈logos〉に従って語る必要があるということのようですね。二一三頁を見ると、単に「聞くこと」と、「真の傾聴的である das echte Hörig-sein」ことの違いを読み取るべきだと述べられていますね。〈hörig〉というのは、「聞く」という意味の〈hören〉と同じ語源の形容詞ですが、これはもっぱら「〜に服従している」という意味で使われます。領主に隷属している臣民のことを指すのに使われます。〈logos〉から聞こえてくるメッセージを正確に聞き取り、しっかりどのように「凝集」しているのか把握しないといけない。

---

　logos とは、人間どもが絶えずそのそばにおりながら、しかもそこから離れているようなものであり、だから人間は不在的現存者、つまり *axynetoi* すなわち把－握－して－いない者どもである。

人間がいろんな事物を利用しながら生きているので、「存続的集約＝ロゴス」に近いところにいるはずですが、「ロゴス」をきちんと把握できないで、見当外れのおしゃべりばかりしているというわけです。

二一五頁を見ると、「logos とは存続的集約であり、存在者の、自己の中に立つ集約態、つまり存在であ」り、その意味で logos と〈physis〉は同じである、ということですね。〈physis〉が「存在」の「生成」の側面を代表

「存続的集約＝ロゴス」logos

ロゴスとは、存続的集約であり、存在者の、自己の中に立つ集約態、つまり「存在」。その意味で logos と〈physis〉は同じ。

・〈physis〉：「存在」の「生成」の側面
・〈logos〉：「凝集」の側面

しているとすれば、〈logos〉は、別の側面、「凝集」の側面を代表しているわけですね。

eon すなわち存在態はその本質から言って、*xynon* 集約されて現存することである。*xynon* とは「一般者」のことではなく、すべてを自己の中に寄せ集め、すべてを集め保つもののことである。このような *xynon* は、たとえば断片一一四によれば、*polis* にとって *nomos* であり、制定（集成することとしての定め置くこと）であり、*polis* の内部的な結構であって、一般者ではなく、つまりすべてのものの上に浮動していて何ものをも捉えないようなものではなく、互いに離れようとするものを根源的に一つにする統一である。

ここは意外と分かりやすいですね。先ほど「存在者の存在」と訳されていた〈eon〉は、〈logos〉のように集約されてある、という意味を含んでいる、ということですね。「存在態」の原語は〈das Seiend〉です。「存在者」だと最後に〈e〉が付いて〈das Seiende〉という形になりますが、個別の存在者ではなくて、「存在している seiend」状態そのものを抽象名詞化したものとして、この語形にしたのでしょう。ドイツ語では形容詞から抽象名詞を作る時は〈das …e〉という形になります。

あと、〈polis〉が〈nomos〉、つまり「法」によって「集成」されたものであるという視点が面白いですね。「制定（集成することとしての定め置くこと）」の原語は、〈die Satzung (setzen als zusammenstellen)〉です。これは〈nomos〉に相当するドイツ語〈Gesetz〉が、〈setzen〉の抽象名詞あるいは集合名詞なので、それを念頭に置いて、「集成する」ように措定するものとして〈nomos〉を理解したのでしょう。ただ、これは〈nomos〉自体の元になった動詞〈nemein〉の原義は「凝集する」ことではなくて、むしろ「分割する」という意味で、間にドイツ語を入れているわけです。やや無理のある解釈です。

ヘラクレイトスは断片八で、「互いに反対しているものが、一方から他方へと、往ったり来たりする。それはみずから集まり合う」と言っている。抗争的なものは、集めつつ集められている集約態、つまり *logos*

である。すべての存在者の存在は、最もよく光る《シャイネン》もの、すなわち最も美しいもの、最もよく存続的に自己の中に立っているものである。ギリシア人が「美」という語で意味したものは抑制である。最高の抗争を寄せ集めることが*polemos*であり、さきに述べた相互－抗－争の意味での闘争である。これに反して、われわれ現代人にとって、美しいものとは緊張をほぐすもの、休息を与えるものであり、したがって享楽のためのものとされている。こうなると、芸術は菓子屋の仕事になる。芸術の享楽が芸術愛好家や美術家の繊細な感覚を満足させるに役立とうと心情の道徳的高揚に役立とうと、本質的には同じことである。

「集約」と「抗争」は正反対のように思えますが、ハイデガーはそうではなくて、表裏一体の関係にあると言っているわけですね。これは分かりますね。ある事物が何かを尺度として「集約」されるのであれば、それから排除されるものもあるし、その「集約」の流れに反発する力も働くでしょう。それを「抗争」と言っているわけです。これは国家や政党の成り立ちに即して考えると分かりやすいですね。

先ほどの「仮象＝光」の話でもあったように、何かが「現われ出る」時には、覆いを打ち破り、凝集しようとする力と、それを妨げる力が働き、「抗争」が生じ、人間＝現存在はそこに関与し、その存在者をそこに定着させるように関与しないといけない。その抗争への参加を経て、存在者の光り輝く美しい現われが可能となるのですから、「美」とは大変なものです。現代人はそうした芸術の抗争的な側面を忘却し、「美」は心の安らぎを与えてくれるものとして、気楽に受け止めるようになった、というわけですね。ハイデガーは、「真理」と「美」を〈physis〉の異なる二つの側面と見ているようですね。

二一七～二一九頁にかけて、ロゴスの本質についてのヘラクレイトスの考える二つの特徴がまとめられていますね。一つは、「言うこと」と「聞くこと」は、予め既に「存在」、つまり、自己を開示するロゴスに向けられている時にのみ、正しいということ。もう一つは、ロゴスは「根源的な集約」であるということ。

存在は*logos*であり、*harmonia*であり、*alētheia*であり、*physis*であり、*phainesthai*であるのだから、それは任意に自己を示したりはしない。真なるものは誰に対してもあるわけではない、それはただ強い人に対してのみある。次のような意外な語句は、存在のこのような内的な卓越と隠蔽とを見つめながら語られているのである。この語句は一見ギリシア的でないように見えるが、だからこそまさに存在者の存在のギリシア的経験の本質を証するものである。すなわち、*all' hōsper sarma eikē kechymenōn ho kallistos kosmos*「最も美しい世界は、めちゃくちゃに散らかっていて、まるで糞尿の堆積のようである」（断片一二四）。*sarma* は *logos* の反対概念であり、自己の中に立っているものではなくてただ散らかっているものであり、集約態ではなくてごた混ぜであり、存在ではなくて不存在《ウンザイン》である。

〈harmonia〉と〈alētheia〉をそれぞれ「調和」「真理」と訳すと、客観的で静的なイメージがしますね。つまり全く人為と関係ないようなイメージ。しかし、ヘラクレイトス＝ハイデガーに言わせると、「調和」も「真理」も大変な闘いを経た後、ようやく手に入るもの、その闘いに耐えられる力を持ったものにだけアクセス可能なものだということですね。「最も美しい世界 ho kallistos kosmos = die schönste Welt」と「糞尿の堆積（のようなもの）sarma eikē kechymenōn = ein Misthaufen」という対照的なものが実は同じだという逆説ですね。ただ、ちょっと訳に誇張がある感じですね。ドイツ語の〈Mist〉には確かに、動物の糞尿という意味もありますが、普通には、堆肥という意味で、単にガラクタとかゴミの意味でも使われます。更に元のギリシア語は、「まき散らす」という意味の動詞〈χέω〉の受動分詞形なので、「まき散らされたもの」くらいに理解しておくのがいいでしょう。

ここでのポイントは、〈sarma〉も何かが「集まったもの」という意味だけれど、〈logos〉とは逆に、何の根拠もなく、でたらめに集まっただけ、ということです。〈εἰκῇ (eikē)〉というのは、「無目的に」という意味の副詞です。ただ、「最も美しい世界」が文字通り、単なる「まき散らされたものの堆積」だとすると、「美しさ」を〈logos〉の原初的な意味と関係付けようとするハイデガーの議論の反証になってしまいますね。恐らく、そうしたランダムな「堆積」と見えるものの中に、〈logos〉が働いていることをヘラクレイトスは見抜いていて、これまで見てきた他の断片から読み取れると言いたいのでしょう。

普通、ヘラクレイトスの哲学を叙述するには、*panta rhei*「万物は流転する」という語句で彼の哲学を総括してしまうことが好んで行なわれている。もしこの語句がほんとうにヘラクレイトスから出たものだとすれば、その意味は決して、万物はただどんどん走り過ぎていき流れ去っていく転変であり、単なる非存続性にすぎないということではなく、存在者の全体はその存在において、いつも一つの対立から他の対立へと、あちらこちらへと投げられる、そして存在はこの対抗する動揺の集約態であるということである。

「万物は流転する」がヘラクレイトス自身に由来するという説が怪しいということを断ったうえで、仮に実際に「流転する」と言っているとしたらという前提で説明しているわけですね。単純にどんどん流れているわけではなくて、ある「抗争」の構図から別の「抗争」の構図へと組み替わっているのだから、常に何らかの「集約態」はある、集約の仕方が変わるだけだということですね。これは、ヘラクレイトス解釈に限らず、「生成」とか「脱構築」をめぐる議論で大事なところですね。生成し続けると聞くと、構造がなくなるかのように早合点する人がいますが、それは構造が組み替わっているという意味であって、その都度の構造はあるというのが前提になっていることが多いです。ポストモダン系の思想に対する単純な誤解の多くはここから生まれます。

われわれは *logos* の根本の意味を集約および集約態として把握するが、その場合、次のことをはっきりと確認し確保しておかねばならない。

集約とは決して、ただなんでもかんでも集めて積み重ねることではない。それは互いに分離し対抗して争っているものを一つの相関性へとつなぎとめる。集約は争うものが単なる散漫や単なる散乱へと崩れることを許さない。つなぎとめることとして、*logos* は、くまなく支配するという性格を、すなわち *physis* の性格を持っている。*physis* は、*physis* によってくまなく支配されているものを、決してむなしい対立欠如へと解消させてしまわないで、対抗して争うものを一つにすることによってこれをその緊張の最高の鋭さに置いて維持する。

まとめ的な話ですが、ここでこれまでたびたび出てきた「支配 Walten」という言葉の意味がはっきりしてきましたね。諸事物がバラバラにならない、一定の〈logos〉によって繋ぎ留め、〈logos〉の規則に従わせることを、「支配」と言っているようですね。二二〇～二二一頁にかけて、ヘラクレイトスの〈logos〉と、キリス

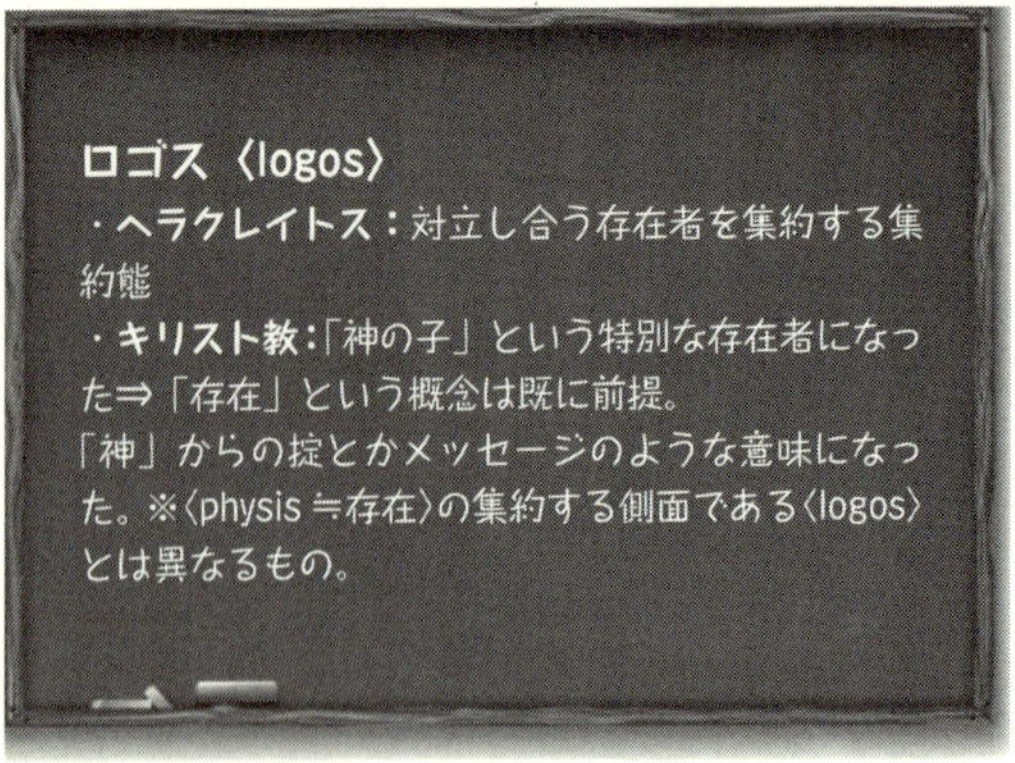

ト教のそれとの違いが述べられていますね。いろいろ書いていますが、ポイントは、ヘラクレイトスでは、〈logos〉が対立し合う存在者を集約する集約態であるのに対し、キリスト教では「神の子」という特別な存在者になった、ということです。「存在」という概念は既に前提になっているわけです。この考え方は、ローマ帝国の初期にアレクサンドリアで活動していたユダヤ人の哲学者フィロン（前二〇頃－五〇頃）が、プラトンのロゴス論をユダヤ教の神学に取り入れて、［ロゴス＝神の言葉（媒介）］という議論を取り入れたのが起源だということですね。ロゴスは「神」からの掟とかメッセージのような意味になったわけです。〈physis ≒存在〉の集約する側面である〈logos〉とは全然違いますね。

存在をめぐるギリシア的思考2――パルメニデス

このように、〈physis〉と〈logos〉の一体性の話をすると、ではどうして「存在」と、「ロゴス」による「思考」が対立的な関係にあるという発想が生じたのか、よく分からなくなります。二二三頁を見ると、そういう疑問を抱かせることにハイデガーの狙いがあるようです。この点を考えるために、ヘラクレイトスと近い立場にいるパルメニデスを再び取り上げようと述べていますね。

パルメニデスはヘラクレイトスと同じ立場に立っている。この二人のギリシアの哲人が、哲人たるの道を初めて切り開いたこの二人が、存在者の存在の中に立たずに一体どこに立つはずがあろうか？　パルメニデスにとっても存在は *hen* であり、*xyneches* 自己の中で自己を集め保っているもの、*mounon* ただ一つだけで、一つにするもの、*oulon* 満ちて－立っているもの、存続的に自己を示しつつ支配することであり、その支配の全領域にわたって、一面的で同時に多面的なものの仮象が存続的に現われる。だから、存在へと通じている、よけて通れない道は非隠蔽性を貫いて通っているのだが、しかもそれはいつも三叉路にな

――っているのである。

〈hen〉とは「一」「一者」のことです。一般的には、パルメニデスが実体的な「一者」の思想家で、ヘラクレイトスの方が「生成流転」の思想家ということで通っていますが、断片を見る限り、「集約」としての「ロゴス」を論じ、かつ「全ては一である」と明言するヘラクレイトスの方が「一者」の思想家らしいですね。その前提でハイデガーは、パルメニデスも「一」について語っているし、「xyneches 自己の中で自己を集め保っているもの」について語っていると指摘しているわけです。

パルメニデスとヘラクレイトスが交差して出てくるし、普通の哲学史の説明と違うので、ややこしいのですが、これまでの議論でパルメニデスが出てきたのは、「存在と生成」、及び、「存在と仮象」の話、特に後者の〈aletheia〉と〈doxa〉をめぐる文脈です。ここでハイデガーがパルメニデスのものとして引き合いに出しているギリシア語は全て、一六一頁に引用されている断片八の教訓詩からです。語として単独で抜き出しているので、語尾を変化させていますが。

ただ、パルメニデスが〈logos〉について直接どう言っているかについてはこの講義の中ではまだ検討されていませんでしたね。あまり直接ぴったり当てはまる文章がないようですが、一つ引用していますね。〈to gar auto noein estin te kai einai〉。この文は一般的に、「だが思考と存在は同じである dasselbe aber ist das Denken und das Sein」と訳されます。しかしハイデガーはこの訳は粗雑でまずいと言っていますね。

---

noein は思考、つまり主観の作用としての思考と解される。主観の思考が存在とは何かを規定する。存在とは思考によって考えられたものにほかならない。さて、思考は主観的作用にほかならず、パルメニデスに従えば思考と存在とは同じだと言うのだから、そうなればすべては主観的になる。それ自体で存在しているものはなにもない。ところが、こういう学説はカントとドイツ観念論との中に見られると人は言う。パルメニデスはカントとドイツ観念論との学説を、根本において既に先んじて説いていたのである。

ハイデガーが一番ひっかかっているのは、〈noein〉を「思考」と訳したことで、それがドイツ観念論の文脈で、「主観」の作用として受け止められ、パルメニデスが観念論の先駆者みたいな位置付けになった、ということですね。ただ、それだけではないようです。訳自体もまずいようです。三点挙げていますね。

（一）*to auto* および *te...kai* とはどういうことか？
（二）*noein* とはどういうことか？
（三）*einai* とはどういうことか？
　第三の問いについては、さきに *physis* について述べたことによって既に十分論じ尽くされているように思う。だが第二番目の *noein* は不明瞭である。つまり、われわれがこの動詞を単純に「思考」とは訳さず、またこれを論理学の意味での分析的言表とは規定しないとすれば、これは不明瞭である。*noein* とは会得《フェアネーメン》をいい、*nous* とは会得することである。しかもそれは二重の、互いに相関した意味でそうである。すなわち、会得はまず第一に引きー受け《ヒン・ネーメン》ること、自分の方へ向かって来させること、つまり自己を示すもの、現象するものを引きー受け、自分の方へ向かって来させることを意味する。


　第三の問いは「存在する」とか「ある」という意味の動詞〈einai〉に関するものですが、これを〈physis〉の「生成」とか「自立」とか「支配」という意味と関連付ける議論はさんざんやったのでさすがにもういいだろうということです。

　まず、〈noein〉の意味に拘ってみようということですね。フッサールの現象学で、意識の中の「考える」という作用を〈noesis〉、（意識の外部にある対象それ自体ではなく）意識の中で「考えられている対象」を〈noema〉と言いますが、これらは〈noeien〉から派生した言葉です。〈noein〉に対応する名詞〈nous〉は普通「理性」と訳されますが、それも問題のようですね。「理性」のことをラテン語で〈ratio〉と言いますが、これは元々「計算」とか「勘定」という意味です。英語の〈reason〉やフランス語の〈raison〉はこれから派生した言葉ですが、恐らくハイデガーはそれがまずいと思っているのでしょう。

　ドイツ語の〈Vernunft〉は見て分かるように違う系統で、ここに出てくる〈vernehmen〉の名詞形です。ここでも［ギリシアードイツ語］ラインで考えようとしているわけですね。〈vernehmen〉は普通のドイツ語としては、「聞き取る」とか尋問などで「聴取する」という意味です。つまり、注意して中身を把握するように聞くということです。先ほどヘラクレイトスの解釈で出てきた、「聞く」＋「集めもたらす」に近いニュアンスですね。この動詞の元になっている〈nehmen〉という動詞は、英語の〈take〉に当たるもので、「取る」とか「受ける」という意味です。〈hinnehmen〉だと、「引き受ける」という意味です。このドイツ語のニュアンスを活かしているわけですね。

第二の意味というのは、〈vernehmen〉の「聴取する」という意味の方ですが、これも少し凝っていますね。

> 第二に会得は、証人の供述を聴き取る《フェアネーメン》こと、証人を呼び出して《フォアネーメン》事情を聴き取り《アウフネーメン》、事件の配置と成り立ちがどうなっているのかを確ー立することを意味する。

［vernehmen － vornehmen（前に来させる→召喚する、遂行する）－ aufnehmen（聴取する、採用する）］という言葉遊びですが、こちらの系列では、来るものを受け止めるだけでなく、こちらから働きかけて発言を引き出し、それによって事件を構成するという能動性が出ているわけですね。

〈noein〉がこういう「会得する」という意味だとして、それと同一だとされる〈to auto〉はどういう意味か？　原文では、〈to〉と〈auto〉の間に〈gar〉という言葉が入っていますが、これは「というのは」とか「しかし」という意味の接続詞なので、無視してもいいでしょう。〈to〉はギリシア語の中性名詞に付く冠詞です。〈auto（s）〉は、見て分かる通り、英語の〈auto-〉の語源になった代名詞で、「自己」とか「同じ」とかいう意味です。冠詞を付けて〈to auto〉とすると、「同じもの」という意味になります。間に接続詞が入っているのが気になりますが、ギリシア語ではこれは普通にあることです。

ハイデガーはこの「同じもの」というのを、一様とか等価とかいうようなことではなく、〈hen〉、「一つ」という意味のはずだ、と言っていますね。「統一とは対抗して争うものの相関性である。これこそ根源的に一なるものである」と言っています。言い回しは難しいですが、言わんとしていることは分かりますね。対立・抗争するように見える面もあるけれど、根底において「一つ」にまとめられている、ということですね。対立というのは、パルメニデス自身は強調していませんが、わざわざ「同じ」「一つ」「集め保っている」という言い方をする以上、対立を想定していると見ることもできるでしょう。

次いでハイデガーは、「なぜパルメニデスは te kai と言うのだろうか?」という問いを立てていますね。〈te〉と〈kai〉はいずれも「と」とか「また」という意味の接続詞で、セットで使われて、「そしてまた」というような意味です。ギリシア語の辞書を見ると、単純に「○○と△△」という風に付け足すのではなく、○○と△△の違いを強調するような意味合いがあるようです。ハイデガーは何か意味があると見ているわけですね。

存在と思考とが対抗して争う意味において一であり、相関的なものとして同じだからである。これは一体どう理解すればよいのだろうか?

ハイデガーは異質な〈noein〉と〈einai〉に違うように見えるところもあるけれど、「それでもやはり」、「同じ」というような意味合いを込めて、〈te kai〉を使っていると解釈したわけです。

存在から出発しよう。存在は *physis* として、若干の観点からわれわれにはかなり明らかになっているのだから。存在とは光の中に立つこと、現象すること、非隠蔽性へと踏み入ることを言う。このことが生起する所、すなわち存在が支配する所、そこではそれに帰属することとして、会得すること、すなわち自己を示しつつ自己の中で存続的なものを受けつけて、それを立つこと－へと－もたらすということが同時に支配し、同時に生起しているのである。

ややこしいことを言っているようですが、要は〈physis〉として光＝仮象を放ちながら現われたものがあるとすれば、それを受け止めて、確定させ、存続させる作用もあるはずだ、後者の作用が〈noein〉だというわけです。ただ、この場合、「会得する」のが、現われ出た〈physis〉自身なので、言い回しがややこしくなるわけです。自己自身がどういうものか、自己自身の運動、自己自身から発する音に耳を傾け、それを通して自己自身を一つに集約し、持続させることになるわけです。

パルメニデスは同じ文を断片八 v.34 では、もっと鋭く言っている。*tauton d'esti noein te kai houneken esti noēma* 会得と、それのために会得が生起するものとは同じである。会得は存在のために生起する。存在は、非隠蔽性が生起し自己開示が生起するときにのみ、現象として、非隠蔽性へと踏み入ることとして現成する。パルメニデスの文は、前に示した言い方と、いま示したこの言い方との二通りの言い方で語られているのだが、これを一緒にして考えれば、この文は *physis* の本質についてさらに根源的な洞察を与えてくれる。*physis* には会得が属している。*physis* が支配しているということは、会得がともに支配しているということである。

〈tauton〉は、〈autos〉の形容詞形です。〈οὕνεκεν (houneken)〉は、英語の〈because of〉に相当する接続詞です。ハイデガーのドイツ語訳では、〈Dasselbe ist Vernehmung und das, worumwillen Vernehmung geschieht.〉できるだけ意味が取りやすいように意訳すると、「会得すること（noein）と、会得されるもの（noema）が生じる原因となったものとは同じものである」。ハイデガーは、後者、つまり会得を生じさせるものは、「存在」、〈physis〉だと解釈しているわけです。「非隠蔽性が生起し自己開示が生起する」と、「非隠蔽性へと踏み入る」の差が分かりにくいですが、前者の方は、〈physis〉による「非隠蔽化」「自己開示」を受け止めて、「会得」を成立させる存在者、具体的には、人間の積極的な関与のことを指しているのでしょう。ただ、この「人間」の関与については、多少注意が必要です。

　まず最初に、この文は人間については何も言っていないし、ましてや主観としての人間についてなど何も言っていないし、もちろんすべての客観的なものを単に主観的なものにしてしまう主観などというものについて全く何も言っていない。この文はそういうこととは全く反対のこと、すなわち存在が支配すること、そして存在が支配しているから、存在が支配して現象するかぎり必然的に、この現象とともに会得もまた生起するということを言っているのである。だがこの場合、現象と会得というこの出来事に人間が関与するとすれば、人間はもちろんみずから存在していなければならない、つまり存在に属していなければならない。しかし、そうだとすれば、人間存在の本質とそのあり方とはただただ存在の本質からのみ規定されうる。

　しかし、*physis* としての存在に現象が属しているとすれば、存在するものとしての人間はこの現象に帰属しているのでなければならない。一方、人間存在は、全体としての存在者のただ中にあって明らかに一つの独自の存在をなしているのであるから、人間存在のこの独自性は、そこを支配している現象としての

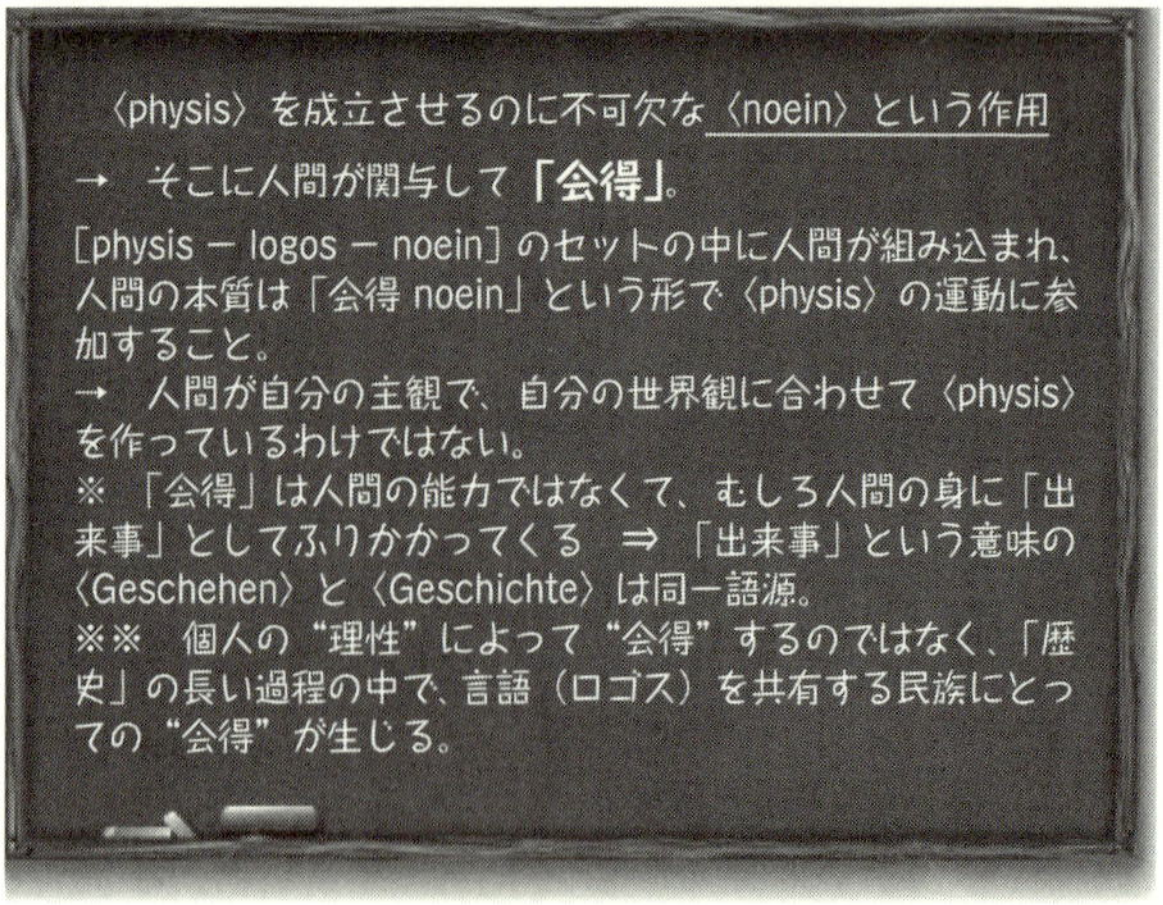
〈physis〉を成立させるのに不可欠な〈noein〉という作用
→ そこに人間が関与して「会得」。
［physis － logos － noein］のセットの中に人間が組み込まれ、人間の本質は「会得 noein」という形で〈physis〉の運動に参加すること。
→ 人間が自分の主観で、自分の世界観に合わせて〈physis〉を作っているわけではない。
※「会得」は人間の能力ではなくて、むしろ人間の身に「出来事」としてふりかかってくる ⇒「出来事」という意味の〈Geschehen〉と〈Geschichte〉は同一語源。
※※ 個人の“理性”によって“会得”するのではなく、「歴史」の長い過程の中で、言語（ロゴス）を共有する民族にとっての“会得”が生じる。

存在に人間が帰属しているその帰属性の独得の様式から生じてくるであろう。ところで、この現象には会得が、つまり自己を示すものを引き受けつつ会得するということが属しているのであるから、まさにこの会得ということから人間存在の本質が規定されるだろうということは推察できる。

〈physis〉を成立させるのに不可欠な〈noein〉という作用があって、そこに人間が関与して「会得」しているということですが、言い回しがまどろっこしいですね。単純に「人間」が「会得する」ことによって「存在」が確定すると言ってしまったら、全ては主観の作用によるかのような話になってしまうので、そうではなくて、［physis － logos － noein］のセットの中に人間が組み込まれ、人間の本質は「会得 noein」という形で〈physis〉の運動に参加していることにある、と言いたいわけです。逆に言うと、人間が自分の主観で、自分の世界観に合わせて〈physis〉を作っているわけではない、ということですね。一三〇～一三一頁にかけて、この「会得」は、人間の能力のようなものとして理解してはならない、人間とは誰かというのは、歴史的に〈meta-physisch〉な、つまり〈physis〉をど捉えるかという次元に属する問題だと述べられています。〈meta-physisch〉を、中世以降の「形而上学 Metaphysik」と同じ意味で取ってはいけないということですね。

会得と、それに関してパルメニデスの文が言っていることとは、他の点では既に明確に規定せられている人間が、そのうえさらに具えているもう一つの能力といったようなものではない。そうではなくて、会得とは一つの出来事であり、その出来事《ゲシエーエン》の中で生起《ゲシエーエン》しながら、人間が初めて存在者として歴史《ゲシヒテ》の中へ踏み入り、現象する、つまり（文字通りの意味で）みずから存在へと到来するのである。

「会得」は人間の能力ではなくて、むしろ人間の身に「出来事」としてふりかかってくるわけですね。そういう言い方をすると、何か啓示のように聞こえますが、訳でルビによって示唆されているように、「出来事」という意味の〈Geschehen〉と〈Geschichte〉は同一語源です。個人の〝理性〟によって〝会得〟するのではなく、「歴史」の長い過程の中で、恐らく言語（ロゴス）を共有する民族にとっての〝会得〟が生じる、というように考えろ、ということでしょう。

こうしたことを前提として、二三二頁で、伝統的な、〈zōion logon echon, animal rationale〉という見方を批判的に検討しています。〈zōion logon echon（ロゴスを持つ動物）〉というのは、アリストテレスの人間の定義で、〈animal rationale（理性的な動物）〉はそのラテン語訳です。〈logos〉を「言葉」の意味に取れば、〈zōion logon echon〉は、「言葉を話す動物」ということになります。「持っている」という意味の〈ἔχω（écho）〉を使っているので、［logos − noein］が人間に属する能力のように聞こえますし、「人間」をそれを持った特別な「動物」として動物界に位置付けることになりますね。

更なる議論に向けての七つの方針

二三四頁に、これらのことを踏まえて、これからの議論をどう進めていくかという七つの方針を示していますね。大事なのは、まず、（一）の人間の本質規定は、答えではなく、問いであるということ。これは『存在と時間』以来のハイデガーの一貫した考え方です。「現存在」である人間は、自分の存在について問いを発する特別な現存在であり、その問いを通して、人間の在り方自体が変化していく。その「問い」という営みの中で、「歴史」が生じる。もっと簡単に言うと、「人間とは何か？」という問いに答えが出ないからこそ、その答えを求めて私たちは「歴史」を作っていく。これはヘーゲルにも通じる発想ですね。これが（二）〜（四）で言われていることです。（五）で、その「問い」が、今回見てきた意味での「抗争」と関係しているということですね。（六）では、問うものとしての人間の本質が「自我」ではないことを肝に銘じる必要があること。（七）が少し興味深いですね。

（七）人間は歴史的な者として人間自身であるのだから、人間自身の存在についての問いは、「人間とは何か?」という形から「人間とは誰か?」という形に変えられねばならない。

これは英語で言うと、〈What are you?〉と〈Who are you?〉の違いです。〈what = was〉の方は、人間の在り方、本質を根本的に規定することになりますから、答えは出ません。それに対して、〈who = was〉の方は、社会の中で自分をどう位置付けるかという問題です。歴史の中で私たちは、自分自身を位置付けようとします。どのように位置付けているか、自己理解しているかという問いであれば、答えを出せないことはない。因みにアーレントは『人間の条件』で、ポリスの公的領域における活動を通してその人の〈who〉が暴露されるのであり、人間についての「問い」は〈what〉ではなく、〈who〉を問題にすべきだということを言っています。この辺の発想は通じているのかもしれませんね——拙著『ハンナ・アーレント〈人間の条件〉入門講義』（作品社）の第五回をご覧下さい。

二三六頁を見ると、パルメニデスは、存在そのものの本質から、人間の本質を規定しているけれど、どう規定しているのか分からないと述べていますね。もう少し細かく言うと、人間は〈eon（存在）〉への道を歩んでいくべきであること、〈noein（会得）〉という形で、〈einai（存在）〉あるいは〈physis〉に関与しているということは示唆しているけれど、それだけだとどういう風に「存在」への道を歩むのか、〈noein〉するとは具体的にどういう行為か、〈noein〉によって人間はどうなるのか、はっきりしたイメージが掴めないですね。それに対して、ヘラクレイトスの言葉は、人間が神々、具体的には他の存在者と「相互抗争 Auseinandersetzung」関係にあり、諸存在に一定の形態を与えるということを示唆しているということですね。

パルメニデスとヘラクレイトスとの思惟は、いまだ詩人的である。詩人的というのは、ここでは哲学《フィロソフィシュ》的であって学問的ではないということである。だが、この詩作的思惟においては思惟が優位を占めているので、この思惟はまた、人間の存在に関して思惟独得の方向と尺度とをとっている。このような詩人的思惟を、それに帰属しているそれの裏返し、つまり哲人的詩作の側から十分に解明して、それの理解に備えるために、われわれはいまギリシア人の哲人的詩作を、それもギリシア人の存在と（それに帰属す

七つの方針

（一）　人間の本質規定は、答えではなく、問いであるということ。
※これは『存在と時間』以来のハイデガーの一貫した考え方。

（二）～（四）：「現存在」である人間は、自分の存在について問いを発する特別な現存在であり、その問いを通して、人間の在り方自体が変化していく。「問い」という営みの中で、「歴史」が生じる。もっと簡単に言うと、「人間とは何か？」という問いに答えが出ないからこそ、その答えを求めて私たちは「歴史」を作っていく。⇒ヘーゲルにも通じる発想。

（五）　その「問い」が、「抗争」と関係している。

（六）　問うものとしての人間の本質が「自我」ではないことを肝に銘じる必要があること。

（七）　人間は歴史的な者として人間自身であるのだから、人間自身の存在についての問いは、「人間とは何か？」という形から「人間とは誰か？」という形に変えられねばならない。
※これは英語で言うと、〈What are you?〉と〈Who are you?〉の違い。
・〈what ＝ was〉：人間の在り方、本質を根本的に規定することになりますから、答えは出ない。
⇅
・〈who ＝ was〉：社会の中で自分をどう位置付けるかという問題。
歴史の中で私たちは、自分自身を位置付けようとする。どのように位置付けているか、自己理解しているかという問いであれば、答えを出すことは可能。
※※アーレント：『人間の条件』（1958）：ポリスの公的領域における活動を通してその人の〈who〉が暴露されるのであり、人間についての「問い」は〈what〉では　なく、〈who〉を問題にすべき。

る）現存在とがその中で本来的に樹立せられたあの詩作を、すなわち悲劇を問題にしよう。

ここは分かりやすいですね。彼らの「思惟」の様式は、「詩作」のそれと明確に分離されていない。「思惟」と「詩作」が地続きになっていたわけです。だから、人間の現存在を明確に規定しているように見える悲劇の作品、具体的にはソフォクレスの『アンティゴネ』を読んでみようということです。因みにハイデガーの言う「詩作」は、文学だけでなく、芸術的創出一般、更には、新しい存在者の産出一般を指していますし、近代初期まで、戯曲は基本的に韻文、詩の形で書かれていました。そして、「悲劇」は古代ギリシア芸術の最高の形態と見なされていました。ヘーゲルなどもそういう見方をしています。ハイデガーは先ほどのパルメニデスの〈to gar auto noein estin te kai einai〉という命題を、『アンティゴネ』と関連付けて読もうとしているわけです。次回は『アンティゴネ』の読解から読んでいきましょう。

■質疑応答

Q 〈physis〉生成についてですが、分野は違いますが、経済学者のハイエク（一八九九－一九九二）もその辺りに力を入れているかと思います。年齢も近いですし。ドイツやオーストリー系の人たちに共通の問題意識があったのでしょうか？

A ハイエクの場合は、〈nomos〉の生成ですね。ハイエクは「自然的秩序 physisi」と「設計された秩序 thesis」と並ぶ、第三の秩序として〈kosmos〉の存在を指摘しています。〈kosmos〉は人間の行為の秩序だけど、設計されて出来上るものではなく、相互行為の積み重ねから自生的に出来上がってくるものです。その〈kosmos〉を構成する個々のルールが〈nomos〉です――この辺のことは拙著『いまこそハイエクに学べ』（春秋社）をご覧下さい。ハイエクの枠組みでは、〈nomos〉と〈physis〉は別系統に属しますが、今日読んだところにもあったように、ハイデガーはヘラクレイトスに依拠する形で、〈nomos〉も〈physis〉も、「集約態」としての〈logos〉によって成り立つ点で、共通していると見ているようです。これまで見てきたことからすると、〈nomos〉も〈physis〉の一部として生成すると見ているようですね。

左翼の人からして見ると、ハイデガーもハイエクも、「右」なので同じ穴の貉のように見えるかもしれませんが、共同体と個人の関係、自由主義、近代文明・経済に対するスタンスはむしろ対極的です。ただ、自然を含めて全てを、人間の理性によって合理的に設計し直そうとする近代合理主義を批判するため、近代人が自明のものとして使っている基本概念を古代ギリシアにまで遡って再考し、近代人が見失ったものを再提起する。そのためにギリシア語由来の概念を使う。ハイエクは経済学者であることもあって、ハイデガーほどギリシア古典を引用しないですが、ギリシアにまで思想史的に掘り下げるということには力を入れます。アーレントも、同じようなことをやっていますね。彼女は「公的領域／私的領域」を区切る〈nomos〉の役割を重視していますね。

ハイデガーが決定的に違うのは、先ほど見たように、人間中心の視点を取るのではなく、常に〈physis〉に属するものとしての「人間」について語ろうとすることです。「歴史」の話をする時も、「歴史」を人間同士の相互作用に還元するのではなく、その相互作用が〈physis〉に導かれていることを常に暗示します。〈nomos〉も、人間同士の対立だけからではなく、〈physis〉として現われてくる、人間と諸事物の間の抗争から生まれてくると主張します。ハイエクにはそういう発想はありません。多分、人間の営みでも、自然現象でもないものを暗に前提するのは、神秘主義だと言って拒絶するでしょう。その点では、ハイエクとアーレントは近いです。アーレントは、ハイデガーっぽい言葉は使いますが、あくまで人間の行為を軸にして哲学的に思索しようとします。

Q　三人ともドイツ語圏です。ギリシアとの繋がりについては、やはりドイツ由来の発想なんでしょうか？

A　ラテン文化を経由しないで、ギリシアにインスピレーションの源泉を求めるというのは、一八世紀後半以降、ドイツ的教養主義の基調だと思います。ヘルダリンや若い頃のヘーゲルはその急先鋒です。新人文主義（Neuhumanismus）と言います。ヴィルヘルム・フンボルト（一七六七－一八三五）は、大学とギムナジウムを新人文主義的に改革し、ラテン語と共にギリシア語の教育に力を入れました。

日本人からしてみれば、ギリシア語もラテン語も、昔のヨーロッパの言語で同じようなものだろうという感じがしてしまいますが、ヨーロッパ人にしてみれば、自分たちの現在の言語文化への近さが気になります。ラテン語文化を基準に考えれば、イタリア語がその直系で、フランス語やスペイン語はそれに準じる位置にいます。傍系の親戚みたいな感じですが、ドイツ語は元々全然違う系統の言語です。ローマ帝国にとって野蛮人であったゲルマン民族の使っていた言語の子孫です。そのコンプレックスをはねのけるために、ラテン語文化に侵されていない、純粋な古代ギリシアに関心を向ける。関心を向けると、実は自分たちは、ラテン系の人たちよりも、ギリシアに近いような気がしてくる。今はほとんどいないと思いますが、かつてはそういうギリシア・コンプレックスの強いドイツの知識人が結構いたのだと思います。ハイデガーはそれが飛び切り強かったのでしょう。

［講義］第4回 存在と思考をめぐって：続き
——『形而上学入門』「Ⅳ　存在の限定」：続き

前回読んだところでは、パルメニデスとヘラクレイトスを中心に、「存在」をめぐるギリシア人の思考について検討されていました。パルメニデスの断片の中で、「存在」と「思考」とがあたかも同一視されているかのような記述について、かなり突っ込んだ——見方を変えれば、強引な——解釈が試みられていました。しかし、通常「思考 Denken」と訳されている〈noein〉は現在の我々がイメージする「思考」ではなく、むしろ「会得する vernehmen」、つまり到来するものを受け止めて、それを一つの事態として確定するということであり、生成し、支配力を発揮する〈physis〉との結び付きが強いということが強調されました。そのうえで、通常、「思考と存在とは同じである」と訳されている断片を、ハイデガーは「会得と存在とは交互に相関的である」（二三八頁）と解釈し直し、それを前提に議論を展開していきます。

ソフォクレス『アンティゴネ』、三つの視点

そしてソフォクレスの悲劇『アンティゴネ』を読んで、〈noein（会得）〉や〈legein（集約）〉の作用との関係で、人間の本質がどのように規定されているか読み解こうというわけです。『アンティゴネ』は『エディプス』とセットになっている話です。エディプスの娘アンティゴネが、ポリスの支配権をめぐって争った二人の兄双方を葬ろうとします。しかし、ポリスを攻めた方の兄も一緒に葬るのはポリスの法に背くということで、

王の代理であった叔父から、「法に背けば処刑しなければならない」と告げられますが、敢えて二人の兄を埋葬します。この話は、「神の法」と「人の法」の対立の話として、あるいはポリスにとっての女性の位置を示唆するものとしてしばしば引用されます。

ソフォクレスの『アンティゴネ』から、三三二～三七五行の「コロス」の歌の部分を引用しています。「コロス」というのは、古代ギリシアの演劇の合唱隊（Chor）のことで、劇の背景となる共同体の声を代表しているとされます。共同体を劇の中に直接的に組み込む役割をしているとされています。長いですが、ハイデガーの解釈がいくつもの箇所を行ったり来たりして分かりにくいので、最初に全部読み上げておきましょう。

「無気味なものはいろいろあるが、
人間以上に無気味に、ぬきんでて活動するものはあるまい。
人間は荒れ狂う冬の南風に乗って、
泡立つ上げ潮に乗り出し、
さかまく大波の
山の中をくぐり抜ける。
神々の中でも最も崇高な大地、
滅びず、朽ちぬこの大地をさえ、人間が疲れはてさせてしまう、
年々歳々掘り起こし、
行きつ戻りつ、馬で
鋤を引き廻して。

軽やかに飛ぶ鳥の群をも
人間が網にかけて獲り、
荒地のけものも

海に棲む魚も
思案をめぐらす男が狩り獲ってしまう。
山に宿り山をさ迷うけものをば
人間は才智で牛耳る。
粗いたてがみのある馬の首や
いまだ強いられたことのない牛にも、
木の首輪をはめこんで
むりにくびきにつないでしまう。

語の響きと、
風のように早く理解するすべとに
人間は精通している。
町を支配する勇気をも。
悪天候や霜などの害に
さらされていても、
のがれるすべを心得ている。

到る所を駆けずり廻っているうちに、経験したこともなく、逃げ道もなく
人間は無へとやって来る。
たった一つの圧力、死だけは
なんとしても逃げようがない、
危ない長患いでさえも、うまく

逃げおおせることもあるのに。
如才なく、
すべての望みを叶え通す力を持っているので、
人間は悪事をはたらくこともあるが、
勇敢なことをしでかすこともある。
大地の掟と
神々に誓った正義との間を人間は通る。
そういう人の居所は高くそびえ立っているが、
冒険をするために、
存在しないものを存在するものと思ってしまうような、
そんな人は居所を失ってしまう。

こんなことをしでかす人が
わが家のかまどに親しむことがないように、
そんな者の妄想が知に混じりこまないように」。

「人間」とはどういうものか本質規定しているように見えるフレーズが目立ちますね。「人間以上に無気味に、ぬきんでて活動するものはない」とか「神々の中でも最も崇高な大地、滅びず、朽ちぬこの大地をさえ、人間が疲れはてさせてしまう」「山に宿り山をさ迷うけものをば人間は才智で牛耳る」「語の響きと、風のように早く理解するすべとに人間は精通している。町を支配する勇気をも」「人間は無へとやって来る」「大地の掟と神々に誓った正義との間を人間は通る」……。それに、「町（ポリス）」とか「掟」とか「正義」とかも重要になりそうですね。

この箇所、詩を解釈するための三つの視点を示していますね。

> 第一の道ではもっぱら、この詩の内的な核心をなし、したがって言葉の形で全体を支えるとともに、他の語から一段ときわだっているものを取り出そう。
>
> 第二の道では、この詩の各節と逆反復節とを順次たどっていき、この詩が開示している全領域の限界を踏査しよう。
>
> 第三の道では、われわれは全体の真ん中に立って、この詩人的な言によれば一体人間とは誰であるかというのかを測り知るための立場を獲得しよう。

これは、詩を哲学的に解釈する際に普通にやることですね。まずキーワードになるものを見つけ、それが各節の構造やリズムにおいてどのように展開しているのか、ストーリーの流れに照らして確認し、最終的に何を言わんとしている詩か解明する。

第一の道

まず、第一の道について、「反復する襲撃のように、われわれに三たび打ちかかってきて、問うことと規定することとの日常的な尺度をすべて初めから砕いてしまうものが三つある」と言っていますね。私たちの日常的な常識を突き破る三つのフレーズがあるということですね。

> 第一のものはこの詩の冒頭 *polla ta deina*... である。
>
> 「無気味なものはいろいろあるが、
>
> 人間以上に無気味に、ぬきんでて活動するものはあるまい。」
>
> この最初の二句の中で既に、あとに続くこの歌の全体に先だって一つのことが投げ与えられている。そして、後に続く部分は、この一つのことを個々の言の形で再び持ち出そうと試み、それを語の脈略の中へ組みこんで固定しなければならないことになっている。すなわち、人間はただ一つの語で言えば、*to deinotaton* 最も無気味なものであるということである。

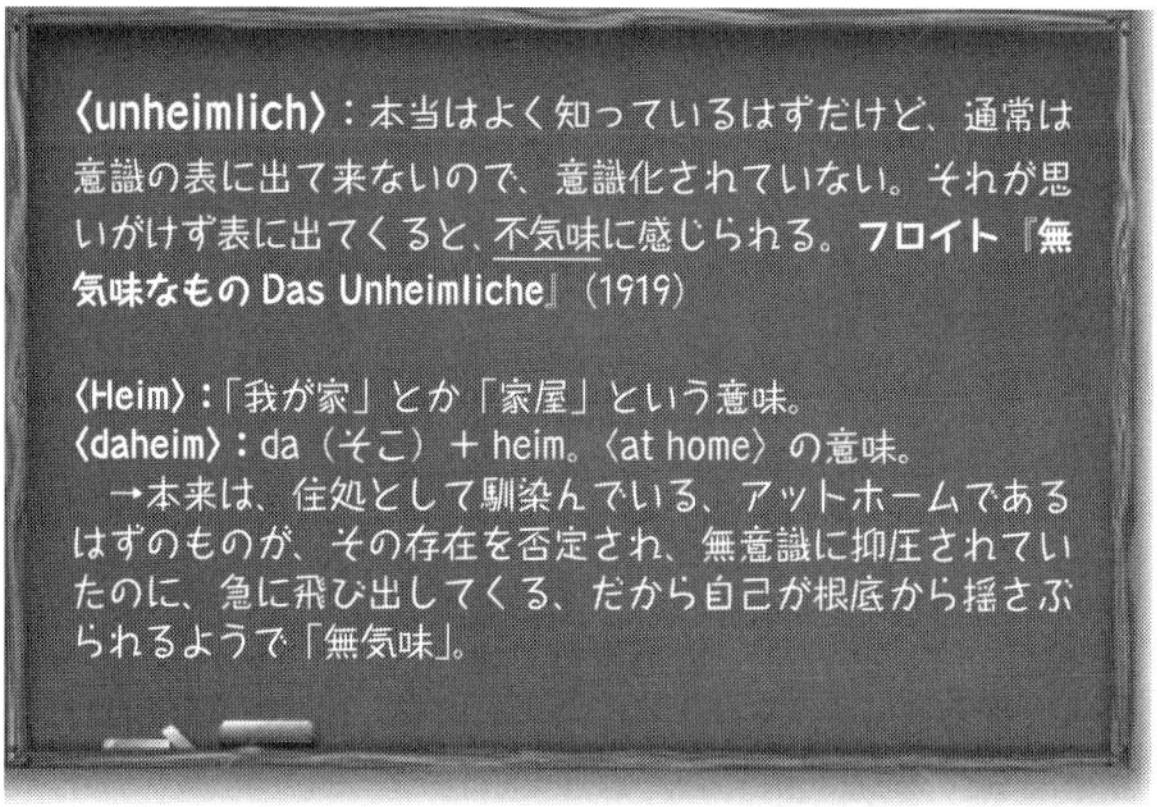
〈unheimlich〉：本当はよく知っているはずだけど、通常は意識の表に出て来ないので、意識化されていない。それが思いがけず表に出てくると、不気味に感じられる。フロイト『無気味なもの Das Unheimliche』（1919）
〈Heim〉：「我が家」とか「家屋」という意味。
〈daheim〉：da（そこ）＋ heim。〈at home〉の意味。
→本来は、住処として馴染んでいる、アットホームであるはずのものが、その存在を否定され、無意識に抑圧されていたのに、急に飛び出してくる、だから自己が根底から揺さぶられるようで「無気味」。

〈polla〉は、英語の〈many〉に相当する「多い」という意味の形容詞で、〈deina〉は、「不気味な」とか「恐ろしい」「強力な」「異様な」「有能な」「臆病な」とか、いろんな意味のある〈deinos〉という形容詞の中性複数形です。だから訳もいろいろあります。現在岩波文庫から出ている中務哲郎さん（一九四七－　）の訳では「恐ろしい」、昔の岩波文庫、現在ちくま文庫に入っている呉茂一さん（一八九七－一九七七）の訳では「不思議な」となっています。オットー・シェーンベルガー（一九二六－　）というドイツの古典文献学者による訳では、「暴力的な」とか「猛威を振るう」という意味の〈gewaltig〉という言葉が当てられています。ハイデガーの「不気味な unheimlich」という言葉の選択には、それなりの意図があるはずです。

フロイトに『無気味なもの Das Unheimliche』（一九一九）という論文があります。フロイトによると〈unheimlich〉とは、本当はよく知っているのだけれど、通常は意識の表に出てこないので、意識化されていないものがあって、それが思いがけず表に出てくると、不気味に感じられるということです。〈unheimlich〉の〈Heim〉は、カタカナ語にもなっているのでご存知だと思いますが、「我が家」とか「家屋」という意味です。〈daheim〉――〈da（そこ）＋heim〉――という単語は、〈at home〉の意味です。本来は、住処として馴染んでいる、アットホームであるはずのものが、その存在を否定され、無意識に抑圧されていたのに、急に飛び出してくる、だから自分が根底から揺さぶられるようで無気味なわけです。フロイトはシェリングやロマン派の作家の〈unheimlich〉の定義を引き合いに出しています。

ハイデガーは〈deinon〉がドイツ語にそのまま訳しにくい言葉であることを指摘していますね。どうも〈polemos〉と関係がありそうですね。

――まず第一に、*deinon* はすごいものを意味する。しかしそれは、小さな恐怖とか、まして今日わが国で「すごくかわいらしい」などと言われるときに使われる、すごいという語の、あの退落した、愚劣な、ろくでもない意味でのすごいものを言うのではない。*deinon* は、制圧《ユーバーヴェルティゲンデ》的な支配《ヴァルテン》という意味ですごいものであり、これは突然の驚愕、真の不安を無理にも起こさせるとともに、取り乱すことのない、均斉のとれた沈黙の畏怖をも換び起こす。強力《ゲヴァルティ》なもの《ゲ》、制圧《ユーバーヴェルティゲンデ》的なものが支配《ヴァルテン》そのものの本質的性格である。

「すごい」の原語は〈furchtbar〉です。これは英語の〈terrible〉にほぼ相当する言葉で、基本は「恐ろしい」という意味です。訳からは分かりずらいですが、それが「小さな恐怖 kleine Furchtsamkeit」とか、「すごくかわいらしい furchtbar niedlich」といった「恐ろしい」とはかけ離れた使い方をされるようになったという話です。英語の〈terrible〉とか現代日本の若者語の「ヤバい」のように軽い意味で使われるようになったわけです。大戦前のドイツ語でも、そういうミーハーな意味の変化があったというのは意外な感じがしますが、とにかくハイデガーはそれに皮肉っぽく言及しているわけです。普通は、〈unheimlich〉ではなくて、〈furchtbar〉と言うところだが……ただし、皆さんが最近使っているあの"furchtbar"ではないよ、という感じでしょう。

それで言い換えているわけですね。これまで〈physis〉の作用として「支配する walten」という側面が強調されてきたわけですが、その系統の言葉を言葉遊び的に並べながら説明しているわけですね。これに「〜を超えて」「〜の上に」という意味の接頭辞〈über-〉を付け、後ろに形容詞を作る接尾辞〈-ig〉を付けて、〈überwältig〉とすると、「圧倒的」、つまり「上から抑えつけて支配するような」という意味になるはずですが、この形は実際には使われていなくて、それに更に動詞用の〈-en〉という語尾を付けた、〈überwältigen（圧倒する、制圧する）〉という動詞が使われています。これを現在分詞化したのが、「制圧的」と訳されている〈überwältigend〉です。〈walten〉を集合・抽象名詞化した形が、〈Gewalt〉です。これは「暴力」あるいは「権力」、自然の「猛威」等を意味します。多義的な言葉です。ここでは文脈的に、〈physis〉の「支配」の強さを示す意味で、形容詞形の〈gewaltig〉《ゲヴァルト》が使われているのでしょう。

——だが第二に、*deinon* は力を使用する者という意味での強力《ゲヴァルティ》なもの《ゲ》を意味する。しかも、その強力なものというのは、単に力を具備しているというだけのことではなく、力の使用ということがその者の行為のみならず、その者の現存在の根本の動向であるという意味で暴力《ゲヴァルト》ー行為的《テーティヒ》であるような、そんな強力なものなのである。われわれはここで暴力《ゲヴァルト》ー行為性《テーティヒカイト》という語に、単なる粗暴とかわがままとかを意味するこの語の普通の意味を根本的に超え出てしまっている一つの本質的な意味を与える。この語の普通の意味に従えば、和解と相互扶助とを目的とする協定が現存在の尺度をなし、したがって当然どんな力も単に妨害と損傷として見下げられるというような、そんな領域内で力が見られることになる。

〈deinon〉にドイツ語の〈Gewalt〉の意味があるとしたうえで、その〈Gewalt〉の基本的性格を分析しているわけですね。「暴力性」ですね。「単なる粗暴とかわがまま」という意味を超え出ているというのは、個人の自制心のなさに起因する、日常的な意味での〝暴力〟ではなくて、〝自然〟――ハイデガーの場合、「自然」という言葉の使い方に気を付けないといけないですね――の猛威あるいは、〈physis〉それ自体に由来する力であるということを強調したいのでしょう。「和解と相互扶助とを目的とする協定が現存在の尺度をなし」という言い回しが分かりにくいのですが、これは、近代人の日常の生き方は「和解」や「相互扶助」がベースになっており、それを崩すようなものは何でもかんでも〝暴力〟ということで括られてしまうことになるが、私が問題にしているのは、そういうもろもろの〝暴力〟の根底にある「力」だということが言いたいのでしょう。

　全体としての存在者は、支配《ヴァルテン》することとして制圧的《ユーバーヴェルティゲンデ》なもの、つまり第一の意味での *deinon* である。しかし、人間はまず第一に、人間が本質的に存在に属しているがゆえに、この制圧的なもののただ中へ曝し置かれているというかぎりで *deinon* であるとともに、第二に、人間は特別の意味で暴力ー行為的な者であるゆえに *deinon* である（人間は、支配しているものを寄せ集めて、それを開明性へと入らしめる）。人間は暴力ー行為的な者であるとはいっても、人間はほかにもいろいろな性質を持っているが、それらと並んでさらにそのうえ人間は暴力ー行為的でもあるというような意味において暴力ー行為的な者であるのではなくて、人間は自分の暴力ー行為性に基づき、またその暴力ー行為性において、制圧的《ユーバーヴェルティゲンデ》なものに対抗して力を使用するという意味においてもっぱら暴力ー行為的な者なのである。人間がこのように根源的には一重であるという意味において二重に *deinon* であるがゆえに、人間は *to deinotathon* 最も強力なものなのである。すなわち、制圧的なもののただ中で暴力ー行為的なのである。

分かりにくい文ですが、恐ろしい（deinon）性格を持ったもの、恐らく〈physis〉の〈Gewalt（力）〉というものがまずあり、それが支配力を発揮していて（walten）、「人間」の本質は、その「力」にあるというのが、第一のポイントです。人間自身が〝自然〟の「力」の行使者である、というのは納得いきますね。人間は暴力によって、自然や周囲の人を支配しようとします。だとすると第二の、人間が自ら支配しているものの「力」を寄せ集める、ということの意味も分かりますね。人間は、技術によって〝自然〟の「力」を動員して、動植物や仲間の人間を破壊する強大な「暴力」を作り出しますね。その際に、自然の「力」の本質を解明します。これは『技術への問い』のテーマですね。そう考えると、人間が「最も暴力的な（恐ろしい）もの」であるというのは納得のいくことですね。

では、〈deinon〉の第一義的な意味が〈Gewalt〉性だとすると、それを「不気味なもの unheimlich」と訳すのはどうしてか気になりますね。

無ー気味《ウン・ハイムリヒ》なものという語をわれわれは「故郷的なもの《ハイムリヒ》」から、すなわち土着の《ハイミッシュ》もの、住み慣れたもの、普通のもの、危なげのないもの、そういうものからわれわれを投げ出すものと解する。土着的でない《ウンハイミッシュ》ものはわれわれを居心地よく《アインハイミッシュ》してくれない。そこには制ー圧的なものがある。

先ほどお話ししたように〈unheimlich〉は、カタカナ名で「〇〇ハイム」と言う時の〈Heim〉と関係しています。ここでは〈Heim〉から派生した二つの形容詞〈heimlich〉と〈heimisch〉の意味に関連付けて説明しています。「故郷的」と訳されているように、「故郷」という意味の名詞〈Heimat〉とも関係していますが、〈heimlich〉自体はどちらかというと、「秘密に」という意味で使われます。「アット・ホーム」の意味にも使われることがありますが、レア・ケースです。「秘密」のことを〈Geheimnis〉と言いますが、当然、これも〈Heim〉からの派生語です。〈unheimlich〉の意味に、「秘密」であるはずのものがそうでなくなること、公然となることへの驚愕というのもありそうですね。フロイトは、「秘密」の状態にあったもの、「隠蔽されていた

verborgen」ものが出てくることを、「無気味さ」の構成要素として強調しています。「アット・ホームな」とか「慣れ親しんだ」という意味を主として担っているのは、〈heimisch〉です。この〈heimisch〉な状態を否定するものは、当然、「暴力」的だと受け取られるわけです。

ただ、ここでは「無意識」ではなくて、「人間」が〈Heim〉的な状態から出てくるものですね。

> だが、人間が最も無気味《ウンハイムリヒ》なものであるのは、人間がいま述べたような意味での非‐故郷的《ウン・ハイムリヒ》なものの真っただ中で自分の本質に即して生きてゆくからだけではなく、人間は初めは自分の限界を住み慣れて土着的なものと思っていても、しまいにはその限界から歩み出し、そこから出て行ってしまうからであり、人間が暴力‐行為的な者として土着的なものの限界を踏み越えるからであり、しかもそれを踏み越えてどこへ向かうのかと言えば、ほかならぬ制圧的なものという意味での無気味なものの方向へと向かうからである。

意外と分かりやすい理屈ですね。「慣れ親しんだ（馴染んだ）heimlich」、あるいは「隠された」場から飛び出してしまうのは、確かに人間だけですね。この連続講義の二回目で、他の動物は一つの「環世界」の中に閉じこもっているけれど、人間の「世界」は開かれているという話をしましたね。そういう限界突破の意味で、「無気味」ということですね。その飛び出す際に、先ほどのような「暴力」が発動し、それが周囲を「制圧」し、「支配」力を発揮するというわけです。

> 最初の二句に次いで、最初の二句を念頭に置きながら、全体を支え、他の語からきわだってそびえている第二の語句が第三六〇行で言われている。この第三六〇行は第二節の真ん中にある。すなわち *pantoporos aporos ep' ouden erchetai*「到る所を駆けずり廻っているうちに、経験したこともなく、逃げ道もなく、人間は無へとやって来る」と言うのである。本質的な語句は、*pantoporos aporos* である。*poros* という語は……を貫く通路、……へと越えていく道、軌道を意味する。到る所へ人間は自分のために軌道をつけ、存在するもののあらゆる領域、制圧的な支配のあらゆる領域へ人間はあえて進み入り、しかも進み入ると同時にすべての軌道からはじき出される。このことによって初めて、この最も無気味なものの無‐気味さの全体が開示される。人間は全体としての存在者を、その無‐気味さにおいて吟味するばかりではなく、ま

たそうしながら人間は暴力−行為的な者として自分の土着の地を越えてはみ出てしまうだけでもなく、すべてこれらのことに先立って、人間はいまやすべての途上で逃げ道を絶たれたものとして土着の地へのあらゆる関連から投げ出されており、*atē* 破壊が、わざわいが人間に襲いかかってくるというかぎりにおいて人間は初めて無気味なものとなるのである。

少し難しい説明をしていますが、〈poros〉とは「通り道」「経路」のことです。ヨーロッパとアジアを結ぶボスポルス（ボスポロス）海峡の「ポロス」で、ボスポロスというのは「牛の通り道」という意味でした。〈pantoporos〉は、それを「全−」を意味する接頭辞〈panto-〉と繋いだ形、〈aporos〉は、否定辞〈a-〉によって否定した形です。それを暫定的に「逃げ道もなく ohne Ausweg」と訳しているわけですね。この組み合わせは逆説的ですが、意味は分かりますね。人間は、どこにも通じる道を作り出すけれど、その道はどこか具体的なところに通じているわけではない、ということですね。それは「無 ouden」に通じている。具体的には、人間は〝自然〟を制圧しながら、その「暴力」を解放し、文明を切り開いてきたが、その文明は人間自身の制御を離れて、〝自然〟と人間自身に大変な災厄をもたらすことがある。その災厄は、予想できない形で人間自身にもふりかかってくる。それが「土着なもの」を破壊する暴力の帰結です。初期フランクフルト学派のアドルノ（一九〇三−六九）とホルクハイマー（一八九五−一九七三）のような議論ですね。で、この〈pantoporos aporos（通じていない至る所に通じる道）〉と〈deinotaton（最も恐るべき＝不気味なもの）〉はどう関係するのか。

deinotaton という語のこの解釈は第三のきわだってそびえている語、すなわち第三七〇行の *hypsipolis apolis* という語において完結する。この語句は前の *pantoporos aporos* と同じような構造を持ち、また同じように逆反覆節の真ん中に置かれていることがわかる。しかしこの語句は存在者の別な方向に向いて語っている。すなわち *poros* ではなく *polis* が語られている。存在するものの領域へ入っていくすべての軌道ではなく、人間自身の現存在そのものの根拠と場所、すべての軌道の交叉する所、すなわち *polis* が語られている。*polis* は普通、国家とか都市国家とかと訳される。これはこの語の意味を十分汲み尽くしていない。

——むしろ*polis*とは居所であり、所《ダー》、つまり、そこで、またそのようなものとして現《ダー》－存在《ザイン》が歴史的なものとしてあるような、そんな所《ダー》をいう。

「逆反覆節 Gegenstrophe」というのは、コロスによる合唱の構成単位で、「反覆節 Strophe」でコロスの半分が、意気揚々とした感じの歌を唄った後、残りの半分が沈むような感じの歌を同じ韻律構造で唄う形で応えるのが「逆反覆節」です。〈hypsipolis apolis〉は、「そういう人の居所は高くそびえ立っている Hochüberragend die Stätte」という箇所に相当します。見て分かるように、二つの単語とも〈polis〉という言葉が入っていますね。〈apolis〉の方は、〈polis〉の否定だということは分かりますね。〈hypsi-〉は、「高－」とか「超－」という意味合いの接頭辞です。ここでハイデガーが言っているように、〈polis〉は通常都市国家の意味ですし、『アンティゴネ』の話の筋からそう理解した方が良さそうですが、ハイデガーは敢えて、「居所 die Stätte」、「所 das Da」と訳そうとしているわけです。

〈da〉は英語の〈there〉に当たり、「そこ」という意味もありますが、具体的な場所ではなく、話者が把握できる範囲内に「実際にある」ことを示す用法があります。「現存在 Dasein」の「現」の部分ですね。ハイデガーはそれによって、「現存在」の歴史性をめぐる議論を、ポリスに被せているわけです。

*polis*は歴史の居所であり、所《ダー》であり、その中で、そこから、そのために歴史が生起する。このような歴史の－居所に、神々、神殿、神官、祭り、競技、詩人、哲人、支配者、長老会議、民衆の議会、武力、船などのすべてが属している。これらすべてが*polis*に属し、政治的《ポリティッシュ》であるのは、決してそれらが或る政治家とか将軍とかあるいは国務とかになんらかの関係をもっているから初めてそうであるのではない。むしろたとえば、詩人はただ詩人であるかぎり、ただし真に詩人であるかぎり、哲人はただ哲人であるかぎり、ただし真に哲人であるかぎり、神官はただ神官であるかぎり、ただし真に神官であるかぎり、支配者はただ支配者であるかぎり、ただし真に支配者であるかぎり、すべて政治的《ポリティシュッ》であり、歴史の－居所にいるのである。

「ポリス」が歴史が生起する場である、というのは分かりやすいですね。ハイデガーのこれまでの用語法に

ポリス：歴史が生起する場

〈Da〉としての「ポリス」を「明るみ＝真理の場」と考えれば、「ポリス」において、様々な事物（存在者）が人間との関わりで光を当てられ、「存在」へともたらされる。

・アーレントの「共通世界」論：ハイデガーの事物や人間の「現われ」と似た考え方。ただし、「共通世界」は人間の営みによって作られるので、〈physis〉の作用という枠で考えるハイデガーとは異なる。

※ハイデガーの「政治的」なものの定義

政治家・官僚によって一つにまとめられているのではなくて、様々な事物や、詩人、哲学者、神官などがそれぞれの存在史の中での歴史的役割を担って存在している「歴史の－居所 Geschichts-stätte」 ← ポリス：諸事物を〈physis〉の生成運動からもぎ取り、「存在者」として定着される〈polemos〉のおかげでポリスは「居所」となる（ヘラクレイトス）。

従って、〈Da〉を「明るみ＝真理の場」と考えれば、「ポリス」において、様々な事物（存在者）が人間との関わりで光を当てられ、「存在」へともたらされる、と考えることができます。これはアーレントの「共通世界」論における、事物や人間の「現われ」と同じような考え方かもしれません——拙著『ハンナ・アーレント「人間の条件」入門講義』（作品社）をご覧下さい。アーレントの場合、「共通世界」は人間の営みによって作られるので、〈physis〉の作用という枠で考えるハイデガーとは異なるわけですが。

カール・シュミットは、「友／敵」の区別が「政治的」という言葉の本質だと言っている——拙著『カール・シュミット入門講義』（作品社）をご覧下さい——わけですが、ハイデガーも「政治的」なものについて定義しているわけですね。政治家とか官僚とかによって一つにまとめられているのではなくて、様々な事物や、詩人とか哲学者とか神官とかがそれぞれの存在史の中での歴史的役割を担って存在している、「歴史の－居所 Geschichts-stätte」になっていることが肝心ですね。ハイデガーははっきり言っていませんが、アーレントなら「記憶」を強調するところでしょう。ポリスがそうした「歴史の－居所」になるのは、ヘラクレイトスによれば、諸事物を〈physis〉の生成運動からもぎ取り、「存在者」として定着される〈polemos〉のおかげですから、シュミット的な「政治的」なものと無関係ではないですね。

しかしここで、それらが真にそれらであるかぎりと言う場合のそのあるとは、暴力－行為的な者として力を行使し、歴史的な存在の中で、創造者として、行為者として高く抜きんでた者になることを言う。歴史の居所の中で高く抜きんでると、彼らは同時に *apolis* になる。つまり都市も居所もなく、孤－独なもの、無－気味なもの、全体としての存在者のただ中で逃げ道もなく、また同時に規則も限界も構造も秩序もなくなってしまう。というのは、彼らこそ創造者としてこれらすべてのものをそのつどまず基礎づけしてかからねばならないのだからである。

やはり「歴史的な存在」の中で定着させるには、通常の経路から逸脱する、〈deinon（無気味）〉な「暴力」が必要になるわけですね。そういう「暴力」を振るう者が創造者だというわけです。具体的に考えれば、〝自然〟の作用に「逆らって」、永続する建造物をある場所に作って、人間が永続的に住める状態を作り出すわけです。〝自然〟の地形、動植物の生態を改造しないといけないし、人間の本性＝自然（Natur）も、都市での法の下での共同生活に相応しいものに強引に作り替えることになります。ポリスの秩序にどうしても従わないものは文字通り暴力的に排除しないといけない。アーレントだと、「始まり」の暴力というところでしょうが、ハイデガーの言っている暴力は、人間に対するものだけではなく、〈physis〉に対する暴力も含むわけですね。

そうした他から突出する暴力を行使する創造者は、「歴史の－居所」を作り出すのだけど、自らはそこに属していない。これは何となく分かりますね。国家を作り出すものは、国家を超えた力を発揮する。前代未聞のことをやるので、本人の立場は不安定で孤独で、逃げ場はない。ナポレオン（一七六九－一八二一）を念頭に置いたらいいかもしれません。あるいは、ドイツ人の本来の在り方を詩によって示したけど、自分自身の立ち位置を見失い、狂気に陥ったヘルダリンの運命が暗示されているのかもしれません。「孤－独 Ein-same」は、孤独を意味する形容詞〈einsam〉の〈ein-〉の部分が「一」という意味なので、それを強調しているわけです。そうやって自分の居場所がなくなり、かえって不安定化することを、〈apolis〉と言っていたわけですね。

ナポレオン

第二の道

二五二頁以降、第二の道、詩節の順を追っての解釈が試みられています。

二五二〜二五六頁にかけて、第一節とその逆反覆節、つまり、最初から「鋤を引き回して」というところまでと、「軽やかに飛ぶ鳥の群れをも」から「むりにくびきにつないでしまう」まで、頁で言うと、二四一頁の最後から一行目と二行目の間の空白までが解説されています。第一節で、先ほど見た人間の不気味な暴力に加えて、海と陸の暴力が語られ、逆反覆節では、鳥、獣、魚とそれらを暴力で支配する人間が対置されています。

> 第一節とその逆反覆節とは、制圧的なものとして海と大地と動物とをあげ、これらを、暴力-行為的な者としての人間がその優勢な力によって発動せしめ、開明性へと突入せしめるということを歌っている。

暴力によって、海、大地、動物を「開明性 Offenbarkeit」、つまり「真理」の状態へともたらし、「存在」の中に位置付けるわけです。力のぶつかり合いの中で、自分の居場所から外れて、どこに通じるか分からない道を行く、最も暴力的な人間が他の力を圧倒して、「支配」を確立する。

> 第二節は、外的に入ると、海、大地、動物の記述から人間の特徴づけへと移っているように見える。だが第一節およびその逆反覆節において単に狭い意味での自然が言われているのではないのと同じように、第二節においても単に人間について言われているわけではない。
>
> むしろ、ここでいまあげられようとしているいろいろなもの、すなわち言葉、理解、気分、激情、建設などは、海、大地、動物などに劣らず制圧的な強力なものに属する。違いと言えばただ、海、大地、動物は人間を取り囲んで支配し、支え、人間を悩まし、鼓舞するのに対して、言葉、理解、気分などは、人間が人間という存在者である以上はどうしても引き受けねばならないものとして人間の中を貫いて支配しているという点にあるだけである。

「第二節」というのは、「語の響きと、／風のように早く理解するすべとに」以降の節です。ここは分かりやすいですね。人間に固有の力の行使の仕方が描かれているということですね。

> 人間の中を貫いて支配しているこのもの自身を、人間が直接自分の力の中へと取りこんで、そのようなものとして自分の力を人間が使用するからといって、この支配しているものが制圧的なものでなくなるということはない。ただそのことによって、人間を歴史的なものとして受け入れてつかさどっている言葉と

か激情とかの無気味さが隠蔽されてしまって、人間の方がこれらを意のままに左右するものであるかのように人間が思いこむだけである。言葉とか激情とかいうこれらの力の無気味さは、それらが一見近づきやすくありふれたもののように見えるという点にある。だが、この力が直接人間の意のままになるのは、それの不本質《ウンヴェーゼン》という姿においてであるにすぎないのであって、そのようにしてこの力は、人間を人間の本質から追い出し、人間を牛耳る。そのようにして、根本においては人間からは海や大地よりももっと遠く離れており、海や大地よりももっと制圧的なものであるこれらの力が、一見人間に最も近いものとなるに至るのである。

ここも分かりやすいですね。「言葉 Sprache」とか「激情 Leidenschaft」は、各人が自分でコントロールできるものではない、「無気味なもの」だということです。先ほどは、人間が最も〈deinon〉だと言っていたので、まるで人間が〈physis〉の暴力を自分のものにしたという話のように聞こえましたが、そうではなくて、最も無気味なものになり、居場所を失う人間は、「言葉」や「激情」に支配されるということですね。他人から習う「言葉」が、元々自分のものでないというのは分かりますね。前回見たように〈Leidenschaft〉の〈Leiden〉は、「受動」とか「苦しみ」という意味です。そういうことを考えなくても、「激情」が自分のものではないというのは分かりますね。「言葉」と「激情」が、他者だというのは精神分析の発想みたいですね。〈Unwesen〉は、「本質」という意味の〈Wesen〉を否定した形ですが、通常は、「まずい状態」とか「秩序を乱す行為」という意味です。ハイデガーは〈Wesen〉に、「現成 wesen」という動詞的なニュアンスを与えているので、人間によって所有され、飼いならされたかに見えた「無気味なもの」の「本質」が「現成」してくる、という感じなのでしょう。

人間がその固有の本質において、いかにはなはだしく居心地悪いものであるかということは、人間が自分で言葉や理解や建設や詩作を案出したのだ、また案出することができるのだと勝手に思いこんでいるということからも察せられる。

「自分で言葉や理解や建設や詩作を案出した」と思い込んでいるのなら、居心地よさそうなものですが、「居心地悪い uneinheimisch」というわけですね——ここでも〈-heim-〉系の言葉が使われています。恐らく、自分の支配下に入れたと思って自在に使おうとするので、うまく行かないで、苛立たされるということだと思います。

> 人間の中を貫いて支配しているこれらのものこそ、そもそも人間が人間であるための根拠をなしているのであって、これを人間がいつか案出するなどということがどうしてありえようか？　われわれが、詩人はこの歌の中で人間に建設や言葉を案出させているのだと思いこむとしたら、それは、この歌においては強力なもの（*deinon*）、無気味なものが言われているのだということを完全に忘れてしまっていることになる。*edidaxato* という語は、人間が案出したという意味ではなく、人間は自分で制圧的なものの中へと向かう道を見つけ出し、その中で初めて自分自身を見つけ出したという意味である。つまりそのように行為するものの力を見つけ出したと言うのである。「自分自身」とは、前のことから推して、船出し、堀り起こし、捕獲し、征服する者を同時に意味している。

「詩人はこの歌の中で人間に建設や言葉を案出させているのだと思いこむとしたら、それは、この歌においては強力なもの、無気味なものが言われているのだということを完全に忘れてしまっていることになる」という文が分かりにくいですが、これは、詩人が詩の中で、人間と言葉の関係をどう描いているかという話です。人間が、都市の「建設 Bauen」や、「言葉」による詩作や弁論などを自分だけの力で実行しているように描いているのか、という問いです。普通はそう読めるけど、ここには例の〈deinon〉が出てくる。〈deinon〉がハイデガーが言う意味で「無気味」なものだとすると、人間自身がやっているのではなくて、どうも力が人間の中に入り込んで動かしている、という風に描いていると見るのではないか、と言っているわけです。詩人（ソフォクレス）を主語にしているのは、詩人自身も、そういう叙述をしている詩人自身も、〈deinon〉な力に動かされているということを示唆しているのでしょう。

〈ἐδιδάξατο（edidaxato）〉は、「教える」という意味の動詞〈διδάσκω〉の中動相、つまり自分で自分に働きかけることを表現する態の、アオリストという過去の単純な出来事を表わす時制の形です。ただ、アオリストは普遍的な事実を表現する時にも使われます。これはその場合に相当するのでしょう。二四二頁の二行目の「人間は精通している」の「精通している」に相当します。訳ではその箇所に「自分自身 sich selbst」という言葉がないので、混乱しますが、ハイデガーの示したドイツ語訳では、「精通している」というところが、〈～ fand er sich〉となっていて、これは〈sich finden〉という再帰動詞の過去形になっています。この再帰動詞は、〈sich in A finden〉という形で、Aに慣れているとか習熟しているという意味ですが、〈finden〉という動詞自体は、英語の〈find〉と同じように「見つける」という意味なので、文字通りには、「その中で自分自身を見つけ出した」ということになるわけです。「案出した」の原語は、〈finden〉に、「外に向かって」という意味合いの〈er-〉という接頭辞を付けた〈erfinden〉で、これは通常は「発明する」「考案する」といった意味です。

ハイデガーはそれを踏まえた言葉遊びをしているのですが、それが日本語の訳と全然対応しておらず、訳注もないので、どの箇所についてコメントしているのか分かりにくくなっているわけです。じゃあドイツ語のレベルではすっきりしているかというと、〈selbst（自身）〉というドイツ語訳文にない語を補足的に付け加えていますし、〈ἐδιδάξατο〉が中動相で実質的に「自己自身」という意味合いを含んでいるということが前提になっているので、ギリシア語にそれほど強くない人が読んだら、何を言っているんだろうと面食らうことでしょう。まあ、一九三〇年代半ばにフライブルク大学でハイデガーの講義を聴講するような学生は、〈ἐδιδάξατο〉という音だけ聞いて、中動相のアオリストだと判断できるくらい、ギリシア語に精通していたというのが前提かもしれないですが。

とにかくハイデガーの言葉遊びの要は、何かを自分の頭で〈erfinden（案出）〉したのではなく、むしろ「～の中に～自己自身を見出した＝～に精通している」という話だ、と言っているわけです。自分で何かの装置を考案して、町や自然環境を支配するに至ったのではなく、それらの対象をうまく扱う道、〈deinon〉な力の頂点への途上にいる自己を見出す、ということです。これは『存在と時間』での、世界の中に投げ込まれている自己を見出して、そうした自己の実存を引き受け直すという図式に繋がっていますね——拙著『ハイデガー哲学入門』をご覧下さい。

言葉、理解、造形、建設などにおける力の使用が、周囲を支配している存在者に至る道を拓く暴力ー行為をともにー創造する（ともにー創造するとはいつも、出《しゅつ》ー来《らい》ーさせることを意味する）ということを把握して初めて、われわれはすべての暴力ー行為的なものの無気味さを理解する。というのは、人間はあの歌に歌われているように、到る所を駆けずり廻るが、外的な柵に突きあたってそれ以上進めないというような外的な意味で逃げ道がなくなるのではないからである。たとえ外的な柵に突きあたっても、人間はむしろそういう場合にこそますます遠く進むことができる。逃げ道がないということは、むしろ人間が絶えず自分で拓いた道へと投げ返され、自分の軌道の上で立ち往生し、自分が拓いたものにからみつかれ、この自縄自縛の状態で自分の世界の範囲内をさ迷い、仮象の中にまきこまれて、結局存在から締め出されるという点にある。こんなふうにして人間は自分だけの範囲内で多方向的にぐるぐる回る。人間はこの回転の円周に逆らうすべてのものの方向を変えてそらしてしまうことができる。人間は適材を適所にさし向けることができる。もともと暴力ー行為性が軌道を創造したのであるが、これが自分の中に多方向性という固有の無秩序を生み出す。

ごちゃごちゃしていますが、要点は分かりますね。人間は暴力的なものに一方的に支配されるだけというわけでもなく、暴力的なものの生成に関与し、それに精通するようになる。暴力行為に参与することで道を生み出すのだけれど、道をたくさん作りすぎ、自分が拓いた道を歩んでいるうちに、行く先を見失ってしまう、ということですね。何を基準にして見失ったというのかというと、恐らく人間は〈physis〉に秘められた最も強力な力と一体化し、それを使いこなすために道を作ったのに、そこから遠ざかってしまう、ということでしょう。それが、「仮象の中にまきこまれる im Schein verstrickt」とか「存在から締め出される sich so vom Sein... aussperrt」ということでしょう。

最後の節、「如才なく、すべての望み……」の三通りの解釈

二六一頁以降、最後の節、「如才なく、すべての望み……」で始まる節について解説されています。三通り

のことが述べられているということですね。

（一）力、強力なものの中で暴力－行為的な者の行為が動くのであるが、その力、強力なもの、それが暴力－行為的な者に任されている策謀 *to machanoen* の全領域である。「策謀」という語をわれわれは悪い意味に取らない。この語を使う場合、われわれは、ギリシア語の *technē* という語によってわれわれに告げ伝えられている或る本質的な事柄を念頭に置いているのである。*technē* は芸術でも熟練でもなく、ましてや近代的な意味での技術などを意味しない。われわれは *technē* を「知」と訳す。

〈technē〉は英語の〈technique〉やドイツ語の〈Technik〉の語源ですね。ハイデガーは、『技術への問い』で、近代的な意味での「技術」とは異なる、ギリシア的な〈technē〉について論じています。人間の最も〈deinon〉な性格に関係しているということですね。〈to machanoen〉は二四二頁の最後の行で、「力」と訳されている言葉です。ここもハイデガーのドイツ語訳の一貫性のなさと、日本語訳のまずさが合わさって、意味不明になっている箇所ですね。ギリシア語原文では、〈to machanoen technas〉となっていて、これがハイデガーの暫定ドイツ語訳で、〈das Gemache des Könnens〉となっていて、これが日本語訳の「すべての望みを叶え通す力」というところの、「叶え通す力」に相当します。〈Gemache〉は、辞書的には「部屋」とか「居場所」という意味のはずですが、グリム・ドイツ語辞典を見ると、「仕事」とか「制作物」「こしらえ物」という意味の〈Gemächt〉あるいは〈Gemächte〉の同義語として使われると述べられています。恐らく、これに近い意味で使っているのでしょう。〈Gemächt〉の元になっているのは、「作る」という意味の〈machen〉という動詞です。それを後になって、「策謀」と訳されている〈Machenschaft〉に置き換えているわけです。これも〈machen〉から派生した言葉ですね。いきなり、〈Machenschaft〉という新たな訳語を出してきて、ここでは普通のドイツ語のように、「悪だくみ」「策謀」という意味ではない、と言うわけですから、ネイティヴでも混乱しますね。多分、ハイデガーは〈to machanoen〉に、作為的に何かを作るとか、作為的に何かの状態をもたらす、○○にふさわしいものを作るといった、〈machen〉系の意味を読み込んで、そのニュアンスを出そうとしているのでしょう。〈machen〉の過去分詞形の〈gemacht〉は、〈für ～ gemacht〉という熟語の形で、「～に適した（作りになっている)」という意味になります。〈machanoen〉は、通常は、「利口な」「巧妙な」「器用な」「創意工夫に富む」といった意味です。ヘルダリンの訳では、「器用な」とか「熟練した」、あるいは「都合のいい」「適切な」という意味の形容詞〈geschikt〉――今の綴りでは〈geschickt〉です――を使って、〈das Geschikte〉という表現になっています。こっちの方が分かりやすそうですね。

ハイデガーが暫定訳で〈technē〉に対応させている〈Können〉は、英語の〈can〉に当たる助動詞〈können〉を名詞化したもので、「能力」とか「技能」という意味です。ヘルダリン訳では、「芸術」あるいは「技術」「技巧」「人為」という意味の、英語の〈art〉に当たる〈Kunst〉という言葉が使われています。従って、〈to machanoen technas〉は普通に訳すと、「技能の巧みさ」という意味になるでしょう。中務訳では、「工夫の才」、呉訳では、「方策の巧みさ」となっています。シェーンベルガー訳では、「如才なく、すべての望みを叶え通す力を持っているので」を一つにまとめて、〈Geschick zu kunstvoller Erfindung(技巧に富んだ発明に向いていて)〉という表現にしています。

ただハイデガーは、その〈technē〉を、いわゆる「技術」や「技巧」ではなくて、むしろ「知 Wissen」として解釈すべきだと言っているわけですね。

> 知とはこの場合、いままでは知られていなかったけれど眼の前に既にあるもの《フォアハンデネ》にすぎないようなもの、そんなものについての単なる確認の結果を意味するのではない。そういう知識はいつもただ知の付随物にすぎない。もっとも、それは知にとって不可欠な付随物ではあるのだが。知とは、真正な *techné* の意味においては、そのつどちょうど眼の前に既にあるものを超えて元初的に存続的に見越すということである。この超えてあるということが、眼の前に既にあるものに対して初めてそれの相対的な権利とそれの可能的な被規定性と、したがってまたそれの限界とを与えるようなもの、そういうものをいろいろな仕方で、いろいろな軌道上で、いろいろな領域内で、前もって作品《ヴェルク》へと置く。

「眼の前に既にあるもの das Vorhandene」というのは、恐らく『存在と時間』の「手元存在 Zuhandensein／

手前存在 Vorhandensein」の「手前存在」に対応しているのでしょう。ハイデガーは、従来の「主体／対象」を崩すために、「現存在 Dasein」である私たちは、ある事物を対象として認識する以前に、日常においてそれらを気にかけ、関わりを持っている、ということを強調します。「手元存在」の方が、はっきりと意識する以前に、既にそれが自分の身近に、というより自分の身体の一部であるかのように関わっている在り方です。下着とか靴とか腕時計、ドアのノブとか筆記用具、現代だったらＰＣとか携帯がそうかもしれません。「手前存在」は、ああここに○○が△△な状態であるなあ、という形で客観的に認識することです。同じものでも、何の気なしに「手元存在」として関わっていたのが、何かのきっかけで、それがうまく身体の動きにフィットしなくなって、改めてその存在を意識する時に、それが「手前存在」として現われてくる、という話です。普段は靴のことをほとんど気にかけないけれど、靴の紐がほどけたりすると、自分が靴を履いていることを意識する、という感じで。そうした気付きが、諸事物に気遣いながら生きている「現存在」としての自分の存在の仕方に気付くきっかけになる、という風に議論を進めていきます。

　ここで言われているのは、手前に存在している存在者を認識してそれで良しとせず、それを存続せしめている根拠やそれがどのように規定されているかを問うのが、〈technê〉だということですね。「前もって作品へ置く zuvor ins Werk...gibt」というのが、理解しにくいですが、「前もって」というのがポイントです。まだそれを自分の作品にする作業に着手していないけれど、潜在的にはその準備ができている、ということでしょう。そういう存在者の在り方を把握することが作品化することに繋がるわけですね。そう考えると、通常、「技術」と呼ばれているものとそんなに違わないですね。通常の意味での「技術」が、特定の結果をもたらすことに重点があるのに対して、ハイデガーの言う〈technê〉が、必ずしも結果を視野に入れないで、まずその存在者の存在の仕方を把握するところに重点があるところが違うわけです。

知とは存在をそのつどしかじかの存在者として作品－へと－置き－うるということである。本来の意味での芸術と芸術作品《ヴェルク》とをギリシア人が特に強調して、*technê* と呼ぶのは、芸術が存在すなわち自己においてそこに立っている現象を、最も直接的に一つの現存者（つまり作品）の中で立つことへともたらすからで

〈technē〉→　典型は「芸術」

ハイデガー：〈technē〉としての芸術は「存在 das Sein」＝「自己においてそこに立っている現象 das in sich dastehende Erscheinen」を、直接的に、「一つの現存者（つまり作品）の中で立つこと」へともたらす。

ある。芸術の作品《ヴェルク》が作品である第一の理由は、それが製作せられ《ヴィルケン》作られているからではなく、それが或る一つの存在者の中で存在を成ー就《エア・ヴィルケン》しているからである。成ー就するとはこの場合、作品へともたらすことであり、現象《エアシャイネン》するものとしてのこの作品の中で、そこを支配している発現、すなわち*physis*が、光る《シャイン》することへと到来するのである。

〈technē〉の典型は「芸術」だということですね。これは確かに、現代語の「技術」のイメージとは違いますね。ただ、「芸術」を意味するドイツ語の〈Kunst〉や英語の〈art〉には、「技法」という意味があるので、両者は無縁ではありません。ヘルダリンが、〈to machanoen technas〉の訳語として採用している〈das Geschikte der Kunst〉は、「芸術の巧みさ」と訳すこともできます。「芸術」が特別な〈technē（知）〉であることの説明としてハイデガーは、「存在 das Sein」＝「自己においてそこに立っている現象 das in sich dastehende Erscheinen」を、直接的に、「一つの現存者（つまり作品）の中で立つこと」へともたらすからだ、と言っているわけですね。これまで見てきたように、ハイデガーはギリシア人にとって、「存在」≒〈physis〉であり、その〈physis〉の重要な特徴として、「自己においてそこに立つ」こと、その際に、「仮象 Schein」を伴いながら「現われる erscheinen」ということを挙げています。そうした〈physis〉という運動を、具体的に感知し得る、一つの「作品 Werk」の形にもたらすのが、〈technē〉だというわけです。〈physis〉というのは、全ての存在者の現われに共通して見られる、極めて普遍的、言い換えれば、抽象的な作用なので、通常は漠然としか感じられないけれど、それを「作品」として表わすということです。芸術が、漠然とした一般的な運動を具象化する、という理屈は納得するかどうか別として、よく聞く話ですね。こうした〈physis〉それ自体を「作品」とするものとしての「芸術」について論じたのが、『芸術作品の起源』です。

細かいことですが、「一つの現存者（つまり作品）の中で立つことへともたらす」は、原文では、〈[in einem Anwesenden (im Werk)] zum Stehen ...bringt〉となっていて、「一つの現存者」の中でという部分が［ ］に入っています。前々回見たように、ハイデガーは「現存」または「現前」と訳される〈anwesen〉を、「生成（wesen）してきてそこに居合わせている」という意味合いで使っていて、〈physis〉の生成する側面と強く結び付けています。

ここでは更に、〈Werk〉と「製作する」と訳されている〈wirken〉及び、「成就する」という意味の〈erwirken〉の関係も指摘されていますね。〈wirken〉は自動詞なので、「製作する」と訳すのは不正確です。恐らく、〈Werk〉と〈wirken〉が語源的に繋がっているのでそう訳したのでしょうが、正確には、「作用する」「働く」と訳すべきでしょう。〈er-〉は既に何回か出てきましたが、「外に向かって」という意味合いの接頭辞です。この場合は、あるゴールに向かって作用し、それに到達するということでしょう。

因みに、「現実的に」という意味でよく使われるドイツ語〈wirklich〉も、同じ系統の言葉です。言葉の繋がりからすると、「現実 Wirklichkeit」とは、〈physis〉の中で作用していた、〈physis〉として生成していたものが、一つの形に定着し、「存在者」としてのステータスを得ることだと考えられます。「完成された現実性」と――日本語にすると、かなり違和感がある表現に――訳されている、アリストテレスの「エンテレケイア entelecheia」という概念は、字義通りには、「目的＝終わり telos」に到達した状態ということです。ここに「可能態 dynamis／現実態 energeia」の図式を持ち込むと、〈dynamis〉の状態にあったものが〈energeia〉として展開するのが〈wirken〉で、それを〈entelecheia〉にまでもたらすのが〈erwirken〉だということになるでしょう。ドイツ語の［wirken － Wirklichkeit］と、アリストテレスの自然学・形而上学がハイデガーの中でどう繋がっているかは、木田元さんが『ハイデガー『存在と時間』の構築』（二〇〇〇年、岩波現代文庫）で詳しく論じています。

「芸術作品」に話を戻すと、〈entelecheia〉へと向かっていく〈physis〉の作用（Wirkung）を、「作品 Werk」という形で現実（Wirklichkeit）化＝成就する（erwirken）のが、「芸術 technē」だということになるのでしょう。無論、人間の手が加わらなくても、動物や植物、自然現象は〈entelecheia〉へ至ると考えられますが、そうした個別の現象ではなく、〈physis〉それ自体の運動が現実化＝成就するには、人間の手が加わる必要が、つまり、人間が〈technē〉を駆使する必要がある、ハイデガーはそう見ているのでしょう。それを最も集約的に実行するのが、〈physis〉の運動を「作品」として具体化する「芸術」だということでしょう。私たちの知っている「技術」は、人間が生活上の便宜のために「自然」を利用するための手段ですが、〈technē〉としての「芸術」は、〈physis〉の運動が「光＝仮象」を伴って「現われる」ようにすべく、「作品」を提供する営みです。

　芸術は一つの特異な意味で、存在を作品の中で存在者として存立と現前とへともたらすゆえに、芸術は端的に作品―へと―置き―うること、つまり *technē* だと考えられてもかまわないことになるのである。作品―へと―置くとは、存在を存在者の中で開示して成―就することである。このような優れた、成就する開示と開けたままにしておくことと、これが知である。知の激情が問うということである。芸術は知であり、そしてそのゆえに *technē* である。芸術が *technē* であるのは、それを成し遂げるのに「技術的」な熟練や仕事《ヴェルク》の道具や仕事《ヴェルク》の材料が必要だからなのではない。

「作品―へと―置く das ins-Werk-Setzen」を一つの合成語にして強調していますね。まず、〈ins Werk setzen〉という熟語がドイツ語にあることを確認しておきましょう。「実行する」とか「作動させる」という意味で、日常会話で普通に使われますが、「作品」ということはあまり意識されません。ハイデガーは、これを名詞化することで、「作品化＝現実化」ということを強調したいのでしょう。あと、アリストテレスの〈energeia〉は、〈ergon〉の状態であること、英語で言うと〈at work〉、ドイツ語だと〈im Werk〉であるという意味の造語です。「エネルゲイア化」するという意味を込めているのでしょう。

　通常は、何かを作動、進行中の状態にすることと、作品として固定化することは対立するような感じがしますが、対立するわけではないということを、この「作品―へと―置くこと＝エネルゲイア」という言葉が示しているわけですね。無論、造語しただけでは何の証明にもなりません。そこで、芸術の性質である、「成就する開示と開けたままにしておくこと erwirkendes Eröffnen und Offenhalten」が重要になります。この場合の「開く」というのは、恐らく、〈physis〉の運動、仮象の輝きと共に現われて、一定の間存続して、支配力を発揮するという基本的性質が、「作品」を通して見えるようにする、ということでしょう。「眼の前に既にあるもの

〈手前に存在するもの〉」＝対象をじっと見ているだけでは、〈physis〉は見えてきません。変化生成や流動性を、決まった形を持った「作品」が示すというのはよく考えると矛盾していますね。たとえ、映画のように動きを記録する「作品」でも、映像は固定化されてしまいます。ハイデガーは、その一見矛盾したことを可能にするのが、〈technē（知）〉で、その典型が、芸術だと言いたいのでしょう。

> そうしてみると、なるほど *technē* は *deinon* すなわち暴力―行為的なものの特徴を、それの決定的な根本の動向において言い表わしている。というのは、暴力―行為的とは制―圧的なものに対して力を―使用すること、つまり知のはたらきにおいて戦うことによって、それ以前は閉ざされたままであった存在を存在者としての現象するものへともたらしおおせることだからである。

ここでまた「戦う Erkämpfen」という話が出てきましたね。「存在」＝〈physis〉は、通常、現存在にとって「閉ざされたまま」の状態にあるのだけど、その状態にある〈physis〉に対して、〈physis〉自体から人間に付与されている「力」を使って挑みかかり、〈physis〉の奥深くに潜む本来の力を強引に引き出して開放するのが、〈technē（知）〉だということですね。これは先ほどもお話ししたように、自然の力を利用した発明、機関車、自動車、飛行機、戦車、発電機などを念頭に置くと分かりやすいのですが、ハイデガーはそういう、いかにも「技術」的なものではなく、むしろ「芸術」を〈technē（知）〉の典型だと言いたいわけですね。芸術センスがあまりない凡人にはピンと来にくいのですが、理屈は分かりますね。物理的な技術が、〈physis〉の本質を暴力的に引き出す前に、「芸術」がそれをやってのけた、芸術が〈physis〉の本質を露わにしたからこそ、発明家たちが「自然」の隠された本当の力に関心を持つようになったのだ、と言いたいのでしょう。人間は通常、〈physis〉の運動全体、本質的な部分を見ていないし、見ることに耐えられないので、感覚の一部を閉ざしているけれど、詩人・芸術家は、自らの感性をほぼ全開し、全身・全力を懸けて、情熱＝受苦的に（leidenschaftlich）、〈physis〉を受け止め、その露わな姿を暴力的に作品へともたらす、ということでしょう。神々ならざる、生身の存在者である人間にとって〈physis〉の猛威を直接的に受け止めるのが大変で、〈physis〉の猛威を本当に全面的に直視すれば、感性が崩壊し、狂気に陥る、というのは、ヘルダリンの詩作のモチーフです――拙著

『危機の詩学』をご覧下さい。

最後の節に含まれている意味の（二）として、〈deinon〉と〈dikē〉という言葉について論じていきます。〈dikē〉は通常は、ラテン語の〈iustitia（正義）〉に対応すると考えられていますが、ハイデガーはその常識に異議を唱えます。

この *dikē* という語をわれわれは秩序《フーク》と訳す。この場合われわれはこの秩序をまず、接続《フーゲ》、結構《ゲフユーゲ》と解し、次に制圧的なものが自分の支配に対して与えている指令《フューグング》と解し、最後に、それにあてはまり、それに適うことを強要する指令的な《フューゲンデ》結構《ゲフユーゲ》と解する。

dikē を「正義」と訳して、この正義を法律的－道徳的に解すると、この語はその形而上学的根本内容を失ってしまう。*dikē* を規範と解する場合も同様である。制圧的なものは、その活動領域とその諸力との全域にわたって、それの力強さという点から言えば、まさに秩序なのである。存在すなわち *physis* は支配することとして、根源的な集約態すなわち *logos* であり、指令的な秩序すなわち *dikē* である。

〈Fug〉〈Fuge〉〈Gefüge〉〈Fügung〉と同系統の言葉を並べているのは分かりますね。〈Fug〉は、元々は「法」「正義」「管轄」のような意味のゲルマン語系の単語だったのですが、今では単独で使われることはほぼなくて、「法」「権利」「正義」「正しさ」などの意味を持つ〈Recht〉とセットで、〈mit Fug und Recht〉という熟語として使います。「当然に」という意味です。これに〈e〉を一つ足した〈Fuge〉は「つなぎ目」とか「接合」といった意味です。全然接点がなさそうですが、両者の元になったと思われる動詞〈fügen〉は、「接ぎ合わせる」とか「付け加える」「手配する」といった意味で、これの再帰動詞形〈sich fügen〉は、「従う」「順応する」「適合する」という意味です。〈Fug〉が「権利」とか「正義」といった意味を持っているのは、元の動詞が、うまい具合にあるべき（正しい）場所に収まらされるというような意味合いを持っていたからでしょう。各部をうまく接合して作り上げられた全体の構造が〈Gefüge〉で、〈Fügung〉は、第一義的には、「摂理」「天命」「定め」、それから〈fügen〉の本来の語義から来る「合致」「接合」「適合」あるいは「服従」「順応」という意味を持っています。ハイデガーは、〈physis〉に含まれる〈deinon〉な力が、個々の存在者を従わせている「摂

理」「定め」のような意味で、〈Fügung〉、あるいは現在分詞形で〈fügend〉と言っているのでしょう。

先ほどお話ししたように、〈Fug〉には「権利」とか「正義」「法」という意味が薄くなっていますが、これから派生した〈Befugnis〉は「資格」とか「権限」という意味の名詞で、〈befugt〉という過去分詞形は、「資格がある」という意味です。〈verfügen〉という動詞は、他動詞としては「定める」とか「規定する」という意味、自動詞としては、前置詞〈über〉とセットの〈über ~ verfügen〉という形で、「~を自由に使う（処理する）」という意味になります。形容詞の〈verfügbar〉あるいは熟語の〈zur Verfügung〉は英語の〈available〉の意味です。この系統の言葉は、ドイツ語でかなり幅広く使われているわけです。

では、ハイデガーはどうして比較的意味が限定されている〈Recht〉――それでも〈right〉と〈law〉と〈justice〉が分かれている英語からすると、結構意味の広い言葉ですが――ではなく、意味がこんなに広い〈Fug〉を〈dikē〉の訳語にしたのか。どこかに抽象的な正義の原理があるということではなく、また個々の人間や事物に権利があるというのでもなく、様々な事物が接合して出来上がっている複合的な秩序の中で相応しい場所を占め、自らに見合った役割を果たしていることとして、〈dikē〉を捉えたいのでしょう。〈physis〉は〈deinon〉な力によって諸事物に［Fug = dikē（定め）］を与え、それぞれに相応しい場所に定着させ、それぞれの場で支配的な力を発揮させる、そうした相応しい状態が［Fug = dikē（正義）］だということでしょう。〈deinon〉な力によって諸事物が相互に接合されていって、秩序立った全体的構造が生成するというのは、「集約態 Gesammelheit」としての「ロゴス」という話に繋がってきますね。「ロゴス」の場合、どうしても人間による言葉というイメージが強いですが、ここでは〈physis〉の〈deinon〉自体に、諸事物を接合して秩序付けする力がある、ということが示唆されている感じがしますね。［Fug = dikē（秩序）］を作り出す〈physis〉の力に適合していることが、正義であり、その事物の存在する権利＝資格だということでしょう。

だから制圧的なものとしての *deinon*（*dikē*）と暴力－行為的なものとしての *deinon*（*technē*）とは互いに対抗して立っている。もちろん、眼の前に既にある二つの物のようにではないが。この対抗はむしろ *technē* が *dikē* に向かって突入し、*dikē* の方もまた秩序《フーク》としてすべての *technē* を意のままに《フェアフューゲン》処理するという

――点に成立する。この交互の対抗はある。それがあるのは、最も無気味なもの、すなわち人間存在が生起し、人間が歴史として現成するかぎりにおいてのみである。

〈deinon〉が二つに分かれてしまったので、一瞬戸惑いますが、文脈から分かるように、〈deinon（dikē）〉の方が〈physis〉それ自体の働きで、〈deinon（technē）〉の方がそれを「知」によって操ろうとする人間の働きでしょう。このように対比するのであれば、確かに〈dikē〉を「正義」と理解すると辻褄が合わなくなりますね。様々な事物を適所に配置しようとする〈physis（自然）〉の摂理と、自分なりの用途に従って配置しようとする人間の知が対立するわけです。「制圧的なもの das Überwältigende」と「暴力－行為的なもの das Gewalt-tätige」は、いずれも先ほどお話しした［walten-Gewalt］系統の言葉ですが、前者は「超えて」という意味の接頭辞〈über-〉が付いていて、後者は「行為」を意味する〈Tat〉の形容詞〈tätig〉が付いています。つまり、ハイデガーがわざわざ「行為的な」の部分をハイフンで分離しているのは、これが人間の行為、業だということを強調しているためだということが分かりますね。「制圧的」の方も、特に先ほど出てきた「制－圧的 über-wältigend」のように、〈über-〉を強調する場合は、人知では測りがたい〈physis〉それ自体のことを念頭に置いているということが推測できますね。〈deinon〉が、〝自然〟と〝人間〟とに分かれて対抗関係、〈polemos〉の状態にあるわけですね。先ほどの説明でも出てきた〈verfügen（意のままに処理する）〉は通常は人間について使われる言葉ですが、それを敢えて、〈physis〉が意のままにするという皮肉な意味で使っているわけですね。

（三）*deinotaton* の根本の動向は二重の意味の *deinon* の交互関連にある。知る者は秩序のさ中へと進み入り、存在を存在者の中へと（「裂け目《リス》」をつくって）裂き《ライセン》取るが、しかもいつまでたっても制圧的ものを統御することができない。だから知る者は秩序と無－秩序との間を、賤民と貴人との間をあちこちと投げられる。強力なものを暴力行為的に制御するということは、いつも勝利か屈服かのいずれかである。両者は勝ち取った存在または敗れ去った存在という危険なものを、それぞれ違った仕方で土着的なものの外へと投げだし、そうして初めてそれぞれ違った仕方でそれを展開する。両者はそれぞれ違った仕方で破滅におびやかされている。

「裂け目 Riß」というのは、人間が「知」によって〝自然〟の力＝「制圧的なもの」を自分のために利用し、自分のための秩序を作り出すことによって生じる、「裂け目」です。「無－秩序 Un-fug」というのは、通常、「迷惑行為」とか「非行」という意味で使われる言葉です。〈Fug〉と違って、こちらは現代ドイツの日常語としてもよく使われます。ハイフンを入れて、そういう日常的な意味ではなくて、ここで言う〈Fug〉との対立するものであることを示しているわけですね。人間が、〝自然〟を「知」によってコントロールしようとしても挫折してしまう、というのは、まあ分かりますね。

「両者」というのは、「賤民 der Schlimme＝敗者」と「貴人 der Edle＝勝者」の双方ということです。〈physis〉の猛威を征服するにしろ、それに挑戦して敗れるにしろ、もはや〈physis〉によって自らに適する場所として与えられたところ、本来の居場所にはいられなくなるということですね。それが、「勝ち取った存在 das errungene Sein」（＝〝自然〟を従えた生き方）あるいは「敗れ去った存在 das verlorene Sein」（＝〝自然〟に敗れ、打ちひしがれた生き方）を、「土着的なものの外へと投げだす aus dem Heimischen heraus werfen」ということです。どっちにしても立場が不安定で、〈physis〉の猛威によって、深淵へと落ち込み、滅亡する恐れがある。

第三の道

ここまでが第二の道で、二六五頁の半ばから第三の道、つまり、これまでのこの詩の解釈を踏まえて、「人間」とは何かという議論にいよいよ入ります。まず、これまでの議論を踏まえて、「無気味なものの最も無気味なもの」が人間であり、その「無気味さ」が、先ほど見た〈technē〉と〈dikē〉のぶつかり合いから生じるわけですね。このぶつかり合いで勝っても負けても、危機に追い込まれるわけですね。しかし、そうなることには必然性がある。それが人間の定めです。「暴力－行為的な者」は自らの「没落」を通して、「制圧的なもの」を肯定する、ということが述べられていますね。

――製作せられた作品《ヴェルク》を粉砕することにおいて、つまりこの作品《ヴェルク》は一つの無－秩序《ウン・フーク》であり、前に述べたあの *sarma*（糞尿の堆積）であると知ることにおいて、暴力－行為的な者は制圧的なものをそれの秩序《フーク》のままに放置する。だが、すべてこれらのことは、創造者の魂が遍歴する「魂の体験」という形においてではなく、決して卑小な劣等感という形式においてでもなく、もっぱら作品―へと―置くという仕方そのものにおいてなされるのである。制圧的なもの、すなわち存在は、作品において自己を歴史として確証する。

「作品」が「無―秩序」で、「制圧的なもの」が「秩序」を生み出すものであることが、「作品」において明らかになる、ということですね。「秩序」を露わにするために、「無―秩序」なものとして「作品」を作るというのは、普通の人間には、「何て無駄なことを」、という感じがしますが、そういう不条理な欲望を抱く芸術家がいる、ということは理解できますね。ここで、「無―秩序」という言い方をしているのは、〈physis〉≒「制圧的なもの」の「秩序」に対抗するものを、〈technē〉によって作り出すので、〈physis〉から見ると、「無―秩序」だということでしょう。「作品」の中で〈physis〉の運動を描き出すことは、ある意味、〈physis〉を露わにし、「成就」させることになるのだけれど、別の面から見れば、自らの本性を隠そうとする〈physis〉に抗ってそれを暴露しようとする「作品」の存在自体が〈physis〉に反しているので、破滅へと運命付けられている、ということでしょう。こういう言い方をすると抽象的に聞こえますが、「存在」をどんなに生き生きと描き出す優れた芸術作品でも、完全に「存在」（≒〈physis〉）と一致するわけではないので、視点を変えれば、それ自体としてはただのガラクタと判明する、というのは芸術論としてよく聞く話でしょう。〈sarma〉という比喩は、前回、ヘラクレイトスの所で、〈logos〉の反対概念として出てきましたね。

そういう「無秩序」をわざわざ作り出そうとする、暴力―行為的な人、詩人、創造者についてコロスは最後の三行で、「こんなことをしでかす人が／わが家のかまどに親しむことがないように、／そんな者の妄想が知に混じりこまないように」、と嫌そうな感じを出していますね。コロスの世界観からすると、「最も無気味なもの」としての人間が、「無秩序＝作品」を作り出そうとするのは、ある意味不可避ですが、それを極限まで推し進められると、オイディプスが支配するテーバイの町がそうであるように、他人を巻き込んだ災厄をもたらすので、「わが家のかまどHerd」に招きたくないわけです。

こうした『アンティゴネ』のコロスの思想とパルメニデスの思想と関係付けられます。

「作品」:**「無－秩序」** → 「制圧的なもの」 → 「秩序」を生み出す。
↓
〈physis〉≒「制圧的なもの」の「秩序」。
⇅
〈technē〉が作り出すもの。

・「作品」の中で〈physis〉の運動を描き出すことは、ある意味、〈physis〉を露わにし、「成就」させる。
・自らの本性を隠そうとする〈physis〉に抗ってそれを暴露しようとする「作品」の存在自体が〈physis〉に反しているので、作品は破滅へと運命付けられている。

※「存在」をどんなに生き生きと描き出す優れた芸術作品でも、完全に「存在」（≒〈physis〉）と一致するわけではない → それ自体としては唯のガラクタと判明する。

そこでいまわれわれは主張する、パルメニデスが言っている *noein*（会得）と *einai*（存在）との相関性は、いま述べた *dikē* と *technē* の交互連関にほかならないと。このことがはっきりすれば、われわれの以前の主張、すなわちパルメニデスのこの言葉は何よりもまず人間存在の本質を限定しているのであって、何か或る他の観点から偶然人間について言及するに至ったのではないというあの主張は正しいことになる。

前回見たように、〈noein〉は、普通は「理性的に思考する」という意味だと考えられていますが、ハイデガーはそれを「会得 vernehmen」と訳し、自己を具体的な形態へと「集約」する〈physis〉の運動を受け止め、「存在 einai」として定着させる営み、人間が「存在＝集約態」の生成に関与し、ある役割を担うこととして捉えていました。それが先ほど見た、〈dikē〉と〈technē〉の相互作用に対応している、というわけです。

「存在」と〈dikē〉を関係付けていたソフォクレス以前の哲学者としてアナクシマンドロス（前六一〇頃－五四六）とヘラクレイトスの名前を挙げていますね。アナクシマンドロスは宇宙の秩序と、正義の女神（Dikē）を関係付けたとされています。ヘラクレイトスについては、断片八〇の「見失わないことが必要である。収集することとして現成する相互－抗－争と、対抗的なものとしての秩序《フーク》とを……」というフレーズが引用されていますね。「相互－抗－争」の原語が〈polemos〉、「収集」の原語が〈xynon〉。〈xynon〉は、〈logos〉の本質である「集約作用」に対応しているわけですね。「現成」の原語は、〈einai〉の現在分詞形の〈eon〉です。諸事物を力ずくで収集しながら〈存在〉を露わにする〈polemos〉の作用があり、それに対抗して、あるいはそれに伴って、「秩序dikē」が生じてくるわけです。

パルメニデス自身に関しては、「教説詩」の冒頭部（断片一）から、〈dikē〉と「存在」の関係が読み取れると述べていますね。確かにこの箇所では、人が歩んでいく道を守る「正義の女神Dikē」が登場します。ハイデガーは、存在者を「非隠蔽性（アレテイア）へと出‐来（her-vor-kommen）」させ、そのことによって〈dikē〉≒〈physis〉≒〈deinon〉≒「存在」それ自体を露わにする〈technē〉の働きを、集約されつつある〈physis〉の運動を引き受け、最終的に一つにまとめていく〈noein〉と関係付けたいようですね。無論、そうなると、これまでの流れからして、「暴力」とか「闘争」、そうした力に直面した時の危機に耐えるといったことも、〈noein〉に含まれてきます。

ロゴスにおける「会得」と「闘争」

二七四頁でそうしたことを踏まえて、これから三つのことを示すと宣言しています。

（一）会得とは単なる心理過程ではなく、決‐定《エント・シャイドゥング》である。

（二）会得は内的にロゴスと本質をともにしている。ロゴスは一つの苦境《ノート》である。

（三）ロゴスは言葉の本質の根拠をなす。ロゴスはそのようなものとして闘争であり、全体としての存在者のただ中における人間の歴史的現存在を根拠づける根拠である。

「闘争」とか「力」とかと「決定」が結び付くと、カール・シュミットっぽいですね。「決定」を意味する〈Entscheidung〉は、「切断」「分離」という意味の〈Scheidung〉に、「切り離して」とか「〜を乗り越えて」とかという意味の接頭辞〈ent-〉を付けた形です。ここでは、ある可能性を排除することが「会得」に含まれているということでしょう。何かを切り捨てるので、争いが生じる。

二七五頁からの（一）に関する説明では、「会得」というのは、「無に逆らい、存在に与する決‐定」、「仮象との相互抗争」が含まれている、ということですね。放っておくと、（〈physis〉に由来する）様々な仮象が入れ替わり立ち替わり現われて、すぐに消えていくところで、それに抵抗して事物を「現われ」させ、「存在」

としてのステータスを付与する。それが〈physis〉を脱隠蔽化することになるわけです。そのために、〈physis〉の運動に逆らう「暴力－行為」が必要になるわけです。

（二）に関しては、〈logos〉が元々〈legein〉の名詞形であり、「集約する」という意味があることを復習したうえで、〈noein〉にもその意味があるということが主張されています。そして、「集約」することは、「非隠蔽」性に繋がるということが述べられていますね。これは分かりますね。一つに「集約」して、具体的な形を与えて「現われ」させるわけですから、何が〝ある〟のか分からない「隠蔽」状態を打破することになるでしょう。二七九頁を見ると、〈logos〉の「露呈」し、「開明」する性格について述べられています。前回、〈physis〉、あるいはその動詞形である〈phyein（輝く、育つ）〉が、「ひらめき輝く」「自己を示す」「現象する」という意味の動詞〈phainesthai〉と関係あると論じられていましたが、ここでは、ヘラクレイトス及びプラトンにおいて〈logos〉に「開明 dēloun = Offenbarmachen」という意味合いがあり、アリストテレスにおいて、〈legein〉とは〈apophainesthai〉、「自己を－示すこと－へと－もたらす zum-sich-zeigen-bringen」でもあることが指摘されています。〈-sthai〉というのは、中動態の不定詞の語尾で、〈apo-〉は運動の出発点を示す接頭辞です。これで、［logos － alethēia － physis － noein － idea］が繋がるわけです。〈idea〉は、「見ること」「見方」という意味なので、当然、〈alethēia〉や〈phyein〉と関係しています。

〈logos〉がこのように「開明する集約 die offenbarmachende Sammlung」（dēloun ＋ legein）だということを前提にすると、どうして〈logos〉が「言葉の本質」を規定するのか分かる、と言います。逆に言うと、「開明する集約」が言葉の本質だからこそ、〈legein（集約する）〉の名詞形が、「話、語り Rede」という意味で使われるようになったわけです。

人間存在とはその歴史的本質、歴史《ゲシヒテ》を開示する本質からすればロゴスであり、存在者の存在を集約すること、会得することである。つまりそれは、あの最も無気味なものが出来事《ゲシエーニス》となることであって、この出来事の中で制圧的なものが暴力－行為性を介して現象へと到来し、存立へともたらされるのである。

「ロゴス」による「集約」の働きによって、〈physis〉の無気味（deinon）な力が「出来事 Geschehnis」とし

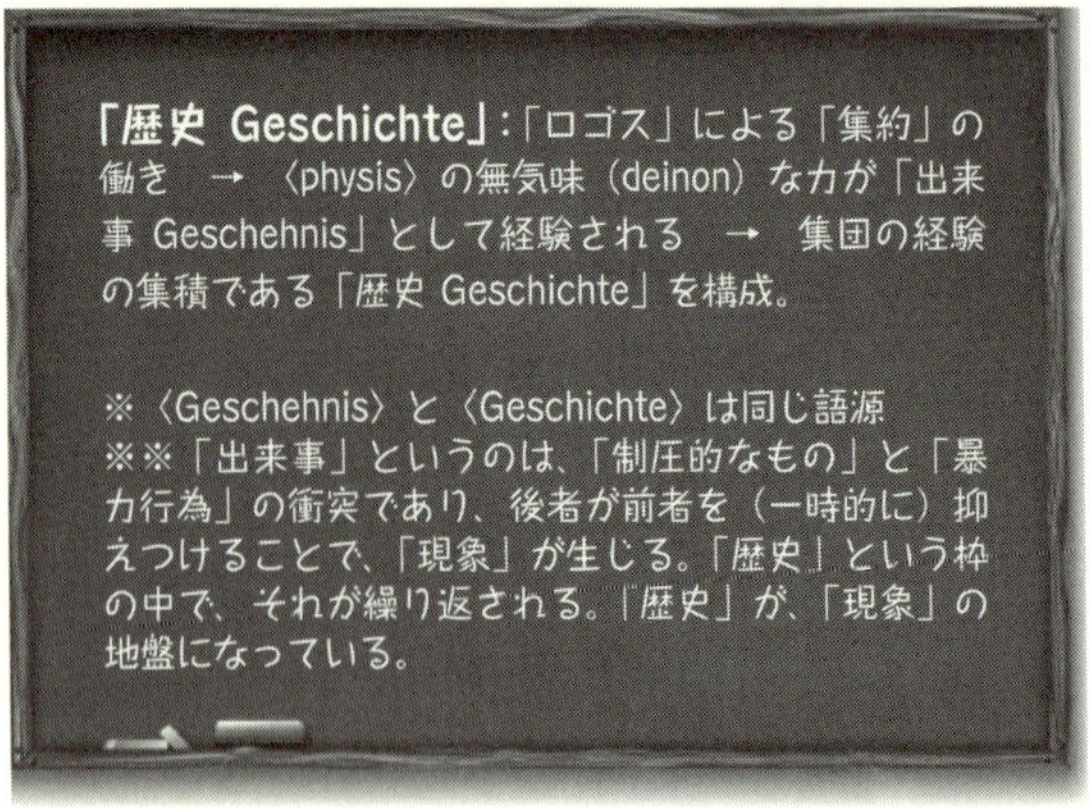
「歴史 Geschichte」:「ロゴス」による「集約」の働き → 〈physis〉の無気味（deinon）な力が「出来事 Geschehnis」として経験される → 集団の経験の集積である「歴史 Geschichte」を構成。
※〈Geschehnis〉と〈Geschichte〉は同じ語源
※※「出来事」というのは、「制圧的なもの」と「暴力行為」の衝突であり、後者が前者を（一時的に）抑えつけることで、「現象」が生じる。「歴史」という枠の中で、それが繰り返される。「歴史」が、「現象」の地盤になっている。

て経験され、それが更に、集団の経験の集積である「歴史 Geschichte」を構成するということでしょう。〈Geschehnis〉と〈Geschichte〉は同じ語源です。「出来事」というのは、「制圧的なもの」と「暴力行為」の衝突であり、後者が前者を（一時的に）抑えつけることで、「現象」が生じるということのようです。「歴史」という枠の中で、それが繰り返されるわけです。「歴史」が、「現象」の地盤になっているということでしょう。

語すなわち呼称が、自己を開示する存在者を、直接的、制圧的な殺到からそれの存在へと取り返し、それを語という形での開け、限定、存続性の中で保護する。この呼称ということが、何か他の仕方で既に前もって開明されている一つの存在者に後から語という標識と記号とを供給するのではなく、逆に語が存在の開示としてのそれの根源的な暴力‐行為の高みから単なる記号へと下落し、しかもこの記号自身がしまいには存在者の前へひそかに押し出るようなことになるのである。根源的な言の中では、存在者の存在はそれの集約態の結構という形で開示される。この開示は第二の意味で集約されている。つまり語が根源的に集約されたものを保護し、かくして、支配する《ヴァルテン》ものすなわち *physis* を管理する《フェアヴァルテン》という意味で。人間はロゴスの中で、集約の中で、立つ者であり、行為する者であり、つまり集約者である。人間は制圧的なものの支配を管理することを引き受けて、それを成し遂げる。

「語 das Wort」すなわち「呼称 das Nennen」が、存在者を開けへともたらし、規定し、存続させるわけです。「直接的、制圧的なもの」が、一度現われた存在者を破壊して、もう一度仮象の大海の中に引き戻そうとするのを、「語」が引き止めるわけです。というより、「語」を付与することこそが、最も無気味なものとしての人間の根源的な「暴力‐行為」の行使であり、それが諸事象を集約して、存在するものとして開示することにな

るわけです。こういう言い方をすると、抽象的でピンと来ないかもしれませんが、物に名前を与えることはそれを分類し、特徴付けることを含意しており、それが更に、その事物を自然の法則に従って性格付け、支配、利用するようになる第一歩だという言い方をすれば、もう少しピンと来やすくなるでしょう。『聖書』の冒頭で、神から地上の支配権を与えられたアダムは、「すべての家畜と空の鳥と野のすべての獣」に名を付けています。

ただし、「語」の集約し、開示する力は形骸化してしまい、単に対象を形だけ表示するものに堕していく。これは分かりますね。第二の意味での「集約」というのが気になりますが、恐らく、最初にその事物、事象を「語」によって現われへともたらす「集約」と、その事物を支配・管理すべく、「語」と対応した状態を保つ、次の段階の「集約」があるということでしょう。この二段階の「ロゴス」による「集約」によって、人間はそれらの存在者の総体としての"physis"＝「制圧的なもの」を管理するわけです。無論、それは〈physis〉それ自体ではないので、いつか乖離が起こるわけです。

しかしわれわれは知っている。この暴力行為性は最も無気味なものであるということを。この *tolma* すなわち冒険のゆえに、人間は必然的に悪い者にも勇敢な者にも高貴な者にもなるのである。言葉が、力を使用する集約として、制圧的なものの制御として、またそれの保護として語るところ、そこには、そしてそこにのみ必然的に放縦と敗北ともまたあるのである。言葉が、出来事としてあるかと思えば、また同時にいつも雑談でもあり、言葉が存在の開示である代わりに存在の被覆でもあり、結構と秩序へ集約することである代わりに無秩序への散乱でもあるのは、そのためである。ロゴスは、決しておのずから言葉になるのではない。*legein* は必要なのである。

ここは先ほどの話を要約したうえで、人間の役割を強調しているわけですね。「語」に結集する力によって、〈physis〉＝「制圧的なもの」を管理する冒険に乗り出す以上、失敗のリスクはあるし、その時は成功したつもりでも、実は無秩序を生み出した、「糞尿を堆積した」だけなのかもしれませんし、〈physis〉＝「存在」へのアクセスを閉ざしてしまっただけかもしれません。「語」によって、諸事物・事象を固定化するわけですから。いずれにしも、「語」が事物に自動的に割り当てられるわけではないので、人間がある程度自発性を持って〈legein〉する必要があるわけです。「雑談 Gerede」というのは、『存在と時間』でも出てくる用語で、自分自身の「存在」について自覚せず、何の特性も示さず、周囲の人たちに何となく同調している「ヒト das Man」の発する表面的な言葉とされています――〈das Man〉というのは、ドイツ語の一般人称〈man〉を中性名詞化した造語です。〈physis〉を制圧し、事物を固定できるような「語」を発することができることなど滅多になく、実際にはほとんどの言葉は「雑談」に出しているわけです。

（三）について。言葉の本質としての〈logos（集約作用）〉は「闘争」的性格を持っており、その「闘争」性によって人間の歴史的現存在が規定されているということですね。再びパルメニデスからの引用があります。まず、これまでの議論から、「会得」とは、「存在態」へと向かっての「集約」であるということを確認します。そのうえで、仮象の道をいくら歩んでも、存在者の外観しか見つからないので、「存在態の存在 das Sein des Seiend」を〈legein〉かつ〈noein〉することへと常に自己を引き戻さねばならない、と示唆するパルメニデスの教説詩の断片七が引用されています。言わんとしていることは分かりますね。存在者を捉えようとしても、そのための「語」がズレてしまって、「仮象」しか手元に残らないので、そのことに留意して、常に「存在」それ自体、〈aletheia〉に関心を持つようにしないといけない。

「そして、まことにずるい習慣がお前をこの道の方向へと無理に引きずっていき、
お前が何も‐見ないでただ口を開けていたり、騒がしい中で聞こうとしたり、
あるいは口達者に巻き込まれたりして、自分を失ってしまうようなことがあってはならない。
差別しつつ決定せよ、一つのことに集中して、
私がいま与える複雑な闘争の指示を
お前の前に置きながら」。

惰性という意味合いの「習慣」や、「ヒト」の影響のおかげで、「仮象」に翻弄され、言葉が上滑りし、「語」と「存在態」の間に乖離が生じてしまう。そうならないようにするには、集中力を高め、自分の視点をしっか

り決定しないといけないということですね。

> *logos* はここで *krinein* 差別することと密接につながっている。差別《シャイデン》するとは、存在という集約態への集約を成し遂げることによって決ー定《エント・シャイデン》することである。選り抜きつつ、「拾い集める《レーゼン》こと」が存在を追うことと仮象を避けることとを根拠づけて、それを支える。*krinein* の意味の中には、選り抜く《アウスレーゼン》、引き立てる、等級決定の尺度などの意味が含まれている。

〈krinein〉は、「選別する」とか「判断する」「決定する」という意味の動詞で、その名詞形の〈krisis〉は、英語の〈crisis（危機）〉の語源になりました。断片七の「差別しつつ決定（する）scheidend entscheiden」というハイデガーの訳に対応するのが、この〈krinein〉という動詞です。ハイデガーは、〈krinein〉から先ほども出てきた「決・定する」という意味と、〈logos〉に繋がる、「拾い集める auslesen」という意味の双方を読み取っているわけです。そして、「一つのことに集中して in dem du in eins gesammelt vor dich hinstellst ～」――文字通りに日本語訳すると、「～を一つに集約した形で、お前の前に立てて」――と長めになっているところは、原文では〈λόγῳ (logō)〉という〈logos〉の与格形が使われています。与格というのは、理由、手段、やり方などを示す格で、英語だと〈for〉とか〈of〉〈to〉等で表現するところです。〈logos〉によって、とか、〈logos〉において、という意味です。あと、「闘争 Widerstreit」という言葉が使われていますが、文脈からしてこれは「論争」のことですね。原文では、「大いに紛糾する反論」という意味の〈poludērin elenchos〉という言葉が使われています。

要は、〈logos〉は、自らの論理に従って、存在者の在り方について取捨選択の決定をする、何かを排除するということです。そういう「決定」と、「集約」は、「存在態」を作り出すうえで表裏一体の関係にあるわけです。

ここで、（一）（二）（三）を総括して、ハイデガーから見た〈logos〉の特徴がまとめられています。

〈physis〉 姿を現わしたかと思うと、すぐに自己を仮象で覆い隠してしまう。

⇅

人間による「集約」としての〈logos〉

仮象の間に見出した「存在者」を脱隠蔽化し、その現われを「作品」化し、自らの管理下で保護する。〈logos〉は存在者を人為的に暴露し続けるので、それを破壊しようとする〈physis〉≒「圧倒的なもの」の脅威に晒される。→〈logos〉は「苦境」にある。

※ただ、〈physis〉によって「集約」へと強制されているという面もある。
※※〈logos〉による「集約」は、〈physis〉に強制された"集約"でありながら、それを成就し、維持しようとすると、〈physis〉と対立することになる。

〈logos〉と〈physis〉

ロゴスは一つの苦境《ノート》であり、能弁と散乱とを避けるためにはみずから力を必要とする。ロゴスは *legein* としては *physis* に対立している。この相互分離において、集約の出来事としてのロゴスは、人間存在を根拠づける根拠になる。だからこそわれわれは、パルメニデスの言葉においては何よりもまず人間の本質の決定的規定が成し遂げられているのだと言うことができたのである。人間存在とは集約、すなわち存在者の存在を集めて会得することであり、知るはたらきによって現象を作品ーへとー置くことを引き受け、そうして非隠蔽性を管理し、それを隠蔽性と被覆とに対して保護することである。

ポイントは〈physis〉と、人間による「集約」としての〈logos〉の対立です。姿を現わしたかと思うと、すぐに自己を仮象で覆い隠してしまう〈physis〉の動向に抗して、仮象の間に見出した「存在者」を脱隠蔽化し、その現われを「作品」化し、自らの管理下で保護するわけです。〈logos〉は存在者を人為的に暴露し続けるので、それを破壊しようとする〈physis〉≒「圧倒的なもの」の脅威に晒されます。だから〈logos〉は「苦境」にあるわけです。ただ、〈Not〉というドイツ語には、「必要」という意味もあるので、〈physis〉によって「集約」へと強制されているという面もあるのだと思います。〈logos〉の〈physis〉に対する関係は、〈physis〉に強制された集約でありながら、それを成就し、維持しようとすると、〈physis〉と対立することになる、という両面性があるのでしょう。科学・技術や、芸術にそういう両面性があるというのは、それほど難しい話ではないでしょう。

ソフォクレスの『オイディプス王』で、主人公のエディプスは、〈physis〉に導かれるようにしてスフィンクスの謎を解き、王として一つのポリスを支配するようになったけれど、災厄からポリスを救うべく、前王の死に関する「真理（アレテイア）」を追求しているうちに、自分自身の出生と婚姻をめぐる「真理」をも暴いてしまい、それによって自滅していきます。エディプスはロゴスの解明力によって〈physis〉を超えようとしたけど、自分の言葉の力によって自滅してしまった。この辺のことは、フーコー（一九二六－八四）がコレージュ・ド・フランスで行った「〈知への意志〉講義」（一九七〇－七一）で詳しく論じられています――筑摩から邦訳が出ている「フーコー講義集成」の第一巻として刊行されています。

こうした対立関係が、『存在と時間』で描かれた、「存在」と「現存在」の関係に含意されていたということですね。ということは、「現存在」は、「存在」≒〈physis〉に翻弄されるだけでなく、〈logos〉によって、「存在」の暗がりから「存在者」の「真理」を奪い取る闘いをしていることになります。ただ、『存在と時間』ではまだ「真理」をめぐる「闘い」という側面は強調されていません。

パルメニデスにおいて、人間存在の本質は元初的に開示されたけれど、この開示は偉大な元初として保護されなかった、と述べられていますね。〈logos〉の意味が見失われてしまったわけです。〈logos〉の歴史の原初においては、［physis ＝ logos］が人間に対して集約を強要し、人間を支配し続けるということが理解されていたけれど、歴史の中でその関係が逆転し、動物としての人間が〈logos〉を所有するという図式になってしまった、ということです。「ロゴスと人間存在との連関の形跡は残っているけれども、ロゴスは既に久しく外面的なものにされてしまって、悟性と理性との能力とされている」。この場合の外面的というのは、動物としての人間の能力、動物として元々持っている知覚能力の延長線上に位置付けられる、ということでしょう。

二八六～二八七頁にかけて、これまでのキリスト教の影響を受けた西欧の哲学では、［noein － logos］は、理性的な動物としての人間の能力と解されてきたので、ここで自分が示したような解釈は、ハイデガー流の勝手な解釈と思われるだろうが、そういう常識に対して挑戦しているのだということが述べられていますね。

二八九～二九〇頁にかけて、そうやって「存在」に翻弄され続け、最後は生成する「存在」（≒ physis）に

ショーペンハウアー

翻弄される「現存在」をギリシア人は悲観的に見ていたのか楽観的に見ていたのか、という問いに関して、そういう二項対立的な発想はギリシア人とは無縁である、ということが述べられていますね。ショーペンハウアー（一七八八－一八六〇）の『意志と表象としての世界』（一八一九）の中の、「人生とは費用がかかるわりに割に合わぬ事業である」という一節を引いて、近代においては人生は一つの事業＝ビジネス（ein Geschäft）として見られるようになり、ビジネスの損得のように生の価値が評価されるようになった、ということですね。悲観／楽観というのは、そうした損得の見方であって、ギリシア人は、人生（現存在）を独立勘定のビジネスと見ておらず、存在との常に緊張を孕んだ関係にあるものと見ていたということでしょう。

先ほどは、パルメニデスの目から見た〈physis〉と〈logos〉の関係が確認されたわけですが、二九三頁で、プラトンやアリストテレスにあってはどうだったのか（一）、その変容はいかにして起こったのか（二）、という問いが新たに立てられています。（一）に関しては、「存在（physis）」を表わす言葉として〈idea〉と〈eidos〉が使われるようになったということですね。これらから、中世スコラ哲学やヘーゲルでおなじみの「理念 Idee」という概念も出てきたわけですね。

idea という語は、見えるものにおける見られたもの、すなわち或るものが提示している有様《アンブリック》を意味する。提示されるものはそのつどの相、すなわちわれわれに出会うものの *eidos* である。或る物の相《アウスゼーエン》とは、その中でそのものがわれわれに対して自己を、いわば提供し《プレゼンティーレン》、自己を前に－置き《フォア・シュテレン》、そのようなものとしてわれわれの前に立っているようなもの、その中で、またそのようなものとして或るものが現－存し、つまりギリシア的意味においてあるようなそんなものである。このように立つ《シュテーエン》ということが、おのずから発現したものの、つまり *physis* の存続《シュテンディヒ》性である。

ステレオタイプなプラトン理解を何となく学んだ私たちは、〈idea〉と聞くと、現実を遠く離れた理想の世界にある抽象的な理念・理想という風に考えがちですが、本来の意味は生成する〈physis〉が、我々に見せる

一つの側面、「見え方」「外見」だったわけです。〈eidos〉もそうです。つまり両者とも、〈physis〉が私たちに見せる顔であり、その意味で、〈physis〉だと言えるわけですが、あくまで一つの「側面」であって、全体ではないという点がミソです。

このくだりでは、「立つ stehen」あるいは「立てる stellen」系の言葉も強調して言葉遊び的に使われていますね。文字通りだと、「前に置く（立てる）」という意味の〈vorstellen〉は「表象する」「現前化する」という意味です。「存続性」の原語は〈Ständigkeit〉で、文字通りには、「立っている ständig」状態にある、ということです。恒常的にそこにあるわけですね。この場合の「立つ」というのは、自立している、それ独自の法則に従って、「あり続けている」ということでしょう。

ただ、「あり続けている」ように見えるのは、その存在者が現存在である私たちに見せてくれる一つの側面にすぎません。表面的に同じであるように見えるだけで、内側では徐々に変化しているかもしれません。地面の下で地殻変動が起こっていることを念頭に置いてもいいかもしれません。あるいは、言葉を間に入れて、「山田さん」という名の人が、いつの間にか私がその名の下にイメージしているキャラから大きく隔たっているというような例で考えてもいいかもしれません。〈physis〉は生成しているのに、私たちはその「外見」「仮象」を所有しただけで、全部分かった気になってしまう。

——つまりそれは、人間に会ー得《フエア・ネーメン》され、取《ネー》られて《メン》おり、それは一つの引き受け《ヒンネーメン》が所有しているものであり、それの所有物であり、人間が処理することのできる現存するものの現存、つまり *ousia* である。

前々回お話ししたように、日本の哲学用語で「実体」と訳される〈ousia〉は元々、「所有物」という意味でした。つまり、「実体」は、人間がつかまえることのできる〈physis〉のある側面にすぎないわけですが、人間はそれをその存在者の存在そのものと思い込んでしまうわけです。

ハイデガーは、人間が存在者の一つの「相」としての「イデア」しか捉えられないことに、「後世の *existentia* と *essentia* の区別の根源が潜んでいる」と言っていますね。〈existentia〉は「事実存在」、〈essentia〉は「本質存在」と訳されます。簡単に言うと、前者が、具体的な実体として現にこの世界にあること、実在することで、後者は、概念としてどこかに、恐らく神の無限の意識とか、イデアの世界にあるということです。キリスト教神学だと、当然、「本質存在」の方が重要だという話になります。ハイデガーによると、「非隠蔽性」から出で立っているという「相」と、それが特定の「何か」として存立するようになるという「相」とがあり、前者が〈existentia〉、後者が〈essentia〉になったわけですね。もっと砕いた言い方をすると、とにかく何かが出てきたと出来事として感知するレベルがあり、その次に、〈logos〉によって、人間にとって所有できる部分を「実体」として捉える。

このように考えると、〈physis〉と〈idea〉は不可分の関係にあるのだから、「存在」を〈idea〉と捉えるのはそれほど間違ったことではないのではないか、という気もしてきますね。二九六頁以降、その問題についてやや掘り下げて論じられています。二九八頁で、現象は、「自己を－立つこと－へと－もたらすこと Sich-zum-Stand-bringen」というレベルと、その皮相面、あるいは表面を呈示するというレベルと二重になっていることが指摘されています。第一のレベルで新たな空間が開かれるけど、第二のレベルはそうではない。存在者が自らの周囲に形成されたその空間から外に張り出して、人間に対して自己を示しているにすぎない。第二のレベルは第一のレベルの結果にすぎない。なのに、第二のレベルこそが、「本質」そのものと考えるとすれば、それは転倒です。プラトンは、外的な「相 idea」を存在の本質に祭り上げただけでなく、「理念＝イデア」を、眼の前の事物から遠く離れたところに抽象的に存在するもの、その事物を構成するモデル、というような意味で使うようになりました。そうやって「理念」が分離した結果、「現われ」の意味も変質します。

> 現象は、もはや *physis* ではなく、発現する支配ではなく、また相が自己を示すことでもなくて、模像が浮かび出ることである。模像はそれの原型には決して達しえないのだから、現象するものは単なる現象にすぎず、本来一つの仮象であり、つまりいまや一つの欠如である。ここで *on* と *phainomenon* とが相互に分離する。ところがこのことから、さらに本質的な結果が生まれてくる。本来的に存在するものは *idea* であり、*idea* は典型であるのだから、存在者の開示はすべてこの原型と等しくなるように、典型に自己を等しくするように、理念《イデー》の方へ向《リヒテン》くように努めねばならない。*physis* の真理、すなわち発現する支配の中で

現成する非隠蔽性としての *alētheia* は、いまや *homoiōsis*（類似）と *mimēsis*（模倣）、等しくすること、……——の方へ向く《リヒテン》ことになり、つまり見ることの正当性《リヒティヒカイト》、表象《フォアシュテレン》としての会得の正当性になる。

いきなり読むと分かりにくいかもしれませんが、今まで見てきたことを前提にすると、言っていることは比較的クリアですね。恐らくハイデガーがこの講義全体を通して最も言いたいことでしょう。〈physis〉の最も重要な特徴である、非隠蔽性を突き破って最初に光の中に出てくる、〈phainomenon ＝ Erscheinung（現象＝現われ）〉が、単に普遍的な「理念」（＝「本質」）を模写したもの、派生的な偽物、「仮象 Schein」になり下がってしまいます。

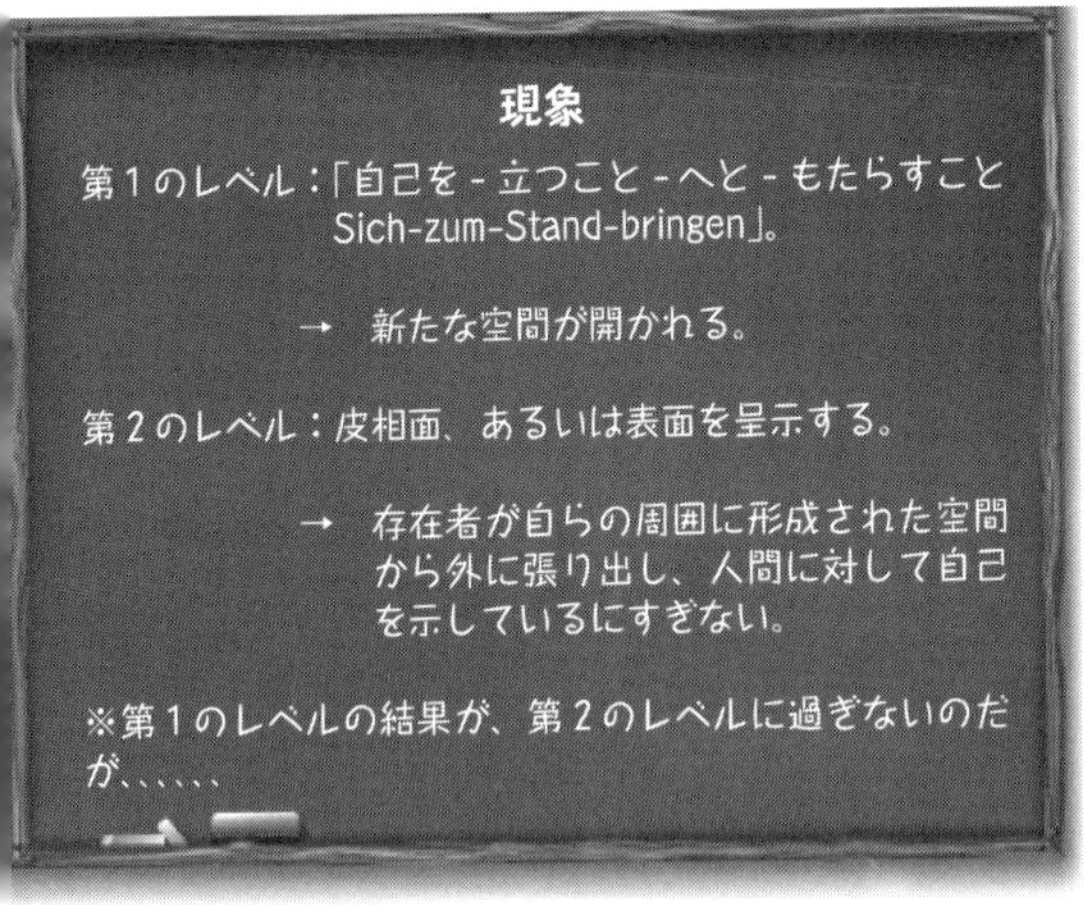

現象
第１のレベル：「自己を－立つこと－へと－もたらすこと Sich-zum-Stand-bringen」。
→ 新たな空間が開かれる。
第２のレベル：皮相面、あるいは表面を呈示する。
→ 存在者が自らの周囲に形成された空間から外に張り出し、人間に対して自己を示しているにすぎない。
※第１のレベルの結果が、第２のレベルに過ぎないのだが、……

元来、「現われ」があってこその「非隠蔽性 alētheia」だったはずですが、むしろ、単なる「現われ」は、「正しさ（正当性）Richtigkeit」という意味での「真理 alētheia」を明らかにすることを妨害するものになってしまった。「真理」の意味が、「非隠蔽性」から「正しさ」に変わってしまったわけですね。この場合の「正しさ」というのは、存在者（事物）が、その理念的な本質に合致することです。「鳥」という普遍的な「理念」があって、眼の前にいるAという生き物が、「鳥」の「理念」に適合していたら、「Aは鳥である」という命題が正しい、真理である、というように。つまり、命題が真理であるかどうかはアプリオリに決まっていることになります。これは、〈physis〉の総体に含まれ、隠されていた〝何か〟が、自己を次第に表わし、人間に見える「相」が固定するようになる、そういう非隠蔽化のプロセス全体を指す、ハイデガーがヘラクレイトスやパルメニデスから読み取った〈alētheia〉観とは全然違いますね。

ハイデガーは、論文「真理についてのプラトンの教説」（一九四〇）、その元になった講義「真理の本質について——プラトンの洞窟の比喩と『テアイテトス』」（一九三一／三二）などで、プラトンの洞窟の比喩の記述の分析を通して、この変質が起こった瞬間を明らかにしようとしています――やはり「真理の本質について」というタイトルで、プラトンへの言及抜きで概念上の問題だけ論じた講義が、一九三〇年に行われ、四三年に公刊されています。『国家』に出てくる「洞窟の比喩」というのは、イデアの光の届かない洞窟に鎖で繋がれて向きを固定されているため、事物それ自体を見ることができない囚人は、洞窟の壁に映る影（仮象）を、事物それ自体と思い込んでいる、という話ですね。先ほどの箇所でハイデガーは「正しさ」を意味するドイツ語〈Richtigkeit〉が、「向く」「向ける」という意味の〈richten〉と関係していることを示唆しています。実際、「正しい」という意味の形容詞〈richtig〉は、元々、「まっすぐ」「正しい向きの」という意味です。これは比喩の中で、解放された囚人が、洞窟に繋がれていた同胞たちがイデアの光を見られるよう向きを変えてやろうとする、という話と関係しています。「真理についてのプラトンの教説」でも、このことが示唆されています。

その「真理＝正しさ」を判定するのはロゴス（論理）です。三〇三頁の終わりから三〇四頁にかけての箇所をご覧下さい。

> 真理はロゴスの正当性《リヒティヒカイト》になる。このことによってロゴスはもともと非隠蔽性の出来事の中に守蔵されていたのに、そこから離脱し、しかしいまではロゴスを出発点とし、ロゴスに照らして、真理に関し、また存在者に関して決定がなされるようなことになってしまった。しかも単に存在者に関してのみならず、そのうえ、まずもって存在に関して決定がなされるのである。

「ロゴス（論理）」が絶対不動の真理の基準になり、現われに伴う運動的な性質は消失してしまったわけです。「ロゴス」は、私たちの「言表 Ausasage ＝ katēgorein」をその根底において基礎付けるものとして性格付けられることになります――〈katēgorein〉の原義は、（公的な場での）糾弾、指示、肯定、述定等です。プラトンやアリストテレスにとって、〈katēgorein〉は存在の基本的秩序です。アリストテレスには、『範疇論』という著作があります。そうなると、〈logos〉はますます〈physis〉から遠ざかります。

――ここで、いままで *physis* と *logos* とについて述べたことを概観しよう。*physis* が *idea*（*paradeigma*）になる。

真理が正当性になる。ロゴスが言表になり、正当性としての真理の場所になり、カテゴリーの根源になり、存在の諸可能性に関する原則になる。「理念《イデー》」と「カテゴリー」との二つが、それ以来西洋の思考と行為と評価とを、つまり西洋的な現存在の全体を支配する標題になる。*physis*と*logos*との変遷、したがってまた両者の相互関連の変遷は、元初的な元初からの下落である。ギリシア哲学が西洋を支配するに至ったのは、それの根源的な元初からではなく、それの元初的な終末からであり、この終末がヘーゲルにおいては偉大に究極的に完結へと形成されているのである。

〈paradeigma〉は「パラダイム」の語源で、標本とか模型という意味です。ヘーゲルの話は、彼の歴史哲学で、「自然（physis = Natur）」の中に眠っていた「ロゴス」が、「自然」から離脱して、「自然」との相互作用（労働）を通して、自己を反省的に捉え直し、形成しながら、絶対精神へと発展していく過程が「歴史」として描かれているということです。絶対精神と化し、歴史の「終わり」に到達した「ロゴス」は、そこで「自然」も含めて全ては、自己自身から生じたものであることを自覚します。そうした歴史の完結に向かっていく「ロゴス」の運動は、〈physis〉と〈logos〉の分離から始まるわけですが、ハイデガーからすれば、それは創造的な精神の歴史がスタートする偉大な瞬間ではなく、両者が一体だった「元初的な元初 der anfängliche Anfang」からの「下落 Abfall」にすぎない。「歴史」は、いわば、「下落」が〝完成〟していく過程です。キリスト教神学には、ロゴスが地上に受肉して神の子イエスとして誕生するという話がありますが、ハイデガーからしてみると、元々、物理的（physisch）な法則が支配する領域と見なされる〈physis〉と、〈logos〉は一体だったわけです。

三〇八頁からようやく、二九三頁で言われていた（二）についての考察が始まります。両者が分離して変遷するのはどうしてかという話ですね。三〇九頁を見ると、「非隠蔽性、すなわち存在者が現象するために樹立されたこの場所《ラウム》が崩壊した。この崩壊の破片として『理念《イデー》』と『言表』とが、*ousia*と*kategoria*とが救い出された」、と述べられていますね。漠然とした言い方ですが、「場所（空間）Raum」というのがポイントでしょう。存在者が様々な相を見せながら、生成し続け、支配的な力を発揮するとハイデガーは強調しているわけですが、そうした生成変化が私たちの目に留まるには、その存在者が、その属性や占めている空間が確定した、孤立した「対象」としてではなく、周囲の他の存在者、延いては〈physis〉それ自体との関係の中で把握される必要があるでしょう。少なくとも、人間の「会得」し「集約」する能力の範囲外にも、何か潜んでいることが想定される必要がある。そういう「余白」のようなものがないので、人間が現に所有している「ロゴス」によって、この目の前にある対象Xの本質＝実体はPであり、PはAというカテゴリーに属する、と把握したらそれでおしまい、ということになる。Xの周囲の事物や人間との相互作用や、その影響圏のことなど視野に入らない。

ヘラクレイトスとパルメニデスとから、われわれは、存在者の非隠蔽性は単に眼の前に既にあるのではないということを知っている。非隠蔽性は、それが作品《ヴェルク》をとおして成就《エアヴィルケン》されるときのみ生起する。詩としての言葉の作品、神殿や立像における石の作品、思惟としての言葉の作品、これらすべてを基礎づけて保護する歴史の居所としての *polis* の作品などをとおして（さきに述べたとおり、ここでは「作品」は *ergon* すなわち非隠蔽性へと設ー置された現存者というギリシア的な意味に解されねばならない）。作品の中で存在者と存在そのものとの非隠蔽性を闘い取るということ、すなわち、存在者の非隠蔽性はそれ自身既に絶えざる闘争としてのみ生起するのであるが、この非隠蔽性を闘い取るということは、いつも同時に隠蔽と被覆と仮象とに対する闘いである。

〈alētheia〉という言葉には、自らを隠そうとする〈physis〉に逆らって、存在の本質を暴露し、所有してやろうとする闘争的な面があったが、そうした力強さが失われしまった。〈logos〉によって把握したものを自らの手を加えて、「作品」として成就する必要がある。この場合の「作品」というのは、芸術作品や哲学的著作だけでなく、人間が〈physis〉に自らの手を加えて、所有化するもの全般と見ていいでしょう。その「作品」を、〈physis〉の浸食に抗して保持していかねばならない。暴露されるべき〝本質〟が予め確定された形で、どこか、論理空間のようなところに抽象的に〝存在〟しているわけではないのです。

――仮象すなわち *doxa* は、存在と非隠蔽性とのかたわらに並んである何かではなくて、非隠蔽性に属して

> いるのである。だが*doxa*はまた、それ自身においてやはり両義的である。*doxa*はまず、その中で何かが自己を提示している光景《アンジヒト》を意味するとともに、また人間が持っている見解《アンジヒト》をも意味する。現存在はこのような見解の中で腰をすえる。見解は言表され、伝達される。こうなると*doxa*はロゴスの一種である。支配的になった見解が、いまや存在者への眺望《アウスジヒト》をさえぎる。

〈doxa〉は普通は「偏見」「臆見」と訳されます。〈logos〉を、（プラトン以降の西欧哲学のように）「正しさ」の基準のようなものと考えれば、偏った意見である〈doxa〉とは対立せざるを得ません。しかしハイデガーは〈logos〉の一種だと言っているわけですね。前回も見たように、〈doxa〉は「～のように見える」という意味の動詞〈dokeō〉から派生した言葉で、元々の意味での〈idea〉と〈eidos〉と親和性のある言葉でした。当然、〈idea〉を固定化するための、凝集作用である〈logos〉とも深い関係にあります。

ただ、そうは言っても、〈doxa〉はある特定の人間にとっての「見え方」から生じる「見解Ansicht」ですから、同じ存在者に対していくつもの〈doxa〉があり得ます――アーレントは〈doxa〉の複数性を重視します。特定の「見解」だけが圧倒的に強くなると、確かに、他の〈doxa（見え方）〉は圧迫され、全体への「眺望Aussicht」が遮られ、本来は見えていたはずの「光景Ansicht」も見えなくなる。ドイツ語の〈Ansicht〉の二重の意味を利用した言葉遊びをしているのは分かりますね。

そこでそうやって一方的に強くなった〈doxa〉、ある特定の方向に視線を強く曲げてしまう〈doxa〉と闘わねばならない。「偽」を意味する英語の〈pseudo-〉の語源に当たる〈pseudesthai〉は、ある事柄を「曲げそらせる」という意味だということですね。曲げそらせすぎてしまうと、偽物になる、〝実体〟を伴わない単なる仮象が生まれるわけです。

> このことによって、非隠蔽性としての真理の根源的な経験はおびやかされている。というのは、向け変えられていないものは、ただ会得と把握とが曲げそれることなく真っ直ぐに存在者の方へと自分をさし向けること、つまり存在者の方へ向くこと《リヒテン》、このことによってのみ達せられるからである。正当性《リヒティヒカイト》としての真理に至る道がこうして開かれる。

この理屈は分かりますね。一つの「見解」によって曲がりすぎてしまうと、全体の光景が見えなくなるので、バランスが取れるように正すという話が、唯一の正しい基準へと「引き戻す」という話に先鋭化していったわけですね。ハイデガーはそこで、本末転倒が起こったことを示唆しているわけですね。「真理＝正しさ」から外れるものは、偽りなので、問答無用で排除されてしまうことになるわけです。こういう変化はある意味、必然性があったのかもしれません。人間が科学・技術によって、〝自然〟を制御することを覚え、それがある程度うまく行くと、いろんな〈doxa〉があるけれど、大事なのは正解としての〈alētheia〉だけだという発想が強くなりそうな気はしますね。

こうした〈logos〉の「論理」化、〈alētheia〉の「真理」化に伴って、それを操る人間の〈physis〉を〈noein = vernehmen（会得）〉する能力も、数学的に確定した「真理」を操る「悟性 Verstand」や「理性 Vernunft」と化していく。

〈ousia〉に関しても、当初は、人間が所有することのできる〈physis〉の一部である、という認識があったのに、それが次第に希薄になって、抽象物になっていきます。

> 間もなく*ousia*を substantia の意味に解釈することが始まった。*ousia*は中世、近世から今日に至るまで、ずっとこの意味でとおってきた。この支配的な実体《ズブスタンツ》概念——機能概念はそれの数学化された変種にすぎない——から、こんどは逆にさかのぼってギリシア哲学が解釈される。つまりギリシア哲学は根底から偽化される。

〈substantia〉は、〈下に sub-〉＋〈立っている stō〉という意味の動詞〈substō〉の現在分詞から派生した名詞です。何かの根底にあるもの、本質的なものという意味合いですね。それが、アプリオリに存在する「理念」的なものと見なされるわけです。

「実体概念 Substanzbegriff／機能概念 Funktionsbegriff」というのは、社会科学とか科学哲学でよく聞く、何らかの客観的な固定化した性質を具えた実体があると見るのか、という話です。後者は「関数概念」と訳すこともできます。例えば、物理学の「量子」とか「波動」とかは、想定されている性質を持っていることが、何らかの形で実証可能な実体であるのか、単にそういう関数的振る舞いをする現象が観察されるだけで、実体はない、あるいは無視すべきなのか、という話です。自然科学や数学の問題の多くは、実体のあるなしは無視して、関数的に処理することが可能ですね。理論社会学だと、「システム」は実在するのか、単なる数理的法則性が観察されるだけなのか、というような話がありますね。最近はそういう話はあまり流行りませんが。一九二九年にハイデガーと論争した、新カント学派のカッシーラー（一八七四－一九四五）に『実体概念と関数概念』（一九一〇）という著作があるので、それを主として念頭に置いているのかもしれません。ただ、実体であれ関数であれ、結局、既成の「論理（学）」によって数理的に処理可能な部分を、その事物の本質と見なす発想は変わらない、というのがここでのハイデガーの主張です。

カッシーラー

「存在」と「仮象」「生成」、そして「思考（noein→logos）」の関係

三一六頁に、「存在」と「仮象」「生成」、そして「思考（noein→logos）」の関係を示す図があります。「存在」と「思考」の関係が深いのは、この第3節の記述の長さ、詳しさから分かりますね。「仮象」が、「生成」と逆の側に位置付けられているのは、先ほどの〈doxa〉のように、偏った方向に曲がったまま固定化する特定の「外観」「相」を念頭に置いているからです。次の頁の黒板、右側の図を見て下さい。

プラトン以降の哲学は、「存在」を正しく把握する、唯一の正しい思考の在り方、「論理」があり、それ以外は「仮象」として排除しました。それによって、真理に到達できる正しい論理を操れる自己（理性）の立場を特権化というか絶対化し、「生成」の方も停止させる。異なる「相」「意見」が出てくる可能性をなくしてしまう。デカルトが『精神指導の規則』（一六八四）で、運動はもっぱら $c = s/t$ という公式で表現され、それ以外は笑止だと豪語したというエピソードが紹介されていますね。

ただ、もう一つ「存在」と対置されるものとして「当為」があります。三一八頁の図では上記の三つに「当為 Sollen」を足しています。黒板の左側の図を見て下さい。

「真理」が「論理」に依拠する「正しさ」の意味になったという話をしていましたから、それが規範的な意味の「正しさ」と関係してきそうですね。では、最後の第4節「存在と当為」を見ていきましょう。

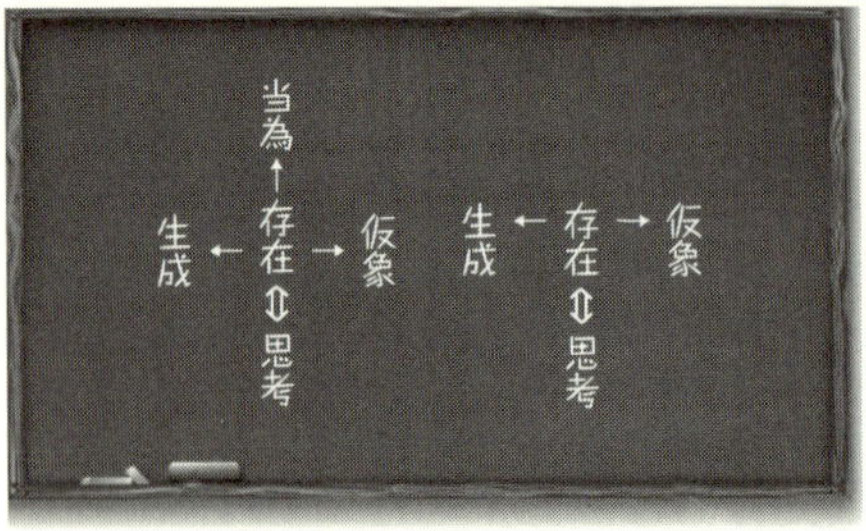

「4――存在と当為」

> この図式を見ればすぐわかるように、存在と当為との差別はいままでのとはまた違う方向に向いている。存在と思考の差別は下向きに描かれている。これは思考が存在の支持的、規定的根拠になることを示す。これに反して、存在と当為の差別の矢印は上へ向いている。これによって次のことが暗示される。存在は思考を根拠にしているとともに、当為によって凌駕されている。ということは、存在はもはや決定的なものではないということである。とはいえ、存在は理念《イデー》であり、典型であるのではないだろうか？　もちろんそうなのだが、もろもろのイデアはまさにそれらが典型という性格を持っているからこそ、もはや決定的なものではないのである。というわけは、イデアは相を呈するものであり、したがってそれ自身或る仕方で存在的（*ōn*）であるから、そのような存在者としてイデアはまた、それなりにイデア自身の存在の規定を持とうとする、つまりまたもや一つの相を持とうとするからである。

前半は分かりますね。「当為」は「存在」の上位概念として想定されていて、上から支配するものなので、「存在」から派生する「仮象」「生成」「思考」との関係とは違うということですね。

後半では、とは言っても、「存在」を「理念（イデア）」と捉えるのであれば、「イデア」というのは絶対不動のものではなかったのか、という考えられる疑問に答えたうえで、独自の見方を呈示しています。「存在」が「理念」であり、「典型 Vorbild」であるというのがどうして、「当為」がその上にあることに対する反論になるのか、すぐにはピンと来ないですね。これは、「理念」や「典型」というのは、それより上はない、至上のものと考えられていたのではないか、ということでしょう。

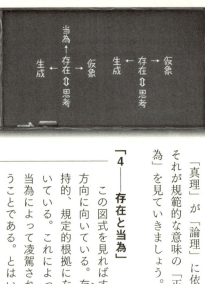

郵便はがき

料金受取人払郵便

麹町支店承認

9089

差出有効期間
2020年10月
14日まで

切手を貼らずに
お出しください

102-8790

102

［受取人］
東京都千代田区
飯田橋2－7－4

株式会社 作品社
営業部読者係 行

【書籍ご購入お申し込み欄】

お問い合わせ 作品社営業部
TEL 03（3262）9753／FAX 03（3262）9757

小社へ直接ご注文の場合は、このはがきでお申し込み下さい。宅急便でご自宅までお届けいたします。送料は冊数に関係なく300円（ただしご購入の金額が1500円以上の場合は無料）、手数料は一律230円です。お申し込みから一週間前後で宅配いたします。書籍代金（税込）、送料、手数料は、お届け時にお支払い下さい。

書名	定価　　円	冊
書名	定価　　円	冊
書名	定価　　円	冊
お名前　　TEL（　　）		
ご住所　〒		

フリガナ
お名前

男・女　　　　歳

ご住所
〒

Eメール
アドレス

ご職業

ご購入図書名

●本書をお求めになった書店名

●ご購読の新聞・雑誌名

●本書を何でお知りになりましたか。

イ　店頭で

ロ　友人・知人の推薦

ハ　広告をみて（　　　　　　）

ニ　書評・紹介記事をみて（　　　　　　）

ホ　その他（　　　　　　）

●本書についてのご感想をお聞かせください。

ご購入ありがとうございました。このカードによる皆様のご意見は、今後の出版の貴重な資料として生かしていきたいと存じます。また、ご記入いただいたご住所、Eメールアドレスに、小社の出版物のご案内をさしあげることがあります。上記以外の目的で、お客様の個人情報を使用することはありません。

では、そこにどうやって〝当為〟という上位概念らしきものが入り込めるのか？　まず、「典型」の方は、現実に存在するもののモデルである、ひょっとすると現実にあるかもしれないものであり、絶対不動の理念としてどこかに実在しているわけではありません。プラトンの言う「イデア」は絶対性がありそうですが、ハイデガーは、具体的な事物だけでなく、「イデア」自体にも「相」、つまり「見え方」がある、と言っているわけです。だとすると、個々の「相」の根底に、「イデア」の〝本体〟のようなものがあって、それが、「当為」的な性格を持つのではないか、と考えられます。無論、これまでの議論から分かるように、〝イデア〟の〝本体〟を想定するような議論をハイデガー自身は受け容れませんが、そういう見方もできないわけではないということです。

もろもろのイデアのイデア、すなわち最高のイデアは、プラトンによれば *idea tou agathou* 善のイデアである。

「善」とはここでは道徳的に方正なものを意味するのではなく、妥当なことを実行し、また実行することのできるような有能なもののことである。*agathon* とは規範的なものそのものであり、存在に対して、それがイデアとして、典型として現成する能力を初めて与えるものである。このような能力を与えるものは第一の能力者である。ところがもろもろのイデアが存在、すなわち *ousia* を構成しているかぎり、*idea tou agathou* 最高のイデアは *epekeina tēs ousias* 存在のかなたにある。このようにして、存在そのものが、一般的にではなく、イデアとして、他のものに対立する位置へと動くことになる。しかもその他のものというのは、存在自身がいつもそれに依存しているような、そんなものである。すなわち、最高のイデアはもろもろの典型の原型である。

プラトンにおいて、「善のイデア」が最高のイデアであるというのはよく聞く話ですね。ギリシア語の〈agathon〉は英語の〈good〉と同じで、「良」、つまり優れているとか、性能がいいとかいう意味もありますが、ハイデガーはそちらの方の意味だと言っているわけですね。「規範的なもの」の原語は〈das Maßstäbliche〉で、これは文字通りには、「尺度的なもの」「尺度として通用しているもの」です。通常、「規範」と訳されている

〈Norm〉の形容詞形である〈normal〉が、「正常な」とか「普通の」という意味になるのと似た感じですね。つまり、「善のイデア」は、諸事物やイデアのあるべき「存在」の仕方の標準形、原型であるわけです。各種の「イデア」が「存在」の〈ousia（本質、実体）〉を構成しているとすれば、そのあるべき標準形を示す「善のイデア」は、それより上位に位置することになります。ハイデガー自身が上位に置いているわけではなく、プラトン以降の哲学者が、「善のイデア」にそうした形而上学的なステータスを与えるようになったということです。こうした説明の仕方から読み取れるように、ハイデガーは「当為」を、「存在」≒〈physis〉と全く別次元のものと見る見方に懐疑的です。「当為」というのは、元々「見え」という意味だった「イデア」の意味の変質の帰結にすぎないわけですから。

> 明らかになったことは、存在がイデアとして規定されるやいなや、当為が存在に対する対立者として登場するということである。そしてこの規定とともに、思考が、言表的ロゴス（*dialegesthai*）として規準的な役割を果たすに至る。したがってこの思考が自律的な理性として近代において君臨するようになるやいなや、存在と当為との差別の本来の形成が既に準備せられているのである。準備、形成のこの過程が完成されたのはカントにおいてである。カントにとっては存在者とは自然である、つまり数学―物理学的な思考において規定されうるもの、そういうふうに規定されているものである。この自然に対して、同じく理性によって規定され、また理性として規定されて、定言的命令が対立する。カントはこの命令をしばしば明瞭に当為と名づけている。

ここで「イデア」と呼ばれているのは、「善のイデア」の下位に位置付けられるようになったイデアの諸「相」のことでしょう。ただしそれらはいつのまにか「善（のイデア）」とは別物と見られるようになった。そこで「思考」が「善」を発見し諸事物の〝本来の在り方〟を指し示すことが必要になった。その結果、「思考」が、〝存在〟に対して「規準的」な役割、つまり「当為」としての役割を果たすようになったということですね。先ほどの図だと、「存在」の下にある「思考」と上にある「当為」が繋がったわけですね。「思考」が規準的な役割を果たすというのは、ピンと来にくい言い方ですが、「思考」を「理性」と置き換えると分かりやすくなるでしょう。私たちは「理性（ロゴス）」によって、自らや周囲の事物の理想の在り方を考えるだけでなく、そうなるよう現実を変化させることを試みます。「理性」が、現実を「理念」に合わせて変化させようとする時、「理念」が実践の指針になる時、その「理念」は、「規範」あるいは「当為」と呼ばれます。

カントは、数学・物理学的に規定され、因果法則に支配される領域と、道徳法則が支配する自律の領域を分けて考えたことで知られています。道徳法則は、人間の理性が――生物学的な欲求や条件付けに拘束されることなく――自発的に発見し、従うものです。前者の領域で働く因果法則を認識するのが悟性と理論理性で、後者の領域で働く道徳法則、無条件に、つまりいついかなる状況でも妥当する、「～せよ」という形を取る定言命法を認識するのが実践理性です。カント以降の近代哲学、特にドイツ系の哲学では、二つの領域を分けて考えることが前提になりました。

当為と価値

当為というようなものは、当為たるの要求をみずから提出するもの、それ自身で既に一つの価値を持っているもの、それ自身一つの価値であるもの、そういうものからのみ光り出ることができるのである。かくして、価値自体がいまや当為の根拠となる。ところが、価値は事実という意味での存在者の存在に対立しているのだから、価値の方は実は存在することができないはずである。だから、価値は妥当するというふうに言われるのである。価値は存在者、すなわち目の前に既にある《フォアハンデネン》ものの全領域に対して基準的なものである。歴史は価値の実現にほかならない。

「当為」は物理的な事実には対応しないけれど、「価値」を持つ、その「価値」は存在しないけれど、「妥当gelten」する、というのが基本的な考え方です。これは、新カント派の西南学派を念頭に置いているのでしょう。フライブルク大学のフッサールからハイデガーが継承した講座は、新カント派のリッケルト（一八六三－一九三六）によって占められていました。彼らは、価値と存在＝事実のを一応分離していましたが、「価値」の客観的実在を主張する思想も登場してきました。恐らく、フッサールの影響を受けて独自の人間学を展開し

リッケルト

マックス・シェーラー

たマックス・シェーラー（一八七四－一九二八）とか、新カント学派から分離したニコライ・ハルトマン（一八八二－一九五〇）などのことでしょう。三二二〜三二三頁にかけて、「価値」という概念の濫用が批判されています。生物学的な活力とか生命感情、経済学で言う使用価値や交換価値など、いろんな意味で「価値」という言葉が使われるようになりました。

> 一九二八年に価値概念の文献総目録第一部が出た。これには価値概念に関する文献が六六一もあげられている。いまではおそらく一〇〇〇にもなっているだろう。すべて、こういうものが哲学だと自称している。

ハイデガーから言わせれば、こうした価値の反乱も、プラトン以降の「イデア」概念の変質に原因があるわけです。何とかしないといけない。

これのすぐ次の文章は、この講義の第1回目の冒頭でもお話ししたように、ハイデガーが出版に際して手を加えたのではないかと言われているくだりです。

> いわんや今日、国家社会主義《ナチス》の哲学として横行しているが、この運動の内的真理と偉大と（つまり地球全体の惑星的本質から規定されている技術と近代的人間との出会い）には少しも関係のないあの哲学のごときは、「価値」と「全体性」とのこの濁流の中で当てずっぽうに網打漁をしているのである。

（ ）内は戦後の刊行に際して後から付け足したとされています。ナチスの運動を偉大だとしたうえで、それが「価値の哲学」なるものに侵蝕されていると嘆いているわけですね。ナチス体制の特徴とされる「全体性 Ganzheit」という言葉も、いろんな文脈で無意味に濫用されていると嘆いていますね。全体主義と言う時の「全体」は〈Totalität〉ですが、〈Ganzheit〉と深く結び付いていると考えられます。因みに、カール・シュミットも価値という言葉の濫用、諸価値の対立状況に苛立ち、戦後に出した『価値の専制』（一九五九）というテクストで、「価値」概念を批判的に検討しています。ただシュミットは、少なくとも戦前は「全体性 Totalität」概念には好意的だったので、そこはハイデガーと違います。

この価値の哲学は、実は、新カント学派と対立するニーチェの思想も浸食していると述べていますね。ニーチェが刊行を予定し、生前は未完に終わったものの、妹のエリーザベト・ニーチェ（一八四六－一九三五）によって編集刊行された『力への意志』（一九〇六）の副題は、「すべての価値の価値転換の試み」です。「すべての価値の価値転換 Umwertung aller Werte」はニーチェ自身の言葉で、『アンチクリスト』（一八九四）とか『この人を見よ』で実際に使われています。既成の価値を転換しようと試みることは、裏を返せば、ニーチェ自身が〝真の価値〟の発見に拘っているということでしょう。

ハイデガーに言わせれば、プラトン哲学の観念性を克服しようとするニーチェのような思想家さえ、「価値」などという〈physis〉の「現われ」の残り滓のような空虚なものに拘っているせいで、ニーチェが言うところの「ニヒリズム」がヨーロッパの哲学全体に蔓延しているのだ、ということになるのでしょう。そのような状態を克服するために、「存在」と「生成」「仮象」「当為」の関係を、もう一度ギリシア哲学にまで遡って考え直し、〈physis〉との遭遇によって生じた「元初」を取り戻さねばならないというのが、彼の結論でしょう。そして自分の著作である『存在と時間』は、そうしたことを再考するためのテクストであったと述べて締め括っていますね。

「ニヒリズム」の克服に向けて

「存在」と「生成」「仮象」「当為」の関係を、もう一度ギリシア哲学にまで遡って考え直し、〈physis〉との遭遇によって生じた「元初」を取り戻さねばならない。

※『存在と時間』は、それを再考するためのテクストであった。

「存在と時間」はこのようなことを熟慮する場合には、一冊の書物を意味するのでなく、課せられた課題を意味する。本来的に課せられているこの課題とは、われわれが知らないもの、われわれがほんとうに知っているとすれば、つまり課せられた課題として知っているとすれば、いつもただ問うという態度で知っているにすぎないようなものである。

問うことができるということは待つことができるということであり、しかも一生涯待つことができるということである。しかし、すみやかに過ぎゆくものだけ、両手でつかめるものだけを現実的だとみなすような時代は、問うということを「現実から無縁」なこと、やっても引き合《ベツァールト》わぬこととみなす。だが数《ツァール》が本質的なものではなく、正

―しい時間が、つまり正しい瞬間と正しい忍耐とが本質的なものなのである。

常に生成し、捉えたと思うとすぐに、ただの「仮象」になってしまう「存在」≒〈physis〉、分かっているつもりで実は全然、その正体が摑めない「存在」を理解するには、「時間」についての「問い」をきちんと追求する必要がある、と示唆しているわけですね。「数 Zahl」とか、それにひっかけた「引き合わない bezahlt」という言葉を使っているのは、この場合の「時間」というのが、物理的に数量化された時間ではなく、人間が自らの「実存」において〈physis〉の流れを経験する、根源的な時間性が問われねばならない、ということを確認するためでしょう。確かに、そういう「時間」の探究をやっても、何か直接的に得をするということはないでしょうが、それでも、自らの「存在」の根拠について「問う」ことが哲学の使命ということなのでしょう。

■質疑応答

Q 「存在」を、他のものとの関係で規定するということがテーマになっていたわけですね。「存在」概念を、いわば「脱構築」しているような気がしました。デリダとの関係がやはり重要なのかな、と改めて思いました。フランス現代思想とハイデガーの今日読んできたところの関係について、簡単にコメントして頂けないでしょうか？

A 「存在」が「実体」として把握できるようなものであるとすれば、「哲学」はそこで終わるわけです。「存在」を関数的なものに置き換えることが可能であれば、それでおしまい。分析哲学はこれまで、基本的に「存在」概念なしでやってきたわけです。数理論理学に、存在量化子という用語がありますが、あれは極めて形式的な用語で、実質的な意味はありません。

ハイデガーからすると、〈logos〉とは、自然界の客観的な法則を発見するものではなく、常にその現われを変化させ、自己の〝本体〟を隠蔽する〈physis〉との必死の闘いを通して、存在者の「存在」の意味を明らかにする闘いです。本気でぶつかれば、死ぬかもしれない。「哲学」は、人間とは関係ないところに客観的に実在する「真理」を粛々と発見する作業ではなく、人間が否応なく巻き込まれている〈physis〉との闘争の中で、自らが見出した〈alethēia〉を何とか「作品化」する営みです。そういう捉え方をすると、哲学と文学や芸術の創作の違いが最終的には無くなっていきます。分析哲学の人は、芸術と哲学とは根本的に違うもので、むしろ数学や論理学に近いものだと考えるでしょう。だから、ローティ（一九三一－二〇〇七）のような人を例外として、ハイデガーは、分析哲学から非理性の権化のように言われる。

ハイデガーの存在論は、キリスト教の「神」を「存在」という抽象的なものに置き換えただけの、疑似神学、神秘主義に見えなくもない。「現われ」というのは、神の「現われ」、〈logos〉について難しいことを言っているけれど、実は、受肉したロゴスに関する神学を言い換えたものにすぎない、と言えなくもない。デリダの『精神について』では、仮想の神学者が登場し、ハイデガーにあなたは本当は私たちの仲間だろう、と勧誘しています――拙著『〈ジャック・デリダ〉入門講義』をご覧下さい。そうだとすると、プラトン＝キリスト教的な西欧の形而上学の遺産と対決しようとするフランス現代思想とは逆になります。しかし、今日読んだところではっきりするように、ハイデガーはプラトン＝アリストテレス的な［logos － alethēia － physis － noein － idea］理解を解体しようと脱構築的な読解を試みています。それは当然、プラトン＝アリストテレスの存在論を継承したキリスト教神学との闘いでもあるでしょう。〈logos〉とは、人間が巻き込まれながら関与するもので、自らが現にいる場を創出するための闘いの――なかなか思うように扱えない――武器であり、〈logos〉を使う人間は、常に「苦境」にあるという見方をするならば、「言語」に翻弄される「主体」の不安定さを描き出そうとする、デリダやドゥルーズ、フーコーなどの問題意識に近いところにいると言えます。彼らは、「存在論」を闘争的なものにしようとしている、と言っていいと思います。

ちなみに、マンフレート・フランク（一九四五－　）というフランス現代思想に近い、ドイツの哲学者が、ハーバマスとリオタール（一九二四－九八）の「言説」論を対比して、両者に仮想の対話をさせる『理解の臨界』（一九八八）という本を書いているのですが、その図式によると、普遍的なコミュニケーション的理性に基づく合意に向けての実践として、（道徳的なニュアンスを帯びた）「言説 Diskurs」を捉えようとするハーバマスに対し、リオタールは言説は「抗争」として捉えています。異なるタイプの言説同士が争って、いずれを中心とした意味の秩序を作り出すのかという闘いだということです。リオタールにとって、論理は統一体ではなく、闘いの産物です。リオタールは主に、人間が作り出す言説同士の争いを念頭に置いているわけですが、ハイデガーの言っている〈polemos〉も、先ほど見たように、異なる〈doxa〉同士の闘いという側面も含んでいるわけです。

ただ、先ほど見たように、「闘い」を直視するハイデガーは、「この運動（ナチス）の偉大な内的真理」、と言ってしまっている。これは、ハイデガー自身が意外とシンプルな形而上学にはまっている、あるいは、政治的に臆病だった、という話として処理できなくもないですが、もっと根源的な問題があるかもしれません。〈aletheia〉をめぐる「闘い」が不可避なら、哲学者である自分もどこかに加担することにならざるを得ないし、恐らく、どこかで、勝ち負けが決まる。闘いの決着がつかないよう、常に新たな差異を見出し、争いを延長させていく――デリダ用語で言うと、「差延 différance」――という言い方をすることもできるけれど、そういうだけだと何か言葉遊びにしか聞こえない。だから、デリダはハイデガーに拘るのでしょう。自分の［差延－脱構築］の戦略は、本当のところ、〈polemos〉にどう関与すべきなのか、ハイデガーを批判的に読解しながら考えたかったのでしょう。

Q　アドルノは「本来性の隠語」と言いました。まさに今日読んだような話、ギリシアの概念を自分の論理に都合よく持ち出すハイデガーの態度を問題視したのでしょうか？

A　アドルノは、今日読んだようなハイデガーの戦略を徹底化したかったのだと思います。アドルノだって、古代ギリシアの哲学者やヘルダリン、更にはホメロスのテクストを脱構築的に読解して、西欧の形而上学を解体しようとしています。古代ギリシア観も表現の仕方もかなり違いますが、二人とも、現代の西欧世界が抱えている問題、科学・技術至上主義の下での人間疎外や共同体的な世界の崩壊などが、西欧の原初を規定した形而上学－存在論にあると考え、それと戦う姿勢を見せています。アドルノから見て最もまずいのは、ハイデガーが自分のテクスト解釈の方法を絶対化し、それが「存在」に再帰する唯一にして本来の道にしてしまったことでしょう。パルメニデスやヘルダリンのテクストを、聖典化したら、もっとまずい形而上学になってしまう。アドルノはそうしたテクストの物象化を問題にしているのだと思います。古代ギリシアを参照すること自体が問題なのではありません。

Q　ハイデガーはギリシア的なものを無理にゲルマン的なものに結び付けているわけですね。恐らく和辻哲郎（一八八九－一九六〇）等はそこに影響を受け、日本的なものに向かったのだと思います。ハイデガーと日本哲学との関係についてはどうお考えですか？

A　拙著『〈日本哲学〉入門講義』（作品社）で詳しく解説しましたが、和辻の「人間」論が、『存在の時間』における「現存在」理解の影響を強く受けているのは間違いありません。ただ、今日見たように、ハイデガーが、存在と現存在の争いを強調し、「ポリス」を存在するための〈polemos〉が起こる「場」と見ていたのに対し、和辻の想定する「人間」の倫理的共同体や風土には、あまり「争い」という要素がない。予定調和的な感じがします。

Q　それは西田幾多郎（一八七〇－一九四五）も？

A　京都学派は一般的に、西洋と東洋の歴史的対決を強調しますが、共同体自体が「争い」を内包している、という発想はあまりないと思います。強いて言うと、田邊元（一八八五－一九六二）の種の論理が、個と全体（類）の対立関係を強調していると言えるかもしれません。ただ、ハイデガーも、民族共同体内の「抗争」を直接的に強調したわけではないので、あまり単純に、ハイデガーを抗争の思想家として性格付けるわけにはいきませんが。彼の「抗争」は、「西欧」内部での形而上学をめぐる抗争ですね。

Q　次回読む『「ヒューマニズム」について』ではサルト

ルが取り上げられますが、日本では「アンガージュマンし戦う哲学」のサルトルというイメージが強いですね。日本人はどうしても、サルトルのイメージに引きずられて、ハイデガーを実存主義の哲学者と見てしまいがちですね。

A　日本人というより、昔の学生運動の人がでしょう(笑)。サルトルも、単に政治的に闘っているわけではなくて、「形而上学」をめぐる哲学的な闘いにも参戦しているのですが、それが日本ではなかなか理解されていませんね。

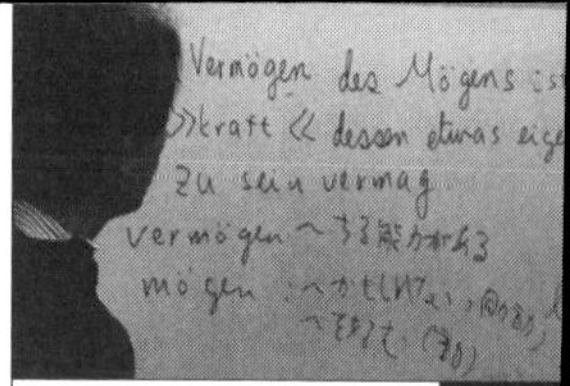

[講義]　第5回

人間の「実存」とは？――『「ヒューマニズム」について』(1)

前回までは『形而上学入門』を四回に分けて読んできました。今回から読む『「ヒューマニズム」について』(『ヒューマニズム書簡』)は、ハイデガーの問題関心からすると『形而上学入門』と連続しているのですが、テクストの構成と問題設定がかなり違います。『形而上学入門』は、ナチス政権期の一九三五年にハイデガーがフライブルク大学で行った講義録です。ナチスに対して加担していると思われる表現や、ナチズムそのものではなくても形而上学によってドイツ的精神を特権化するような論理がところどころに垣間見えました。その部分を差し引いて純粋に哲学的に見れば、プラトン以前の古代ギリシアにおける「存在」観、「存在」経験を掘り起こし、それを、ドイツにおける新しい存在論–形而上学の立ち上げに繋げていこうとする試みです。『形而上学入門』自体では詳しく論じられていませんが、ハイデガーはヘルダリン関係の講義で、ヘルダリンの詩作を通して、ドイツ民族は「存在」との新たな遭遇を経験したと主張しています。

『「ヒューマニズム」について』を読む前に

『ヒューマニズム書簡』は、『形而上学入門』から一二年後の一九四七年に初版が出されました。その間に第二次大戦が始まり、ドイツの敗戦に終わりました。ハイデガーの立場はかなり変わっています。一九三五年当時も、その前年まではフライブルク大学の学長としてナチスから指導的な役割を果たす哲学者として期待され

ボイムラー

クリーク

ローゼンベルク

ていたのに、大学改革がうまくいかずに辞任して以降、ナチス思想に反する思想を抱く学者として本格的な御用学者たちから批判され、帝国公安本部からも目を付けられ、肩身が狭い立場になっていました。ただ、大戦後、ナチスに対してある程度距離を置いていたとは見なされず、むしろナチスと一体化し、支持した御用哲学者のイメージが強くなります。大学から追放され、路頭に迷います。

ナチスの御用哲学者というと、ナチスの民族論を体系化した『二〇世紀の神話』（一九三〇）の著者で、東部占領地域を管轄する大臣になったアルフレート・ローゼンベルク（一八九三－一九四六）とか、ナチスのための教育哲学を構築し、終戦までフランクフルト大学学長を務めたエルンスト・クリーク（一八八二－一九四七）とか、ニーチェをナチスの先駆者に仕立て上げ、人種理論を中核とした教育理論を展開したアルフレート・ボイムラー（一八八七－一九六八）とか、もっと典型的な人物、思想の中核でナチスと一体化していた人物がいました。こういう人たちと比べると、『形而上学入門』は民族主義的な傾向はかなり見られるけれど、申し訳程度にナチスの名を出しているにすぎません。あまり詳しく話すと別の講義になってしまうので、端折りますが、保守主義、国家主義、民族主義はそれぞれ違った概念で、そのいずれかに当てはまるからといって、ナチスに近いというわけではありません。ワイマール時代のドイツには、ナチスと違った形での、というよりナチスと相容れない、保守主義や民族主義、軍国主義の運動がありました。例えば、第二帝政のような伝統的な王政、貴族や官僚による統治を実現しようとした復古勢力と、労働者などを基盤とした大衆運動としてのナチスとは相容れませんし、ナチスの進化論的人種主義は、伝統的な保守の発想ではありません。

ハイデガーは典型的な御用哲学者ではありませんでしたが、哲学者としての影響力が二〇年代後半から三〇年代にかけて圧倒的だったので、戦後、ナチスに同調した哲学者の代表格と見なされたわけです。彼の哲学もナチスと親和性の高い哲学と思われタブー扱いを受ける状態になりました。ナチスの御用学者と見なされ、今でもタブー視されている二大巨頭はハイデガーとカール・シュミットでしょう。ハイデガーは、シュミットほどではないにしてもタブー観が強いようです。ドイツの思想家には、ハイデガーとシュミットに自分自身の考えが接近していると思われたくはない、彼らはあくまで批判の対象だ、という雰囲気が今でもあります。ドイツでは、ナチス関係のものに対する警戒感が強く、ナチス賛美の書籍の出版は禁じられ、ヒトラーの『我が闘争』(一九二五、二六)は、二〇一六年になってようやく、歴史学者による膨大な注釈付きで、つまり歴史を学ぶための史料という体裁を取って刊行されました。

ハイデガーを研究する人の間でも、『形而上学入門』等に代表されるナショナリズム的な部分には共感してはならない、という暗黙の了解があるようです。三〇年代半ばから終戦にかけてのヘルダリン講義やニーチェ講義に、ハイデガーの思想の一番面白い特徴が出ていると思うのですが、これらはナショナリズムとの関係を切り離すことは難しいので、ドイツの研究者にとっては要注意な点が多い。日本の研究者でさえ、ハイデガーのナショナリズム的言説に関しては、否定し、ハイデガー本来の思考から切り離そうとする。今でもそういう風潮があるわけですから、終戦直後であれば尚更強かったでしょう。

このテクストは、そうした状況の中で編まれました。副題に「パリのジャン・ボーフレに宛てた書簡」とあります。この手紙自体は一九四六年に出されたものですが、最初から出版を念頭に置いて書かれています。ボーフレ(一九〇七-八二)はフランスのハイデガーを信奉する哲学者で、リセーの先生です。ハイデガーは重要な哲学者なのできちんと評価されるべきだという態度をとっており、戦後、ハイデガーをナチスとの関係抜きにもう一度紹介できる機会はないかと狙っていたわけです。当時フランスでは、サルトルの提唱する実存主義がすごく注目されていたので、ボーフレはそれとハイデガーを関係付けて、彼の思想の重要性をフランス人に伝えようとしたようです。ボーフレとハイデガーの関係について詳しくは、この訳書の解説的訳注のところで、訳者の渡邊二郎さん(一九三一-二〇〇八)によって詳しく解説されています。

「実存主義 Existenzialismus」とは取りあえず、概念的・イデア的な「本質（存在）essentia」がまずあって、それに基づいて個々の「事実存在＝実在 existentia」がある、という中世以来の思考の伝統を部分的に転倒して、少なくとも、人間に関しては「実存 existentia」の方が先行する、何故なら、人間は自らを自由に投企（projet）する、つまり自分自身のイメージを作り上げ、それに到達すべく自己を変容させていくからだ、というような考え方をする思想の系譜です。

今回テクストにするのは、ちくま学芸文庫の訳です。本日読みたい部分の最後の辺りにある五〇～五一頁にかけて「サルトル批判」が展開されていますね。サルトルは、終戦直後に「実存主義とはヒューマニズムである」（一九四五）という有名な講演を行います。翌年その時のテクストと討論の記録が、このタイトルで刊行されます。それをめぐる議論です。この講演でサルトルは、今でも高校の教科書等に書かれていると思いますが、実存主義を有神論的実存主義と無神論的実存主義に分け、有神論にキルケゴール（一八一三－五五）やヤスパース（一八八三－一九六九）、ガブリエル・マルセル（一八八九－一九七三）を入れ、無神論の方にハイデガーと自分を入れました。そのうえで実存主義全体がヒューマニズムであるという見解を示します。そうすると、実存主義者であるハイデガーはヒューマニズムである、ということになります。ハイデガーはナチスと関係深いと思っている人からすると受け入れ難い話ですね。

そこでボーフレの立場が微妙になるわけです。ハイデガーの再評価を望んではいるが、ハイデガーが「ヒューマニスト」であるというのは、通常のハイデガー理解とは明らかにかけ離れている。一時期は「現存在」である人間の実存の分析をしているように見えるけれど、三〇年代以降、「存在とは何か」という問いに照準を絞って探究している人を、ヒューマニスト扱いするのはおかしい。ハイデガーの著作を読み、戦前彼と交流のあったフランスの研究者たちもそのことは分かっていました。そこでボーフレは、その点に関してハイデガーに書簡で質問します。その手紙に対する返書という体裁をとって書かれたテクストであるので、「ヒューマニズム書簡」と呼ばれているわけです。

この経緯からして明らかなように、普通の意味でのヒューマニズムであることを否定することから入っていきます。分量としては、この〈Vittorio Klostermann〉から出ているテクストで五四頁、この邦訳でも純粋な本文は一三〇頁ほどしかない短いものです。ハイデガー側の意図として、学者・著述家としての復権ということは当然あるわけでしょうが、単にそれだけではなく、ハイデガーの一九三〇年代半ば以降の思想の総括という性質も持っています。

五〇頁に「転回 Kehre」という言葉が出てきますが、ハイデガーの「存在」に対するアプローチの仕方は変化しました。実際にその変化が起こった時期に関しては、『存在と時間』直後という見方もあれば、『形而上学入門』前後という見方、公式宣言を出したこの『ヒューマニズム書簡』においてであるという見方があります。ごく普通に考えると、三〇年代半ばに「存在」に対するアプローチの仕方がはっきりと変わり、それを改めてこの書簡で宣伝したということでしょう。何重もの意味でハイデガーの思想的立場のマニフェストになっている、重要なテクストです。

因みにハイデガーの政治的立場に関しては、『ヒューマニズム書簡』が出た直後から、ハイデガーとナチズムの関係をめぐる論争が何度も起こります。ナチス賛美あるいはナチスの世界戦略に同調すると思われる箇所をそのままにして、『形而上学入門』が刊行された際には、ハーバマスなどが厳しく批判しました。八〇年代後半になると、チリの歴史家ヴィクトル・ファリアス（一九四〇－　）が『ハイデガーとナチズム』（一九八七）という著作で、ハイデガーとナチスの関係は一般的に思われているより深そうだということを示す、哲学的というよりは事実関係的な資料を提示し、それがきっかけとなって、フランスで論争が再燃しました。それにデリダやリオタール、ラクー＝ラバルト（一九四〇－二〇〇七）も加わりました。そうした論争の出発点でもあるテクスト。

それでは読んでいきましょう。

存在の思索

――私たちは、行為するということの本質を、まだとても十分明確に考え抜いているとは言えない状態にあ

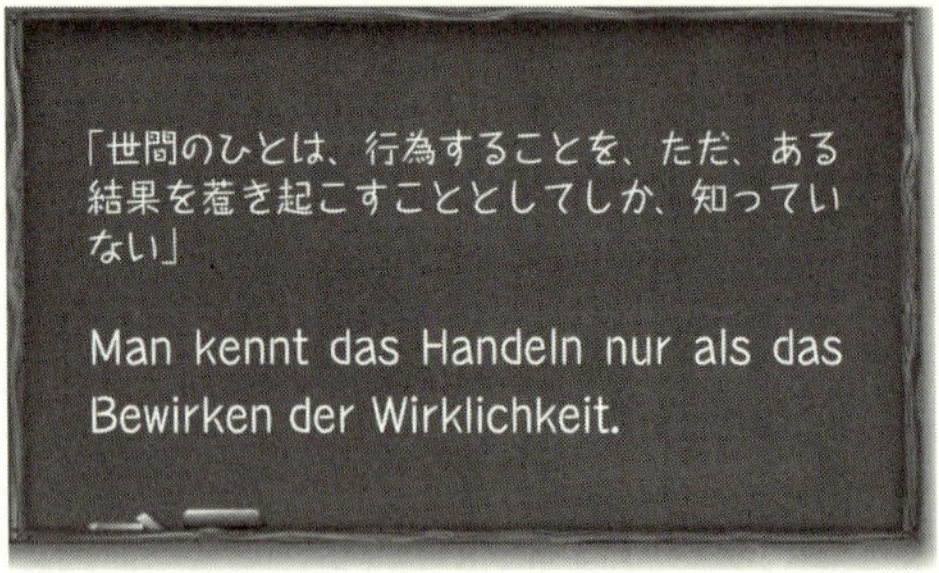
「世間のひとは、行為することを、ただ、ある結果を惹き起こすこととしてしか、知っていない」
Man kennt das Handeln nur als das Bewirken der Wirklichkeit.

る。世間のひとは、行為することを、ただ、ある結果を惹き起こすこととしてしか、知っていない。結果の現実性は、その結果が生み出す効果いかんによって評価される。けれども、行為することの本質は、実らせ達成することなのである。実らせ達成するとは、何かを、その本質の充実のなかへと展開してやり、充実に至るようにと大切に見守りながら導いてやり、プロードゥーケレ〔前へト連レテ行クコト〕にほかならない。それゆえに、本来的にはただ、すでに存在しているもののみが、実らせ達成されうるものなのである。ところで、あらゆるものに先立って「存在している」ものは、存在である。

「行為する handeln」ということを、ハイデガーは、ある事物に元々本質的に潜んでいた可能性を現実化することである、と捉えているわけです。近代人は、人間が身体を動かしてその結果として何か物理的な変化が生じれば、それが「行為」であると捉えます。基本的に物理的な問題です。現代の英米の分析哲学は、全てを物理的な因果関係に還元する傾向があります。行為した人間の「意図」を問題にすることがありますが、事物に実現されるべき本質のようなものがあるというような議論は、現代の哲学ではほとんど見当たりません。

しかし、ハイデガーの考え方は、前回もお話しした、アリストテレスの「デュナミス dynamis（可能態）／エネルゲイア energeia（現実態）」の区別に依拠しています。アリストテレス－ハイデガー的には、「行為」というのは、「可能態」を「現実態」にもたらすこと、その事物の本性（physis）に備わっている「目的 telos」を完成された状態（entelecheia）へもたらすことであるわけです。人間の「行為」は、純粋に自発的なものではなく、〈physis〉が引き起こす運動に巻き込まれ、それに関与する、という性格のものです。

「世間のひとは、行為することを、ただ、ある結果を惹き起こすこととしてしか、知っていない」という文の原文を引いておきます。黒板を見て下さい。

邦訳で「世間のひと」とあるのは、原文では〈man〉という一般人称の代名詞です。ドイツ語の〈man〉は、英語の〈one〉に当たります。日本語だと、主語抜き文になることが多いものの主語です。例えば、「ここでたばこを吸ってはいけません」とか、「どうやって駅に行くんですか」、とか。英語だと、文書で表示する時は、〈One cannot smoke here.〉と言いますが、口頭だと〈you〉になることが多いですね。ドイツ語だと口語でもそのまま、〈Man kann hier nicht rauchen.〉と言います。あるいは、日本語だと漠然と「ひと」と表現する、例えば、「そんなことをする人はいません」に相当する表現に、〈So was tut man nicht.（そんなことを人はしない）〉というのがあります。

それをわざわざ「世間のひと」と訳しているわけです。ドイツ語では、「人間」という単語が〈der Mensch〉、「男性」が〈der Mann〉です――〈der〉というのは、男性名詞に付く定冠詞です。この二つと〈man〉は同系統の言葉です。ハイデガーは『存在と時間』で〈man〉を、中性名詞にした〈das Man〉という言葉を使っています。発音が同じなので、〈der Mann〉が性別を失ってしまったように聞こえます。これは、実存としての本来性を失い、日常に埋没している状態の「ひと」を指します。「(世間で) 言われているように wie man sagt ～」、「(世間の) ひとがやっているように wie man tut ～」、というような言い方をする時、私たちは、その「ひと man」に合わせている自分を正当化しています。日本語だと、主語がなかったり、「ひと」と言ったり、「世間」と言ったりしますが、ドイツ語ではそれらがほぼ〈man〉に統一されているので、それをハイデガーは〈das Man〉という名詞にして、あたかもその〈das Man〉なるものに命令されているかのような、ニュアンスを出しているわけです。しかし、〈das Man〉は正体不明で、誰が実際にそのモデルになる行為をやっているのかはっきりしません。仮に誰かが暫定的に〈das Man〉になっても、常に交替可能です。そういう〈das Man〉に従うのは、自分に固有の「実存」を見失って、無色透明の世間、大衆の一部になり、犬とか猫のように与えられた環世界に反応している、非本来的な状態です。ここでは、単に〈man〉が使われているわけですが、訳者は、〈das Man〉の意味が込められていると見ているのでしょう。

この文でより重要なのは、〈Bewirken der Wirklichkeit〉という部分です。相当意訳されているので、哲学史的含意はかなり失われています。この文で「結果」と訳されている〈Wirklichkeit〉は、それ単独では「現実」

としか訳せない、ありふれた単語です――これに続く訳文では、「現実」という言葉を使っているので、少し混乱しますね。ハイデガーはそこに哲学的含意を読み取っているわけです。「惹き起こす」と訳されている〈Bewirken〉がこれと語源的に繋がっています。双方に共通の語根になっている〈wirk-〉という綴りには、いろいろ含意があります。「影響する」とか「作用する」という意味の〈wirken〉と、「作品」とか「仕事」という意味の〈Werk〉と関係しています。〈wirken〉は自動詞で、「作用」一般を意味しますが、〈be-〉という接頭辞を付けて〈bewirken〉とすると、特定の対象に対して「影響」や「作用」を及ぼす、「働きかける」、あるいは、ある「作用」を結果としてもたらす、という意味になります。次の「結果の現実性は、その結果が生み出す効果いかんによって評価される」という文の「結果が生み出す効果」という部分の原語は、〈das Bewirken einer Wirkung〉です。直訳すると、「ある効果（作用）eine Wirkung」をもたらす「働きかけ（作用）Bewirken」ということになるでしょう。

ハイデガーは、〈Wirklichkeit〉と〈bewirken〉を名詞化した〈Bewirken〉をペアで使うことで、「現実 Wirklichkeit」とは、固定的にずっと同じ状態であり続けるものではなく、潜在的な可能性としてしかなかったものに対して何らかの「働きかけ」があって、形を与えられたものである、というニュアンスを出しているのでしょう。前回も言いましたが、木田元さんは、〈Wirklichkeit〉の動詞由来の動的性格に、ハイデガーがアリストテレスの「デュナミス／エネルゲイア」にまで遡る、存在論的な意味を読み取っていることの重要性を強調しています。〈Wirklichkeit〉に相当する英語は〈reality〉ですが、この言葉に動詞性はありません。ドイツ語でも〈real〉という形容詞は使われますが、普通のドイツ人はこれと〈wirklich〉の違いをほとんど意識していないでしょう。精々、〈real〉の方が学術用語として使われることが多いと思っているくらいでしょう。〈real〉の方は、「物」という意味のラテン語の〈res〉から派生した言葉で、「事物それ自体に関わる」というのが元の意味です。木田さんによると、ハイデガーに限らず、カント等のドイツの哲学者たちは、そうした〈wirklich〉の動的な性格と、〈real〉の違いをはっきり理解して使い分けていたということです。

もう一度まとめると、「行為する」とは、潜在性としてだけ存在するものに対して「働きかけ」、結果として、

ムッソリーニ

「行為する handeln」

ハイデガー：ある事物に元々本質的に潜んでいた可能性を現実化する。潜在性としてだけ存在するものに対して「働きかけ」、結果として、「現実態」へともたらす。

⇅

近代人：人間が身体を動かしてその結果として何か物理的な変化が生じれば、それが「行為」である。基本的に物理的な問題。

※アリストテレス―ハイデガー的「行為」：「可能態」を「現実態」にもたらすこと、その事物の本性（physis）に備わっている「目的 telos」を完成された状態（entelecheia）へもたらすこと。人間の「行為」は、純粋に自発的なものではなく、〈physis〉が引き起こす運動に巻き込まれ、それに関与する。

「現実態」へともたらすことです。〈energeia〉は、「仕事」とか「作業」を意味する〈ergon〉の状態にある、という意味合いの造語です。それは、事物に本来備わっている〈telos（目的）〉に影響を与えて、結果として現実化し、完成態（entelecheia）へと導くことです。

「実らせ達成する（こと）Vollbringen」とか、「本質の充実 die Fülle seines Wesens」というのはこのことです。〈vollbringen〉というドイツ語は、英語の〈execute〉に当たる語で、通常は単に「達成する」「成就する」としか訳しませんが、ハイデガーは接頭辞の〈voll-〉が、英語の〈full-〉に相当し、「充溢して」という意味なので、それを強調しています。「実る」ことには、〈physis（自然本性）〉的な必然性があるわけです。

ラテン語の「プロードゥーケレ producere」は、英語の〈produce〉の語源ですね。わざとラテン語で表記しているのには理由があります。「生産する」という言い方をする時、近代人は、全面的にその人のイニシアティヴで、素材を加工し、新しいものを作り出すようなイメージを持ちます。〈producere〉にはそれと異なるニュアンスがあります。元になっている〈ducere〉という動詞は、英語の〈educate〉〈conduct〉〈deduct〉〈reduce〉など、〈duc〉という綴りを持った動詞の語源で、「導く」とか「引く」という意味です。ムッソリーニ（一八八三－一九四五）は「ドゥーチェ Duce」と呼ばれていましたが、これは「導き手」「指導者」という意味のイタリア語です。「公爵」という意味の〈duca〉も同じ語源です。「公爵 duke」というのは元々、軍隊を率いる司令官を指していたわけです――ドイツ語の〈Herzog〉は、文字通りそういう意味です。ヒトラーの呼称で、「総統」と訳される〈Führer〉

も「指導者」という意味です。ですからドイツ人は現在でも、英語の〈leader〉に相当する、本来は単純素朴なドイツ語〈Führer〉という言葉を使うことはあまり好みません。

話を戻しましょう。〈pro-〉という接頭辞には、「〜に味方して」という意味もありますが、この場合は「前へ」という意味です。従って、「生産すること」、〈producere〉は本来、「前へ引き出すこと」です。何を引っ張り出すかというと、「存在」です。もう少し詳しく言うと、個々の実在する存在者に先立っているはずの、それが現実化する可能性、デュナミスでしょう。〈physis〉に含まれるデュナミスに対して働きかけ、それが現実化するように引っ張り出してくる。それが、人間の「行為」です。動物もそういう「現実化」の作用に関与しているのでしょうが、人間のように自分の役割を理解して、引き受けているわけではない。

「言葉は、存在の家である」

思索というものは、その存在の、人間の本質に対する関わりを、実らせ達成するのである。思索は、この関わりを、作り出したり、惹き起こしたりするのではない。思索は、この関わりを、ただ、存在から思索自身へと委ねられた事柄として、存在に対して、捧げ提供するだけなのである。この差し出し提出する働きの大切な点は、思索において、存在が言葉となってくる、ということのうちに存している。

ポイントは、「存在 Sein」それ自体と「人間の本質 Wesen des Menschen」の間には、人間が恣意的にどうこうできない、必然的な「関わり Bezug」がある、ということですね。人間はその「関わり」について「思索する denken」、「考える」ことはできるし、恐らく「考えるべき」だけど、どうにでもできるわけではない。自分の頭で考えた通りに、自分の本質的部分を作り出す、あるいは改造できるわけではない。恐らく、サルトルの「実存（existence = Existenz）は本質（essence = Wesen）に先立つ」というテーゼ、その意味で人間は自由であるというテーゼを念頭に置いて、そうではないと既に示唆しているのでしょう。現代人はサルトルの考えに共感しやすいですね。人間の身体的組織は思うように変更できないけれど、少なくとも精神の在り方は自分の思うようにすることができる。そう思いがちです。

「存在 Sein」それ自体　―　**「人間の本質 Wesen des Menschen」**

人間が恣意的にどうこうできない、必然的な「関わり Bezug」がある。
人間はその「関わり」について「思索する denken」、「考える」ことはできるし、恐らく「考えるべき」だけど、どうにでもできるわけではない。

ハイデガー：人間の「本質」は「存在」との関わりによって深い所で規定されている。「思索」は、自己をゼロから作り出すのではなく、［本質一存在］に含まれている潜在的な可能性、デュナミスを表に引き出し、人間を「成就＝エンテレケイア」の状態へもたらす。
→「言葉 Sprache」が、「存在」に与えられた本質を露わにする。「言葉」は人間が恣意的に操れるものではなく、「存在」と「思索」を結ぶもの。

それに対してハイデガーは、人間の「本質」は「存在」との関わりによって深いところで規定されていると言っているわけです。「思索」というのは、自己をゼロから作り出すのではなく、［本質－存在］に含まれている潜在的な可能性、デュナミスを表に引き出し、人間を「成就＝エンテレケイア」の状態へもたらすわけです。言い換えれば、「存在」との「関わりに」おいて人間がそうなるべく定められていることを、いわば、人間の使命を実現するわけです。そうした人間にとって、（存在との関係で）最も本質的なものを実現する「行為」へと促すのが「思索」だということでしょう。

その時、「言葉 Sprache」が、「存在」に与えられた本質を露わにするということでしょう。つまり、「言葉」は人間が恣意的に操れるものではなく、「存在」と「思索」を結ぶものだということでしょう。

因みに直接は関係ないと思いますが、ハンナ・アーレントのキーワードである「活動」は、ドイツ語では〈Handeln〉ですし、アーレントは未完に終わった晩年の著作『精神の生活』（一九七七、七八）で、人間の本質としての「思索」について掘り下げた議論をしています。アーレントにとっても、「思索」と「活動＝行為」は特別な意味を持っていたわけです。このすぐ後で、一カ所「行為」が「行動 Aktion」と言い換えられているところがありますね。

言葉は、存在の家である。言葉による住まいのうちに、人間は住むのである。思索する者たちと詩作する者たちが、この住まいの番人たちである。これらの者たちは、存在の開示性を、自分たちの発語によって、言葉へともたらし、言葉のうちで保存するわけであるから、そのかぎりに

中期以降のハイデガーの思想を要約する言葉

「言葉は、存在の家である」

※「存在」そのもの≒〈physis〉が、「人間」に対して現われ、人間にある程度理解可能な形で留まる際の出張所、駐屯地のような役割を果たしているということを「家」と言っている。

おいて、彼らの見張りは、存在の開示性を実らせ達成することである。思索は、そこからなんらかの結果が出てくるとか、あるいは思索が適用されるとかいうことによって初めて、行動になるのではない。思索は、みずからが思索することによって、行為しているのである。この行為は、おそらく、最も単純でありながら同時に最高のものである。なぜなら、それは、存在の人間への関わりに関係するからである。

「言葉は、存在の家である」、というのは、中期以降のハイデガーの思想を要約する有名な文です。冒頭からの話の流れからして、「存在」そのもの≒〈physis〉が、「人間」に対して現われ、人間にある程度理解可能な形で留まる際の出張所、駐屯地のような役割を果たしているということを「家」と言っているのでしょう。当然、人間が作り上げ、操ることのできる「言語」の体系の中で、「存在」という概念が生み出される、という話ではありません。人間は、「存在」からのメッセージを含み、「存在」それ自体に近い「言語」を通して、「存在」にアクセスするわけです。

「言語」を介して「存在」にアプローチするには「思索Denken」と「詩作Dichten」の道がある。『形而上学入門』でも、「哲学」と「詩作」とは今では別物になっているが、パルメニデスやヘラクレイトスのようなソクラテス以前の哲学者においては、不可分の関係にあったという議論をしていましたね。では、何故、思索する者と詩作する者が「番人Wächter」なのか？ 説明はありませんが、両者が「言語」を扱い、「言語」の「本質」を見極め、つまり「存在」それ自体に迫ることのできるプロだからでしょう。ただ、どんな哲学者や詩人でもいいというわけではない。ホメロスやパルメニデス、ヘラクレイトス、あるいは近代におけるヘルダリンのように、それまで、その言語を使っている民族にとってほぼ無規定だった、存在との「関わり」を樹立するような、その民族にとっての「元初」を作り出すことができる人、それを中心に、「存在」を迎え入れ、「存在」が棲みつくことのできるような言語表現ができる人ということでしょう。迎え入れるとか、棲みつく、というのは私なりの比喩的な言い換えですが、もっと詳しく言うと、その哲学者や詩人の言葉を参照することで、彼らと同じ言語を使う同胞もまた、自分と「存在」の本質的な「関わり」を確認できる、その言語に適した表現を提供するということです。もっともハイデガー自身は、そういう言語はギリシア語とドイツ語だけで、他の西欧語では限界がある、と言いたがるわけですが。ただ、このテクストは、敗戦直後に書かれただけあって、言語間の優越関係の話は直接は出てこないですね。

ところが、結果を生み出そうとするすべての作用は、存在のうちにもとづきながらも、存在者を目指すことになる。これに反して、思索は、みずからを放棄して存在によって語りかけられ要求されるままの状態にして、まさにその存在の真理を発語しようとするのである。思索は、この放棄を、実らせ達成するのである。

全ての「作用 Wirken」が「存在」に由来し、「存在」に帰っていくというのは、これまでの話の流れからして理解できるとして、「思索」の特徴としての「みずからを放棄して存在によって語りかけられ要求されるままになる sich vom Sein in den Anspruch nehmen lassen」というのが説明不足で分かりにくいですね。原文には、「みずからを放棄する」「語りかけられ」に当たる表現はないのですが、「存在によって要求されるままになる」だけだと、あまりにも漠然としているので、訳者が文脈を考えてそうしたのでしょう。〈sich von A B lassen〉という熟語は、「AにBされるままにする」という意味で、この場合のBは〈in den Anspruch nehmen〉という表現で、「～を自分の（支配下にある）ものとして要求する」というような意味です。

ここでポイントになるのは、ギリシア語の中動相的な意味で使われる、ハイデガーが愛用する〈sich lassen〉でしょう。つまり自分を相手に委ねて受け身の姿勢になるのですが、〈lassen〉という動詞は、その受け身の状態になろうとする能動性を表わしていると見ることができます。「(自己) 放棄＝成されるがまま Lassen」は、〝自然と〟成就されることではなく、その境地に至るための、決意や努力が必要なようです。因みに、この英語の〈let〉もしくは〈leave〉に当たる〈lassen〉の過去分詞形を名詞化した〈Gelassenheit〉は、「放下」と訳される、後期ハイデガー思想の重要な概念です。物を自分の裁量で支配しようとしないで、自分を無にして、物において生じる事態にじっと耳を傾け、受け入れる態度です。「悟り」みたいな感じですね。マイスター・エ

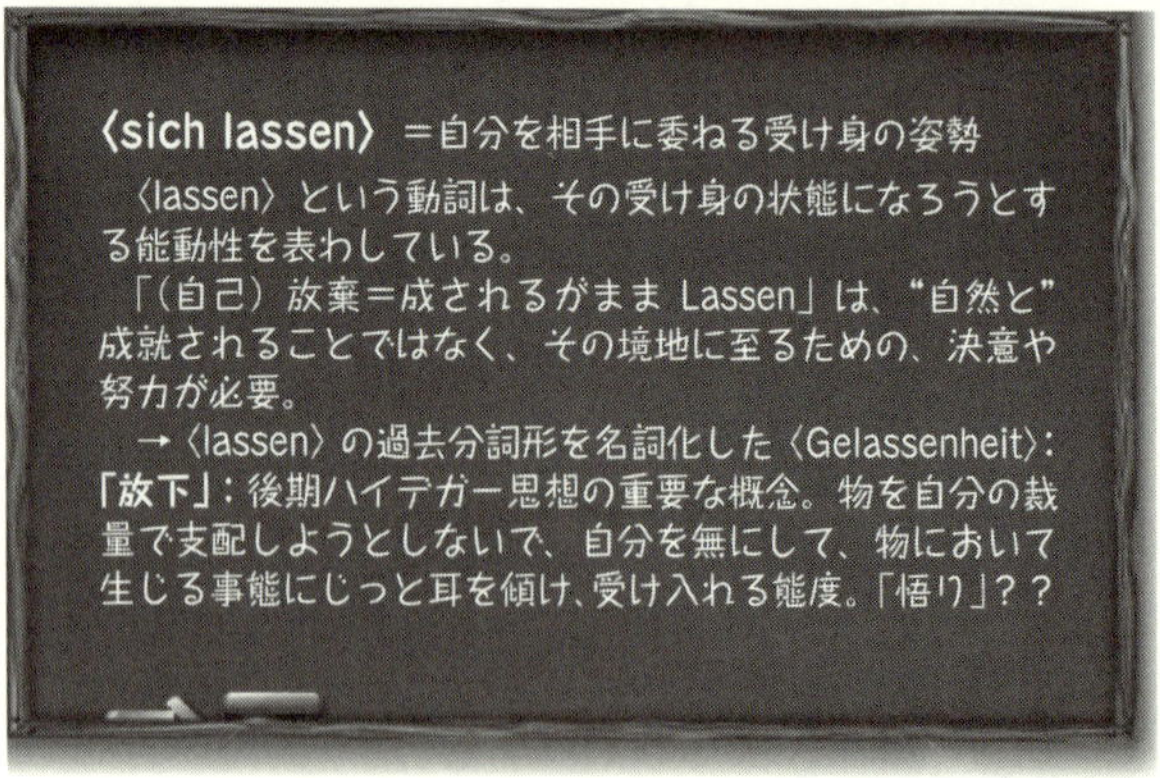
〈sich lassen〉＝自分を相手に委ねる受け身の姿勢
〈lassen〉という動詞は、その受け身の状態になろうとする能動性を表わしている。
「（自己）放棄＝成されるがまま Lassen」は、“自然と”成就されることではなく、その境地に至るための、決意や努力が必要。
→〈lassen〉の過去分詞形を名詞化した〈Gelassenheit〉：
「放下」：後期ハイデガー思想の重要な概念。物を自分の裁量で支配しようとしないで、自分を無にして、物において生じる事態にじっと耳を傾け、受け入れる態度。「悟り」？？

ックハルト（一二六〇頃－一三二四頃）のようなキリスト教神秘主義に由来する概念のようです。五〇年代半ばからしきりと、「放下」と言い出します。

話を「思索」に戻しますと、人間は通常は「存在」からの働きかけに対して必ずしも素直に応じているわけではなく、ある程度自分勝手な意識で振る舞っているけれど、「思索」に際して、自らに対する主導権を「存在」に明け渡すべく受け身になること、「存在」の声に耳を傾けることに力を集中する営みだということでしょう。

思索は、ランガジュマン・パール・レートル・プール・レートル〔存在ニヨル存在ノタメノ参入活動〕である。この二つのこと（〔「パール」・エ・「プール」〕（〔「ニヨル」ト「ノタメ」〕））を一つにまとめて言い述べることが、言語上可能なのかどうかを、私は知らないが、一つにまとめて言い述べれば、つまり、こうなる。パンセ・セ・ランガジュマン・ドゥ・レートル〔思索スルコト、ソレハ存在ノ参入活動デアル〕、と。この場合に、「ドゥ・ル……」〔「何々ノ」〕という属格を表す語は、この属格が主格的属格であると同時に目的格的属格であることを表現すべきなのである。その際、「主観・主格」とか「客観・目的格」とかは、形而上学の作り出した不適切な題目であって、この形而上学が、西洋的「論理学」と「文法学」の形態において、早い時期から、言葉の解釈を強引に支配してしまったのである。

カタカナで表記している箇所が、原文でフランス語で書いてあるところです。サルトルをもじった言い方になっています。「存在ニヨル存在ノタメノ参入活動」の原文は、〈l'engagement par l'Être pour l'Être〉です。〈engagement〉はサルトルの「アンガジュマン」を念頭に置いているのでしょう。今ではあまり使われなくなりましたが、「アンガジュマン」とは、知識人などが社会的・政治的な重要問題に、専門の枠を超え、自分の全実存を懸けコミットすることですね。サルトルは『実存主義とはヒューマニズムである』でこの言葉を積極的な意味で使っています。「私たちは、アンガジュマンとの関係においてのみ人間を定義する」とさえ言っています。

ただ、英語の〈engagement〉が「婚約」とか「約束」とか「従事させること（採用）」などの意味であるように、フランス語の〈engagement〉も元来、日常会話で使われる普通の言葉で、動詞形の〈engager〉は、「誓う」とか「コミットする」「関与する（させる）」「雇う」「差し込む」「開始する」などの意味です。ハイデガーは意図的に、〈engagement〉をサルトル的な政治的な意味ではなく、「コミットすること」という程度の軽い意味で使っています。当然、サルトルは、「アンガジュマン」を、「存在」に直接関係付けたりしません。

ポイントになっているのは、フランス語の二つの前置詞ですね。〈par〉は、英語の〈by〉に、受動態の動作主を表わす〈by〉、ドイツ語だと〈von〉に相当します。〈pour〉は英語の〈for〉、ドイツ語だと〈für〉に当たります。「思索」は、「存在によって引き起こされるアンガジュマン」であると同時に「存在のためのアンガジュマン」ということですね。前者の場合、ここまでの議論の流れに沿って、「存在」が人間を［思索→行為］へと導いているというニュアンスが出ますね。それを前提にすると、後者、現存在としての人間が「存在」の成就のために身を乗り出すことも、実は純粋な、無からの自発性によるのではなく、「存在」によって誘導されてのこと、ということになるでしょう。

「一つにまとめて」というのは、この二つの前置詞をまとめて一つの前置詞で表わす、という話です。フランス語は、彼の母国語ではないので、ちょっと迷ってみせたうえで、敢えてまとめると、〈penser, c'est l'engagement de l'Être.〉、「思索すること、それは存在のアンガジュマンである」となるのではないか、というわけです。英語の〈of〉に当たる〈de〉で、二つの前置詞をまとめてみたわけです。

「主格的属格」と「目的格的属格」というのは、ドイツ語、ラテン語など、格変化のある西欧語の文法を詳しく学ぶと必ず出てくる文法用語です。「属格」というのは、所有格のことです。ラテン語やドイツ語は、その語の文の中での役割に従って格変化という語形変化をします。ラテン語は厳密に言うと七つ、実質的には五つの格、ドイツ語には四つの格があります。主格、属格、与格、目的格の四つで、与格は英語の間接目的語のようなものだと思っておいて下さい。属格は通常、形容する語に後ろからかかります。例えば、その男（the man）は、主格（主語）だと〈der Mann〉ですが、属格だと、〈der Sohn des Mannes（その男の息子）〉というように変化します。そこで、後ろにある属格の名詞と、それがかかっている前にある名詞はどういう関係にあるのか、という問題が生じます。

英語で言うと、〈of〉で二つの名詞を繋ぐ際、前の名詞が動詞的な性格のものである場合、後ろの名詞はそれとどういう関係にあるのか、後者は前者の主語なのか目的語なのか、という問題です。例えば、〈deconstruction of the text（テクストの脱構築）〉という文があったとします。普通なら「テクストを脱構築すること」という意味でしょうが、後ろが〈text〉ではなくて、〈deconstruction of Derrida〉なら、「デリダによる脱構築」という意味だと考えるのが普通ですね。その延長で考えると、〈text〉は人間ではないけれど、「デリダ」と同じように、「脱構築する」主体のようなものとして想定されているのかもしれない。それを「目的格的属格」「主格的属格」というように区別します。

フランス語や英語の場合、ドイツ語と違って、格変化がはっきり語形に現われないのですが、前置詞の〈de〉や〈of〉は、属格とほぼ同じ機能を果たします。で、〈par〉と〈pour〉を〈de〉でまとめてしまって、〈l'engagement de l'Être〉という表現をする場合、〈l'Être〉は〈l'engagement〉の「目的格（語）」か「主格（語）」かという問題が生じるわけです。こういう文法的な説明をしなくても、「存在のアンガジュマン」という抽象的な表現を使う場合、「存在がアンガジュマンする」のか、「存在をアンガジュマンさせるのか」という疑問は素朴に出てきますね。確かに、常識的な哲学者であれば、「『存在のアンガジュマン』と言うのであれば、存在はアンガジュマンの主語か目的語か」、と言うでしょう。そういう予想されるリアクションに対して、いや、主語（主体）か目的語（客体）かどちらかしかない、というのは西欧を支配してきた形而上学の発想だ、プラトン以前のギリシア的な「思索」においては、人間と〈physis〉はどちらかが一方的に主体でどちらかが一方的に客体であるとは言えないような関係にあったではないか、と言っているわけです。

言葉を文法学から解放して、もっと根源的な本質構造のなかへと置き入れることは、思索と詩作に取っておかれている。思索は、たんに、現状の状況に属する現実的なものという意味における存在者のために、また、その存在者によって、ランガジュマン・ダン・ラクシオン〔行動ノナカヘト参入活動ヲスルコト〕にすぎぬのではない。思索することは、存在の真理による、存在の真理のための、ランガジュマン〔参入活動〕なのである。その存在の歴史は、けっして過ぎ去ってはいずに、その歴史は、いつも間近に切迫している。存在の歴史は、どんなコンディシオン・エ・シテュアシオン・ユメンヌ〔人間的ナ条件ヤ人間的ナ状況〕をもみな、担いかつ規定している。

『形而上学入門』でも見たように、ハイデガーはラテン語文法を基準にした近代西欧諸国語の文法、及びそれと結び付いた哲学的なカテゴリーに批判的です。「詩作」が既成の文法に挑戦し、解体するというのは理解できますね。無論そこで、それによって存在の「根源的な本質構造 ein ursprüngliches Wesensgefüge」に突き行っていくと見るのか、抑圧されていた様々な差異があふれ出し、相互に戯れ始めると見るか、という大きな問題が出てきます。

「思索」≒「哲学」を、〈l'engagement dans l'action（行動へのアンガジュマン（関与））〉と見なすサルトル的な立場を全く認めないわけではないが、それは、特定の具体的な人物や事物に向かっての行動ということではなく、「存在」そのものに向かっての行動ということであるはずだ、と言っているわけです。〈Handeln（行為）〉に相当する〈action〉という言葉がフランス語で出てきましたね。サルトルが、〈condition et situation humaine（人間の条件と状況）〉における「アンガジュマン」について語っているけれど、それも「存在」というより大きな枠で捉え直すべき、ということですね。『実存主義はヒューマニズムである』の終わりの方に以下のような一節があります。人文書院から出ている伊吹武彦さん（一九〇一－八二）の訳から引用しておきます。

そのうえ、人間の本性という普遍的本質を個々の人間に発見することは不可能であっても、しかも条件という人間的普遍性は存在するのである。現代の思想家たちが、人間の本性よりもむしろ好んで人間の条件について語るのは偶然ではない。彼らが条件という言葉によって意味するのは、明瞭さに差はあっても、世界における人間の基本的状況を素描する先験的な限界の全体である。歴史的状況はさまざまに変化する。変化しないことは、人間が世界内に存在し、そこで仕事をし、他人のなかに生き、やがては死ぬという必然である。限界は主体的でもなく客体的でもない。それはむしろ客体的な面と主体的な面とをもつ。

「世界内存在 être dans le monde」に言及していますね。この箇所だけ見ると、ハイデガーの「世界内存在」としての現存在理解とどこが違うのか、という気もしますね。だからこそ、自分の「存在論」の場合、「アンガジュマン」と言えば、「存在のアンガジュマン」だと強調する必要があるのでしょう。本文に戻ります。

思索のいま言われた本質を純粋に経験すること、つまりは思索のそうした本質を同時に遂行すること、これらのことを私たちがまず学び取るためには、私たちは、思索の技術的解釈から、自由にならなければならない。この思索の技術的解釈の発端は、プラトンとアリストテレスにまで遡るのである。思索そのものが、そこでは、テクネー〔技術的知〕、つまり、なにかを為したり作ったりすることに役立つべき考量の仕方と、見なされている。考量するということは、ところでここでは早くも、プラークシス〔実践〕とポイエーシス〔制作〕のほうに視点に定めることにもとづいて、看取されている。したがって、思索することは、それがそれ自身だけで切り離されて解されるならば、「実践的」ではないことになる。

「思索」と「存在」の本質的な連関を把握すべきだと強調したうえで、世の中で流布している間違った「思索」理解として、「思索（思考）の技術的解釈」をクローズアップしているわけですね。ややこしそうに見えますが、ポイントは簡単です。人間にとって価値があるもの、役に立つものを実現するために人間は「考える」、という発想です。簡単に言うと、「思考」を目的実現のための「技法 technē」と見る見方です。無論、この場合の〈technē〉というのは、前回見たような、〈physis〉の力と渡り合い、「存在」を樹立する知恵というような、ソフォクレス的な意味ではなく、私たちが通常使っているような意味での「技術」、用途別の道具の使い方です。そういう意味で〝技術〟化した「思考」は、「プラクシス（実践）」や「ポイエシス（制作）」と不可分になる。無論、この場合の「プラクシス」や「ポイエシス」も〝技術〟に組み込まれたもので、人間の生活を豊かにする有益な営み、ということでしょう。

そういう前提で考えると、確かに、「実践」から切り離された「思索」は、それが目指しているはずの結果を得られない空論ということになるでしょう。だから現代では、「存在」について「思考」するなどということは、何ら具体的な結果に繋がらない不毛な観念論扱いされてしまいます。

> 思索をテオーリア〔観想的理論〕として特徴づけることと、認識作用を「理論的」態度として規定することは、すでに思索の「技術的」解釈の内部で起こっていたのである。そうした特徴づけないし規定は、行為することや為すことと区別して、思索することをなおも自立的状態のうちへと救い出そうとする、反動的な試みなのである。それ以来、「哲学」というものは、「もろもろの学問科学」の面前でみずからの存在を正当化しなければならないという不断の苦境のうちにある。哲学がみずからの存在を正当化することは、哲学が自分自身を学問科学の位階にまで高めることによって、最も確実になされるはずだと、哲学は勝手に思い込んでいる。しかし、こうした努力は、思索の本質の放擲《ほうてき》である。哲学は、もしも自分が学問科学でないとすれば、名望と威信を失うのではないかという恐怖によって、駆り立てられている。哲学が学問科学ではないかもしれないということは、非学問性と等値される欠陥と見なされているのである。思索の境域としての存在は、思索の技術的解釈のうちでは、放擲されてしまっているわけである。

英語の〈theory〉の語源であるギリシア語の〈theoria〉は、元々「見ること」という意味で、そこで現に起こっていることから距離を取って局外からじっと観察する、当事者にならないで冷静に見るという意味があります。アリストテレスが究極の理想とした〈bios theōrētikos（観想的生活）〉とは、「実践」から距離を置いて、哲学的な思弁に専念する生活です。「思索」をそうした静的で現実と直接関わらない「観想」と見る見方は、先ほどの〝技術〟的な「思考－実践」理解の中で生じたというのは、普通に考えると逆説的に聞こえますが、恐らく、何かの実利的な目的のために思考するというのが標準になって、そうした通常の「目的－手段」から解き放たれて、自由にいろいろ思い描ける、特権的な非実利的な「思索」、「哲学」もある、というようにイメージされるようになった、ということでしょう。だとすると、何か後ろめたい感じになりますね。まさに、ヒマ（scholē）がある人のためのお遊びのような感じに。社会に余裕があれば、許されるけど、みんなが経済的に大変な時に、そんな遊びにふけるのは許しがたい、ということになる。そこで、「哲学」は自分を「学問Wissenschaft」だ、他の「学問」を基礎付ける学問として社会の役に立っていると言って正当化しないといけなくなる。無論、その場合の「学問」というのは、〈physis〉の「力」と対峙する「知」というような、力動性を欠いた、分類されて大人しくまとまった知識の集積にすぎないでしょう。

ハイデガーが『存在と時間』を書いて、影響力を発揮するようになった前後に、ウィーン学団が旗揚げし、新カント学派のカッシーラーなども、科学の認識論的基礎付けを「哲学」の主要任務として追求するようになっていました。ハイデガーにしてみれば、それは本末転倒です。「哲学」は、私たちが通常使っている「学問」や「技術」といった概念が生まれるずっと以前、〈physis〉の圧倒的な力に立ち向かい、自分たちが「存在」できる領域、「世界」を勝ち取ろうとする営みから生まれてきたものであり、常に、「存在」をめぐる問いに立ち戻っていくべきはずなのに、現代の哲学者たちは、「学問」の中に入れてもらわないと哲学は生き残れないと言って心配している。こういう傾向はこの時代からあったんですね。

「存在」と「思索」の関係

二一頁の〔2　ボーフレの問いに対する書面による回答〕で、ボーフレから問い合わせがあったことが紹介され、〔3　ボーフレの第一の問いに触発されて――存在の思索と思索の境域〕以降、その問いに答えることが試みられています。邦訳では番号が付いていますが原文にはありません。

あなたは、こう問う。すなわち、コマン・ルドネ・アン・サンス・オ・モ・「ユマニスム」？〔ドノヨウニシテ、「ヒューマニズム」トイウ語ニ、アル意味ヲ与エ返スベキナノカ〕、と。この問いは、「ヒューマニズム」という語を堅持しようとする意図からきている。

――この問いは分かりやすいですね。ボーフレの問いは、「ヒューマニズム」という言葉に何とか意味を与えるべきということを前提にしているのではないか、というわけです。ハイデガー自身は巷に溢れている「○○主義」にあまり意義を見出さない、ということですね。そういうのは公共的意見の市場で、他人の意見と競い合って、自分を売り込むことにすぎない。ハイデガーは『存在と時間』以来、「公共性」とか、公衆向けのアピール競争とかをものすごく否定的に見ています。これはいかにも、という感じですね。

では、主義の人気競争ではなくて、ちゃんとした「学」ならいいのかというと、「『論理学』、『倫理学』、『自然学』といったような名称でさえも、根源的な思索が終わりに至るや否や、初めて登場してきたものなのである」と言って、学問名を付けて、自分のやっていることを正当化すること自体が本質からズレていると示唆していますね。恐らくアリストテレスの著作集に出てくる「論理学」「倫理学」「自然学 physika」「形而上学 metaphysika」などの区別は、本人によるものではなく、後代編集された際に付けられたものであることが有名なので、それにかけているのでしょう。

――ギリシア人たちは、その偉大な時代においては、このような題目なしで、思索をしたのであった。ギリシア人たちは、その思索を、「哲学」とさえ名づけなかったのである。

「哲学」は職業的な哲学者によって制度的に維持される学問の一領域ではなくて、人間にとってもっと根源的な営みだと言いたいわけですね。だから、「哲学」と言う代わりに、「思索」という言い方をする。木田元さんが「反哲学」という言い方をしていたのは、ハイデガーの制度的な「哲学」に反発する姿勢の影響を受けてのことでしょう。

「思索」の「境域 Element」という言い方をしていますね。

――思索がみずからの境域から離れ去るならば、思索は終わりに至る。境域とは、それにもとづいてこそ思索が思索であることを成就するゆえんのものである。境域とは、本来的に成就させるものであり、すなわち、成就させる能力である。

通常の日本人は、英語の〈element〉は「要素」「元素」という意味だと習ってそれで納得してしまうのですが、この語は近代初期には、「あるものの固有の、あるいは自然の環境」という意味でも使われるようになりました。万物は、土、空気、火、水の四大「元素」のいずれかを自らの住処とするという考え方が元にあって、それを四つに限定せず、もっと一般化したものと見なすようになったところから来ているようです。ドイツ系の哲学では、この意味で〈Element〉という言い方をすることが多いです。

ハイデガーはここで、「思索」という営みにもそれがうまく活動するのに適した領分があるはずだと言っているわけです。その「境域」は、単なるニュートラルな領域であるわけではなく、「思索」の活動にエネルギー補充をしてくれる。それは当然、「存在」でしょう。

> 思索とは、端的に言えば、存在の思索である。存在〈の〉思索と言われるときのその〈の〉という属格は、二つのことを言っている。思索は、存在によって呼び求められて促されて、存在へと聴従し帰属するものであるかぎり、思索は、存在〈が〉なすところのものなのである。それと同時に、思索は、存在に聴従し帰属しつつ、存在へと耳を傾け聴き入るかぎりでは、存在〈を〉思索するものなのである。

「存在の思索」の〈の〉という属格というのは、先ほどの「存在のアンガジュマン」のところで出てきた、属格の二重の解釈の可能性のことです。「存在に聴従する」という言い方は、神秘主義的に聞こえますが、ここには言葉遊び的な含意があります。「聴く」という意味のドイツ語〈hören〉は、「帰属する」という意味の〈gehören〉と同じ系統の言葉です。これと同じ系統の〈hörig〉という形容詞は、前々回出てきたように、「隷従している」とか「拘束されている」「依存している」という意味です。ハイデガーは、この三つの言葉の連関を引き出すような言葉遊びをしているわけです。ハイデガーはちゃんと説明していないですが、「聴く」ということが、命令とか指示、メッセージを受け取るということを含意していて、それによって、その発信源に従属し、その発信源の領域に属している、ということをも含意している、と考えることはできますね。

あと、「存在」をめぐって「思索する」という場合、「思索（する者）」は、自分自身が既に「存在している」ものとしてのステータスを、「存在」それ自体によって付与されており、自分は「存在」という「境域」の外部にいることはできないし、自分が「思索」しているという事実自体が、自分を「存在」せしめた何か、「存在」それ自体によって引き起こされた可能性があります。その意味で、「思索」が「存在」に属しており、かつ、「存在」に従属させられ、依存している、「存在」からの自分に与えられた役割に従っている、と見ることはできるわけです。ハイデガーはそれを、言葉遊びを入れた、断言調で表現しているので、哲学は文学的な言葉で表現すべきでないと思っている人は、ひっかかってしまうわけです。無論、そういう観点から表現の仕方が悪いと非難すると、それは、プラトンによる「哲人王の王国」からの詩人追放を真に受けている人の偏見だ、パルメニデスやヘラクレイトスの〝哲学〟の言葉は、ホメロスやソフォクレスのそれと地続きだったろう、と反論することでしょう。

二二三～二二四頁にかけて、「存在」に関する「思索」の関係には、「愛する lieben」とか「好む mögen」という性質が含まれる、ということが指摘されていますね。

> このような好む働きこそが、成就させる能力の本来的本質なのであり、この成就させる能力は、たんにあれこれのことをやってのけることができるだけではなく、むしろ、なんらかのものをその由‐来において「生き生きとあり続ける」ようにさせることができる、つまり、存在させることができるのである。好む働きのもつ成就させる能力こそは、その「力によって」なんらかのものが本来的に存在することを成就するゆえんのものなのである。このような成就させる能力が、本来的に「可能にするもの」である。つまり、「可能にするもの」とは、その本質が好むことのうちに存するもののことにほかならない。このような好む働きにもとづいて、存在は、思索を成就させる。存在が、思索を、可能にするのである。存在は、成就させ‐好むものとして、「可能‐にするもの」である。存在は、境域として、好み成就させる能力の、すなわち可能的なものの、「静かな力」である。

ここはかなり言葉遊びをしています。まず、「好む」と訳されているドイツ語の動詞〈mögen〉ですが、これは英語だと〈may〉に当たる「～してよい」とか「～かもしれない」という意味の助動詞としても使われます――ドイツ語の助動詞は、動詞としても使われることが多いです。その形容詞形〈möglich〉は、「～可能である」、英語の〈possible〉の意味です。また、〈ver-〉という接頭辞を足して、〈vermögen〉とすると、「～する能力がある」という意味になります。あるいは、「～を成就する」「～実現する」という意味です。これを名詞化した〈Vermögen〉は、「能力」とか「財産」という意味です。この箇所では、「成就させる」「成就させる能力」といった訳語が当てられています。「このような好む働きこそが、成就させる能力の本来的本質なのであり」は、原文では、〈Solches Mögen ist das eigentliche Wesen des Vermögen...〉となっています。〈Mögen〉と〈Vermögen〉の言葉遊びですね。後者の方は、「能力」という意味にも「成就すること」の意味にも取れるので、両方を兼ねたような訳語にしているのでしょう。

「能力」「可能性」「成就」は［dynamis － entelecheia］系の概念だし、アリストテレス抜きでも、相互に関係しているのは分かりますね。「可能性」を所有することが「能力」であり、「可能性」があるからこそ「成就」ということがあるわけです。「好む」は異質ですが、これも各存在者と「存在」の繋がりを前提に考えると、現存在としての人間には、他の存在者や「存在」自体のことを、『存在と時間』の言い方を使うと、「気にかける für (um) ～ sorgen」必然性がある――拙著『ハイデガー哲学入門』をご覧下さい。つまり、「好き」とか「嫌い」という感情が働くということは、その事物との間に既に何かの密な関わりがあり、関心を持たざるを得なくなるのだ、と見ることができるわけです。ドゥルーズ＋ガタリ（一九三〇－九二）風に言えば、両者を結ぶ「欲望機械」が作用している、ということになるでしょう――『ドゥルーズ＋ガタリ〈アンチ・オイディプス〉入門講義』（作品社）をご覧下さい。欲望や関心は、自立した主体の中に純粋自発的に生じるという近代哲学的な見方に対抗する見方が、［欲望－可能性－能力］の繋がりを示唆する［Mögen → möglich → Vermögen］の言葉遊びに含意されていると見ることができます。

「本質 Wesen」に関しても言葉遊びがあります。少し後に出てくる「由－来」や「生き生きとあり続ける」との言葉遊びです。まず、「生き生きとあり続ける」と長く訳していますが、原語は〈wesen〉、これまで何回か出てきた〈Wesen〉の動詞形で、そこに居合わせながら生成する、「現成する」という意味でしたね。渡邊さんは、過ぎ去ることなく、「現前し続ける」というニュアンスがあると見て、「生き生きとあり続ける」と訳したのですが、これだと多少なりとも現象学を知っている人が、後期フッサールの「生き生きした現前 lebendige Gegenwart」と勘違いしてしまいそうですね。その後の「由－来 Her-kunft」というのは、〈Herkunft〉という単語が、「こちら（話者の方）に向かって」というニュアンスの接頭辞〈her-〉と、到来するという意味の接尾辞〈-kunft〉の組み合わせであることを強調するために間にハイフンを入れているわけですが、恐らく、

「本質」が最初から決まった在り方をしているわけではなく、私たち、現存在の方に向かって「やって来る」、現わしてくるものであることを暗示しているのでしょう。話の流れからして、当然、先ほどの「可能性↓欲望↓成就」の系列と関係していると見るべきでしょう。可能性としてのみあった「本質」が次第に、私たちの方に向かって到来＝現成してくるのを、「受け止める annehmen」――二三頁の終わりに、事象や人物を「世話する」という訳語が使われていますが、原語は〈annehmen〉で、これは素直に訳すと、「受け止める」ことです。私たちに与えられている「能力」は、そうした（諸「存在者」の）「本質」の「現成」を「成就」させるべく動員されるわけです。

「好む働きのもつ成就させる能力こそは、その『力によって』なんらかのものが本来的に存在することを成就するゆえんのものなのである」の原文は以下の通りです：Das Vermögen des Mögens ist es 》kraft《dessen etwas eigentlich zu sein vermag.

大文字の〈Kraft〉は、「力」という意味の名詞で、英語の〈force〉に当たりますが、ここで使われている小文字の〈kraft〉は、それから派生した「〜（の力）によって」という意味の前置詞です。この少し後の箇所に、名詞の〈Kraft〉も出てきますね。［Mögen → möglich → Vermögen］の系譜、特に、〈Vermögen〉に「力」が備わっていることを、強調したいのでしょう。

「静かな力 stille Kraft」というのは、訳注（39）で渡邊さんが指摘しているように、『存在と時間』の「可能的なものの静かな力 stille Kraft des Möglichen」という表現に由来します。『存在と時間』の七六節、現存在の歴史性を論じている文脈で、「歴史」が、現存在を取り巻く「可能的なものの静かな力」を開示するということが述べられています。「可能的なもの」は、まだ静的、潜在的な力しか示していないので、人間の「好む働きのもつ成就させる能力」が介入し、それが現実化するように促すわけです。

「可能的」とか「可能性」という私たちの語は、もちろん、「論理学」と「形而上学」の支配下においては、「現実性」との区別においてのみ思索されているにすぎず、すなわち、存在をアークトゥス〔現実性〕とポテンティア〔可能性〕と捉える一定の――形而上学的な――解釈にもとづいて思索されているにすぎず、

この後者の区別は、エクシステンティア〔現実存在〕とエッセンティア〔本質〕の区別と同一視されている。私が、「可能的なものの静かな力」について語るとき、私は、たんに表象されたポシビリタース〔可能性〕に属するポシビレ〔可能的ナモノ〕のことを考えているのではなく、また、エクシステンティア〔現実存在〕というアークトゥス〔現実性〕のエッセンティア〔本質〕としてのポテンティア〔可能性〕のことを考えているのでもなく、むしろ、存在そのもののことを考えているのである。

「可能性 Möglichkeit ＝ potentia ／現実性 Wirklichkeit ＝ actus」の区別が、「本質存在 essentia ／現実存在 existentia」の区別に重ね合わされてしまうことを問題視しているわけですね。「本質存在／現実存在」というのは、この講義でも何度か話題にしましたが、神の内に理念として存在している（だけ）か、事実として存在しているか、という中世の神学・哲学に由来する区別です。アリストテレスに由来するとされる「論理学」や「形而上学」では、そういう枠組みで考えることになる。そのせいで私たちは、「可能的なものの静かな力」を的確に把握できなくなっている、というわけです。分かりにくいのですが、恐らく、可能性として存在することを、抽象的理念としてアプリオリに存在しているという意味に解釈し、それを、既に現実的（固定的）に存在している状態に対置する発想ということでしょう。「観念／実在（物質）」の二元論で考えているということでしょう。それだと、「可能態（デュナミス）」に力のポテンシャルがあり、それによって現実へと現成していく、というアリストテレス＝ハイデガー的な展開は期待できません。前回、今回とお話ししたように、〈Wirklichkeit〉には、「働き Wirken」という意味も本来含まれているわけですが、二元論に考えると、その含意も生かされませんね。それで、二元論的な発想を否定しているのですが、ここでは「可能性」を再定義しているわけではなく、私は「存在」そのものについて語りたいのだという一般論で話を終えているので、分かりにくくなっているのだと思います。

因みにドゥルーズは、〈possible（可能的）／réel（実在的）〉という区分ではなく、〈virtuel（潜勢的）／actuel（現勢的）〉という軸で考えるべきことを提唱しています。〈virtuel〉はまだ全然実在していないということではなくて、はっきりした形で現われていない、顕在化していないけれど、他のものと混じった混沌とした状態で、既に何らかの作用を周囲に及ぼしている状態と考えればいいでしょう。無論、ドゥルーズは「存在」という概念を使わないようにするために、この新たな概念対を導入するわけですが。ハイデガーは、「可能態」の中に、〈physis〉としての「存在」が既に蠢いているという図柄で考えようとしているようですね。

哲学の営業活動と、公共性の否定、言葉の頽落

〔4　哲学の営業化・公共性の支配・言葉の荒廃・主観性の形而上学〕はタイトルから言いたいことは分かりますね。哲学の営業活動を嘆いているわけです。

哲学は、徐々に、最高の諸原因にもとづいてものごとを説明してゆく技術になり果てる。世間のひとは、もはや思索をしない。そうではなく、むしろ、世間のひとは、「哲学」と称する営業に従事する体たらくとなる。このような営業活動がいろいろと競争し合うなかにあっては、それらの営業活動は、次には、我れこそは、何々イズムという主義主張であると、公共的に自分を売り込んで、こうして、相互に凌駕し抜こうと張り合うことを試みるのである。こうした何々イズムという主義主張の題目が支配するようになるのは、偶然ではない。そうした支配は、公共性のもつ特有の独裁力にもとづいており、とりわけ近代においてはそうである。

先ほどの話の復習ですね。自分は何々主義と看板を掲げて、〝哲学〟は商売をしなければならない。そうした状況を生み出した近代の「公共性」を否定的に見ているわけです。ただ、ここではその先があります。

しかしながら、だからといって、それとは逆のいわゆる「私的実存」が、それだけでもう、本質的な、つまり、自由な人間存在であるわけではない。私的実存は、たんに、かたくなに公共的なものの否定に固執しているだけである。私的実存は、あくまで公共的なものに依存した取り木にとどまっており、公共的なものからたんに後退することによってそれ自身を養っているのである。私的実存は、こうして、自分自身の意思に反して、公共性への隷属を証言している。

公共圏が商売で満ち溢れているのであれば、自分は「私的実存 private Existenz」の中で思索すればいい……

〝哲学者〟はそう考えがちです。ハイデガーもその手の〝哲学者〟と見なされがちです。しかし彼はそういう態度を批判しているわけです。引きこもってしまうことは、「公共的なもの」が私たちの生を支配することを容認する、否むしろ、支配されていることになる。「公共的なもの」の支配が直接及ばないところを探して、そこを自分の住処にしているわけですから。フランクフルト学派的な言い方をすると、外に出て肉体労働しなくても生活できるだけの財産のゆとりのあるブルジョワ社会の余計者・年金生活者だからこそ、自己満足的に内面に引きこもっていられるということになるでしょう。アドルノは教授資格論文『キルケゴール・美的なものの構築』(一九三三)で、外界から引きこもったキルケゴールの「内面性」が、資本主義的な欲望と表象の体系によって支えられていることを明らかにしています。因みにキルケゴール自身も「公衆」を批判する議論を展開しています。とにかく、ハイデガーは引きこもって、思弁にふけるのを〝哲学者〟にふさわしい態度だと思っていないことは確かです。

引きこもりの「内面性」を、「私的実存」と呼んでいるのは、実存主義への皮肉でしょう。サルトルは「アンガジュマン」を提唱しますが、キルケゴールのように、内面に引きこもることを自らの実存として追求する人もいる。無論、ハイデガーからしてみれば、サルトルのように、「アンガジュマン」を声高に主張する、外的実存も、公共圏での「〜イズム」争いに参入することでしかないでしょう。

> この公共性それ自身は、ところが実は、存在者の開けを、あらゆるものの無制約的対象化へと向けて、整序し始め、かつ、そうすることの権限を打ち立てようとしている。しかもこの整序開始と権限樹立は、主観性の支配に由来するものであるために、形而上学的に制約されているのである。それゆえに、言葉は、人々の間のいろいろな交通路の媒介に奉仕するだけの手段になり下がり、その交通路の上では、あらゆる事柄を、あらゆる人々に対して、一様に接近可能にすることとしての対象化という働きが、いかなる限界をも無視して、広がってゆくのである。

「公共性 Öffentlichkeit」も、「存在者の開け Offenheit des Seienden」の仕方の一種だということですね。「開け」というのは、覆いを取られて光の中に現われ出ること、アリストテレス＝ドゥルーズ的な言い方をすると、

ハイデガーの「公共性」：特別な「開け」。

「主観性の支配 Herrschaft der Subjektivität」に由来する「整序開始と権限樹立 Einrichtung und Ermächigung」と、それに対応する、「あらゆるものの無制約的対象化 die unbedingte Vergegenständlichung von allem」

⇒　簡単に言うと、合理主義的・一元的な世界管理

※**アドルノ**：「物象化 Verdinglichung」に基づく諸主体の「同一化 Identifikation」。

現代の"公共圏"における「ひと」の均質化は、キルケゴール、ハイデガー、アドルノといったかなり異なったタイプの思想家にとっての共通の関心事。

※※**アーレントの公共性**：「（言語）活動」を通して事物に対するパースペクティヴの「複数性 plurality」が増殖されていく「共通世界 common world」に根ざす。ハイデガーの公共性とは、対照的。

潜勢（可能）態から現勢（現実）態へと移行することです。綴りを見て分かるように、〈Öffentlichkeit〉と〈Offenheit〉は同じ系統です。英語の〈open〉に相当する〈offen〉という形容詞がベースになっています。

ただ、「公共性」というのは、特別な「開け」のようですね。その特徴は、「主観性の支配 Herrschaft der Subjektivität」に由来する「整序開始と権限樹立 Einrichtung und Ermächigung」と、それに対応する、「あらゆるものの無制約的対象化 die unbedingte Vergegenständlichung von allem」です。簡単に言うと、合理主義的・一元的な世界管理ということです。つまり、人間がどのように対象を見るべきか、どういう種類のものに遭遇したら、どこに注目しどういう情報を確認すべきか知覚の様式を確定する、だから当然、諸対象から成る世界は、画一的に認識・加工可能という意味で、人為的に構成される。アドルノだったら、「物象化 Verdinglichung」に基づく「同一化 Identifikation」と呼ぶ現象です。物の見え方が画一化されているので、「ひと」と同じように語ることに抵抗はないわけですね。「言葉」は、同じように物を見ている、無個性の「ひと」同士の意志伝達の透明な媒体と見なされるようになり、可能態から現実態への移行に関与する創造的な力のようなものは失われてしまう。アーレントの言う、「(言語) 活動」を通して事物に対するパースペクティヴの「複数性 plurality」が増殖されていく「共通世界 common world」とはかけ離れているようです。現代の〝公共圏〟における「ひと」の均質化というのは、キルケゴール、ハイデガー、アドルノ、アーレントといったかなり異なったタイプの思想家にとっての共通の関心事だったようです。

――このようにして、言葉は、公共性の独裁に隷従してゆく。この公共性は、

何が理解可能なことであるのか、そして何が理解不可能なこととして却下されねばならないのかを、あらかじめ決定している。『存在と時間』（一九二七年）の第二七節と第三五節において「世人《せじん》」について言われた事柄は、たんに社会学への付随的な寄与を提供しようとするつもりのものでは断じてないのである。同様にまた、「世人」は、たんに、個々人の自己存在の対極を成す倫理的－実存的に理解された反対像を意味しているのでもない。そこで言われた事柄に含蓄されているのは、むしろ、言語が存在へと原初的に帰属している点を、存在の真理への問いにもとづいて思索しつつ指摘することなのである。言語が存在へと原初的に帰属しているというこの関わりは、公共性というありさまで自分を呈示してきている主観性の支配のもとでは、隠されたままにとどまっている。

「世人」という訳に変わっていますが、原語は先ほどと同様に〈man〉です。「公共性（圏）」が、「ひと」にとっての理解可能／不可能の基準を提供しているということですね。「理解不可能」なことを言う奴は、ひとではない。これは、フーコーの「規範＝正常化 normalisation」や、「主体＝従属化 assujettissement」に近いテーマですね。

「倫理的－実存的」というのは、恐らくキルケゴールとかヤスパースのような「実存」観のことでしょう。ただハイデガーは、『存在と時間』での〈das Man〉論は、単に人間の実存の望ましくない在り方を、社会学的あるいは倫理学的に描写したわけではないことを断っていますね。「言語が存在へと原初的に帰属している点を、存在の真理への問いにもとづいて思索しつつ指摘」したかったというわけですが、要するに、言語が、現存在≒主体の思い通りになる所有物ではなく、現存在の方が「言語」によって語らせられ、存在が自らを開け開く運動（〈pyhsis〉）に巻き込まれ、半ば強制的にその運動の完成者にさせられる、ということを明らかにするため、現存在≒主体の〝意図〟が確立する前に、言葉が独り歩きする、公共圏という現象について考察した、ということでしょう。「公共圏」は考察の手がかりとしての意味は一応あるわけですね。

フランス系の現代思想だと、「エクリチュール」とか「言説」とか「構造」の問題として考えるところを、ハイデガーは、「言語」を介して「存在」が語る、と考えるわけですね。フーコーとかバルト（一九一五－八〇）であれば、公共圏での「ひと」の言説を分析する手法を見出そうとするのかもしれませんが、ハイデガーは、そこでは、画一化された「主観性」による支配があまりにも強いので、あまり拘っても、言語の存在への帰属は見えてこないので放棄した、わけですね。

二七～二八頁にかけて、「近代の主観性の形而上学」の支配の下で、「言葉」がその本来の位置から頽落し、事物を支配するための道具に成り下がっていることと、「存在の真理の家」としての「言葉」はなかなか自らの「本質 Wesen」を見せてくれない、ということが述べられています。

> けれども、もしも人間がもう一度、存在の近さのうちへと行き着くべきであるとするならば、そのとき人間は、名前では言い尽くしえぬ名伏し難いもののなかに実存することを、まずもって学ばなければならない。そのとき人間は、公共性による誘惑も、また私的なものの無力をも、ともに等しく、認識しなければならない。そのとき人間は、自分が語り出すまえに、なによりもまず、自分を放棄して存在によって再び語りかけられ要求されるままの状態にしなければならない。

「名前では言い尽くしえぬ名伏し難いもののなかに実存する im Namenlosen zu existieren」、というのは一見、匿名化された「ひと」の在り方と同じように聞こえますが、ここでハイデガーが言わんとしているのは、恐らく「公共圏」で蠢く人や私生活に引きこもっている人にはまだ、形式的なアイデンティティと居場所が与えられているけれど、それさえも取り去られて、本当によるべがなくなって、「存在」からの呼びかけに応じざるを得ない立場に置かれている、ということでしょう。「自分を放棄して存在によって再び語りかけられ要求されるままの状態に（する）」の原文は、〈vom Sein sich wieder ansprechen lassen〉という形になっています。ここも、先ほどと同じ、中動相っぽい〈sich lassen〉構文です。やはり自分を無にして、存在からの働きかけを受け入れ、そのメッセージを伝える容器になる、という禅っぽいイメージですね。〈ansprechen〉という動詞は、通常は「話しかける」「お願いする」「印象付ける」という意味です。言葉で、働きかけるということですね。

〔二　ヒューマニズムに関する批判的考察の開始〕に入ります――この章番号のようなものも原文にはついていません。「人間」の本質をいかに定義するかという問題に少しずつ入っていきます。

「気遣い Sorge」：英語で言うと〈care〉、「〜のことを気にする」という意味合い。

デカルト的な「主体ー客体」関係：先ず自己意識を持った「主体」が確立しており、自らの関心や欲求に従って、「客体」の存在を察知し、自分の認識枠組みに従って、認識する。

⇅

ハイデガーの「気遣い」：本人が気づく前に、既に何かの方を向き、働きかけ、関わりを持っているような関係の仕方。主体としての自覚の前に関わり、主客一体となった動きが既に生じていて、それに後から気付く　→　その気付きと共に、主体としての自覚も生じる

↓

その先行性を指摘するだけに留まらず、周囲の事物や人間との関わりに「気遣い」に気付くことを通して、自己の存在の本質について「気遣う」ようになる、という基礎存在論的な方向へ。

けれども、人間に対して語りかけてくるこの要求のうちには、つまり、人間をしてこの語りかけてくる要求に応ずる構えを整えさせようとする試みのうちには、人間のために骨折ろうとする努力が含まれているのではないであろうか。「気遣い」というものは、人間を再び人間の本質のうちへと連れ戻そうとする方向に向かって進む以外に、いったいどこに向かって進むであろうか。ということは、とりも直さず、人間（ホモー）が、人間的（フーマーヌス）なものとなってゆくということ以外の何を意味するであろうか。

「気遣い Sorge」は、英語で言うと〈care〉、「〜のことを気にする」という意味の単語です。〈sorgen〉はその動詞形です。『存在と時間』でハイデガーは、〈Sorge〉系統の言葉を、デカルト的な「主体－客体」関係を相対化するために使っています。つまり、まず自己意識を持った「主体」が確立しており、自らの関心や欲求に従って、「客体」の存在を察知し、自分の認識枠組みに従って、認識するという図式です。それに対して、「気遣い」というのは、本人が気付く前に、既に何かの方を向き、働きかけ、関わりを持っているような関係の仕方です。主体としての自覚の前に関わり、主客一体となった動きが既に生じていて、それに後から気付く、その気付きと共に、主体としての自覚も生じる。これはプラグマティズム、特にデューイ（一八五九－一九四五）の自己意識論に近い見方で、ヒューバート・ドレイファス（一九二九－二〇一七）のようなアメリカの研究者は、ハイデガーをプラグマティズム的に理解しています――デューイの自己意識論については、拙著『プラグマティズム入門講義』（作品社）をご覧下さい。もっとも、ハイデガーの「気遣い」論は、そうした「気遣

い」の先行性を指摘するだけに留まらず、周囲の事物や人間との関わりに「気遣い」に気付くことを通して、自己の存在の本質について「気遣う」ようになる、という基礎存在論的な方向へと話を進めていきます。

〈Mensch = homo（人間）〉が〈menschlich = humanus（人間的）〉になるという言い方は、同義反復的に聞こえますが、これは恐らく、単に生物学的に「ヒト」であるにすぎないものが、自らの存在の意味を問うことで、「人間らしく」なっていくということでしょう。ハイデガーにとっては、自らの「存在」についての「問い」を探究し、自己の被投性の意味を受け止め直してこそ、他の動物とは異なる人間らしさを発揮する「現存在」です。ここでは、「現存在」らしさを「人間らしさ」に言い換えているのでしょう。渡邊さんが「人間性」と訳している［Menschlichkeit = humanitas］とはむしろ、「人間らしさ」でしょう。因みに、〈humanitas〉というラテン語は元々、古代ローマの市民たちが、「市民（人間）」として身に付けておくべき基本的な教養のことでした。

しかしながら、人間の本質は、どこから、また、いかにして、規定されるのであろうか。マルクスは、「人間らしい人間」が認識され、承認されることを、要求する。マルクスは、人間らしい人間を、「社会」のうちに見出す。「社会的」な人間が、マルクスにとっては、「自然的」な人間である。「社会」のうちでこそ、人間の「本性」、すなわち、「自然的な欲求」の全体（食物、衣服、生殖、経済的暮らし）が、均衡のとれた仕方で確保される。キリスト者は、人間の人間性、つまりホモー〔人間〕のフーマーニタース〔人間性〕を、デイタース〔神性〕と区別して区画づけつつ、見て取る。人間は、救済史的に「神の子」として、人間なのであり、その「神の子」は、父が語りかけてくる要求を、キリストのうちに聴き取り、その要求を背負うのである。人間は、この俗世のものではないのであり、それというのも、この「俗世」は、観想的－プラトン的に思索されれば、あくまでも、ただ、彼岸に至るためのかりそめの通路にすぎないわけだからである。

人間の本質を、自然的な欲求の面から規定しようとするマルクス主義と、神の子であることに見ようとするキリスト教のことが紹介されていますが、どちらもハイデガーはあまり評価してなさそうですね。

〈humanitas〉の理念の歴史と形而上学

〔8　ローマ・ルネサンス・近代ドイツのヒューマニズム〕では、〈humanitas〉の理念の歴史について述べていきます。古代ローマの〈humanitas〉は、あまり人間らしくない「野蛮人 homo barbarus」に対して、「人間らしい人間 homo humanus」であるローマ人の特徴として強調されていた、ということですね。中身としては、後期ギリシアの〈paideia〉を継承したものだということですね。〈paideia〉とは、「教育学」という意味の英語〈pedagogics〉の語源で、「教育」とか「養育」「教養」という意味ですね。ハイデガーは〈Bildung（教養）〉という言葉で置き換えています――〈Bildung〉というドイツ語の原義は「形成」です。

ここでは言及していませんが、ハイデガーは前回お話しした「真理についてのプラトンの教説」や「真理の本質について――プラトンの洞窟の比喩と『テアイテトス』」では、洞窟に繋がれ臆見に囚われている囚人たちのまなざしを、真理＝隠蔽されていないもの（アレテイア alētheia）に向け変えてやるのが、〈paideia〉であると述べています。そして、「イデア」を物の見え方（doxa）であるという元の意味から、事物の本来の姿（理想）という意味に変質させたうえで、それを見ることができるように人間を形成するのを目指すようになったことが、プラトンにおける形而上学の始まりであると同時に、理想の人格の「形成」、完成を目標とする「ヒューマニズム」的な「教養」の始まりである、とも述べています。「教養＝人格」という言葉から、普通のドイツ人はポジティヴなイメージを抱きますが、ハイデガーにとっては、「存在」の力動性を捉え損なったプラトン的形而上学の産物にすぎないわけです。

後期ギリシアの〈paideia〉というのは具体的には、各種の学校で教えられた、数学とか弁論術、文献読解など、ローマ時代末期から中世にかけて、自由七科と呼ばれるようになった、今の教養科目の元祖のようなものを指すようです。民主制を支えるに相応しい市民の養成を目指した、プラトンの同時代人のイソクラテス（前四三六―三三八）の学校が有名です。三三二～三三三頁にかけて、〈paideia〉を継承したローマの〈humanitas〉教育が、最初の「ヒューマニズム」であり、それを復活させようとしたのが、一四～一五世紀のイタリアにおけるルネサンス（再生）だということが述べられていますね。高校の世界史で習うことですが、ルネサンスのことを「人文復興」「人文主義」「文芸復興」とも言いますね。多くの人が、ルネサンスというと、ミケランジェロ（一四七五－一五六四）のダビデ像のような〝生き生きした人間の身体〟というイメージだけが印象に残って、それがあまり「人文（主義）」という要素と結び付かないまま、何となく受験用の暗記言葉として覚えているだけだと思いますが、ルネサンスの思想的なバックボーンは、「人文主義」、イタリア語だと〈umanismo〉、「ヒューマニズム」ですね。キリスト教文化の下ではそれほど価値を置かれていなかった、〈humanitas〉について書かれている古代の文献を読み、その理想を自分たちの生に活かすことが、「ヒューマニズム（人文主義）」と呼ばれたわけです。それが「ヒューマニズム」の元の意味です。人文科学のことを英語で〈humanities〉と言いますが、これも〈humanitas〉から派生した言葉ですね。現代では、本を読んで、「人間性」が形成される、という発想がなくなったので、人文系の学問や教養科目で、人格の基礎が「形成」されると言われてもピンと来なくなっているわけですが。「人道主義」という意味で、「ヒューマニズム」と言われるようになったのは、かなり後の時代、早くても一八世紀以降のことです。カタカナの「ヒューマニズム」は、人道主義というニュアンスが強いですが、英語の〈humanism〉は、キリスト教の神中心に対する人間中心とか、他の生命よりも人間を重視する人間中心主義というニュアンスもあります。

> それゆえに、歴史学的に理解されたヒューマニズムには、つねに、ストゥディウム・フーマーニターティス〔人間性ノ研究〕が、属している。そうした研究は、一定の仕方で古代へと立ち帰り、こうしてそのつどギリシア精神の再活性化にもなるのである。そのことは、ヴィンケルマン、ゲーテ、シラーによって担われた、私たちのところでの一八世紀のヒューマニズムのうちに、現れている。ヘルダーリンは、これと違って、「ヒューマニズム」のうちには属していないのである。しかも、その理由は、ヘルダーリンが、人間の本質の運命を、こうした「ヒューマニズム」が成就させるよりも、より原初的に思索しているからである。

ヒューマニズム（人文主義）が、ドイツ語圏において、ラテン語文化を経由せずに、直接、ギリシアの原初的な精神に触れようとする傾向が生まれたことはよく知られています。ニーチェやハイデガー自身も、その系譜に属すると考えられることが多いです。ただ、ハイデガーは、自分にとって特別な詩人、ドイツ民族にとって新たに存在を開示してくれたヘルダリンは、文献学的知識からギリシア精神を受容したことにしたくないのでしょう。存在からのメッセージを受け取って、それを詩化したのだと主張したいのでしょう。

ところで、もしひとが、ヒューマニズムを一般的に理解して、それは、人間がみずからの人間性に向かって自由となり、そうした点に自分の尊厳を見ようとする努力のことだと捉えるならば、そのときには、人間の「自由」と「本性」とをどのように把握するかに応じて、ヒューマニズムは、そのつどさまざまに異なったものとなるであろう。同様に、ヒューマニズムを実現するためのいろいろな道程が、相互に区別されることになる。マルクスのヒューマニズムは、古代への帰還を必要としないし、同様にまた、サルトルが実存主義をヒューマニズムとして捉えるときのそのヒューマニズムも、古代への帰還を必要としない。上述した広義においては、キリスト教もまた、一つのヒューマニズムである。というのも、キリスト教の教義によれば、すべては、人間の魂の至福（サルース・アエテルナ〔永遠ノ至福〕）にかかっており、人類の歴史は救済史の枠内で現れてくるからである。これらの種類のヒューマニズムが、目標と根拠の点で、そのつどの実現の仕方と手段の点で、その教説の形式の点で、いかにさまざまに異なっていようとも、しかしやはり、それらの種類のヒューマニズムは、次の点では一致している。すなわち、ホモー〔人間〕のフーマーニタース〔人間性〕が、自然、歴史、世界、世界根拠などについての、つまり存在者全体についての、すでに確立しているなんらかの解釈に視座を据えながら、規定されているということ、これである。

複雑なことを言っているようですが、ポイントは簡単ですね。目標とすべき人間の「自由」と「本性（根拠）」、及びそれが実現されていく道筋をどう規定するかによって、「ヒューマニズム」には様々な形態があり得る。これは、ハイデガーに言われるまでもなく当たり前のことですが、わざわざそれを強調することで、「実存主義はヒューマニズムであるか」、という問題設定を相対化したいのでしょう。あくまで、サルトルの「ヒューマニズム」宣言に惹かれている人は、サルトルの想定する「人間」観を前提にしており、それは必ずしも、普遍的な「人間」観ではない。

そういう留保姿勢を示したうえで、あらゆる「ヒューマニズム」の共通要素として、「ホモー〔人間〕のフーマーニタース〔人間性〕が、自然、歴史、世界、世界根拠などについての、つまり存在者全体についての、すでに確立しているなんらかの解釈に視座を据えながら、規定されている」という点を挙げているわけですね。これが重要です。つまり、「人間性」について語る時、私たちは、人間のことだけを考えているわけではなく、存在者の総体を念頭に置いて、その中で人間の位置を決めている、ということです。万物の霊長とか、精神を持った特別な被造物だとかというのが、その典型でしょう。

存在者の総体を予め本質規定するような知の体系を、「形而上学」と呼ぶとすると、「ヒューマニズム」は何らかの「形而上学」に組み込まれていることになります。〔10　ヒューマニズムは形而上学的であるから、形而上学とは何かと問い直し、存在の真理を問わねばならない〕では、それが論じられています。しかし、諸々の「ヒューマニズム」は自らが何らかの「形而上学」、恐らくは、プラトン以来西欧を支配してきた「形而上学」の一分派に組み込まれていることを自覚しない。当然、「形而上学」と、そういうものを前提にしない、存在への問いかけの区別など理解できない。だから、ハイデガーとしては後者の問いとストレートに取り組みたいけれど、その前にまず、現在、当たり前になっている「人間」観を支えている「形而上学」の正体を暴露しないといけない。〔11　人間を理性的動物と見る形而上学的解釈への疑問〕で、それがどういう性質の「形而上学」であるか論じられています。

最初のヒューマニズム、つまりローマのヒューマニズムも、そしてそれ以来現代に至るまでに現れたあらゆる種類のヒューマニズムも、人間の最も普遍的な「本質」を、自明なものとして前提している。人間は、アニマル・ラティオーナーレ〔理性的動物〕と見なされるわけである。この規定は、たんにギリシア語のゾーオン・ロゴン・エコン〔ロゴスヲ持ッタ生キモノ〕のラテン語訳であるにすぎぬのではなく、むしろ一つの形而上学的な解釈である。人間のこうした本質規定が誤りであるというわけではない。けれども、この本質規定は、形而上学によって制約されている。その形而上学の限界ばかりでなく、その形而上学の本質の由来が、ところが実は、『存在と時間』において、疑問視され問われるのに値するものとなったのである。
人間を「理性的動物 animal rationale」と見ることを肯定的に見ているのか否定的に見ているのか分かりにくい書き方ですが、恐らく〈ratio〉とか〈logos〉、あるいは〈animal〉という概念が、どういうものか哲学的に掘り下げて思索することなく、何となくこういうものだという分かったことにして規定している、ということでしょう。前回まで見た、『形而上学入門』では、〈logos〉の「かき集め」「凝集させる」性格について突っ込んだ考察をしていましたね。『形而上学の根本概念』（一九二九／三〇）という講義では、ユクスキュルを参照して、動物の環世界と人間の世界の違いを論じています。

〔12　理性的動物としての形而上学的人間観では、存在の真理に帰属する人間の本質が見失われている〕では、［人間＝理性的動物］観を支える、既存の支配的な形而上学の問題点が指摘されています。

形而上学は、なるほど、存在者をその存在において、眼前に見据えつつ表象し、こうして、存在者の存在を思索しはする。けれども、形而上学は、存在者と存在という二つのものの差異を、思索しはしない（『根拠の本質について』一九二九年、八頁、そのほか、『カントと形而上学の問題』一九二九年、二二五頁、さらには、『存在と時間』、二三〇頁を参照せよ）。形而上学は、存在そのものの真理を問わないのである。したがってまた、形而上学は、いかなる仕方で、人間の本質が、存在の真理に帰属しているのかをも、けっして問わない。

「存在」それ自体と「存在者」を区別しなければならないというのは、ハイデガーが一貫して言い続けていることですが、それがどうしてここで問題になるのか。普通の人に分かるように説明していないのですが、恐らく、〇〇の性格を備えた△△の存在者がある、ということを自明の理としてしまう、形而上学的な態度が生じるということが問題なのでしょう。『形而上学入門』やこのテクストの最初の方で見た、ハイデガーの基本的な発想からすると、〈physis〉として「現成」してくる「存在」と、人間（現存在）たちとの遭遇があり、そこで経験した「存在」のある位相＝外観（doxa）を固定化し、それに関係する事物に、言語を介して「存在しているもの」としてのステータスを付与しようとする、詩人や哲学者の営みがある。「詩人」が「存在」を

「樹立する stiften」という言い方をします――現代では、科学者や技術者がその役割を担っていそうな気もしますが、ハイデガー自身はそうした社会学的な話をしません。私たち凡人は、その詩人や哲学者が与えてくれた「言葉」をベースに、偉い人たちがいろいろ加工した諸概念の恩恵を受けて、「原子」「電子」のような素粒子とか、「遺伝子」のような生物学的な基礎単位、「市場」とか「法」のような制度、文学とか美術、音楽の「作品」などが存在していると思っているわけですが、「形而上学」はそれらの存在様式（の一部）を大前提にし、存在者のカテゴリー分けをしたり、階層化したり、それらが生じてくる因果連鎖を辿ったりします。しかし、原初における、「存在」それ自体との遭遇にまで「思索」を及ぼすことはなく、むしろ、それを妨害するので、それらの概念は次第に空洞化し、現存在の実存と無縁になっていく。フッサールが『ヨーロッパ諸学の危機と超越論的現象学』で問題にしたような事態も、生じてきます。

だから、現在の「形而上学」的な諸規定を突破し、「存在」が現成してくる、アリストテレス＝ドゥルーズ的に言うと、潜勢態から現勢態へと移行してくる場面に遡る必要がある。

世間のひとが、人間の本質規定を考慮して、アニマル〔動物〕のラティオー〔理性〕や生きものの理性をいかに規定しようとも、たとえば「原理の能力」として、〔…〕あるいはその他の仕方で、いかように規定しようとも、どこにおいても、またいつにおいても、理性の本質は、次のことにもとづくのである。すなわち、存在者をその存在においてどのように認知する働きがなされる場合にもみな、その認知の働きにとっては、存在そのものが、すでに、開かれ明るくされており、存在そのものが、その真理において、みずからを呼び求め促し生起しているということ、これである。同様に、「アニマル〔動物〕」やゾーオン〔生キモノ〕ということが言われるときすでに、「生命」のある解釈が定立されているのである。その解釈は、必然的に存在者をゾーエー〔生命〕にしてピュシス〔自然〕であるとする解釈にもとづき、この解釈のなかで、生動的なものが現出してくるのである。しかし、それとは別に、そして他のあらゆるものに先立って、あくまでも最終的に問われねばならないのは、果して、そもそも人間の本質は、原初的に、そしていっさいをあらかじめ決定するような仕方で、アニマリタース〔動物性〕の次元のうちに存するのかど

―うか、という点である。

常識的な見解のどこが問題で、本当はどう見るべきだと言いたいのか分かりにくい文章ですね。まず、ここでも〈man〉を「世間のひと」と訳していますが、普通の人はこんなことを言うわけないので、ここは単に「ひと」と訳した方がいいでしょう。どちらかと言うと、哲学者による、形而上学的な前提の下での「人間」の規定ですね。哲学者が、人間の本質を、「理性」と規定することにどういう問題があるのかというと、そういう議論があたかも、「理性」は人間に能力として備わっていて、自在に操ることができるかのように聞こえることでしょう。「ロゴスを持った生き物 zoon logon echon」というアリストテレスの表現はそこがまずい。「ロゴス」が「認知」――原語は、『形而上学入門』で散々出てきた〈vernehmen（会得する）〉です――の役割を果たせるのは、「存在そのものが、すでに、開かれ明るくされており、存在そのものが、その真理において、みずからを呼び求め促し生起している」からである。平たく言うと、存在が自らを開けひらく（lichten）運動をし、それにロゴスが引きこまれ、その運動を「会得」し、完結させるからです。人間が理性を道具として、自然を思うように認識できるわけではないということです。

人間の本質が、「動物性 animalitas」の内に存するか否かという話はもっと分かりにくいですが、まず、「動物性」についての特定の解釈に基づいて、この概念を規定してしまうことを問題にしていることを確認しましょう。「生動的なもの」と言うと何だか、自己自身を露わにする、存在者（人間によって対象化される以前の本来の）〈physis〉のことを指しているように聞こえますが、原語は〈das Lebendige〉で、これは普通に「生き生きしたもの」と訳した方がいいと思います。「ゾーエー〔生命〕にしてピュシス〔自然〕であるとする解釈」と言う時の「ピュシス（自然）」は、パルメニデスとかヘラクレイトスにとっての〈physis〉、現存在に向かって現成してくる、制御できない力としての〈physis〉ではなく、我々が馴染んでいる、精神と自然の区分を前提とした「自然」、対象としての「自然」でしょう。つまり、「自然界」という領域を確定し、その中に更に、鉱物とも植物とも違って、「生き生きとあちこち移動して、他の生命体と関係することのできるものたち（だけ）」が「現出する erscheinen」領域を想定しているが、その領域設定は形而上学的な決め付けではないのか、更には、「人間」がその領域に属しているのが当たり前であるとして議論をするのは、もっと強い形而上学的な決め付けではないか、と示唆しているわけです。ということは、逆に言えば、我々が通常、自然界の中の動物という領域あるいは集合に帰属させているのとは、別の人間の在り方があるのではないか、仮にその意味での〝動物〟であるとしても、他の〝動物〟、〝自然の事物〟には見られない、それらから明らかにはみ出すような、「存在」との関わりをしているのではないか、と示唆したいのでしょう。

> 私たちが、人間を、他のもろもろの生きものたちのうちの一つの生きものとして、植物や動物や神と対比して区画づけるならば、そしてまたそのように区画づけるかぎりにおいて、私たちは、総じて、人間の本質へと至る正しい道程の上にいることになるのであろうか。むろん、世間のひとは、そのようなやり方を取って進んでゆくことができるし、世間のひとは、そのような仕方で、人間を、存在の内部で、他のもろもろの存在者のなかに混じった一つの存在者として、最初から設定してかかることもできよう。世間のひとは、その際、人間について正しい事柄を、つねに陳述することができるであろう。けれども他方、世間のひとは、次の点について、明確に自覚していなければならないのである。すなわち、そのようにすれば、人間は、決定的に、アニマリタース〔動物性〕という本質領域のなかへと放逐されたままにとどまるということ、しかも、たとえその際世間のひとが、人間を動物と等置せず、むしろ人間にはある種差が属することを認めるような場合であっても、やはりそうなるということ、これである。

「人間について正しい事柄を、常に陳述することができるであろう stets Richtiges über dem Menschen aussagen können」と言いながら、明らかにそれではダメだというニュアンスで話を続けているので、〇×はっきりさせないと気がすまない人は、何を言っているんだ、と感じるでしょう。分析哲学に傾倒している人からすれば、だからポモやハイデガーはダメなんだということになるでしょう（笑）。恐らくハイデガーは、事物の本性についての定義とそれについて経験的に観察できる属性が一致していれば、その定義は適切であり、その定義に基づいてその事物に関する諸命題の真偽を決定できる、というような、通常の意味での「正しさ」、真理と、事物（存在者）の本性は、一度に全て現前するわけではなく、〈physis〉の運動に伴って次第に、現存在に対して、脱隠蔽化＝暴露されていく、という意味での真理を別次元のものと考えているのでしょう。もう少し一般的な言い方をすると、最初に、「動物の本質は○○である」「人間の本質は△△である」と定義しておいて、○○や△△を示すような事態にだけ注目し、観察・実験を続ければ、その定義に適合した事実を集めることができるので、循環論法的に最初の定義が正当化されたような外観が生じます。観察・実験結果が定義と微妙にズレていても、定義を微修正して、サイクルを維持することはできる。しかし、最初の設定で、その循環から完全に排除されたままの要素があるかもしれない。それは現代の批判的科学基礎論で再三言われていることですが、ハイデガーは、「存在」の運動を、各存在者、特に現存在がどう受け止めるかを考慮に入れないと、ズレてくると考えているわけです。

三九頁を見ると、〈animal〉の〈anima（アニマ）〉は元々、「魂」だということが述べられていますね。訳者の補足によると、〈anima〉は、「呼吸シテ生キテイル低次ノ魂」の意味だということですね。もう少し補足すると、この言葉はギリシア語の〈psyche〉の訳語で、命の息吹のようなニュアンスを持っています。〈anima〉の男性形は〈animus〉で、当然、同系統の言葉ですが、こちらは高級な精神を持った魂というニュアンスで使われていたようです。〈animus sive mens（高次の）魂、すなわち精神）〉という表現が引き合いに出されていますが、これはデカルトが『省察』（一六四一）で、「思考する物 res cogitans」としての自我の説明として、〈mens, sive animus, sive intellectus, sive ratio（精神、すなわち、魂、すなわち、知性、すなわち理性）〉と言っているのを、フッサールが『デカルト的省察』（一九三一）で〈animus sive mens〉と要約しているので、そこから来ているのでしょう。ただ、「精神」と等値される〈animus〉が「人間」の本質だと定義するデカルト―フッサール的な見方をするとしても、その根底には、〈animus〉と〈anima〉の語源的な繋がりに暗示されるように、人間は基本的には、息（anima）をしながら活動する生き物の一種であり、その〈anima〉の高度に発達した形として、［animus ＝ mens ＝ ratio］がある、という形而上学的な規定があるのではないか。ハイデガーはそう言いたいのでしょう。余談ですが、ユング（一八七五―一九六一）に、女性の無意識の根底にある「アニムス」と男性の無意識の根底にある「アニマ」を対比する議論がありますね。

「理性的動物」という定義に拘りすぎではないか、という気がしますが、少しハイデガーを離れてこの定義に含まれる問題を考えてみましょう。「人間」が「理性」という面で他の動物と異なっていて、それが人間に固有の価値の根拠だとすると、人間より知能が高い動物がいるとしたら、そちらの方が人間より価値が高いことになります。実際、類人猿とか犬とか豚だと、人間の幼児と同じくらいの知能があるとされています。ピーター・シンガー（一九四六－　）という功利主義系の倫理学者は、痛みを感じる能力や計算する能力を基準にすれば、これらの動物は、胎児とか脳死・植物状態の人よりも、生存への権利を持つのではないか、と本気で主張します。それに対して、「ヒューマニズム」を唱える人、特に、現代的な陣頭主義の意味の「ヒューマニズム」を唱える人は、恐らく、知能とか知覚能力と関係なく、「人間」を特別扱いしたいでしょう。だとすると、「理性的動物」という規定は足かせになるはずです。しかし、「ヒューマニズム」は、「人間」の本質を、その存在の根拠にまで掘り下げようとしないので、〝動物界の中で（大よそ）最も理性的な存在者としての人間〟という既成の形而上学的な規定の中に留まっている。ハイデガーの問題提起は、そうした弱点を突いているわけです。

実存〈Existenz〉とは？

「実存は本質に先立つ」と主張するサルトルの「実存主義」はそのジレンマに対するオルターナティヴになりそうな気もしますが、ハイデガーからすると、サルトルの「実存」理解は不十分なようです。〔三　人間の本質の規定〕〔13　人間の本質は、存在によって語りかけられ要求され、「存在へと身を開き－そこへと出で立つあり方」にある〕というタイトルが付けられている節では、その肝心なところが論じられています。

形而上学は、次のような単純な本質事態に対して、身を閉ざしてこれを見ようともしない。すなわち、人間は、存在によって語りかけられ要求されることによってのみ、みずからの本質のうちで、生き生きとあり続けるということ、これである。この語りかけの要求にもとづいてのみ、人間は、そのうちにみずからの本質が住むゆえんのものを、見出すことを「得た」のである。この住むということにもとづいてのみ、人間は、住まいとしての「言葉」を「得た」のであり、その住まいのおかげで、人間の本質にとっては、存在へと身を開きそこへと没入してゆく面が、守り抜かれるのである。存在の開けた明るみのなかに立つことを、私は、人間のエクーシステンツ〔存在へと身を開き－そこへと出で立つあり方〕と呼ぶ。

言い回しは難しいですが、今までの議論の要約です。「生き生きとあり続ける」の原語は〈wesen〉、「現成する」です。「生き生き」とか言うと、動物性の話とごっちゃになりそうなので、「現成する」と訳した方がいいでしょう。人間は、存在の語りかけ（Anspruch）によって、静的な状態から抜け出し、現成し始める、潜勢態から現勢態へと移行するのだけど、「形而上学」は固定的な概念によってそれを妨害しているわけですね。

その語りかけの媒介になっているのが、「存在」の住処である「言葉」です。「得る」の原語は、英語の〈have〉に当たる〈haben〉です。ただ、最初の方の〈haben〉は文法的には、所有の意味ではなく、現在完了を構成する助動詞として使われています。ドイツ語では現在完了の助動詞は、〈haben〉もしくは、be 動詞に当たる〈sein〉です。ハイデガーはそれに所有の意味も持たせたかったのでしょう。「見出すことを『得た』」は、原文では、《《hat》…gefunden》となっており、現成のプロセスを通して「見出した」という状態を獲得したというニュアンスを出したかったのでしょう。「持つ」といっても、完全に自分のものにしているのではなく、「存在」からの働きかけに応じることで、所持している状態にある、ということでしょう。ということは、古い「形而上学」の言葉に盲目的に従属するのではなく、「言葉」から存在のメッセージを聞き取る、詩人の役割が重要だということになりそうですね。

「実存」という意味の〈Existenz〉の語源になったラテン語〈existentia〉は、「外へ」という意味の接頭辞〈ex-〉と「立っている」という意味の動詞〈sistere〉から構成されています。「外へ向かって出で立つ」ということですね。『存在と時間』でも、この「実存」の原義の話は出てきますが、ここでは、「言葉」による「存在」の働きかけが「外に」出で立つ誘因になることが示唆されているわけですね。「存在」の呼びかけに応えるという言い方をすると、神秘主義的に聞こえますが、「言葉」を習得することで、自分の内から出て、外の世界と関わるようになる、というのは当たり前のことです。「存在へと身を開き」というのは、「外」というのはどこかを考えたうえでの訳者の付け足しです。

> このように理解された、存在へと身を開き−そこへと出で立つあり方は、理性つまりラティオー〔理性〕の根拠であるだけではない。むしろ、存在へと身を開き−そこへと出で立つあり方こそは、そのうちに人間の本質が、みずからの規定の由来を守り抜いているゆえんのものなのである。

「存在へと身を開き−そこへと出で立つあり方　Ek-sistenz」が、「理性（ratio）の根拠」であるというのがどういうことか分かりにくいですが、ハイデガー的な物言いから少し離れて、「外へ出で立つ　ek-sistieren」というのが、外界の事物に意識を向け、運動し、経験を積むことだと即物的、プラグマティズム的に考えると、それが「理性」の基になるというのは十分納得いくことでしょう。動物もある程度は経験を積みますが、それはその種固有の「環世界 Umwelt」内でのことでしょう。人間の場合、「世界」の範囲がどんどん拡張していく。そうなると、『存在と時間』でハイデガーもそうしているように、〈Existenz〉、少なくともハイフンを入れた〈Ek-sistenz〉はやはり、人間専門の用語にしないといけないですね。

　そういうプラグマティズム的な捉え方と、ハイデガーとの違いは、ハイデガーの図式では、その事物というのが最初からそこに「ある」のではなく、働きかけてくる〈physis〉＝「存在」と、それに応じて外に出て行こうとする人間の力関係でいろんな存在者が現われたりまた隠れたりする、現勢態と潜勢態の間を行き来する、ということが強調されるでしょう。そういう意味での、〈Existenz〉という「自らの規定（使命）の由来を守り抜く Herkunft seiner Bestimmung wahren」というのは、そういう開かれた態勢にあるからこそ、常に「外」へ向かっていき、諸事物（存在者）との遭遇・経験を常に更新するからこそ、「人間」であるという自覚・態度を持ち続けるということでしょう。

> もしも、人間にとってふさわしいことが、たんに自分の性状や活動について自然と歴史の両面からするいろいろな調査記述内容を報告するだけにとどまらずに、自分の存在の本質を思索することにあるのだとすれば、そうなるであろう。それであるから、私たちが、「動物」との比較に依拠して、人間にアニマリタース〔動物性〕として所属するのを認めるところの事柄もまた、それ自身は、存在へと身を開き−そこ

へと出で立つあり方の本質のうちにもとづいている。人間の身体は、動物的な有機体とは本質的に異なるものなのである。生物学主義の錯誤は、次のようなやり方によっても、また克服されてはいない。すなわち、世間のひとが、人間の身体的側面の上に魂を、また魂の上に精神を、また精神の上に実存的側面を、いわば階層を建て増しするかのようにいくら積み重ねても、そして、従来よりもいっそう大声を挙げて精神の重視をいくら説いても、そのあとではやはり結局、すべてを、生命の体験のなかへと逆戻りさせてしまい、こうしてあげくの果てには、警告的断言を発して、思索はその硬直した概念によって生命の流れを破壊し、存在の思索は実存を損なう、などと言う以上は、そうだからである。

人間の「身体 Leib」が「動物的な有機体 ein tierischer Organismus」と本質的に異なると言い切っているのが、ひっかかりますね。生物学者でないのに何で言い切れるのかって怒る人もいるでしょう。恐らくここで「身体」と言っているのは、物質的な「体」のことではなく、様々な経験をして学習し、より適切な振る舞いをするようになる、メンタルな部分を含んだ身体のことを言っているのでしょう。ハイデガーはそれほど強く関心を持っていそうにないですが、ドイツ語には、英語の〈body〉に相当する、物質的な体を指す〈Körper〉という言葉と並んで、いろんな経験を積み、慣習的な動作を身に付け、受苦したり快楽を感じる身体を指す〈Leib〉という言葉があり、ハイデガーはここで後者を使っています。フランス語には〈Leib〉はないのですが、フッサールとハイデガー双方から影響を受け、心理学や生物学の成果も取り入れたメルロ＝ポンティ（一九〇八－六一）は、〈Leib〉を「生きた身体 corps vivant」と呼び、その分析を現象学の中核に据えました。ただ、それはここでのハイデガーの主張でのポイントではないですね。

ハイデガーは、「外へと出で立つこと」を「思索」と結び付けようとしていますね。ただ、「外」に出て、身体に経験を蓄積するだけでなく、それを自己の存在、そして存在それ自体をめぐる「思索」へと発展させていき、問い続けるのが、人間だということでしょう。

四三頁を見ると、『存在と時間』で、「現存在の〝本質〟は、現存在のエクシステンツ〔実存〕のうちにある」と述べたが、そこで問題になるのは、「現実存在 existentia」と「本質存在 essentia」の対置ではない、と断っていますね。何回も出てきましたが、中世の神学では、「現実存在／本質存在」の区別が問題になっていました。先ほどお話ししたように、ハイデガーの言っている〈ek-sistieren〉は、人間の存在への関わり方の問題なので、あらゆるものの存在の二つの様式を問題にするこの区分とは関係ありません。人間の「実存」が「本質存在」と対立するものではないとすると、「実存は本質に先立つ」というサルトルの命題は見当外れか、少なくとも、ハイデガーの言っている「実存」とは関係ないことになります。ハイデガーの言う「実存」は、「存在」との関係に左右されるわけですから、サルトルの言うように、人間が自由に形成できるものではないでしょう。四八頁に、「いまや『本質』は、エッセ・エッセンティアエ〔本質ノ存在〕から規定されるのでもなければ、エッセ・エクシステンティアエ〔現実存在ノ存在〕から規定されるのでもなく、むしろ、現存在のなす、存在へと身を開き－そこへと没入するありさまから、規定されるのである」、と述べられていますね。ここで「本質」というのは〈Wesen〉です。人間が、存在に向かって出で立つことを通して、存在と人間の関係において、「現成 wesen」してくるものであって、理念としても現実としても、一義的に確定できるものではないわけですね。

四九頁では、〈Existenz〉を、「神はそれ自身の存在である Deus est suum esse」――トマス・アクィナスの定義を要約したもののようです――というキリスト教神学における神の定義を世俗化したものと見てはいけないし、『存在と時間』における「実存」の「企投 Entwurf」をめぐる議論を、「主観性」として理解してはいけないと念押ししています。〈Entwurf〉は英語の〈project〉やフランス語の〈projet〉に対応する言葉で、「引き離して」という意味合いの接頭辞〈ent-〉と、「投げること」を意味する〈Wurf〉から構成されています。〈-ject〉〈-jet〉も、「投げ出されているもの」という意味のラテン語〈jectum〉から来ています。〈Entwurf〉は通常は、「設計図」とか「構想」という意味です。ハイデガーはこの「企投」や過去分詞形の〈entworfen〉を中動相的な意味合いで、つまり「存在」によって世界に「投げ出されている」現存在が、自らの実情（実存）を受け止め、未来に向かって「企投」し直す、というような文脈で使います。これに対してサルトルは、「存在」との関係抜きで、実存的な「企投 projet」を人間の自由として強調しました。当然、「企投」はかなり「主観」的な性格のものになります。フランス語や英語の場合、〈projet〉と〈sujet（主体）／objet（客体）〉の語源的な繋がりが際立ちますね。〈subject〉とは、元々「下に（sub）＋投げ出されたもの（jectum）＝根底にあるもの」ということです。

五〇頁に、この主観性との絡みで、先ほどお話しした「転回 Kehre」の話が出てきます。『存在と時間』から「時間と存在」への転回のことです。『存在と時間』は元々、それぞれ三つの編から成る二部の構成になる予定でしたが、実際には、第一部の第二編までしか書かれなかった、つまり六つあるはずの編の二つしか書かれなかった、という話はどこかで聞かれたと思います。詳しくは、木田元さんの『ハイデガー『存在と時間』の構築』（岩波書店）などをご覧下さい。

『存在と時間』の既刊部分では、「現存在」の視点から、現存在が生きる「時間性」の視点、いわば「主観的」な視点から「存在」について論じられていますが、第一部第三編の「時間と存在」では、「存在」それ自体に即して、「時間」を再定義することが試みられる予定だったとされています。第二部では、アリストテレス、デカルト、カントの時間論が論じられる予定でした。第一部第三編で、「主観」的な視点を脱して、「存在」そのものへのレベルに話を移そうとしたのに、『存在と時間』を刊行した時点では、そこまで手を付けられなかった。その時成し遂げられなかった探究の視線の「転回」を、一九三〇年から「真理の本質について」が公刊された四三年にかけて徐々に成し遂げた、ということがそこで述べられているわけです。「真理の本質について」では、時間の話はあまり出てきませんが、〈physis〉の脱隠蔽化としての「真理」を主観的に理解してはならない、ということははっきり論じられています。

ここでのハイデガー自身による「転回」の説明を信じると、彼は途中で現存在分析から「存在」中心のアプローチへ転換したのではなく、最初からそのつもりだったけど、方法論的な探究に時間がかかった、ということになるでしょう。ただ、その間にハイデガーは『存在と時間』には見られなかった、「言語」への関心を強く示すようになり、ヘルダリンの詩の分析を経由して、「祖国的なもの」の存在論的な意義を強調するようになるので、単純に、彼自身の言い分を真に受けて、少し遅れて当初の計画通りに、存在の探究に着手したと言

「転回 Kehre」：ハイデガーの「存在」に対するアプローチの仕方の変化。
『存在と時間』から「時間と存在」への転回　→　30年代半ばに「存在」に対するアプローチの仕方がはっきりと変わり、それを改めてこの『ヒューマニズム書簡』で説明。
『ヒューマニズム書簡』は、何重もの意味でハイデガーの思想的立場のマニフェストになっている、重要なテクスト。

『存在と時間』：第一部第三編で、「主観」的な視点を脱して、「存在」そのものへのレベルに話を移そうとしたのに、『存在と時間』を刊行した時点では、そこまで手を付けられなかった。その時成し遂げられなかった探究の視線の「転回」を、1930年から「真理の本質について」が公刊された43年にかけて徐々に成し遂げた。
※「真理の本質について」：時間の話はあまり出ないが、〈physis〉の脱隠蔽化としての「真理」を主観的に理解してはならない、と論じる。

っていいか疑問です。

こうした「主観性」の問題に関する自らの基本的立場を確認したうえで、五一〜五二頁にかけてサルトル批判を展開していますね。「実存は本質に先行する」というサルトルの議論は、先ほど見たように、「本質存在／現実存在」という、プラトン以来の西欧形而上学の中心にあった二項対立を前提にして、その優先順位を入れ替えただけ、ということです。この種の二項対立は、どちらかがより上位にあり、もう一方はその下位にある、という上下関係を想定します。「精神／物質」とか「男性／女性」の二項対立が分かりやすいですね。キリスト教の「精神／物質」を「物質／精神」に転倒した唯物論が、「物質」を「精神」のように神秘的な〝実体〟にしてしまったのは有名な話ですね。ハイデガーはサルトルの、実存主義も、そうした二項対立の上で動いていると指摘しているわけです。ハイデガーにとって、「存在」とは現存在に向かって、「時間」と共に現成してくるものであって、「存在」の中に「本質／実存」の区別が予め書きこまれているというのは、形而上学的な決め付けです。各人においてどちらが先行するかは、あまり重要ではありません。

エクシステンティア〔現実存在〕のほうがエッセンティア〔本質〕よりも優位すると説くサルトルの主要命題は、しかし右の事情とは別にともかく、その哲学を表すのにふさわしい題目として、「エクシステンツィアリスムス」〔「現〈実存〉在ヲ強調スル〈実存〉主義」〕という名称が正当であることを示している。けれども「実存主義」の主要命題は、『存在と時間』のうちに登場する先に掲げた命題とは、寸毫《すんごう》も共通する

ものをもたない。その際、むろん次の点は言わずもがなのことである。すなわち、『存在と時間』のうちでは、エッセンティア〔本質〕とエクシステンティア〔現実存在〕との関係に関しては、なんらの命題もまだまったく言明されうる状態にはなっていないということ、これである。というのも、そこでは、ある先ー駆的な事柄を準備することが、肝要だからである。この準備作業は、そこで言い述べられた事柄にしたがって見れば、甚だ不器用な仕方でしか果たされていない。いまもなお初めて言われるべきその事柄は、多分、人間の本質を次の地点にまで至るように大切に見守りながら導くための推進力となりうるであろう。すなわち、人間の本質が、思索することを通じて、人間の本質を隅々にまで支配しているところの、存在の真理という次元へと、注意を向けるようになるという地点が、それである。けれども、このことといえどもやはり、そのつどただ、存在の尊厳を顕わすためにのみ行われ、また、人間が、存在へと身を開きそこへと出で立つあり方において耐え抜くところの現ー存在のためにのみ行われるのであって、反対に、人間のことを思い煩い、人間の創造活動によって文明や文化が効力を発揮するようにと目論《もくろ》んで行われるのではけっしてないのである。

要は、『存在と時間』で自分がやった「現存在」の「実存」の分析は、あくまでも「存在」そのものへと至るための準備作業であって、自分は「存在」それ自体の分析の前に、「実存」と「本質」を区別して、どちらが先かというようなことはやっていないということですね。「先ｰ駆的な事柄」という言い方が少しひっかかりますが、原語は、〈ein Vor-läufiges〉、「暫定的に」という意味の〈vorläufig〉を分解して、「先に＋走って」→「先駆けて」という意味を強調したかったのでしょう。つまり、「現存在」の〝本質〟というのは、「存在の真理」という次元を解明して初めて明らかになることだけれど、そこから話を始めるには手がかりがあまりに少ないので、取りあえず、それに「先駆けて」、「現存在」の暫定的な分析をしたのだ、ただし自分自身としてもその分析が不十分なものに終わってしまったが、ということです。あくまで、人間が「存在」へと身を開き、「存在」の「真理」、現われについて「思索」するという事実、少なくともその可能性があることが肝要なのであって、「企投」を通して人間がどんな創造性を発揮するかというような話、ヒューマニズムとは、自分の実存分析は関係ない、と言っているわけです。

サルトル寄りの立場から見れば、サルトルは確かに「実存は本質に先立つ」と言ったが、「実存」が人間の理性や自由意志でどうにでもなるかのようなことは言っていないし、むしろ、「実存」の不可避的な偶然性、不安定性、危うさを強調しているし、少なくともこの時点では、「ヒューマニズム」に基づく文化創造の偉大さを語ったりしていない、と反論できるでしょう。『形而上学入門』やヘルダリン講義を見る限り、むしろハイデガーの方が、文明や文化を生み出す創造活動を語っているように思えます。ただハイデガーにとっては、それはポイントではないでしょう。人間の〝本質〟を、存在との関係抜きに論じられるかどうかが哲学的に重要である、人間それ自体に価値があると考えるのがヒューマニズムだとすれば、自分はヒューマニストではない、ということでしょう。

■質疑応答

Q　アーレントが『全体主義の起源』（一九五一）を書いていた頃は、ハイデガーとの交流はなかったようですが。最近『黒ノート』が発表されて、話題になっています。「公共性」批判を含めて、ハイデガー自身は「全体主義」に対して、この時期はどう考えていたのでしょうか？

A　アーレントやフーコー、ドゥルーズ、ガタリのように、「哲学」を「政治」の枠で考える人もいますが、ハイデガーにはそんな発想はないでしょう。「哲学」、というより「存在」についての「思考」こそが、人間にとって重要であって、「政治」はそれに付随的な話でしかないでしょう。『黒ノート』を見ると、ハイデガーが、世間の反ユダヤ主義や反ボルシェヴィズムにかなり感化されていたことは分かるけれど、そんなにまとまった主張をしているわけではない。フーコーのような特別な政治的センスがあり、哲学の政治的研究をしている人を除いて、哲学者が〝哲学〟の名において、政治、経済、歴史についてド素人っぽい凡庸で偏ったことを言うのは、珍しいことではありません――数学者や物理学者、法学者、経済学者なども、専門外では、平凡極まりない、マスコミに毒されたようなコメントしかできないのが普通ですが。ハイデガーに関しては、偉大な哲学者なので凡庸なことを安易に言うはずはないと、彼の哲学的思索はナチズムとは関係ない、と頑張って主張する人が多いので、その辺のおじさんの偏見に哲学用語が混じっただけの代物が見つかって大騒ぎしているだけだと思います。哲学や難解な詩のテクストを、独自の「存在論」的な視点から解釈することにかけては、ハイデガーは天才的ですが、それ以外のことでは凡庸だと思います。

『黒ノート』に思想史的な意義があるとすれば、哲学的な反ユダヤ主義くらいでしょう。西欧的な形而上学を支えてきたユダヤ＝キリスト教の影響を排除することを哲学的反ユダヤ主義と呼ぶとすれば、確かに、『黒ノート』にはその傾向は彼の他のテクストよりも強く出ています。あるいは、民族の歴史性を消去する、非歴史的な思考をユダヤ的と形容して、それと闘う姿勢を示している記述もあります。しかし、レヴィナス（一九〇六－九五）とかハンス・ヨナス（一九〇三－九三）などの、彼の影響を受けたユダヤ系の思想家と比べると、ユダヤ教やキリスト教的な思考についてちゃんと勉強して、克服しようとしている感じはあまりしません。表面的に理解したユダヤ主義・ユダヤ性を、ユダヤ人の陰謀論のようなものと安易に結び付けている感じが否めません。日記なので、適当な思い付きを書いただけでしょう。現代的に譬えれば、普段深いことを語るので、学問的に高い評価を受けている学者が、〝裏垢〟で、全然熟していない未熟な形の考えを偏見と混ぜて、ひどい作文をしていたのがバレた、という感じでしょうか。私自身は、世評的な思い付きと本格的な学問的な主張を混ぜたような文章は書きませんし、裏垢を使って、公式発表できない考えをツブヤいたりしませんが、そういうことをする哲学者がいてもおかしくないと思います。私的ツブヤキなのだから。まして、『黒ノート』は、直接人目に触れることを前提としない日記です。

彼の言っている「公共性」というのは、現実の「政治」の分析に基づくものではなく、単に、匿名的な言葉が飛び交う空間という意味です。アーレントやハーバマスのように、「公共性」の歴史的な役割について考えているわけではありません。政治性抜きに、公共圏における「ひと」の振る舞いを論じているわけです。

「全体主義」とは何かをめぐる議論は戦争中、フロム（一九〇〇－八〇）やハイエク、ドラッカー（一九〇九－二〇〇五）等によって展開されていましたが、『ヒューマニズム書簡』の時期のハイデガーはそういう議論はあまり知らなかったでしょうし、関心もなかったでしょう。自分のことでいっぱいいっぱいだったはずです。

『形而上学入門』では、「存在」をめぐる〈polemos〉の場としての「ポリス」に言及していますが、ハイデガーは、普通の意味での「政治」の本質についてまとまった考えを表明しているわけではありません。ハイデガーの〈polemos〉論を、「政治的なもの」をめぐるシュミットの議論と結び付けて、ワイマール期のドイツにおける「政治」と「哲学」の関係について、言説分析的に論じることはできるでしょうが、それはハイデガー個人の思想を超えた話になってしまうでしょう。

『存在と時間』に出てくる「覚悟性 Entschlossenheit」という言葉は、いかにも決断主義的に聞こえますが、これは、「覚悟させられている＝決定している」という意味合いの過去分詞〈entschlossen〉を名詞化したものです。半分受動態な意味合いの言葉です。人間が、自分の意識の中で〝決意〟する前に、既に「存在」との関係で「決意」の原型ができている。ただし人はそれに気付いていないので、もう一度自分がどのように覚悟しているのかに向き合わねばなりません。向き合ったところで、「覚悟性」の現成化が完了する。ハイデガーにとって、人間の「自由」は、そうやって、「存在」との関係（争い）の中で生じてくるものので、何にも拘束されないという意味での〝自由〟は問題にならない。

「ヒューマニズム」の立場を取る人に、何故あなたはヒューマニズムを選んだのか、と訊いても、まともな答えは返ってこないでしょう。「人間ひとりひとりにかけがえのない価値があると思うから」、くらいの答えはするでしょうが、「その価値とはどんなものですか」「どうして人間にそういう価値があると思ったのですか」「あなたがそういう考えに至ったきっかけは何ですか」、とか訊かれると、まともに答えられないでしょう。「人間としてそういう感情を抱くのは当然だ！」と開き直る人もいるでしょうが、ヒューマニズムに類する概念を知らない文化だってあるわけです。私たちは、価値観とは、自分で選んでいるようなつもりになっているけれど、実はその〝選択〟に至るまでに様々なプロセスがあり、それらのプロセスは自分で設定したものではない。あまり意識せず、ほぼ既定の路線を進んでいるうちに、〈entschlossen〉な状態になっていきます。「私は選択する」と意識した時には、ほぼ既に、何を選択できるかが固まっているわけです。

Q　兆しに気付いていくようなイメージですか？

A　まさにそうです。時間の経過と共に、私たちの選択の幅は狭まっていく。後になって気付く。しかし、その途中で、自分の状態がどういう方向に向かっているか把握するためのヒントはいろいろあるでしょう。例えば、小学校に入った頃はいろんな可能性があったけれど、中学生くらいになると、身体的にオリンピックとかプロのスポーツ選手は無理だろうくらいは分かってくるし、次に、音楽的なセンスがないので音楽家もダメ、その次に、絵や彫刻にも才能がないと分かって、更に、入試の過程で自分の苦手分野が分かり、大学に入ると、個別の成績の伸びから、司法試験や公務員の上級試験は諦めた方がいいとか、いろいろな兆しが現われ、自分の選び取れる実際の選択肢が絞られてきます。あと、いろんなことが分かってくるうちに、自分の将来に対する想像の範囲も規定されてくるでしょう。そういう自分がイニシアティヴを取ったわけではないのに、自分の身にふりかかってくる、様々な変化を、ハイデガーは「存在」からの働きかけと見ているわけです。人間が、自分で選んだと言えることは、その生の歩みの中のほんの少しの瞬間でしかない。

Q　言語に規定されるということ、既に特定の言語の中に生まれてきているということは、こちらの意識に関係のないところで枷がかかっているということでしょうか？

A　一〇〇％決まってはいないけれど、かなりの枷がかかっています。人は考える際に、既に特定の言語で考えます。考える基本的な枠組みが決まっている。ハイデガーは、「形而上学」を批判しますが、「形而上学」というのが、私たちが物を考える際の基本的な概念の体系だとすると、「形而上学」抜きに考えられる人はいません。政治や倫理について考える際、「人間性」「理性」「合理性」「感情」「正義」「幸福」などを自明のことにしないと、何をどう考えたらいいのか分からない。しかし、それらの概念を自明のもの扱いすると、次第に実感の伴わない、形骸化した思考のサイクルにはまっていく。既成の概念の体系を突破して、新しい言葉によって、「存在」との関係を打ち立てら

れるのは、詩人や哲学者（思索家）です。そういう突破する働きを、〝政治〟というのであれば、ハイデガーは極めて、〝政治〟的な哲学者ですが、彼は、少なくともナチス政権崩壊後の彼は、それを既成の政治用語のようなもので表現することを嫌うでしょう。フーコーのように資料を重視する人だと、そこまで概念の純粋性に拘りませんが。

［講義］第6回 〝人間〟らしさとは？――『「ヒューマニズム」について』（2）

一九五〇〜七〇年代の日本でもサルトルの影響が強かった頃、ハイデガーも実存主義の哲学者として紹介されましたし、今でも高校の倫理の教科書では、実存主義の哲学者として紹介されていますが、現代の日本の専門的なハイデガー研究者たちは、ハイデガーは実存主義者ではない、『存在と時間』の実存分析は存在論へのためのステップとして試みられたものであって、人間の「実存」に軸を置く人間主義的な考察ではない、と主張します。前回確認したように、これはハイデガー自身の見解でもあるわけです。ハイデガーに言わせると、自分の〈Existenz〉論では、人間が「存在」に対して、身を開くということが肝心であって、いわゆる「ヒューマニズム」的な関心などないわけです。〈humanitas〉の話も出てきたけれど、それもハイデガーの言いたいこととの本筋とは関係なかったわけです――ペーター・スローターダイク（一九四七―　）は、いややはり〈humanitas〉は、『ヒューマニズム書簡』の中で中心的な地位を占めていると主張していますが、それについては、私が翻訳した、彼の『「人間園」の規則』（御茶の水書房）をご覧下さい。

「出で立つこと」としての「実存」

――しかしながら、私たち今日に生きる者どもが、存在の真理というこの次元のなかへと到達して、その次元を思索し抜くことができるようになるためには、私たちは、まず初めに、次のことを判然とさせなければならない。すなわち、いかにして存在は人間に関わってき、そして、いかにして存在は人間をその語りかけの要求のなかへと引き入れるのかということ、これである。このような本質経験が私たちに生じてくるのは、人間とは、存在へと身を開きそこへと出で立つという仕方において、存在するものであるという事柄が、私たちに明け初《そ》めてくるときにである。

ハイデガーは一貫して、存在が人間に語りかけてきて、それに対して人間が応じるところに「実存」があると主張しているわけです。「存在へと身を開きそこへ出で立つ」の原語は、〈eksistieren〉です。「実存する」という意味の〈existieren〉が、「外へ ex-」という接頭辞と、「立っている」という意味のラテン語〈sistere〉から成っていることを、表記上分かりやすくするために綴りを変えています。ラテン語系の接頭辞〈ex-〉は、後ろに来る言葉によっては、〈s〉が落ちて、〈ec(k)-〉となることもあります。英語の〈ecstasy〉に当たるドイツ語は〈Ekstase〉ですが、これらは、接頭辞〈ec-〉に、やはり「立っている」という意味のギリシア語〈histanai〉を加えた形です。「実存（実在）している」ことと「恍惚状態にある」こととは、元々自らの「外に＋立っている」という意味で同義語だったわけです。訳者の渡邊さんは、その「外に立っている」ことと、「存在からの語りかけ」がセットになっていることに着目して意訳しているわけですね。そうやって、存在からの語りかけに応じて、自分の「外に出る」ことが人間にとっての「本質経験 Wesenserfahrung」、自己の本質を知ることになる、と言っているわけですね。動物は、自分の「環世界」の中に閉じこもっていて、「外」を経験しようがないけど、「存在」に関して「問い」を発し、「思索」する人間にはそれが可能です。逆に言うと、自分の内に閉じこもって、自分だけで存在しているようなつもりになっている間は、自己の本質を知ることはできない。

五五頁の最初の方に、「人間のエク・システンツ（Ek-sistenz）は、人間の実体（Substanz）」である、という文が出てきますね。『形而上学入門』では、ギリシア語の be 動詞である〈eimi〉から派生した〈ousia〉を、形而上学的な実体であるかのようなニュアンス

ハイデガーの〈Existenz〉論：人間が「存在」に対して、身を開くということが肝心。いわゆる「ヒューマニズム」的な関心ではない。
⇒　存在が人間に語りかけてきて、それに対して人間が応じるところに「実存」があると一貫して主張。

のあるラテン語の〈substantia〉に訳すのは問題だったと言っていたので、少し意外ですね――〈substantia〉の原義は「下に（sub）＋立っていること（stantia）」ということです。「ウーシアーという語は、実は現存者の現存性（Anwesenheit des Anwesenden）のことを言っており、ただし、たいていはまた同時に、ある謎めいた二義性にもとづいて、現存者（das Anwesende）そのもののことをも言っているのである」と説明していますね。〈anwesen〉というのは、現成してきて、そこに居合わせることです――第三回目にお話ししたように、私は〈anwesen〉は、「現前」と訳した方がいいと思います。「存在」ではなくて、「現前（存）性」ということで、現われてきて、そこに居合わせ続けるという、動的な性格を表わしているのでしょう。〈ousia〉は〈eimi〉の現在分詞の女性形から派生した名詞です――「存在」を意味するギリシア語としてよく知られている〈ōn〉も、〈eimi〉の現在分詞で、こちらは中性です。〈ousia〉は、「現前し続けていること」と、「現前しているもの」の双方を意味しているというわけです。

> 「人間の〝実体〟は、エク－システンツ〔存在へと身を開き－そこへと出で立つあり方〕である」という命題の言い述べようとする事柄は、次のこと以外のなにものでもないであろう。すなわち、人間がみずからの固有の本質において存在へと関わって現存するそのあり方は、存在へと身を開きそこへと没入するありさまで存在の真理のただなかに立つということ、これである。

人間の〈ousia〉、つまり（不変・不動であるという意味ではなく）「そこに現前＝存在し続けているもの」という意味での〝本質〟は、常に「存在の真理」へと関わっているものである、ということですね。この場合の「真理」も、通常のプラトン的な意味での「真理」、あるいは存在の神秘のような意味で理解してはいけません。〈aletheia〉というのは、「非隠蔽性」、しかも一気に露呈してくるわけではなく、一連のプロセスの中で露呈するわけです。「脱隠蔽化」ですね。しかもその「存在」の脱隠蔽化は一方向的なものではなく、人間の方も自らのプロセスに関わっていかないといけない、というか、そうするように定められている。すなわち、原文ではこうなっています。黒板を見て下さい。

〈Wesen（本質）〉と〈anwesen（現前（存）する）〉の言葉遊びになっているのが分かりますね。「存在へと身

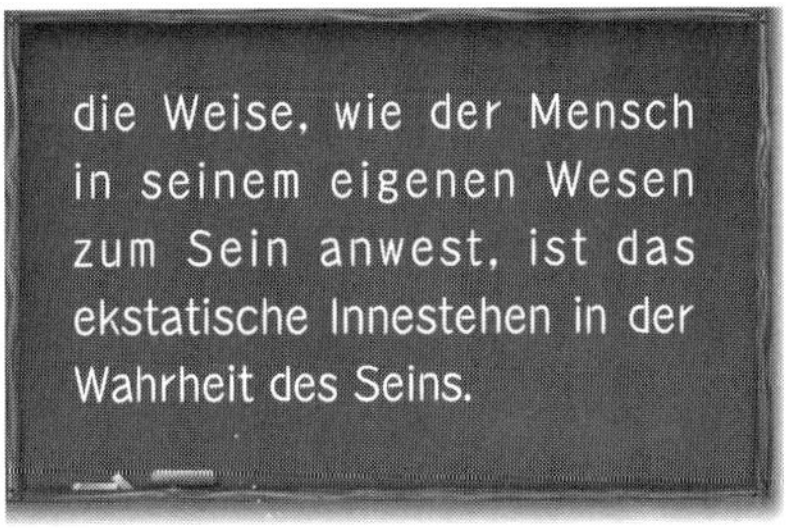
die Weise, wie der Mensch
in seinem eigenen Wesen
zum Sein anwest, ist das
ekstatische Innestehen in der
Wahrheit des Seins.

を開きそこに没入するありさまで」の原語は、〈ekstatisch〉という形容詞なのですね——かなり長めの意訳ですね。これは先ほどお話しした、〈Ekstase〉の形容詞形ですね。ということは、〈Existenz〉と繋がってるわけですね。「没入する」という形容句を付け足したのは、「ただ中に立つということ Innestehen」にかかっているからでしょう。人間自身の現存在と環世界から見ると、「外」に出て、自己を失っているのだけど、それによって、「存在」の「脱隠蔽化」、新たな存在者が現われるプロセスのただ「中」に位置している。自分の「外」に、〔変動する〕〝中心〟を持っているわけですね。

人間についてのこのような本質規定によって、人間を、アニマル・ラティオーナーレ〔理性的動物〕、「人格」、精神的心的身体的本質などとして捉えるヒューマニズム的な諸解釈が、誤りだと宣告されているのではないし、また放逐されているのでもない。むしろ、それの眼目をなす唯一無比の思想は、人間の本質に関する最高のヒューマニズム的諸規定でさえも、人間の本来の尊厳をまだ知ってはいないという点にあるのである。そのかぎりにおいて、『存在と時間』における思索は、ヒューマニズムに反対している。けれども、この対立は、だからといって、そうした思索が、人間的なものの反対側に与《くみ》するとか、非人間的なものを支援するとか、非人間性を擁護するとか、人間の尊厳を下落させるとかするものであるということを、意味してはいないのである。ヒューマニズムに反対して思索がなされる理由は、ヒューマニズムが、人間のフーマーニタース〔人間性〕を、十分に高く評価していないからなのである。

回りくどい言い方をしていますが、ポイントは分かりますね。世の中で言われている「ヒューマニズム」は、本当の意味で、「人間の尊厳 die Würde des Menschen」を高く評価していない。「存在の真理」が現われてくる場面に自ら積極的に立ち合っていることこそが「人間の尊厳」である、とハイデガーは考えているわけです。一般論的に、世の中的にもっぱら肯定的に評価されている〝すばらしい思想〟を否定する時に、「いや、その思想がダメなのは、それが掲げている目標や理念の達成することに必然的に失敗するからだ」、という言い方をして、自分こそ〝正義の味方〟であることを間接的にアピールして、自己防衛する戦略がありますが、ハイデガーもそういうずるい戦略を使っているような感じがしますね。

確かに「ヒューマニズム」は、ハイデガーが言う意味での「人間の本質」=〈humanitas〉、存在経験と一体になっている「実存」や「存在の真理の現われ」を掘り下げようとはしませんが、それが本当に「人間の本質」と言えるのかについては、異論がある人は多いでしょう。そこまで、人間それ自体の向こう側まで掘り下げる必要があるのか?

人間とは、むしろ、存在そのものによって、存在の真理のなかへと「投げ出され」ているのである。しかも、そのように「投げ出され」ているのは、人間が、そのようにして、存在へと身を開き－そこへと出で立ちながら、存在の真理を、損なわれないように守るためになのであり、こうしてその結果、存在の光のなかで、存在者が、それがそれである存在者として、現出してくるようになるために、なのである。その存在者が、果たしてまたどのように現出してくるのか、神というものや神々、歴史や自然が、果たしてまたどのように存在の開けた明るみのなかへと、入ってき、現存したり、現存しなくなったりするのか、このことを決定するのは、人間ではない。存在者の到来は、存在の運命にもとづくのである。しかし人間にとっては、次の問いがあくまでも残り続ける。すなわち、果たして人間は、この運命に対応したみずからの本質というしかるべき適切なものを見出すかどうか、という問いがそれである。

この講義でも何度も話題にしましたが、「投げ出されている geworfen」という表現は、『存在と時間』の「世界内存在 In-der-Welt-Sein」を論じる文脈で出てきます。人間は自分の周囲の世界を自発的にゼロから構築するのではなく、気が付いた時には、ある世界の中に投げ込まれている。その受動的な状態を主体的に捉え直すところに、「覚悟性」が生じるわけです。これは、主体が自らの世界を構築すると考える新カント学派やフッサールとは全く異なる発想です。

世界の中に投げ込まれている人間は、自分の意識の内で沈思黙考するのではなく、「外へ」と出で立ち、自分に迫ってくる「存在」を受け入れることによって、「真理=隠れなきもの」に出会うことになる。そうした

「存在」の「光（Licht）＝明るみ（Lichtung）＝真理」の中で、人間が自らの「真理」を見出すと共に、それ以外の諸存在も「現出する erscheinen」わけです。「光」という意味の〈Licht〉から派生した動詞〈lichten〉は、通常は、森を「伐採する」こと、つまり、光が通ってそこにある事物が見えるようにすること、「現出する」状態にもたらすことを意味するわけです。「現存したり、現存しなくなったりする an- und abwesen」というのは日本語としてこなれていないですが、要は、「明るみ」の中で現われたり、姿を消したりすること、現前したり、非現前化したりする変容のことですね。

そうした運動の動向は、人間の主観によるのではなく、「存在の運命 Geschick des Seins」によって決定されるわけですね。ただ、人間は全く関係ないわけではなく、「存在の真理」を「守る hüten」ものとして、そこに立ち会う、あるいは、立ち会うよう本来定められている。要は、人間の目に事物の真理が現われるということですが、単純にそういう言い方をすると、諸事物は結局、認識主体である人間のまなざしの中で構成されるという、新カント学派、フッサール的な話に取られてしまうので、言い回しを工夫しているわけです。

――人間は、存在の牧人なのである。

これは有名なフレーズです。「牧人」の原語は〈Hirt〉です。「羊飼い」ですね。恐らくキリスト教の、主は「我が牧者」というようなイメージにかぶせているのでしょう。これは、先ほどの「守る」という言い回しと対応しているのでしょう。少し後で、この「存在の守り手」であるということを明らかにすべく、『存在と時間』の思索は展開されていること、そしてこの本では、この書簡で強調されている「存在へと身を開きそこへと没入する実存 die ekstatische Existenz」が、「気遣い Sorge」として記述されている、ということが述べられていますね。

これまで何度か触れてきましたが、少なくともハイデガーの用語法では、〈Sorge〉は、英語の〈care〉に対応しており、人は自分でそれと明確に自覚する前に、周囲の事物や他人のことに「気付き」「気にし」「関わっている」というニュアンスを含んでいます。あるいは、〈care〉と同様に「世話する」という意味合いもあります。この「世話する」ということが、「牧人」に繋がっているのかもしれません。こうしたいろんな意味を

存在の**牧人（Hirt）**—「存在へと身を開き—そこへと出で立つこと Ek-sistenz」、

世界の中に投げ込まれている人間 → ~~自分の意識の内で沈思黙考~~ →「外へ」と出で立ち、自分に迫って来る「存在」を受け入れる→「真理＝隠れなきもの」に出会う。

↓

「存在」の「光（Licht）＝明るみ（Lichtung）＝真理」の中→人間が自らの「真理」を見出すと共に、それ以外の諸存在も「現出する erscheinen」 → 「現われ」は人間の主観によるのではなく、「存在の運命 Geschick des Seins」によって決定。→人間は全く関係ないわけではなく、「存在の真理」を「守る hüten」 ▶ **「人間は、存在の牧人」**

含んだ「気遣い」が、実は、自己の「外」へ出て、存在の現われを迎え入れることだというわけですね。無論、他の動物も、何らかの形で周囲に「気遣い」しているわけですが、恐らくハイデガーは、動物の「気遣い」は自分の周囲の環世界との関係に限定されるが、人間の場合は、環世界に囚われることなく、自分をそこに投げ込んだ「存在」に関心＝気遣いを向けることで、結果的に、「外」に出で立つことになり、「人間」らしい「実存」を現勢化する可能性を持っている、という風に考えているのでしょう。

しかし、それにしても、存在というもの――、この存在とは、いったい何であろうか。それは、〈それ〉〈存在〉そのものである。このものを経験すること、そして言い述べることを、来たるべき思索は、学ばなければならない。「存在」――それは、神ではないし、また、なんらかの世界根拠でもない。存在は、あらゆる存在者よりも、より広く遥かなものでありつつ、それでいて人間には、どんな存在者よりも、より近いのである。たとえ、この存在者が、岩であろうと、動物であろうと、芸術作品であろうと、機械であろうと、はたまた、その存在者が、天使であろうと、神であろうと、それらにかかわりなく、それらよりも、より近いのである。存在は、最も近いものである。しかしながら、この近さは、人間には、あくまで、最も広く遥かなものにとどまり続けている。人間は、さしあたりはつねにすでに、そしてひたすら、存在者のみを拠り所としている。けれども、思索が、存在者を、存在者として、現前に見据えて表象するとき、思索は、なるほど、存在に関係してはいる。けれども、やはり、思索は、ほんとうのところは、いつもただ、存在者そのもののみを思索していて、存在そのの

――ものを、まさに思索していないし、また断じて存在そのものを思索することなどしないのである。

これは『存在と時間』の導入になっている問題提起の要約ですね。人間は、「存在」について考えているつもりで、個別の「存在者」のことを考えてしまう。例えば、「芸術作品」の「存在」について考えるという場合、芸術作品の定義とか、素材とか、どういう作用を人間に及ぼすとか考えますが、それは芸術作品という特定の存在者が「存在」すると言えるための条件であって、「存在する」とはそもそもどういう意味か考えているわけではありません。「天使」の存在について考えようとしても、結局、「天使」の定義や属性、その存在の証明の仕方について考えているのであって、「存在」という概念の意味は問いません。「存在」の意味は分かっていることにして、具体的な存在者のカテゴリーごとに、それが「存在」していると言える条件を語るということになってしまいます。中世の哲学では、「神」を別格扱いして、「神」によって他の全ての存在者に「存在」性が付与されるとし、「神」という概念の内に、「存在」ということが既に含まれていて、その「存在」は「本質存在」だけではなく、「現実存在」も含まれるとか言っていたわけですが、結局、「で、その場合の『存在する（有る）』とはどういうこと？」という問いには答えていなかったわけです。『『存在する』とはどういうことか？」に対して、「神によって規定される」とか「神の概念に含まれる」とか、「神がその最上位に〝ある〟」とか答えるのは、見当外れです。

「ヒューマニズム」の平面

「ある」という概念はあまりに根本的なので、考える手がかりが見つからない。しかし、それを分かったことにしないと、〝存在〟する諸事物を体系的に関連付けて説明できない。

それが、「形而上学」です。「存在とは何か？」、という問いを封印して、諸存在者を一つの論理体系で把握しようとするのが「形而上学」です。訳では、「形而上学的に見据えて表象する作用」というややこしい言い方をしていますが、原文は〈das metaphysische Vorstellen〉、これは単純に「形而上学的表象」と訳した方が分かりやすいでしょう。「形而上学」は、私たちの物の見方を規定し、通常の「哲学」はそれを前提にしてしまう。

けれども、形而上学は、その存在の開けた明るみを、現存者がその「外観的相貌」（イデア）においてこちらへと姿を見せてくるありさまとしてのみ知っているにすぎないか、あるいは批判的に、主観性の側から、カテゴリーを用いて眼前に見据え表象する作用が、あちらへと－視線を向けた結果見られたところのものとして知っているかの、いずれかである。ということは、開けた明るみそのものとしての存在の真理が、形而上学には、あくまでも隠されたままにとどまっているということにほかならない。この隠されたあり方は、しかしながら、形而上学の欠陥ではなく、むしろ、形而上学の固有な豊かさの宝庫であって、ただしその宝庫は、形而上学そのものには手渡されておらず、それでいて形而上学の眼前に差し出されているものである。

『形而上学入門』等でもハイデガーが執拗に指摘しているように、「イデア」とは元々「見え方」や「外見」という意味のギリシア語です。ここで言われているのは、「形而上学」は「開けた明るみ Lichtung」——原語は先ほどの〈Lichtung〉一語です——、つまり「存在の真理 Wahrheit des Seins」を捉えることができず、その見えている外見の一端、あるいは、それを表象しようとする主観の作用の帰結しか捉えられないわけです。「カテゴリー」を用いてというのは、空間とか時間とか因果関係とかのカテゴリーのフィルターを通して表象する、ということでしょう。「あちらへと－視線を向けた結果見られたところのもの das Gesichtete der Hinsicht」という箇所も、かなり訳がくどくなっていますが、これは「顔」とか「視覚」「視野」という意味の〈Gesicht〉から派生した、〈gesichten（視る、認める）〉という動詞の過去分詞をもう一度名詞化したものと、通常は、「視点」とか「側面」という意味の〈Hinsicht〉をかけた言葉遊びがあるからでしょう。〈Hinsicht〉は、話者から遠ざかっていく方向性を指す副詞〈hin〉と、〈Gesicht〉の元になった〈Sicht（視覚）〉という言葉から合成されています。この言葉遊びによって、存在者の一つの「外見（イデア）」（＝側面）を、「主体の側から対象へと向けられた視線によって捉えられた対象のある側面」として読み替えているわけです。

外見の一端しか捉えられていないことを否定的に見ていると思いきや、この「欠陥 Mangel」——これはむしろ「欠如」と訳すべきでしょう――が「豊かさの宝庫 Schatz ihres eigenen Reichtums」でもある、と言っているわけですね。恐らく、人間が「形而上学」のカテゴリーによって事物を見るのは不可避だけど、それが「真理」それ自体だと勘違いしないで、自らの抱える根源的な「欠如」を認めた時、その「欠如」がより開かれた、「存在の真理」の「開け」へのルートになるということでしょう。

開けた明るみそれ自身は、ところが、存在である。この開けた明るみが、形而上学の存在運命の内部にあっても、まず最初に、光景の展示を叶えさせてくれるのであり、だからこそ、それにもとづいて、現存者が、現存者へとかかわりつつ現―存する人間に対して、その心を揺り動かすようにして―触れてきて、その結果、人間自身が初めて、認知作用(ノエイン〔見テ取リ思考スル作用〕)において、存在に触れることができるようになるのである(ティゲイン〔触レルコト〕、アリストテレス『形而上学』Θ巻、第一〇章)。

『形而上学入門』でもパルメニデスのテクストに即してかなり詳しく論じられた〈noein = vernehmen〉がまた出てきましたね。表現は難しいですが、これまで見てきたことを前提にすれば、分かりますね。人間が自分で勝手に「明るみ」を見つけるのではなく、存在の運命として、「明るみ」が開けてきて、それが人間に関わってくるということです。

「光景の展示」の原語は、〈Anblick〉一語です。〈Anblcik〉という名詞は、「光景」とか「様相」など、〈idea〉の原義に近い意味合いの言葉ですが、これの動詞形の〈anblicken〉は「見る」という意味、特にピンポイントで視線を向けるような意味合いです。ハイデガーは恐らく、その両義性、存在が自らの「明るみ」を見せてくる、同時に、人間がそれに眼を向けるように仕向ける、という関係を暗示したかったのでしょう。「叶えさせてくれる」の原語は〈gewähren〉で、これは通常、「許す」とか、何かをするのに必要なものを「提供する」という意味です。存在から与えられた使命を成就するのを「叶えさせてくれる」というような意味合いで、こう訳したのでしょうが、これだと「光景の展示」を人間の方が強く望んでいるように、あるいは、人間の使命が完成することが決まっているかのようにも聞こえるので、ここは単純に「保証する」としておいた方がいいでしょう。

「現存者 Anwesendes」というのは、現われつつある存在≒〈physis〉、あるいは存在の真理ということでしょう。「現存者へとかかわりつつ現－存する der zu ihm an-wesende Mensch」という言い方で、何故、「人間」にかかっている〈anwesend〉がハイフンで分離されて、〈an-wesend〉となっているのが気になりますが、これは、〈an-〉という接頭辞に「密着して」とか「居合わせて」という意味合いがあるのを強調するためでしょう。人間らしさの「本質」としての「実存」は、現前（現存）しつつある「存在」に対して身を開くことによってのみ、現成しつつある「存在」に密着し、向き合うことによってのみはっきりした形で現われるわけです。

「揺り動かすようにして－触れてくる」の原語は、〈be-rühren〉で、これはハイフンなしだと「触れる」という意味で、〈be-〉を取って、〈rühren〉とすると、「揺り動かす」とか「感動させる」という意味になります。「存在」は、人間に触り、揺り動かすことで、外へと引き出すよう仕向けるわけです。ギリシア語の動詞〈θιγειν〉にも、感情の面で触れるという意味合いがあるようです。


しかしながら、もしも私たちが総じて単刀直入にそう問うてよいとするのならば、いったい、存在は、存在へと身を開き－そこへと出で立つあり方に対して、どのように関わってくるのであろうか。存在そのものは、関わりである。というのも、次のかぎりにおいてである。すなわち、〈それ〉〔存在〕は、存在へと身を開き－そこで出で立つあり方を、後者の実存論的な、つまり存在へと身を開きそこへと没入するような本質におけるありさまのまま、実は、存在みずからのもとに繋ぎとめ、また存在みずからのほうへと取り集めて、こうして右のあり方を、存在者のただなかにおける存在の真理の場面たらしめるからである。存在はみずから自身をこのような関わりとして送り届けて来るのだが、人間は、この関わりを、存在へと身を開きそこへと没入するありさまにおいて、耐え抜き、つまりは、気遣いつつ、この関わりを引き受け、こうした仕方において、人間は、存在へと身を開き－そこへと出で立つ者として、右の関わりのなかへと出で立つに至るのである。そうであるからこそ、人間は、さしあたりはまず、最も身近にあるものを見失ってしまい、最も身近にあるものよりは一段遠いものを頼りにするようになるのである。

ものすごく抽象的な印象を受けますが、まず、「存在へと身を開き－そこへと出で立つあり方」というのが、先ほどから見ているように、〈Ek-sistenz〉であることを確認しましょう。つまり、自らの「外」に出で立っている「人間」です。「存在」の側から「人間」への「関わり Verhältnis」が話題になっているわけです。「存在」は、身を開いたままの状態の「実存」を引き寄せ、繋ぎ止め、そこで自らの「真理」を開示するということですね。その「関わり」の中に、「実存」として身を開いている人間が入り込んでいくわけです。

ただ、そこに没入しているがゆえに、自分にとって最も近きものである「存在」それ自体＝「最も身近なもの das Nächste」を「見失」ってしまう。そして、六二頁に訳者による見出し語として付けられている、「存在忘却」あるいは「頽落 Verfallen」という事態が生じるわけです。『存在と時間』では、「頽落」というのは、これまで何度か出てきた、個性を失い、公共圏での「空談 Gerede」に身を委ねている「ひと」の在り方として記述されています。ここでは、「頽落」の定義として、「存在者の本質をよく熟慮せぬままその存在者の殺到に身を委ねようとしてなされる存在の真理の忘却 das Vergessen der Wahrheit des Seins zugunsten des Andrangs des im Wesen unbedachteten Seienden」ということが述べられています。「存在者の殺到」というのは、簡単に言うと、目の前にあって対応を迫ってくる道具とか周囲の人、動物、天候などにかかり切りになってしまう、ということでしょう。

存在からの働きかけに応じて、身を開くと、つまり、受動的になる、日本的な言い方をすれば、自己を無にすると、いろいろな外界の影響が我が身に降りかかってきます。それらの影響は、開け、現われつつある「存在の真理」がもたらすもので、その兆候と言えますが、「存在」それ自体ではない。しかし、完全に受け身になっていると、その区別が付かないので、個別の存在者への対応に忙殺されてしまい、かえって、存在それ自体を「見失う verkennen」――〈verkennen〉は、「認識 erkennen」し損なうということです。「最も身近にあるものよりは一段遠いもの das Übernächste」というのは、恐らく、「存在の真理」の現成に伴って現われてくる、手前にある諸存在者ということでしょう。〈übernächst〉というのは、英語の〈next〉に当たる、「一番近い」あるいは「次」という意味の最上級の形容詞〈nächst〉に、英語の〈over〉に当たる〈über〉を加えたもので、

「存在忘却」あるいは「頽落 Verfallen」

・『存在と時間』：個性を失い、公共圏での「空談 Gerede」に身を委ねている「ひと」の在り方。

・**「ヒューマニズム書簡」**：「存在者の本質をよく熟慮せぬままその存在者の殺到に身を委ねようとしてなされる存在の真理の忘却 das Vergessen der Wahrheit des Seins zugunsten ; des Andrangs des im Wesen unbedachteten Seienden」

「ヒト」へと「頽落」している状態は、人間が「実存」である以上、致し方ないことであり、むしろ、存在からの働きかけに対して身を開き、真理の生成に立ち会っている証拠。

通常は、「一番近いものの次に近いもの」というのが通常の意味ですが、「近すぎる」という意味を読み込めないこともありません。

従って、「ヒト」へと「頽落」している状態は、人間が「実存」である以上、致し方ないことであり、むしろ、存在からの働きかけに対して身を開き、真理の生成に立ち会っている証拠だと言うことができます。だから、それを道徳的に非難する必要はないし、ハイデガーには元々そのつもりはない。また「ヒト」の状態を「非本来的 uneigentlich」と呼んで、自己自身の「実存」、延いては「存在」それ自体に関心を向ける「本来的」な自己の在り方を「本来的 eigentlich」と形容していますが、これも道徳的な区別ではない、と断っていますね。「本来性／非本来性」の区別の問題は、後にアドルノが『本来性という隠語』（一九六四）で、ハイデガー批判の焦点にしているくらいですから、『存在と時間』の初期の読者にとってはかなり印象的だったのでしょう。『存在と時間』自体の中でハイデガー自身が、これは道徳的な優劣の話ではないと断っているのですが、日常的には価値の優劣を意味する語彙を意図的に使っているわけですから、読者が〝誤解〟してしまうのは仕方ないことでしょう。その〝誤解〟のせいで、ハイデガーは圧倒的な影響力を持つ哲学者になれたわけです。

また、「本来性」の方が上ではないと言っても、「存在者の殺到」によって忙殺されたままの状態でいいともハイデガーは思っていないでしょう。何らかの形で、転換が起こらないと、「存在」それ自体について「思索」するようにはならない。その転換はどうやって起こるのか。

そこでヒントになるのが、「言葉」です。「言葉は、存在の家である」という表現がまた出てきましたね。言語は単に、人間を他の動物から区別する特殊な能力であるだけでなく、存在に向かって出で立つ人間の「実存」に関わる、本質的な要因であることを説明する文脈ですね。

> けれども人間は、他の諸能力と並んで、そのほかにまた言葉をも所有している生きものにすぎぬのではない。むしろ、言葉は、存在の家であり、その家のなかに住みつつ、人間は、存在へと身を開き－そこへと出で立つのであり、その際に人間は、存在の真理を損なわれぬように守りながら、その存在の真理に帰属するという仕方を取るのである。

「存在の家」は、人間が住む家でもあるわけですね。「言葉」を介して人間は、「存在の真理」が現われる場に立ち会う。人間が自らの外に出で立つことと、「言葉」がどう関係しているのかピンと来にくいですが、先ほどの「投げ込まれている」ことに即して考えてみましょう。「言葉」は、当然、私たちが自分で作り出したものではありません。我々は気が付いたら、既に「言葉」が存在し、使われている世界の中に生かされています。「言葉」があることによって、「○○が存在している」とか、「◇◇は△△である」と、□□さんに言える。私たちは何の気なしに、例えば「椅子がある」「空気がある」「お金がある」「空間がある」「神がある」という言葉を使い、「ある」ということを前提にして、それらの事物に名前を与え、その表現を共有する他者たちと関わっている。「言葉」があるからこそ、諸存在者との間に恒常的な関係を持っている。その「言葉」によって「気遣い」が誘導されます。自分が直接知らない存在者についても、周囲のヒトが「あそこに、◆◆な●●があるよ」、と言っているのを耳にすると、それは何だろう、と関心を持つ。言葉を介して、私たちは否応なく、自分の意識の「外」の世界に、しかも、「存在」という概念が語として使われる世界へと引き出される。

> 思索は、こうしたもろもろの単純な関わりに、注意を向ける。このもろもろの関わりのためにと心を砕きながら、その関わりにふさわしい語を、思索は探し求める。それも、形而上学とその形而上学による文法学とに支配された、これまで長い間伝承されてきた言葉のまっただなかにおいて、である。

「思索」は言葉によって、自分と諸事物、そしてその諸事物の背後にある「存在」に関係付けようとします。「形而上学」は、ある文法体系に従って捉えた最初の語によって表象した関係を固定化しようとします。文法と形而上学の結び付きについては、『形而上学入門』で散々論じられていましたね。「存在」に関係する事態を動詞で表わすか名詞で表わすかで大分イメージが違いますし、ギリシア語で動詞的に表わされていたことが、他の言語で、名詞的な性格を強めると、更に印象が違ってきます。日本語だと、「ある」と「存在」では全然違いますね。〈Existenz〉は最初は「外に」という意味合いを強く持っていたし、〈Substanz〉は「立っている」という意味を持っていたけれど、近代ヨーロッパ語に受容されると、そうした元のニュアンスは失われてしまう。

人間が主に「言葉」を通じて「存在」にアクセスする以上、これは仕方ないことですが、ハイデガーは、「形而上学」が、それが生まれた時に使っていた言語のその時点での表象様式を、永遠の真実であるかのように固定化してしまうことを問題視しているわけです。

こうした思索は、なんらかの題目におよそなにほどかの意義があったと仮定して、果たして、みずからをなおもヒューマニズムとして表示することを許すであろうか。確実に、否、である。というのも、ヒューマニズムが形而上学的に思索しているかぎりは、そうだからである。

先ほども見たように、ハイデガーは「ヒューマニズム」が、人間の人間らしさ（humanitas）に関する形而上学、人間を理性的動物として規定する形而上学に無自覚に依拠しているということで批判しています。ここでは更に、サルトルの言う意味での「実存主義」と結び付けられた「ヒューマニズム」は、（存在への）「思索」と相容れないことを強調していますね。

サルトルは次のように言明している。すなわち、プレシゼマン・ヌー・ソンム・シュール・アン・プラン・ウー・イリヤ・スルマン・デ・ゾンム〔正確ニハ、私タチハ、タダ人間タチノミガイルヨウナ平面ノ上ニイル〕、と（『実存主義ハヒューマニズムデアル』三六頁）。右の命題に代えて、『存在と時間』のほうから思索されるならば、次のように言い述べられねばならないであろう。すなわち、プレシゼマン・ヌー・ソンム・シュール・アン・プラン・ウー・イリヤ・プラシパルマン・レートル〔正確ニハ、私タチハ、原理的ニハ存在ガ与エラレテイルヨウナ平面ノ上ニイル〕、と。けれども、ル・プラン〔平面トイウモノ〕は、どこから来、また何であるのだろうか。レートル・エ・ル・プラン〔存在トイウモノ、ト、平面トイウモノ」は、同じものなのである。『存在と時間』（二一二頁）においては、意図的に、また注意深く、次のように言い述べられている。すなわち、イリヤ・レートル〔存在ガアル〕、つまりドイツ語で言えば、「エス・ギープト」・ダス・ザイン〔存在が「与えられている」、もしくはもっと正確に言えば、存在は「それが与える」ものである〕、と。イリヤ〔ガアル〕は「エス・ギープト」〔与えられている・それが与える〕を、不正確にしか翻訳していない。というのも、ここで「与える」働きをするところの「それ」は、存在そのものだからである。「与える」とは、ところが、存在がみずからの真理を叶えさせるという具合に与える働きをするゆえんの、その存在の本質のことを名指している。みずからの開けた局面のなかへと、しかもその開けた局面そのものを伴いつつ、与える働きが、存在そのものなのである。

フランス語の部分を確認していきましょう。最初の〈précisément nous sommes sur un plan où il y a seulement des hommes〉は、人間だけしかいない「平面」の上に、私たちがいる、ということですね。禅問答みたいで捉えどころがなさそうですが、これは、神は存在しないので、神に由来する価値や秩序も前提にすることはできない、という議論の文脈で出てくるフレーズです。恐らく、上から垂直に介入してくる神とか霊、精神のようなものとの繋がりがなく、価値の上下関係（高低）もアプリオリには存在しない、というようなニュアンスを込めて、「平面 plan」と言っているのでしょう。それをハイデガーは変形して、〈précisément nous sommes sur un plan où il y a principalement l'Être〉と言い換えています。「平面 le plan」の上にいるものを、「人間だけ」から「原理的に存在」へと置き換えているわけですね。つまり、「平面」のイメージを継承して、それが主として「存在」が現われる場である、と示唆しているわけです。そこから更に、実はその「存在」と「平面」はイコールなのではないか、と言っているわけです。

なんだかサルトルの文脈次第で意味が分からないでもない文章を、全く分からない文章にしてしまったようにも思えますが、これまでの議論を振り返ってみましょう。ハイデガーにとって、「存在の真理」はどこかに客観的に〝あって〟、観察可能なものではありません。人間の「実存」を巻き込んだ、潜勢態から現勢態との間の絶えざる生成変化を繰り返しています。いわば、人間がいるところ、実存しているところ、外へ出で立つところが、存在の現われる場になっており、その場は、存在が実存との協働で生み出すわけです。そして、存在という地平＝平面の上に、いろんな存在者が現成してくるわけです。言葉が、その存在という平面を安定化させ、個々の存在者が「存在」していることをはっきりさせる。その意味で、「存在の家」であるわけです。この平面は本来、変動するものだけど、それを固定化して、絶対不動であるかのような錯覚を与えるのが形而上学ということになるのでしょう。

ハイデガーが、「存在」が自らが現われる場を自ら生成させることを前提にし、「存在」が主語であると同時に目的語であるような書き方をしており、更にそれと連動して、言語に現われてくる〝以前〟の〝存在〟と、言語という人間的な地平に現われてきて〝以降〟の〝存在〟を、同じ「存在」という語で表現しているので、禅問答のように聞こえてしまうわけです。ただ、「存在」というのが最も根源的なものである以上、多義的で分かりにくい言い方になるのは仕方ない、とハイデガーは考えているのでしょう。

その点は、後半部でのフランス語とドイツ語の対比に現われています。英語の〈There is ～〉に相当する表現として、フランス語には〈il y a ～〉とドイツ語には〈es gibt ～〉があります。「机の上に本がある」だったら、〈There is a book on the book.〉＝〈Es gibt ein Buch auf dem Tisch.〉＝〈Il y a un libre sur la table.〉となります。不特定のものがどこかにあることを表わす言い方で、特定のもののあるなしを言う時は、〈be ＝ sein ＝ être〉を使います。『存在と時間』でハイデガーは、〈Es gibt das Sein〉という言い方をしています。〈sein（ある）〉という性質を付与できるのは個別の存在者で、「存在」それ自体については、それと同じである／ないと言えないからです。〈il y a l'Être〉はそのフランス語訳です。

『存在と時間』では、それ以上の説明をしていないのですが、ここでは〈es gibt ～〉の作りを分析して、意味付けしようとしています。〈es〉が「それ」という代名詞、〈gibt〉が「与える」という意味の動詞〈geben〉の三人称現在単数形です。「それが～を与える」という言い方になっているわけです。普通のドイツ人は、「それ」とは何かなんて考えませんし、多少学がある人でも、仮主語としか思わないでしょう。ただ哲学的想像力を働かせると、「存在」それ自体が「与える」、ということが思い浮かびますね。ハイデガーはそう言っているわけです。一方、フランス語の〈il y a〜〉は、「それ」という意味の〈il〉、「そこ」という意味の〈y〉、英語の〈have〉に当たる〈avoir〉の三人称単数形から成っています。「それがそこに○○を持っている」ということです。基本的には同じ構図だと見てよさそうですが、ハイデガーは〈es gibt〜〉で表現されていることは、〈il y a〜〉では表現できない、と言っているわけです。レヴィナスは、〈il y a〉こそ、「存在」を超えた絶対的な「他者」の現前性を表わしていると主張します。

ハイデガーが、「それ（存在）」が自己を「持つ」と言うより、「与える」と言うべきだと主張するのは、後者の方がこれまでの彼の主張に合うからです。「みずからの真理を叶えさせるという具合に与える働きをする」の原語は、〈seine Wahrheit gewährend〉、先ほどの〈gewähren（保証する）〉という動詞を使っています。「存在」が、（人間の実存に向かって）自己を開き、自らの「真理」を現成させる様、その動的性格を表わすのに、「持つ」よりも、「与える」の方がより適切だと考えたのでしょう。

「存在」と「歴史」

六七〜六九頁にかけて、パルメニデスの〈esti gar einai（何故なら、存在が存在するから）〉というフレーズを紹介したうえで、その意味するところが今日に至るまで明らかにされていない、と述べられていますね。「存在」が自らをどのように「与える」か、どのように「存在の真理」が露わになるかを明らかにしようとするのが、ハイデガーの言う意味で「思索」であり、「哲学」です。「思索」は、「存在」が自らを与えてきた過程、「存在の歴史」と関わっています。ヘーゲルはあたかも、「思索」≒「精神」が、自らの営みによって「歴史」を作り出してきたかのように語っている、つまり観念論的に語っているわけですが、ハイデガーに言わせるとそうではありません。

もっと原初的に思索されるならば、与えられているのは、存在の歴史なのであって、この存在の歴史のうちへと、思索は、この歴史の追想的思索のありさまで、この歴史そのものによって呼び求められ促されて、帰属してゆくのである。

これは分かりますね。「思索」は自ら「歴史」を作り出すのではなく、「存在」からの呼びかけに呼応する形で、「存在」が自らを与えるのに伴って生じる歴史に巻き込まれていくわけですね。「思索」の歴史への関わり方は、「追想的思索」です。原語は〈Andenken〉の一語ですが、綴りの中に〈denken（思索）〉が入っていることを示すために、このくどい訳語を採用したのでしょう。

この追想的思索は、過去において生じたところの過ぎ去ってゆく歩みの意味における歴史を、あとから追いかけてありありと思い浮かべることとは、本質的に区別される。歴史は、まず最初に、出来事的生起として生起するのではない。そして、この出来事的生起は、過ぎ去ってゆくというあり方をしているのではない。歴史における出来事的生起は、存在にもとづく存在の真理の運命のありさまで、生き生きとあり続けるのである（『時あたかも祭日のように……』と題するヘルダーリンの賛歌に関する講演、一九四一年、三一頁を参照せよ）。運命となって存在が到来するのは、〈それ〉、すなわち存在が、みずからを与えることによって、である。しかしそのことは、運命的に思索されるならば、次のことにほかならない。すなわち、〈それ〉〈存在〉は、みずからを与えるとともに、また同時に、みずからをも拒むということ、これである。

ハイデガーが何と何を区別しているのか分かりにくいですが、少しずつ確認していきましょう。まず、「追想的思索」と、「過去において生じたところの過ぎ去ってゆく歩みの意味における歴史を、あとから追いかけてありありと思い浮かべること」が区別されていますね。ということは、「思索」によって「追想 andenken」されている「（存在の）歴史」と、「過去において生じたところの過ぎ去ってゆく歩み das vergangene Vergehen」という意味での「歴史」は違うということです。〈vergangen〉は、「過ぎ去っていく」という意味の動詞〈vergehen〉の過去分詞形です。〈Vergehen〉はそれを名詞化したものです。「経過」という意味です。普通に訳すと、「既に過ぎ去ってしまった経緯」あるいは「過去になってしまった経緯」。「ありありと思い浮かべる」というと、何かポジティヴなニュアンスがあるように聞こえますが、原語は〈vergegenwärtigen〉、「現前化する」です。「後から追いかけて」は、通常は、「事後的に」と訳されることの多い、〈nachträglich〉です。「事後性」という

のは、精神分析では重要な概念ですね。心的外傷に事後的に意味が付与されて、神経症などの症状が形成される、というような文脈で。

意識的にせよ無意識的にせよ、「過ぎ去ったこと」（の連鎖）を、再現前化することとしての「歴史＝物語Geschichte」――〈Geschichte〉には「物語」という意味もあります――は、主体から発する営みだと言えます。だとすると、それは、「存在」の自己を「与える」運動に、思索が巻き込まれていくことによって生じる、つまり、主体のイニシアティヴが半分しか利かない、ハイデガーの言う意味での〈Andenken〉とは異なるわけです。〈Andenken〉を「追想」と訳すと、どうしても漢字のイメージから、「過ぎ去ったことを事後的に現前化すること」との区別が分かりにくくなりますね。〈Andenken〉の〈an-〉は、〈Anwesen（現前（存））〉の〈an-〉で、「密着して」とか「居合わせて」とかいう意味なので、恐らくハイデガーは、「存在」が「現成wesen」し、「真理」が露わになってくる運動に密着しているという意味合いを込めているのでしょう。ヘーゲルにも「記憶」をめぐる議論がありますが、彼は〈Erinnerung〉という言葉を使っています。これは語の作りからして、〈das Innere（内面）〉化する、精神の内へと取り込む、という意味に取れます。内面に記憶として蓄えて、後で好き勝手に再現するのではなく、存在の運動に寄り添っていくという意味を、ハイデガーは〈Andenken〉に付与しているのかもしれません。

「歴史は、まず最初に、出来事的生起として生起するのではない」というのが、浮いている感じがして分かりにくいですね。「出来事的生起」の原語は、〈Geschehen〉で、「生起する」の原語〈geschehen〉を名詞化したものです。〈Geschichte（歴史）〉は、この〈geschehen〉と同じ語源から派生しています。それなのに、〈Geschichte〉はまずもって〈geschehen〉ではないと言っているのですから、このままでは意味不明です。恐らく、ここでは名詞の方の〈Geschehen〉は、存在によって生起するというような深い意味は込められておらず、普通の意味で、いわゆる〝歴史的出来事〟、歴史の中で記憶すべき大きな事件というような意味で使われているのではないかと思います。私たちは、大きな事件、少なくとも当時の人間が重大と評価するような事件、出来事が起こって、それが記録されたものが「歴史」だと考えがちですが、ハイデガーがそういうことではない、

歴史

・**普通の私たち：**出来事が起こって、それが記録されたものが「歴史」だと考えがち。

・**ハイデガー：**「存在の歴史」という観点。人間にとって衝撃があったかどうかではなく、「存在」それ自体の運動の中でどう位置付けられるのかが、「歴史」の本質。歴史の連続／不連続にはあまり関心はない。「歴史」を構成する要素としての「出来事 Geschehen」を全否定するつもりはなく、人間の意識の在り方ではなく、「存在」の自己を与える運動に関係付け。

※**ドゥルーズやフーコー：**歴史の連続性を解体し、不連続性を現出させる、主体の思惑を超えた「出来事 événement」に注目する。

と「存在の歴史」という観点から主張しているのだとすれば、筋が通るでしょう。人間にとって衝撃があったかどうかではなく、「存在」それ自体の運動の中でどう位置付けられるのかが、「歴史」の本質だということでしょう。ドゥルーズやフーコーだと、歴史の連続性を解体し、不連続性を現出させる、主体の思惑を超えた「出来事 événement」に注目するところですが、ハイデガーは、歴史の連続／不連続にはあまり関心はないでしょう。

ただ、そうやって〈Geschehen〉の一義性を否定した後で、今度はそれが単に「過ぎ去ること」ではない、と言っているので、また混乱させられるのですが、恐らく、ハイデガーは、「歴史」を構成する要素としての「出来事 Geschehen」を全否定するつもりはなくて、人間の意識の在り方ではなく、「存在」の自己を与える運動に関係付けようとしているのでしょう。紙に書かれた記録の上では、一つの「出来事 Geschehen」は「過ぎ去った」ことであり、人間が想起（sich erinnern）しない限り、現在に影響を及ぼすことはないわけですが、ハイデガーは「歴史」の中に位置付けられる個々の〈Geschehen（出来事）〉は、「存在の歴史」全体の「生起 Geschehen」の一部であり、その意味は絶えず生成変化し続けている、と考えているのでしょう。あるいは、存在の「生起」は、人間の時間意識・経験を超えたところで進行し続けており、その中に位置付けられる「出来事」は決して消滅することはないということかもしれません。ドイツ語で何かが「生じた」ことを、通常、〈～ ist geschehen〉という現在完了形で表現します——助動詞として〈sein〉動詞を使います。〈geschehen〉は過去分詞と不定詞が同じ形であり、「一度生じた」ことが過ぎ去ったことにならず、今でも影響を与え続けているようなニュアンスを帯びています。

「生き生きとあり続ける」の原語は〈wesen〉、つまり、「（本質として）現成する」ということです。ここで

「生き生きと」という言い方をすると、先ほどの〈vergegenwärtigen〉の「ありありと」と同じように聞こえるので、訳としてあまりよくないと思います。要は、「出来事」として「生起」するものから成る「歴史」は、〈wesen〉という運動、自らの「本質」を構成しながら、自己を暴露する運動を続けている、ということです。ハイデガーは、こうした存在の「現成」や、存在の生起の過ぎ去らない性格をヘルダリンの詩に即して示しています。特に、ここで挙げられている『時あたかも祭日のように……』の講義では、全ての時間の源泉である〈physis〉の「時間」の問題が論じられています。

「〈それ〉〔存在〕は、みずからを与えるとともに、また同時に、みずからをも拒む」という言い方は、一見謎めいた感じがしますが、「存在の真理」の開示が人間の思い通りにはならず、イニシアティヴは常に「存在」の側にあるとすれば、人間の側から見て、あの時は与えてくれたのに、今回は拒絶されたと感じられるのは、ある意味当然でしょう。

そうはいっても、歴史を「精神」の発展と捉えたヘーゲルの規定は、非真理であるのではない。ヘーゲルのその規定は、また、一部は正しく、一部は誤っているというわけでもない。ヘーゲルのその規定は、形而上学が真理であるのと同様に、真理である。形而上学では、体系の形では、ヘーゲルを介して、みずからの絶対的に思索された本質を、言葉へともたらしているからである。絶対的な形而上学は、マルクスとニーチェによるそれの逆転をも含めて、存在の真理の歴史に帰属している。

ここでまた唐突にヘーゲルが出てくるので混乱しますが、恐らく、ヘーゲルが「存在」ではなく、人間の「精神 Geist」を軸にした「歴史」を描いているからでしょう。加えて、ヘーゲルとヘルダリンは若い頃親しい関係にあり、初期ヘーゲルはヘルダリンの影響を強く受けていたのは有名な話だし、ヘーゲルは「歴史」と「哲学」の関係を本格的にテーマ化した最初の哲学者ですから、ヘルダリン絡みで、「存在」の「歴史」、「存在」の視点から見た時間の流れや出来事に言及した後では、ヘーゲルの歴史哲学に触れないのはむしろ不自然でしょう。デリダのように、ハイデガーの「存在」とヘーゲルの「精神」の類縁性を指摘する見方——拙著『ジャック・デリダ入門講義』をご覧下さい——もありますが、ハイデガーはヘーゲルを基本的には、人間の

「精神」を「存在」よりも優位に置こうとする観念論者と見ているのでしょう。

ただ、そうしたヘーゲルの規定が非真理だというわけではない、と言っているのは意外ですね。これは、「形而上学が真理であるのと同様に、真理である」というのだから、更に訳が分からなくなります。「脱隠蔽化」としての「真理」が常に部分的なものであり、「存在」それ自体が全面的に透明になる、全て現勢態になることはないということを念頭に置いて考えると分かりやすくなるでしょう。「形而上学」は、ある言語体系を共有する人たちにとっての「存在の真理」を固定化したものなので、●●の言語体系の▼▼の時点での「真理」ではあるわけです。ヘーゲルの「精神」的な「歴史」も、ヘルダリンの友であるヘーゲルが「思索」を通して見出した、「存在の真理」であり、言葉と化したものであることに違いありません。ハイデガーにとってヘーゲルの歴史哲学が大事なのは、「精神」という主観的なものを中心に持ってきてしまったことは問題にせよ、ともかく、隠れた「それ」が自己を表わしてくる一連の運動として「歴史」を捉え、そこに哲学の照準を当てたことでしょう。ニーチェやマルクスは、中心としての「精神」は否定したけれど、一連の現成の過程としての「歴史」を見る基本的視座は継承した。彼らの描いた「歴史」は、「存在の真理の歴史」として読み替えることが可能なわけです。

「存在」が「歴史」を通して自らを「与える」とすると、思索を通して、自らの身を開いてそれに関与する人間の現存在も歴史性を帯びることになります。「存在」が自己を与える仕方の歴史的な変化に対応して、「存在」をめぐる人間の思考・行動様式も変化していくということです。もう少し具体的に言うと、私たちが周囲の事物や他人を「気遣う」仕方は、自分で決めたものではなく、歴史的に形成された慣習に従っており、私たちが使っている概念や言葉の使い方も、歴史的に伝承されてきたものです。この世界の投げ込まれているということは、そうした「歴史性」の中で生きるということです。『存在と時間』の後半では、現存在の歴史性が中心的なテーマになります。

故郷喪失の運命

けれども、『存在と時間』（二一二頁）において、「エス・ギープト」（「与えられている・それが与える」）ということが言葉になってくるその箇所では、「現存在が存在しているかぎりにおいてのみ、存在は与えられている」と、言い述べられてはいなかったであろうか。

このような言い方をしたら、人間がいるから、「存在」が自分を与えるのだ、やはり人間中心主義ではないか、と思われそうです。普通の主観中心の哲学みたいですね。サルトルのような人間中心主義的な理解が出てきても、不思議はない気がします。そういう考えられる疑問に対するハイデガーの答えは、

もちろん、そのとおりである。その発言が意味しようとすることは、次のことである。すなわち、存在の開けた明るみが、みずからを呼び求め促して生起するかぎりにおいてのみ、存在というものは、人間にみずからを委託するということ、これである。けれども、現が、すなわち存在そのものの真理としての開けた明るみが、みずからを呼び求め促して生起するということは、存在そのものからの送り定めなのである。存在は、開けた明るみの運命なのである。しかし、先の命題は、次のことを意味しようとしているのではない。すなわち、エクシステンティア〔現実存在〕という伝承された意味における、そして近代的にエゴー・コーギトー〔我レ思惟ス〕の現実性として考えられたところの、人間の現存在が、存在がそれによって初めて創造されるゆえんの存在者であるということ、このことを意味しようとしているのではない。先の命題は、存在が人間の生み出した一つの産物であるということを、言い述べているのではない。

人間が自分で「存在」という概念を作り出したのではない、と明言していますね。「存在の開けた明るみが、みずからを呼び求め促して生起するかぎりにおいてのみ、存在というものは、人間にみずからを委託する」というのがカギです。ここも長い訳だけど、原語はシンプルです。「みずからを呼び求め促して生起する」は、〈sich ereignen〉という再帰動詞で、副詞句などは伴っていません。「生起する」だけでいいはずですが、渡邊さんは、「存在」が自らを開け開いて、「生起する」運動が人間ではなく、「存在」それ自体に起因することを表現したかったのでしょう――「開けた明るみ」も、原語では、これまで何度か出てきた〈Lichtung〉一語です。

「人間にみずからを委託する」という箇所では、〈sich 〜 übereignen〉という再帰動詞が使われています。動詞本体の核になっている「○○に自分の所有権（物）（Eigentum）を譲渡する」というのが通常の意味です。つまり、「固有の」とか「適合している」「自らの」〈-eign-〉という部分は、英語の〈proper〉に相当する、「独自の」という意味の形容詞〈eigen〉に由来します。これから「所有権」という言葉も派生しています。〈über-〉のない〈sich eignen〉だと、「自らを〜に適合させる」という意味になります。深読みすると、〈über-〉は、「〜を越えて」とか「メタ〜」という意味なので、人間が何かに適合する（sich eignen）、何を自分のものにする（sich 〜 zu eigen machen）プロセスを、存在がそれを超えたところで調整するという意味が込められていると取れなくもありません。因みに、フランス語には、英語の〈proper〉と同系統の〈propre〉という形容詞から派生した、〈s'approprier〉という再帰（代名）動詞がありますが、これは、略奪するような形で自分のものにする強奪するという意味で、現代思想でよく使われる、「自己固有化」の原語です。

もう少しこの〈eigen〉に拘ると、ヘルダリンは、友人のベーレンドルフ（一七七五－一八二五）に宛てた書簡の中で、自分に「固有のもの das Eigene」を（芸術的に）獲得するには、一旦故郷、慣れ親しんだものを離れて、「異質なもの das Fremde」を経験する必要があると述べています。これは直接的には、ドイツ固有の芸術の特徴であるはずの「叙述の明晰さ Klarheit der Darstellung」を本当に取得するには、ギリシア芸術の特徴である「天の火 Feuer des Himmels」を知らねばならないということを指しています。「自／他」の弁証法、あるいは循環運動のようなものが連想されますね。ハイデガーは、ここから、ギリシア芸術（精神）とドイツ芸術（精神）のパラレルな根源性のようなものを読み取るのですが、アドルノはそれを激しく批判していますーーこれについては、拙著『危機の詩学』をご覧下さい。

更に、綴りを見ていると分かりますが、〈ereignen〉も、この〈eigen〉から派生しているように見えますね。実際には、〈ereignen〉の方は、〈(er)öugen〉、つまり「目の前に（vor Augen）示す」という中世の中高ドイツ語の動詞に由来していて、歴史的に変化する過程で、元々は違う系統だった［eigen － eignen］系統の音と綴りを模倣したにすぎないようですが、発音上同化されたのは、ハイデガー的に深読みして、両者の意味的な繋がりが意識されたからだと言うこともできるでしょう。存在史的な視点から、人や民族にとって「固有のもの das Eigene」が「外へ er-」出てくる作用が、この語によって含意されていると解釈することもできるでしょう。原文では、〈nur solange die Lichtung des Seins sich ereignet, übereignet sich Sein dem Menschen〉という語順になっていて、つまり〈eignen〉のすぐ次が〈übereignen〉で、両者の言葉遊びがはっきりしています。

「現 Da」というのは、〈Dasein（現存在）〉の〈da〉です。普通は単に「そこ」という意味ですが、ハイデガーは、人間が現に存在している、身を置いている場というような意味を込めて使っています。その「現」が、「存在そのものの真理としての開けた明るみ die Lichtung als Wahrheit des Seins selbst」だというわけですから、人間がいる場において、存在が自らを露わにしてくる、ということですね。ただし、それはあくまで、「存在」の方から人間に呼びかけ、「明るみ」を作り出す営みに参加させるということであって、人間側のイニシアティヴによって、「明るみ」が生じ、事物の真理が人為的に形成されると考えてはいけないということですね。

〔五　故郷喪失の運命〕というタイトルのところに入りましょう。「企投 Entwurf」が問題になっています。前回見たように、この言葉は通常は「設計図」という意味ですが、ハイデガーは人間がこの世界の中に投げ込まれている事態、及び、人間がそうした自己の実存の置かれている状態を捉え返し、覚悟性をもって「設計＝投げ込み」し直すことをこの言葉で表現します。フランス語では〈projet〉、英語では〈project〉ですね。

――（…）企投《きとう》は、本質的に被投《ひとう》的な企投なのである。企投の働きのなかで投げる働きを行っているものは、人間ではなく、むしろ、存在そのものである。

「被投的な企投」というのは、人間による自己及びその生活環境の「企投」

「企投 Entwurf」※フランス語では〈projet〉、英語では〈project〉。

・**通常の意味**：「設計図」

・**ハイデガー**：人間がこの世界の中に投げ込まれている事態、及び、人間がそうした自己の実存の置かれている状態を捉え返し、覚悟性をもって「設計＝投げ込み」し直すことをこの言葉で表現。

「被投的な企投」：人間は、動物と違って、自分には欠けているものがあると感じる感性と、その欠けているものを埋めるために行動計画を立てる理性を与えられている。生きるためのいろいろなものが欠如している環世界に生まれつき、自己を企投せざるを得ない自分の状況を振り返る中で、「現」＝「明るみ」＝「真理」が開けてくる→「存在」に近付く。

が、人間が「存在」によって世界の中に投げ込まれている（geworfen）事態によって引き起こされる、ということです。言い換えると、人間は、自らを企投するような存在者として世界の中に投げ込まれている、自己を企投する存在者になるべく企投されている。具体的に言うと、他の動物と違って、自分には欠けているものがあると感じる感性と、その欠けているものを埋めるために行動計画を立てる理性を与えられて、実際、生きるためのいろいろなものが欠如している環世界に生まれつくわけです。そうやって、自己を企投せざるを得ない自分の状況を振り返る中で、先ほどの「現」=「明るみ」=「真理」が開けてくる、つまり、「存在」に近付くわけです。どうして、自分はこうなっているのか、自分で自分を作るよう運命付けられているのか、という「問い」が「存在」への関心に繋がるわけです。そこで、最も近いところにいるのだけれど、近すぎるがゆえに関心の圏域に入らず、その意味で遠かった「存在」が実際に「近い」ところに感じられるようになる。

この文脈で再びヘルダリンが参照されます。

> そのような存在「の」近さは、ヘルダーリンの悲歌『帰郷』に関する講演（一九四三年）のうちで、『存在と時間』の側から思索され、そして、この詩人のその詩にもとづいて、いっそう印象深く言い述べられつつ、聴取され、こうしてついには、存在忘却の経験にもとづいて、「故郷」と名づけられるに至っている。この「故郷」という語は、ここでは、本質的な意味において思索されており、けっして愛国的、国家民族主義的に考えられているのではなく、〔…〕存在の歴史の本質にもとづいて思索するという狙いにおいて、言及されたのである。

「存在『の』近さ die Nähe》des《Seins」の「の」に括弧が付いているのは、前回出てきた主格的属格／目的格的属格の問題を喚起するためではないかと思います。「存在」から見た人間への近さ、存在の側からの接近と、人間から見た「近さ」の両面性が含意されているのでしょう。

分析の対象となっている詩の原題は《Heimkunft》で、前々回の講義で『形而上学入門』に即してお話しした、〈Heim〉系統の単語の一つです。この講演では、「故郷 Heimat」に関連付けて、「近さ」の感覚とはどういうものかということが哲学的に論じられています。この場合の「近さ」とは、当然、物理的な距離として

「近い」ということではなく、故郷の山とか川、家並みなどが「身近」に感じられるという時の「近さ」です。ここから更に、「故郷の近さ」が「根源（Ursprung）への近さ」に通じている、という議論を展開します。簡単に言うと、自分がそこに生まれつき、住み込み、慣れ親しんだ「故郷」において、人は自らの「根源」である「存在」への近さを感じる、という話です。

無論、ヘルダリンにとって「故郷」というと、ドイツ南西部のネッカー渓谷のラウフェンです。詩の中ではネッカー渓谷という言葉が出てきます。ただ、「祖国 Vaterland」という言葉も出てきますので、ナショナリズム的な響きがあることは否定できません。大戦中は「愛国的 patriotisch」でもよかったけれど、教壇を追われた今のハイデガーにとってはそう思われてはまずいですね。だから、「国家民族主義（ナショナリズム）的 nationalistisch」、つまりナチス的な意味で言っているのではないと、言い訳しているわけです。

「存在忘却 Seinsvergessenheit」というのは、文字通り、自らの根源である「存在」との関係を忘却し、というか最初から「存在」のことなど考えたこともない人がほとんどだと思いますが、生の目的を見出せなくなった状態です。

けれども、故郷の本質は、それと同時に実は、近代的人間の故郷喪失ということを、存在の歴史の本質にもとづいて思索するという狙いにおいて、言及されたのである。この故郷喪失を経験した者としては、ニーチェが最後の人であった。ニーチェは、形而上学の内部に立っていたので、形而上学を逆転させること以外に、この故郷喪失から脱出する道を見出すことができなかった。しかしそれは脱出する道のなさを完成させることにほかならない。

ここは意外と分かりやすいですね。「故郷喪失」というのを、地理的な話ではなく、生の足場、あるいは慣れ親しんだ空間を失ったという意味で使っていますね。どうも、「形而上学」と「故郷喪失」が意味的に繋がっているようですね。もう少し正確に言うと、「形而上学」によって物の見方が固定化され、それによって、彼らの見方がその生活実感、「故郷」から、フッサールの用語で言えば、「生活世界 Lebenswelt」から乖離することになります。先ほど見たように、「形而上学」は、ある地域・時代の視点で捉えた「存在の真理」の一側

「故郷喪失≒存在忘却」
＝地理的な話ではなく、生の足場、あるいは慣れ親しんだ空間を失うという意味。

面を反映したものです。「故郷喪失を経験した者としては、ニーチェが最後の人であった」、というのが少し謎めいていますね。「最後の人」とはどういうことか？ 恐らくニーチェ以降の思想家は、存在論的な意味での「故郷」が失われつつあることをそれほど切迫感をもって感じなくなった、当たり前になった、ということでしょう。

西欧的・プラトン的な形而上学を超克し、原初の「力への意志」を回復しようとしたニーチェは、ポストモダン思想の原点とされることが多いですが、ハイデガーに言わせれば、形而上学の前提になっている価値の二分法を逆転させただけで、二分法の前提を維持しており、その意味で、形而上学の枠内に留まることになってしまった。その二分法とは、簡単に言えば、感性的なものと超感性的なもの（観念）の二分法です——ここでは詳しく述べられていませんが、ニーチェ講義やいくつかの論文で、詳しく論じています。ニーチェが感性的なもの、「力」を優位に置くことが、プラトン的な形而上学から脱出する唯一の道であるかのような語り方をし、それに多くの人が惑わされて、いよいよ脱出口が見つからなくなった、というわけです。「故郷喪失」の本当の意味（＝「根源」の喪失）が分からなくなってしまった。ニーチェは、全存在者を動かす「力への意志」を見出したけれど、「存在」それ自体を再発見することができなかった、というわけです。ハイデガーは、ニーチェを「形而上学の完成の思想家 Denker der Vollendung der Metaphysik」と呼び、彼が「形而上学」をその限界まで展開したので、彼のテクストを通して西欧の形而上学の特徴や問題点が見えてくるということを、細かなテクスト読解によって主張します。

> これに対して、ヘルダーリンは、「帰郷」を詩作したとき、彼の「同郷の人々」が、みずからの本質へと行き着くようにと、心を配っている。この本質を、ヘルダーリンは、けっして、自分の民族のエゴイズムのうちに求めているのではない。むしろヘルダーリンは、その本質を、西洋の運命への帰属性にもとづいて、見ているのである。しかしながら、その西洋もまた、日の昇る東方と区別された、日の没する西方として、地域的に考えられているのではなく、またたんにヨーロッパとしてだけ考えられているのでもなく、

> むしろ、根源への近さにもとづいて、世界の歴史に即しつつ思索されるのである。私たちは、ヘルダーリンの思索のなかで語となって発話されたところの、東方への秘密にみちた諸連関を思索することを、またほとんど開始してはこなかったのである（『イスター』、さらには『彷徨』第三節とそれ以降を、参照せよ）。「ドイツ的なもの」は、世界に向けて、世界がドイツ的本質に即して再び健康になることを目指して、言い述べられているのではない。むしろ、「ドイツ的なもの」は、ドイツ人たちに向けて、ドイツ人たちが諸民族への運命的帰属にもとづいて、この諸民族とともに、世界の歴史に即したものとなることを目指して、言い述べられているのである。

分かりやすい対比ですね。ニーチェは「形而上学」の内に留まったけど、ヘルダリンの「思索」は、「故郷↓根源」を取り戻す道を切り開いた、というわけですね。『形而上学入門』では、「ドイツ的なもの das Deutsche」の世界史（存在史）的に特権的な地位を強調していましたが、ここでは、「ドイツ的なもの」自体が特別なのではなく、世界史全体の運命、恐らく「故郷喪失＝存在忘却」を克服するプロセスの一環として位置付けているのでしょう。ここで「東方」――厳密に言うと、原語は〈Orient〉と〈Osten〉という二つの言葉が使われています――という話が唐突に出てくるのは、ヘルダリンの詩に触れたことのない人にはピンと来ないでしょうが、ヘルダリンのいくつかの詩では、酒の神ディオニュソスがエジプト、シリアなどを経てインドにまで至り、再びギリシアへ帰還する遍歴・布教の旅をしたという伝承、及び彼が一度殺されてゼウスによって再生させられたという伝承を踏まえて、一度ヨーロッパを去った「精神」が遍歴の旅を経て戻ってくるというモチーフが表われています。ここに出てくる二つの詩と『パンと葡萄酒』が有名です。ハイデガーもヘルダリン論でそこを重視していましたが、この段階では、それがドイツ民族主義でも、西洋中心主義でもなく、人間の生が形而上学によって「根源」から遠ざかった後、もう一度、「根源」へと近づいていく運動を示しているのだと断っているわけです。

故郷喪失としての「疎外」論

七八頁を見ると、故郷喪失というのは、存在＝根源から離れた人間、そして人間の本質が彷徨している状態だということですね。

> このように思索されるべき故郷喪失は、存在者が存在から見捨てられていることにもとづくのである。故郷喪失は、存在忘却のしるしなのである。存在忘却の結果、存在の真理は、思索されないままになっている。存在忘却は、人間がつねにただ存在者に対してのみ考察を加え働きかけを行うことのうちに、間接的に表れている。人間はその際、存在を、眼前に見据えて表象する仕方のうちで所有する以外にはなしようがないから、存在もただ、存在者のうちで「最高の類的に普遍的なもの」、それゆえに包括的なものとして、あるいは無限的存在者のなす創造として、あるいは有限的主体によって造られた拵《こしら》えものとして、説明されるにすぎなくなる。

人間は自らの「根源」であり、あらゆる存在者が現われてくる地盤である「存在」のことを実質的に忘れて、ただ自分の目の前にある「存在者」にしか関心を持たなくなります。「存在」という言葉を使っていても、実際には、自分が認識し、利用する「存在者」の総体を「存在」と呼んでいるにすぎない。目の前にある全ての「存在者」を、自らの視点から「表象」することで、「存在」それ自体を所有しているつもりになる。もう少し具体的に言うと、物理学で各種の素粒子を明らかにし、生物学であらゆる生物の種の系統的分類、鉱物の組成のような諸表象の体系を、一つにまとめ上げて、それを「存在」と呼ぶわけです。そこで一つにまとめあげるのが「形而上学」です。ハイデガーに言わせると、西欧の「形而上学」は、自分の表象する「存在者」の諸性質から逆算する形で、「存在」を特徴付けようとします。全ての存在者にXという性質が観察できるとすると、そのXを「存在」の〝本質〟と見なすわけです。キリスト教神学のように、神を「存在」とほぼ等値する議論も結局、実際には、神の内に、人間にとって観察・表象可能な諸「存在者」の共通性格を見出そうとするので、「存在者」の総体を「存在」よりも優位に置く「形而上学」であるということになります。

「無限的な存在者のなす創造」というのは、神による創造ということですが、ハイデガーに言わせれば、神が自らの内から〝存在（する世界）〟を作り出したという発想は、人間が〝存在〟という概念を作り出したという発想と基本的に同じです。「存在者」から、「存在」を導き出そうとしているわけですから。人間が「存在」を作ったかのように考える近代形而上学は、神が人間を作ったのではなく、人間が神を作ったのだというフォイエルバッハ（一八〇四－七二）流の唯物論に通じているように思えますね。そう思っていると、八〇頁でまた、意外な方向に話が進みます。

> マルクスが、ある本質的でまた重要な意味において、ヘーゲルを継承しながら、人間の疎外として認識した事柄は、その根を辿れば、近代的人間の故郷喪失のうちにまで遡るのである。近代的人間の故郷喪失は、しかも存在の運命にもとづいて、形而上学の形態という形態において、惹起され、その形而上学を介して固定され、それと同時に、その形而上学によって故郷喪失としては隠蔽されるのである。マルクスは、疎外を経験することによって、歴史の本質的な次元のなかに到達したわけであるから、それゆえに、歴史に関するマルクス主義的な見方は、その他のあらゆる歴史学よりも優れているのである。ところが、フッサールは、さらには私がこれまで見たかぎりではサルトルも、歴史的なものの本質性が存在のうちにあることを認識していないために、それゆえに、現象学も、また実存主義も、マルクス主義との生産的な対話がそのうちで初めて可能になる次元のなかには入りこんでいないのである。

初期マルクスの「疎外 Entfremdung」を「故郷喪失」の表われと見ているわけです。現在では、「疎外」とマルクスの結び付きは自明視されていますが、マルクス主義の主流派においては長いことあまり重視されていませんでした。「疎外」というのは、労働者が資本主義的生産体制に組み込まれ、他人のために、他人に決められたやり方で働かされて、自らが生産したものを自分のものにできないため、人間の類的本質であるはずの「労働」という営みが、疎遠に感じられるようになる現象です。「疎外」をマルクスの重要な概念として再発見したのは、ルカーチ（一八八五－一九七一）です。ルカーチの『歴史と階級意識』（一九二三）で、労働者が自己自身を本質＝労働を見失っている「疎外」の状態が描き出され、それがサルトルを含む新左翼に影響を与えることになりました。ハイデガーは恐らく、「疎外」を、人間の物や事物に対する関係が、もっぱら特定の

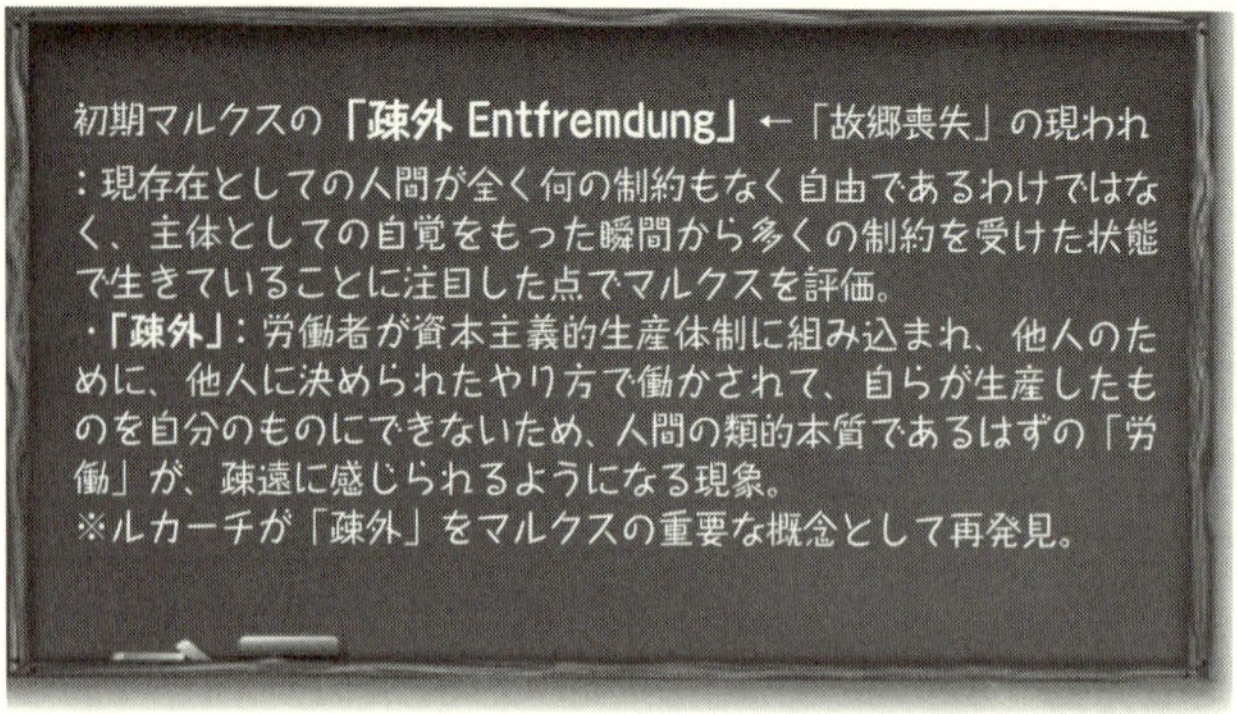
初期マルクスの「疎外 Entfremdung」←「故郷喪失」の現われ
：現存在としての人間が全く何の制約もなく自由であるわけではなく、主体としての自覚をもった瞬間から多くの制約を受けた状態で生きていることに注目した点でマルクスを評価。
・「疎外」：労働者が資本主義的生産体制に組み込まれ、他人のために、他人に決められたやり方で働かされて、自らが生産したものを自分のものにできないため、人間の類的本質であるはずの「労働」が、疎遠に感じられるようになる現象。
※ルカーチが「疎外」をマルクスの重要な概念として再発見。

ルカーチ

視点——資本主義的な生産——の下で固定化された形で表象されるようになることの帰結と理解しているのでしょう。万物を資本主義的な生産のための利用可能性という見地から位置付けようとする資本主義的世界観と、全ての存在者を、それが認識主体によってどのように表象されるかに従って分類・体系化しようとするデカルト主義的な形而上学は親和性があると言えるでしょう。資本主義的生産体制の視点から、全ての存在者が意味付けされるとすれば、労働者は生産体制のある一工程の部品としてしか存在する価値がない存在者ということになります。

　そういう疎外が生じてきた経緯、現存在が置かれている歴史的状況を明らかにしようとしたマルクスはフッサールやサルトルよりも、存在史的な問題関心にある程度踏み込んでいるというわけです。当然、唯物史観を受け入れるつもりなどないでしょうが、現存在としての人間が全く何の制約もなく自由であるわけではなく、主体としての自覚を持った瞬間から多くの制約を受けた状態で生きていることに注目した点で評価できる、という主旨でしょう——ルカーチを媒介にすると、マルクスとハイデガーをうまく繋ぐことができそうですし、実際、フランスの哲学者リュシアン・ゴルドマン（一九一三－七〇）がそれを試みています。フッサールは、現代科学が「生活世界」から遊離していることは指摘しますが、その原因を主体である人間が帯びている歴史性にあると見て探究しようとはしなかったし、プラトン以降の「形而上学」が抱える根本問題を視野に入れたわけでもない。サルトルは、レヴィ＝ストロース（一九〇八－二〇〇九）との論争でも知られる『弁証法的理性批判』（一九六〇）では、史的弁証法を自分なりに掘り下げていますが、この時点での主著『存在と無』（一九四三）や『実存主義はヒューマニズムである』ではまだ、現存在の歴史性を掘り下げたと言えるような議論はしていません。

技術と存在の真理

ただし、その生産的な対話のためには、世間のひとが、唯物論に関する素朴な考え方や、唯物論に打撃を与えるつもりの安直な反駁などから、解放されるということも、必要である。唯物論の本質は、すべてのものがただ物質にすぎないとする主張のうちに存するのではなく、むしろ、それにしたがえばすべての存在者は労働の素材として現れてくるという一つの形而上学的規定のうちに、存するのである。労働の近代的‐形而上学的な本質は、ヘーゲルの『精神の現象学』のうちで、次のような過程として、先駆的に思索されている。すなわち、無制約的な組み立てがそれ自身を整序してゆく過程、つまり、主観性として経験される人間のなす現実的なものの対象化がそれ自身を整序してゆく過程が、それである。唯物論の本質は、技術の本質のうちに秘め隠されているのである。この技術については、たしかに多くのことが書かれているが、しかしごくわずかのことしか思索されていない。技術は、その本質において、忘却のうちに眠る存在の真理の、存在の歴史に即した一つの運命である。つまり、テヒニーク〔技術〕は、その名称の点で、ギリシア人たちのテクネー〔技術的知〕に溯るだけではない。むしろ、技術は、本質の歴史に即するならば、アレーテウエイン〔覆イヲ取リ除イテ真相ヲ露呈サセルコト〕の一様式、すなわち存在者を顕わにすることの一様式としての、テクネー〔技術〕に、由来している。

ここまで言うと、マルクス主義との「生産的な対話」を本気で考えているように見えてきますね。その一方で、「唯物論」の意味を掘り下げて、あるいは深読みして、その本質を、「存在者は労働の素材として現れてくるという一つの形而上学的規定」だとしていますね。「労働」というのを、「存在者」を人間に利便をもたらすように加工（bearbeiten）することだと考えると、近代人は労働中心の思考をしているし、近代の認識論はそれを補助する働きをしてきた、と言うことができるでしょう。

ヘーゲルは『精神現象学』（一八〇七）の有名な「主 Herr／僕 Knecht」の弁証法の文脈で「労働」について論じています。命をかけた生存闘争に勝利した者は「主」となり、敗れた相手を「僕」として服従させ、彼に「労働」させることになるが、そのうち、「主」は「僕」の「労働」なしでは生きられなくなり、主／客の力が実質的に逆転することになる、という話です――詳しくは、拙著『ヘーゲルを越えるヘーゲル』（講談社現代新書）などをご覧下さい。「無制約的な組み立て（die unbedingte Herstellung）がそれ自身を整序してゆく過程（der sich selbst einrichtende Vorgang）、つまり、主観性として経験される人間のなす現実的なものの対象化（Vergegenständlichung des Wirklichen）がそれ自身を整序してゆく過程」というのは、抽象的な言い方ですが、分からなくはないですね。つまり、現に存在するものを、自らの認識や利用の「対象」へと変形・加工していく作業を通して、人間自身が自己を「主体」として確立していく、ということです。これは小さい子供が、絵画や工作をしながら、だんだん自分の身体の動きを制御することを覚え、計画することを覚えていく過程を念頭に置けばいいでしょう。〈Herstellen〉は、語の作りからして、「こちら側へ her」＋「立てる stellen」＝「こっちへ引き出す」というのが原義です。ハイデガーは「技術」との関連で、この「こちらへ（引き寄せる）」及び「立てる」、というニュアンスを利用した言葉遊びをすることが多いので、「産出する」と訳しておいた方がいいでしょう。

そして、「労働」を〈τέχνη〉と結び付けていますね。『形而上学入門』では、「恐るべき力」と対峙し、制御する知として位置付けられていました。前回見たところでは、「技術知」という近代的、ネガティヴな意味での「テクネー」について語られていましたが、ここでは、「アレテイア（真理＝脱隠蔽性）」の動詞形「アレーテウエイン ἀληθεύειν」と関連付けて、ポジティヴな意味を与えられていますね。「アレテイア」の動詞形だから、存在者から覆いを取って、本質を露わにするということですね。

ハイデガーはちゃんと説明していませんが、先ほどの「引き出す」こととしての「テクネー」と、「アレーテウエイン（暴露＝脱隠蔽化）」は密接に関係していそうですね。〈physis〉の力は、そのままでは人間にとっては計り知れないものだけど、人間は「テクネー」によって、その覆いを少しずつ取って、諸存在者に関わる「真理」を露わにし、それを自分の手元に引き寄せて、新たな対象（道具、機械、商品）を産出する。例えば、「電気」や「磁気」はそれ自体として抽出され、利用可能な形では、自然界には存在しません。素粒子や遺伝子もそうでしょう。人間はいろいろなものがごっちゃになって潜勢態としてのみ存在している状態から、（人間にとって当面）余計なものを取り除いて、「電気」のようなものを現われさせ、「存在者」としてのステータスを付与し、その特性を人間の生活を豊かにするために活用するようになる。それが労働を通しての現実の対象化、生産です。近代人はあたかも自分が自発的に、自然を観察し、働きかけ、自在に対象化するかのように思い込んでいるけれど、よく考えてみると、人間のそうした、暴露し、引き出す能力としての「技術」は、〈physis〉によって付与されたものであり、〈physis〉の運動に巻き込まれることによって、「テクネー」が身に付いてくるはずです。ハイデガーは「技術」の使用に際して、そうした〈physis〉≒「存在」それ自体からの働きかけを、忘却すべきでないと言いたいのでしょう。

「存在」の歴史に即して確実に言えるのは、共産主義のうちには、世界の歴史に即して存在する事柄の基本的経験が言い表されているということ、これである。「共産主義」をただ「党派」としてのみ、あるいは「世界観」としてのみ受け取る人は、ちょうど「アメリカニズム」という題目の際にたんにしかもおまけに軽蔑的にある特殊な生活様式のことだけを念頭に思い浮かべる人々とまったく等しい仕方で、あまりにも短兵急の粗略な考え方をしているのである。これまでのヨーロッパがますます判然とそのなかへと追い込まれている危険とは、おそらく察するところ、次の点に存する。すなわち、すべてに先立って、ヨーロッパの思索が――かつてはヨーロッパの偉大さであったものが――、始まりつつある世界の運命の本質行程の背後に後退しているということ、これである。しかしそれにもかかわらず、始まりつつある世界の運命は、その本質の由来の根本特徴においては、あくまでヨーロッパ的に規定されている。いかなる形而上学も、それが観念論的であれ、唯物論的であれ、キリスト教的であれ、その本質の点で、したがって、みずからを展開しようとするあれこれの試行的な努力の点においてだけのことでは断じてなく、右の運命をまだ取り‐入れることをなしえてはいない。ということはつまり、存在の充実した意味においていま存在するところの事柄を、思索しつつ、達成しかつ取り集めることを、なしえてはいない、ということにほかならない。

何となく分かったような気がしたけれど、どこかで妙な流れになって、結局何が言いたいのか分からない、と感じる人が多いのではないでしょうか（笑）。ここで、一見「共産主義」という思想を評価しているように見えますが、実際には、彼は思想の中身を評価しているのではなく、「世界の歴史に即して存在する事柄の基本的経験（elementare Erfahrung）」としての「共産主義」に注目しているわけですね。マルクスは『経済学哲学草稿』（一八四四）で、人間の歴史では、労働における「疎外」を克服し、人間の「自然＝本性 Natur」を回復すべく、「疎外」の原因である「私有財産制」を解体しようとする「共産主義」運動が不可避的に生じてくると論じるくだりがあります。ハイデガーは、西欧を支配してきた「形而上学」という障害を除去して、故郷≒存在との繋がりを回復しようとする存在史的な運動、存在それ自体に突き動かされる人々の運動の一環として、「共産主義」を位置付けているのでしょう。

「ヨーロッパの思索が（…）始まりつつある世界の運命の本質行程（Wesensgang des anbrechenden Weltgeschicks）の背後に後退（zurückfallen）している」という文が分かりにくいですが、これは、今までとは違った、存在史的なプロセス、人間と存在との関わり方が更新され、存在者としての人間が帰属する「世界」の基本的枠組みが変化しているのに、ヨーロッパ人の哲学的思考がそれを捉え切れていない、だから、「形而上学」を突破して、原初的な自然（≒〈physis〉）との関係を回復すべく「共産主義」を志向する「唯物史観」のような――哲学外の――運動を、単なる新しい見方としか捉えられない、ということを言いたいのでしょう。従来的な意味での「哲学」はもはや、存在史的な歴運の先頭を走り、存在の「真理」を率先して切り開くことはできない。

「いかなる形而上学も（…）その本質の点で、したがって、みずからを展開しようとするあれこれの試行的な努力の点においてだけのことでは断じてなく、右の運命をまだ取り‐入れることをなしえてはいない」という文も、ひどく意味が取りづらいですが、これは訳文中の「その本質の点で」と「なしえてはいない」の位置がまずいことと、〈noch〉という副詞の訳として「まだ」という言葉を当てたことに問題があるのだと思います。あと、〈ein-holen〉を「取り‐入れる」と訳すと、何だか、応用〝技術〟の採用のような感じに聞こえるので、少し訳語を変えた方がいいでしょう。〈einholen〉という分離動詞――通常の文型において、副詞的な役

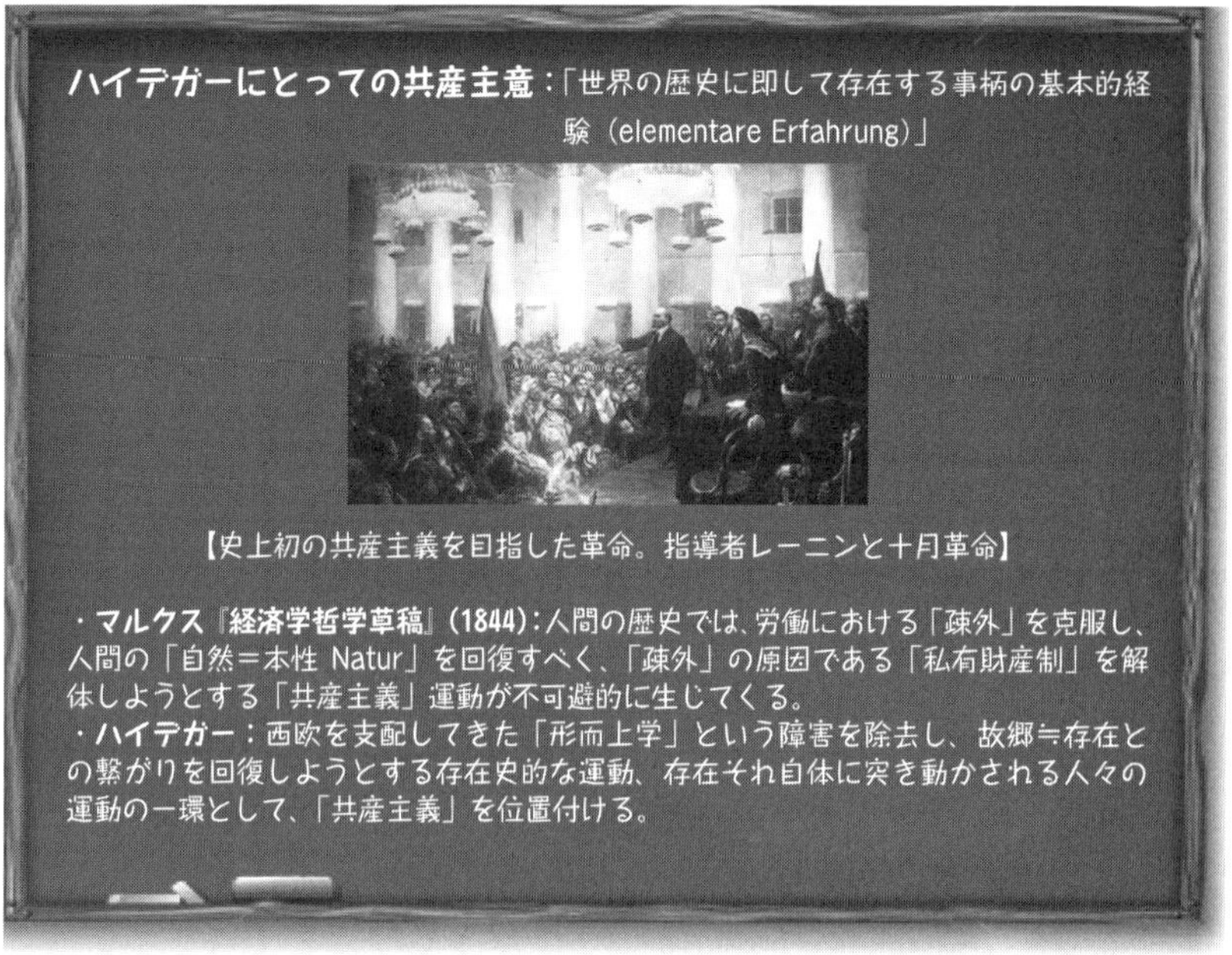

ハイデガーにとっての共産主意：「世界の歴史に即して存在する事柄の基本的経験（elementare Erfahrung）」
【史上初の共産主義を目指した革命。指導者レーニンと十月革命】
・マルクス『経済学哲学草稿』（1844）：人間の歴史では、労働における「疎外」を克服し、人間の「自然＝本性 Natur」を回復すべく、「疎外」の原因である「私有財産制」を解体しようとする「共産主義」運動が不可避的に生じてくる。
・ハイデガー：西欧を支配してきた「形而上学」という障害を除去し、故郷≒存在との繋がりを回復しようとする存在史的な運動、存在それ自体に突き動かされる人々の運動の一環として、「共産主義」を位置付ける。

割を持つ接頭辞の部分が分離して使われる動詞――は、そのままだと、何か遅れを取っていたものに「追いつく」とか「到達する」という意味ですが、「～を取り込む」という意味の時もあります。その場合、接頭辞〈ein-〉の「内に」という意味が生きてきます。それらを踏まえて、「いかなる形而上学もその本質からして、右の運命に追いつく、あるいは取り－込むことなどできないし、ましてや（…）みずからを展開しようとあれこれ試行する努力によって、そうすることなどできない」とすれば、すっきりするでしょう。つまり、いずれにしても西欧の「形而上学」は、今起こっている存在史的な状態にきちんと対応できないということです。

「始まりつつある世界の運命の本質行程」が「あくまでヨーロッパ的に規定されている」という断定は、先ほどの西欧中心主義ではないと断る謙虚な態度と矛盾しているような気がしますね。こうした政治的なニュアンスを伴った内容については、結構杜撰なのかもしれません。恐らく東西冷戦とかテレビ等の通信技術や原爆などの破壊兵器の登場によって、西欧発で、人間の生きている「世界」の基本構造が変容していることを念頭に置いているのでしょう。

―― 人間の本質的な故郷喪失を直視すれば、存在の歴史に即した思索にとっては、人間の来たるべき運命は、人間が存在の真理のなかへと行き着くこと、しかもこの行き着く歩みへと出発することのうちに現われてくる。どんな国家民族主義もみな、形而上学的には、人間学主義であり、そのようなものとして、主観主義である。国家民族主義は、たんなる国際主義によっては克服されず、むしろ、ただ拡大されて、体系へと高められるだけである。国家民族主義は、そうしたやり方によっては、フーマーニタース〔人間性〕へともたらされずまた止揚されないのであり、それはちょうど、個人主義が、歴史を見失った集団主義によっては、人間性へともたらされずにまた止揚されないのと同じである。集団主義は、全体性というありさまにおける人間の主観性である。

「故郷喪失」は、近代人の愚かさによって一時的に生じた現象ではなく、存在史の基本的な運動に即して生じてきたことであり、そして存在史の運命は、人間が再び、「存在の真理」に遭遇するよう定めている、と見ているわけですね。古くなった形而上学が完全に崩壊したら、人間の本質が「実存」であり、「存在」の生起に不可避的に巻き込まれ、「存在の真理」を開くことに参与させられる特別な存在者である以上、「存在」との新たな接点が生じるはずだという前提で議論を進めているのです。

先ほど確認したように、「国家民族主義」と訳されているのは、「ナショナリズム」です。ここでは恐らく、暗にナチズムも含めた意味で「ナショナリズム」と言っているのでしょう。「ナショナリズム」もまた、「人間学主義 Anthropologismus」の形而上学の一種であり、その限界を超えられないと言っているわけです。『形而上学入門』でのナチスに「形而上学」克服の期待をかけていた路線の修正をこっそりしている感じですね。「そのようなものとして、主観主義である」というのは、「存在」ではなくて、主体＝主観としての人間の視点を軸にしているということです。「フーマーニタース〔人間性〕へともたらされずまた止揚されない」というのは、「存在」それ自体の運動に即して、本来の「人間性」へと到達することはできないということでしょう。

人間は単なる理性的な動物ではない

八四頁で、人間は単なる理性的動物ではなく、「存在」の「牧人」「隣人」であるということを改めて確認したうえで、そのことをきちんと見極めるのが本当の「ヒューマニズム」である、という議論が八六頁以降で展開されます。

しかし、と、あなたは、すでにだいぶまえから、私を遮ってこう反論しようとしているであろう。つまり、そうした思索は、まさしく、ホモー・フーマーヌス〔人間ラシイ人間〕のフーマーニタース〔人間性〕を、思索しているのではないのか、と。そうした思索は、このフーマーニタース〔人間性〕を、いかなる形而上学もこれまで思索したことがなくまたつねに思索することのできぬほどの決定的な意義において、思索しているのではないか、と。それこそは、最も強い意味での「ヒューマニズム」ではないのか、と。たしかに、そのとおりである。それは、人間の人間性を、存在への近さにもとづいて思索するヒューマニズムなのである。けれども、それは、同時に、そこにおいてその浮沈が賭けられている主眼点を成す事柄が、人間ではなく、むしろ、存在の真理に由来する人間の歴史的本質であるようなヒューマニズムなのである。

ここは分かりやすいですね。「存在の真理」の現われ方に歴史性がある、その歴史性に従って、人間の「実存」が変化することを踏まえて、「人間」の「本質」を明らかにするのが「ヒューマニズム」だというわけです。現在の「人間」を観察しても、その「本質」は分からないわけです。八七頁半ばの「『エク‐システンツ』〔「存在へと身を開き‐そこへ出で立つありかた」〕は、あらゆる「エクシステンティア」〔現実存在〕や『エグジスタンス』〔実存〕からは基本的に区別され」るという言い方が気になりますが、これは、自分が言っている〈Ek-sistenz〉は、中世の神学における〈existentia〉ともサルトルの言う〈existence〉とも異なる、ということです。中世の神学の場合は、〈existentia〉は（最高の存在者である）神によって規定されているし、サルトルの〈existence〉は人間の自由意志によって決定されます。ここで、先ほどの「存在の牧人」に代わって、存在のための「番人であること Wächterschaft」という言い方をしていますね。

この思索のうちでは、ある単純なことが、思索されなければならないがゆえに、かえって、その思索は、哲学として伝承されてきた眼前に見据える表象作用にとっては、きわめて困難になるのである。

「表象」作用の原語は〈Vorstellen〉で、「前に vor-」＋「立てること Stellen」というのが原義です。「眼前に見据える」は例によって訳者による付け足しです。これまで哲学は、諸事物が認識主体によってその眼前にどのように立てられるかという、「表象的思考」の枠組みで考えてきたので、最も身近なものである「存在」との関係をどうやって考慮に入れたらいいか分からなくなっているということです。

世間のひとは、いたるところで、こう思っている。すなわち、『存在と時間』における試みは、袋小路に陥り行きづまっている、と。私たちは、こうした意見を、そのままそっとしておこうと思う。『存在と時間』という標題をつけられた論述のうちで、若干の歩みを試みている思索は、『存在と時間』を越えてその外へと、今日においても脱け出てしまったのではない。むしろ逆に、もしかしたら、その間に、その思索は、若干の点で、その思索の眼目を成す問題事象のなかへと入り込んでいったと言ったほうがよいであろう。これと反対に、もしも哲学というものが、思索の問題事象すなわち存在の真理へとまずもって関わるという可能性をたえず阻止することにのみ従事するならば、そのかぎりにおいて、そうした哲学は、自分の扱う問題事象の容易ならざるむずかしさにいつの日にかぶつかって崩れ折れるという危険なぞ露知らずその外部に立って、みずからの安全性の保たれたものにとどまる。それゆえに、挫折に関してこれを上から見おろしながらあれこれ論評するような「哲学する」やり方などは、みずから挫折のなかに立って思索するやり方からは、一つの裂け目によって分け隔てられているのである。

ややこしい感じの書き方をしていますが、私は世間の傍観者的な評価なぞ気にしないぞ、という哲学者的な意地の表明だということは取りあえず分かりますね（笑）。世間的には『存在と時間』で、「実存」に関して結構明晰な議論をして、新しい時代の方向性を示してくれるように見えたハイデガーは、「現存在」の根底にある「存在」それ自体という、捕らえどころのない問題に深入りして袋小路に入り、訳の分からないことを言っているということになっているけれど、自分に言わせると、「哲学」にとって「存在の真理」という問題は、避けて通れない。「挫折」を恐れて自分はそういう最も根源的な問題には取り組まず、答えがあるような問題ばかりを追っていて、「存在」へとドン・キホーテ的に突進していく者を嘲笑する輩は、「哲学」が分かっていない、ということでしょう。ただ、ハイデガーは自分の哲学する勇気を無駄に吹聴しているだけではなく、(「現存在」分析からストレートに「存在」それ自体の「真理」へと進んでいくことができなかったという)「挫折 Scheitern」が、「存在」への「思索」を深めることになると考えているようです。

すべては、ただひとえに、次の点にかかっている。すなわち、存在の真理が言葉となってくること、そして、思索がこの言葉のうちへと到達すること、これである。そのときには、もしかしたら言葉は、軽率な発言などを要求せずに、むしろ、もっと反対に、正しい沈黙を要求するであろう。けれども、思索しようとするみずからの試みが沈黙の小道の上に故郷をもつなどということを、私たち今日に生きる者どものうちの誰が、いったい、間違ってでも確信しようとする気になるであろうか。私たちの思索がかなり進めば、私たちの思索は、もしかしたら、存在の真理を指し示すようになることができ、しかもその存在の真理を、思索されるーべき事柄として指し示すようになることができるかもしれない。存在の真理は、それとともに、むしろ、たんなる予感や勝手な思い込みから引き離されて、書き物という、いまでは稀《まれ》となった手ー仕事のもとに託されることになるであろう。

「言葉」になるというのがポイントのようですね。「言葉」において、「存在」と「思索」が遭遇する可能性があると考えているのでしょう。「書き物 Schrift」、つまり「エクリチュール」の話をしているので意外な感じがしますが、ハイデガーは「書く」という行為を重ねることを通じて、それまで不明確であった「存在」にアクセスする経路が、著者であるハイデガーの当初の意図を越えて進展していく可能性もある、という、構造主義以降のフランスの現代思想でポピュラーになっているけれど、実は、思想の動向に関係なく、プロの物書きが普通に言っていることを少し改まった形で述べているのだと思います。ただ、この時期のハイデガーがなかなか著作を発表しづらい状況にあったわけですから、この書簡を機に、著述を再開する意向を表明しているのでしょう。だから、世間のリアクションがいつもより気になる。「手ー仕事」の原語は、〈Hand-werk〉で、これはハイフンを入れない〈Handwerk〉だと普通に「手仕事」という意味ですが、分離することで、「手」による「仕事」であることを強調しているのでしょう。もしかすると、前々回お話しした『存在と時間』での「手前存在 Vorhandensein」と「手元存在 Zuhandensein」の区別——事物を客観的に見ている状態と、手にもって無自覚に扱っている状態——や、〈Werk（作品、仕事）〉がギリシア語の〈ergon〉の原語であり、〈energeia（現勢態）〉に繋がっているといったことを示唆しているのかもしれません。手を動かし、「思索」の中身を「書き物」として現前化することで、「存在」との新たな関係が樹立される＝現勢態化する、糸口が生まれるという感じでしょうか。

九一頁の〔48　ボーフレの第一の問い——ヒューマニズムの意味〕で、二二頁の〔3〕で示されていた問いに、かなり回り道してようやく答えると思いきや、そうはなっていませんね。この問いに含意されるボーフレの両義的な姿勢を指摘しています。つまり、「ヒューマニズム」という言葉を意味があるものとして保持しようとしながら、この言葉が意味を失っていることを実は認めてしまっているように見えるということです。まあ、これは別におかしな話ではありませんね。一般的に、「●●にまだ意味はありますか？」、という問いは、●●への拘りと、●●の空洞化への不安の両面を示しています。

その空洞化が生じているのは、先ほど見たように、「ヒューマニズム」の拠って立つ形而上学的前提が、「存在の真理」への問いを阻害しているからです。しかし、「存在の真理」の次元にまで、「人間の本質」をめぐる問いを掘り下げていけば、〈humanitas〉の最も古い意味の層を再発見できるかもしれない、と示唆していますね。九二〜九三頁にかけては、「ヒューマニズム」という言葉、「〜イズム」という言い方は、「人間の本質 das Wesen des Menschen」を単なる字面だけのものとして受け流すのではなく、何らかの原初的（anfänglich）な経験を指し示すものとして真剣に受け取ろうとする姿勢を含意している、ということが述べられていますね。では、その原初的に経験される「本質」とはどういうものかというと、何度も出てきた「存在へと身を開き－そこへと出で立つこと Ek-sistenz」、言い換えれば、「存在の番人であること」です。

「ヒューマニズム」というこの語は、「ルークス・ア・ノン・ルーケンドー」〔「暗ク鬱蒼トシナガラソノ実ソノナカニ光ノ射シ込ム明ルイ空所ヲモツ森ハ、光ノ射シ込マヌ明ルクナイコトニ由来スル」〕といった、自家撞着的なものの一つであるような題名を結果させることになるわけである。

〈Lucus a non lucendo〉の説明がやたらに長いですが、まず、〈lucus〉というのは、「木立ち」という意味で、〈lucendo〉は、「光り輝く」という意味の動詞〈lucere〉が変化した形です。否定辞の〈non〉が付いているから、「光り輝かない」ということですね。〈a〉は、英語の〈from〉のように、「〜から」という意味の前置詞です。つまり、「『光が通らない状態』を意味する〈non lucere〉という表現から、『木立ち lucus』という名詞が生まれた」というのが字義通りの原義ですが、実は、〈lucus〉と〈lucendo (lucere)〉は語源的に無関係で、そうした早とちりの推定を皮肉った言い回しです。どうしてそんなひねくれた格言があるのかというと、表面に欺かれての誤った推理の典型だからです。ごく普通に考えれば、「光り輝く」という動詞から、「光が通らない場所」というニュアンスを含んだ「木立ち」という名詞が生まれてくるというのは自家撞着以外の何物でもないでしょう。これは、自分の言っている「ヒューマニズム」が、通常の意味での人間中心主義を否定しながら、「人間の本質」を明らかにするということが、普通の人から見ると、自家撞着だろう、ということを半ば自嘲的に語っているのでしょう。［lucus − lucendo］は、ハイデガーの〈Lichtung（森林を伐採した後の）明るみ〉を連想させますね。

いずれにしても、彼は「存在忘却」を克服することが、人間の「人間らしさ」を見出すことになる、と主張しているわけですね。

■質疑応答

Q 「存在の家」とは、ウィトゲンシュタイン（一八八九－一九五一）の「世界」と同じようなものと解釈してよろしいですか？

A 『存在と時間』ではまさに「世界」という用語を使っていますが、この「世界」というのは、動物の環世界と違って、「外」に対して開かれた「世界」です。ウィトゲンシュタインが『論理哲学論考』（一九二一）で言っている「世界」は、原始的事実の総体として定義されています。ウィトゲンシュタインの「世界」は、閉じた体系になっているように思えます。「実存」の覚悟の仕方によって、いろいろと変容し得るハイデガーの「世界」とは異なるように思えます。ハイデガーにとって、現存在が投げ込まれ、生きている「世界」と、「存在の家」としての「言語」の関係がどうなっているのかは、本人が明確に関係付けていないので、はっきりしませんが、恐らく、人間の「世界」は言語を中心に構成されているという見方をしているのではないかと私は思います。ただ、「存在の家」という表現によって含意されているのは、人間の認識可能性によって限定される「世界」ではないでしょう。ハイデガーはその限界を超えて、「存在」そのものについて語ろうとする。その点は、経験的に確認可能な事実の総体としての「世界」を超えることについて語ってはならないとする前期ウィトゲンシュタインとは、スタンスが全く異なります。前期ウィトゲンシュタインは、ウィーン学団に通じる、理性中心主義的な考え方をしています。後期になると、言語ゲーム論という形で、言語の多様性と、主体に対する外在性を認めるようになりましたが、やはり、言語によって、日常的な世界を超えていこうという発想はしません。ウィトゲンシュタインの「言語」はあくまで、人間が生み出した言語です。

Q 「存在の真理」という概念について質問です。「真理」とは「非隠蔽性」であるというご説明でした。この言葉は、「存在」や「存在そのもの」と言い換えても意味として通ってしまいそうですが、わざわざ「真理」という言葉を用いたのは、単に強調したいためなのか、それともハイデガー独自の真理観があり、それと関連しているからなのか。

A 「存在」そのものは全体として顕わになることはありません。その都度の人間の関係で顕わになっている部分もある。それが「存在の真理」です。ただし、固定していない、現われてきている部分のことです。ただし、現われてきているものが「存在」の全てではありません。暴露されていない部分が必ずあります。私たちが〝自然〟と呼んでいるものは、〈physis〉の内、現在の諸科学の方法論で捉えられるものだけに焦点を当てたものです。それ以外のものを捨象する、つまり見ないようにすること、闇の中に置くことで、科学的な見方が成立すると言えます。そして、「真理」の暴露のされ方には、「実存」として、外に出で立っている人間が関与しています。「存在」が実体的に固定化されているとしたら、「存在の真理」と言わなくてもいいことになりますが、「真理」に人間が関与する以上、「存在の真理」には意味があります。

Q2 「牧人 Hirt」と「番人 Wächter」の違いは何でしょうか?

A2 特に断りなく、両方使っているので、あまり大きな違いはないのでしょう。強いて言えば、「牧人」の方が、自らが関与している脱隠蔽化=真理の生成の過程に関与している度合が強そうに思えます。「気遣い」している感じがしますね。「番人」の方が距離を取って見つめているような感じがします。ただ、「番人であること」が「存在への気遣い」だと言っている箇所もあるので、それほど明確ではないような気がします。

Q3 「存在」が「現存在」としての人間に語るように仕向けている、ということですね。その「存在」とは何か、誰かと考えた時、最初は、自分の心理の奥にある無意識的な主観性のようなことを言っているのかなと考えたのですが、どうもそうではなさそう。他者としての神的存在や、もしくは故郷の空間のようなものでもなさそう。デリダの『精神について』で言われている「精神」に近いものかとも考えましたが、やはりハイデガーの言っていることとは違ってそうです。

「言いたい」という動機は自分が作り出しているわけではない、というのは分かります。『形而上学入門』の講義で、ロゴスは元々は「収拾する」「拾い集める」という意味だったと説明がありましたが、「存在」というのは、ロゴスの拾い集める作用のことなのでしょうか?

A3 「存在」というのはそういう風に特性を確定できるものではありません。恐らく、心理学とか社会学の概念のように具体的にイメージできるものとして、「存在」のことを理解しようとしておられるのでしょうが、そういう風に把握できないのが、「存在」です。私たちは、「ある」とはどういう意味か考えないまま、いろいろなものについて「お金がある」とか「鞄がある」とか「国家がある」とか言っているし、口にしないでも、そのつもりで行動している。その「ある」とは何なのか考えるべきだとハイデガーは言っているわけです。最初から、「存在とは●●である」と決めてかかったら、従来の形而上学と同じでしょう。無論、ハイデガーは「存在」を擬人化するような表現を使っていて、その表現に本人も引っ張られているのは否めませんが、ハイデガーが自ら陥ってしまった罠を基準にして、〝存在〟概念を確定することはできるかもしれませんが、あまり生産的ではないでしょう。

「ロゴス」のかき集める作用によって、「存在の真理」が見えてくるというのは間違いありませんが、では、その「ロゴス」の作用はどこから生じてくるのかというと、「存在」から、としか答えようがない。ハイデガーも、「存在」をめぐる哲学や詩の言語から、「存在」にアクセスするヒントを得ようとしているだけです。曖昧だと言う人もいるでしょうが、そもそも、「答え」が出るような「問い」、最初から「答え」が見通せるような「問い」だけを追いかけるのが「哲学」でしょうか？　政治学、経済学、歴史学などならそれでいいですし、「哲学」もそうあるべきと考える人も分析系には多いですが、ハイデガーはそう考えない派です。

Q3　日本人だから違和感を感じるのかもしれませんが、キリスト教やイデア論から距離を取っているといっても、ロゴス＝言葉から、「存在」にアプローチするとか、やはり福音書の冒頭をイメージしてしまいます。「企投 Entwurf」の話も、何かイデア的な理念に照らして、真の自分の実現を目指す、という話のように聞こえます。

A3　ハイデガーが、キリスト教的＋プラトン主義的、もっと雑に言うと、神秘主義っぽい言葉を使っているのは間違いありません。本人も自覚しているでしょう。それには彼なりの理由もあると思います。全く新しい言葉で、「存在」や「実存」について語っても、「形而上学」を克服したことにはなりません。むしろ、一部の語彙を表面的に新しいものに置き換えただけで、古い発想をそのままなぞることになりかねない。精神／物質の上下関係を逆転させるようなことをやっても、二項対立的な構図は変わらない。ハイデガーは、「形而上学」を構成し、支えてきた古い言葉を掘り下げて分析することで、埋もれていた意味の層を再発見し、その言葉に新たな装いを与え、「形而上学」を内から揺さぶり、解体しようとする。その解体作業がうまくいっているかどうかについては評価が分かれるでしょうし、「形而上学」にどっぷり浸った状態で「哲学」したという経験のない人には、何をやっているのかピンと来ない。

Q4　故郷喪失やマルクスの疎外を持ち出し、かつてはあった思索の基盤が今は失われており、それがヨーロッパの没落に繋がっているとのことでした。ハイデガーがやりたいことは復興運動のようなことでしょうか？　かつて「存在」に対してもっと気付きがあったにもかかわらず、今はなくなっている。だから過去の繁栄に戻っていこうとしているのでしょうか？

A4　過去に、「存在」が最も「近い」時代が「あった」と想定しているのは間違いないでしょう。しかし、そこに戻れるとは思っていません。古代ギリシアにおける「存在の真理」と、ヘルダリンの詩から垣間見える「存在の真理」は、異なった大地の上で、異なった言葉で表現されるわけです。詩人は、存在を表現する新しい言葉を――無論、存在からの合図を受け止め、解読することで――産出できる存在者です。「存在」は歴史的に展開するものであって、西欧の歴史の原初における「存在の真理」が唯一のものだということではないでしょう。

Q4　アバンギャルドと言ったら語弊があるかもしれませんが、そのようなものを求めているのですか？

A4　そんなつもりはないと思います。「アバンギャルド」というのは芸術のトレンドでしょう。「アバンギャルド」は型を作ってしまいやすい。だから、〝アバンギャルド〟の多くは、先駆者を模倣し、公衆の目を気にして、それらしく振る舞おうとする。「ひと」になり切ってしまう。ハイデガーの言い分からすると、ヘルダリンによって、あるいはヘルダリンを介して、「存在の真理」がいったん樹立されたとすれば、それで十分であるわけです。「存在の真理」が今どうなっているか、既に新たな「真理」が現われているか、それはどのように私たちに作用しているかが彼の関心事です。他の詩人がヘルダリンを模倣するかどうかは、彼にとってどうでもいいことでしょう。「真理」によって、芸術作品の存在様式が規定されるのであって、個々の芸術家の創作活動の総計として、「真理」が作り出されるのではないからです。

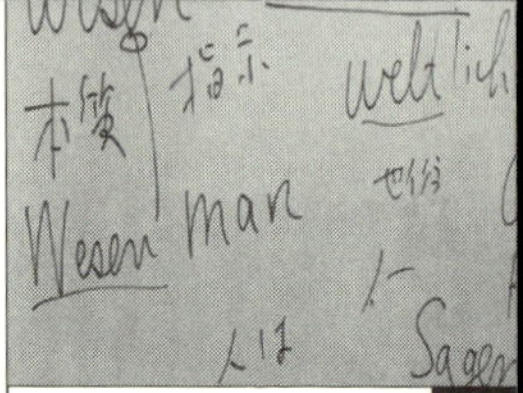

[講義] 第7回

「存在の番人」としての人間の本質

——『「ヒューマニズム」について』(3)

今日は〔七　存在の思索を非人間的とする誤解の反駁〕(九六頁)から見ていきましょう——繰り返しますが、『ヒューマニズム書簡』の原文には章番号も節番号もなく、ひと続きの文章になっています。ここまでのところでは、用語の説明とか、自らの哲学の基本的な立場の表明のような、一般的な話が多かったですが、この辺りから話が具体的になっていきます。ここでは、訳者の付けたタイトル通り、自分の立場に対する疑念を挙げて、それに個別に答えることを試みています。恐らくハイデガーとしてはあまり乗り気になれなかったであろう、言い訳めいた話が多いですが。それでも随所に彼独自の考え方が出ています。

> 「ヒューマニズム」に反対する語り方がなされるからという理由で、世間のひとは、だから、非-人間的なものが擁護され、かつ野蛮な残忍性が賛美されるのではないかと、心配する。というのも、ヒューマニズムを否定する人には、ただ非人間性の肯定のみが残されるのであって、そのように考えることよりも、「より論理的」なことが何かあるであろうか、というわけなのである。

反「ヒューマニズム」は残酷か？「論理」「価値」「世界」「神」を否定する

反「ヒューマニズム」は、「非-人間的なもの das Inhumane」、つまり、野蛮な残忍性を賛美するのだろう——「野蛮な残忍性」というのは、例によって訳者による付け足しで、本文にはありません。〝普通の人〟はそう考えがちですね。しかし、よく考えると、既成の「人間性」概念を否定したからといって、それが「野蛮な残忍性」を肯定することになるかと言うと、そこには論理的な飛躍がありますね。ハイデガーは、「ヒューマニズム」が想定している「人間性」が表面的であり形骸化していると言っているだけで、ナチスのように、特定の類型から外れる人を、非人間として殺してもいいとか主張しているわけではありません。ただ、ハイデガーはナチスとの繋がりがあったので、彼が「人間性」概念を否定すると特にそういう連想が働きやすかったのでしょう。

> 「論理学」に反対する語り方がなされるからという理由で、世間のひとは、だから、次の要求が掲げられているのだと、勝手に思い込む。すなわち、思索の厳密さは拒否され、その代わりに衝動と感情の勝手気儘《きまま》さが支配権を握るようにさせられ、こうして「非合理主義」が真実の事柄として喧伝されるべきだとする要求が、それである。というのも、論理的なものに反対して語る者は、没論理的なものを擁護しているのであって、そのように考えることよりも、「より論理的」なことが何かあるであろうか、というわけなのである。

現代であれば、ポストモダン批判をしている人が割と短絡的に言いがちなことですね。もちろん、存在論にコミットするハイデガーはポストモダンと相容れません――日本の反ポモには、そう言われてもポカーンとしている人が多そうですが。分析哲学系の議論の影響を表面的に、あるいは、素直に受けた人は、形式化して、記号論理の命題や推論に還元して、数学に準じた方法論が適用できないような議論は「論理的」ではない、感情、情緒、無意識など非合理的なものに依拠しており、学問とは言えない、と考えがちです。無論、ハイデガーは記号論理学以前の論理学、アリストテレスやライプニッツの論理学には造詣があり、講義で取り扱っていますし、一時期は数学・論理学出身のフッサールの現象学を継承する立場にあったわけですから、論理学を理解しない人ではないわけですが、記号論理学でないと論理でないと思う人は――哲学をかじった人の中に――いるでしょう。この書簡が書かれたのは一九四六年なので、今ほど分析哲学は盛んになっていませんが、そういう傾向は現われ始めていたのではないかと思います。一九二〇年代終盤から三〇年代に、哲学の仕事を、

カルナップ

経験的に検証可能な命題の形式論理学的な操作による諸科学の基礎付けに限定しようとした論理実証主義、ウィーン学団が起こりました。英国では、数学者でもあるラッセル（一八七二―一九七〇）やホワイトヘッド（一八六一―一九四七）の影響が論理学の枠を超えて、哲学全般に広がりつつありました。ウィーン学団のルドルフ・カルナップがハイデガーの存在概念は無意味だとする論文を発表したのは一九三一年のことなので、非論理的であるとの批判は既に一般的に流布していたと思います。新カント学派も厳密に定義されない概念を使うということでハイデガーを批判します。ハイデガーの方も、記号論理学や新カント主義に対して敵対的なことを何度も発言しています。一九二九年にスイスのダヴォスで、カッシーラーとハイデガーの間で、カント解釈をめぐる論争が繰り広げられました。カッシーラーは、数学のような厳密科学や倫理学などで用いられる人間の精神的な能力に由来する普遍的概念の有効性を強調する形で、カントの普遍的な「人間性」に含意される自由や合理性を擁護する立場を取りました。カントの内に存在論的な深淵のようなもの、つまり、人間の理性を超えた「存在」それ自体の現われを見ようとするハイデガーの議論の曖昧さを批判します。カント解釈が焦点になった論争なので、カント研究の専門家で、学者としてのキャリアも長いカッシーラーにとって有利に見える展開になっていますが、ハイデガーはこの年に『カントと形而上学の問題』を出して、間接的に反論しています――カッシーラーとハイデガーのやり取りは、創文社から出ているハイデッガー全集の第三巻、『カントと形而上学の問題』の巻に付録として収められています。

「価値」に反対する語り方がなされるからという理由で、世間のひとは、だから、次のような哲学には、ひどく驚く。すなわち、表向き、人類の最高の良い財産を軽蔑にさらすことをあえてするかに見える哲学が、それである。というのも、価値を否定する思索は、必然的にすべてを、無価値なものと称するほかにはないのであって、そのように考えることよりも、「より論理的」なことが何かあるであろうか、というわけなのである。

この『書簡』では説明されていませんが、ハイデガーは「価値」という概念を否定的に評価していました。

主観主義の現われだということで。恐らく新カント学派の西南学派の「価値の哲学」を念頭に置いているのでしょう。西南学派は、人間にとってのアプリオリな価値があり、それは理性によって発見されるという立場をとっています。現象学の影響を受けて、哲学的人間学を提唱したマックス・シェーラーやニコライ・ハルトマン等も「価値」の客観性を強調します。政治思想の分野で言うと、自由主義は、各人が自らの追求する価値を選択し、序列付けする自由を中心に展開します。カール・シュミットはそれによって、政治の基本である人民の同一性が乱されるということから、「価値」の専制を批判します。因みにニーチェは、「全ての価値の転倒」を唱えましたが、ハイデガーに言わせれば、依然、「価値」に拘っている点で不徹底です。そういう風に、人間的な「価値」を否定するようなハイデガーの哲学は、やはり非論理と思われる。

「ヒューマニズム」「論理」「価値」、この三つは、ハイデガーが近代合理主義の前提と相容れないと考えている三つのポイントです。〝まともな思想家〟と思われるには、否定してはいけない三つのポイントです。この三つは一般論的な話ですが、四つ目に挙げられている「世界」をめぐる誤解、もう少し哲学通向けのやや複雑な話です。

> 人間の存在は「世界内存在」のうちに存するということが言い述べられるからという理由で、世間のひとは、だから、人間は、たんに此岸的な本質のものへと引き落とされ、それによって哲学は実証主義のうちに沈淪《ちんりん》していると、見なす。というのも、人間存在の世界性を主張する者は、ただ此岸的なもののみを有効と言い張り、彼岸的なものを否認し、こうしてあらゆる「超越者」を拒否するのであって、そのように考えることよりも、「より論理的」なことが何かあるであろうか、というわけなのである。

これまで何度か出てきたように、「世界内存在」とは、主体としての人間が自らの周囲に世界を構築したのではなく、気が付いた時には何かによって世界の中に投げ込まれている自分に気付くという考え方です。その発想が、「此岸」的、実証主義的であり、「彼岸」に向かう「超越者」を拒否するものだといって批判されている、というわけです。実証主義というのは、経験的に実証できる事実だけに根拠を置く科学主義的な考え方です。先ほどの三つとは批判の方向が逆のようですね。「超越者 Transzendenz」というのは、哲学史的にいろい

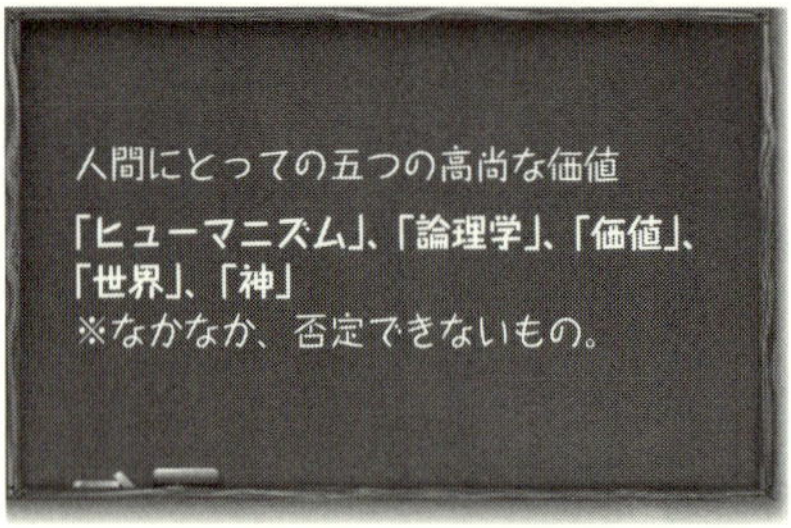
人間にとっての五つの高尚な価値
「ヒューマニズム」、「論理学」、「価値」、
「世界」、「神」
※なかなか、否定できないもの。

ろな意味で使われる言葉ですが、共通するのは、此岸的なもの、経験的な領域を超えるものということです。神に通じる霊性のようなものかもしれないし、経験的な認識を超えて宇宙の根本法則を把握しようとする理性かもしれません。「世界内存在」だと、そうした、身体の限界を超えていく人間の可能性を否定し、もっぱら受動的に捉えているように思えるということでしょう。

> 「神の死」というニーチェの語への指摘がなされるからという理由で、世間のひとは、だから、そうした振る舞いは無神論だと宣言する。というのも、「神の死」を経験した者は、神ーなしとする者であって、そのように考えることよりも、「より論理的」なことが何かあるであろうか、というわけなのである。

ニーチェが「神の死」について語ったことはご存知ですね。ハイデガーは一九三〇年代後半からニーチェに関する講義を続けていますし、「ニーチェの言葉『神は死んだ』」（一九四三）という論文を書いています。ハイデガーがニーチェを経由する形で、「神の死」を論じているのは確かですが、「神の死」というのはハイデガー自身の議論の文脈からすると、キリスト教化された「形而上学」の死をめぐる存在史的な議論であって、人格的な存在者としての神が実際に死んだという話でも、神は元々いないという話でもない、ニーチェの言葉に同意してさえいないのですが、素朴な人は無神論者だと思ってしまうでしょう。

このように、人間にとっての五つの高尚な価値を否定すると、無責任で破壊的な「ニヒリズム」と見なされる、というわけです。

〔57　世間が勝手に作り出した誤解と即断の実態〕という見出しが付いているところ以降で、それらに対する反論が展開されます。

> ここで起こっていることは、いったい何なのであろうか。私どもは、「ヒューマニズム」について、「論理学」について、「価値」について、「世界」について、「神」について言い述べられるのを聞いている。

次に私どもは、それらのものに関して反対する一つのあり方について言い述べられるのを聞いている。世間のひとは、前者の形で挙げられた事柄を、積極的肯定的な事柄として、知っており、またそうしたものとして受け取っている。しかしながら、そうした事柄に対して、聞きかじりで言われる場合にそうであるように精密に熟慮しない仕方でそれに反対して言われる後者の事柄を、世間のひとは、ただちに前者の事柄の否認と受け取り、そしてこの否認を、破壊的なものという意味での「消極的否定的」なものとして受け取る。

要するに、「ヒューマニズム」「論理学」「価値」「世界」、そして「神」についても、世間の人はそれほど厳密に考えていない、しかし何か良いことに違いないと思い、それを否定しているように見える発言をする者に対して、今風に言うと、脊髄反射的に否定的な反応する。

というのも、『存在と時間』においては、なにしろ、どこかで、表立って、「現象学的破壊」といったことが話題にされているのではないか、というわけである。世間のひとは、ことあるごとに盛んに引き合いに出される論理学やラティオー〔理性〕の助けを借りて、次のように勝手に思い込んでいるのである。すなわち、積極的肯定的ではない事柄は、消極的否定的なものであり、こうして理性の棄却を行うものであり、したがって、それみずからが唾棄すべきいまわしいものとして烙印を押されるのに値するのである、と。世間のひとは、「論理学」でもって頭のなかがあまりにもいっぱいになっているために、勝手な思い込みという慣れきった太平楽の惰眠に反する事柄はすべて、即座に、唾棄すべきいまわしい反逆として清算されるほどにまでなっているのである。

「現象学的破壊」というのは、現象学の方法によって、従来の存在論を「解体」するということです。ただ「現象学 Phänomenologie」といっても、フッサールの現象学のように、実在性のような基本概念も含め、既成の判断を停止したうえで、どのように対象が意識に現われてくるかを明らかにしようとする、意識内在的な方法論ではなくて、「現われてくるもの Phänomen (phainomenon) ＝自らを示すもの」と「覆い隠された (verdeckt) もの」との間の関係をその根源にまで遡り、「現われ＝輝き Schein」と連動するロゴス＝論理の動

きと共に探究するという、ハイデガー独自の意味での「現象学」です――この連続講義の第二回目にお話ししたように、〈phainomenon〉と〈physis〉は、語源的に繋がっているとハイデガーは見ているわけですね。木田元さんなどは、フッサールの現象学とは関係ないと見るべき、と断じています。ハイデガーは一時フッサールの現象学の継承者と見なされた人物なので、一切関係ないというのは言い過ぎだとしても、「意識」に注目するフッサールと、存在者の現われ、このテクストの表現では、「存在の真理」を問題にするハイデガーではやっていることがかなり違うように思えます。

そして、この「現象学」による「破壊＝解体 Destruktion」という言葉のフランス語訳が〈déconstruction〉、デリダの「脱構築」の原語です。無論、デリダの言っている「脱構築」というのは、必ずしも「存在」と関係しておらず、既成の論理的な構築物を、厳密に定義し直す、限界付けることによって自己解体へと追い込む操作一般を意味しているわけです。ただ、いずれの場合も、とにかく何かを暴力的に破壊して訳が分からない状態を作り出すというようなことではなくて、古くからの既成観念の成り立ちを明らかにし、新しい物の見方を浮上させる、というポジティヴな意味が込められているのですが、そういう内実をよく分かっていないくせに、人間の理性が肯定的な意味合いで社会秩序の基礎として措定してきたものを破壊する否定的な行為だと脊髄反射的に決めつけ、「理性の棄却 Verwerfung der Vernunft」という非難の言葉を投げかける人がいるわけです。〈man〉が「世間のひと」と訳されていますが、実際には生半可な哲学通のことでしょう。

ハイデガーの「論理」「価値」「世界」「神」観

そうやって安直に「理性」とか「論理（学）Logik」という言葉を振り回したがる人に対抗する形で、一〇二頁から、普通に言われているのとは違う意味での「論理学」観が展開されます。「ロゴス」の元の意味まで遡っていく、ハイデガーらしい議論です。

「ローギク」〔「論理学」〕によれば、思索することは、存在者をその存在において眼前に見据えつつ表象することとして、理解される。この眼前に見据えつつ表象する作用は、その存在者の存在を、概念という

> 類的普遍的なもののありさまで自分のもとに入手する。しかし、存在そのもののことを思いめぐらす省察については、ということはすなわち、存在の真理を思索するところの思案については、いったい、事情はどのようになっているのであろうか。この思索は、なによりもまず最初に、〈論理学《ローギク》の根源を成す〉ロゴスの原初的本質を掴み取ろうとするのであって、このロゴスの原初的本質は、「論理学」を基礎づけた人物であるプラトンやアリストテレスにおいては、もうすでに埋没され、喪失されていってしまっているのである。したがって、「論理学」に反対して思索することは、非論理的なものに味方することを意味せず、むしろ、ただ次のことを意味するだけである。すなわち、ロゴスについて、そして思索の初期に現れたロゴスの本質について、熟慮を傾注して思索すること、これである。

通常の意味での「論理学」、近代的な論理学が、「思索」をどう捉えているかを述べた後、ハイデガーがこのテクストで論じている、「存在の真理」と「原初のロゴス」の相関関係に言及しているわけですね。近代的な論理学と結び付いた「思索」は、存在者＝対象を「眼前に見据えつつ表象 vorstellen」する、より詳しく言えば、「概念という類的普遍的なもののありさまで自分のもとに入手する sich das Vorstellen im Generellen des Begriffs zustellen」わけですね——例によって訳文がかなり長くなっています。「表象する」というドイツ語は、〈sich ～ vorstellen〉という再帰動詞の形を取ります。文字通りには、「自分自身（sich）に向けてその前に・立てる（vor-stellen）」ということです。平たく言うと、「思い浮かべる」ですね。これと、「入手する（自分の元に送り届ける）＝～に帰属させるような形で・立てる」という意味の〈sich zustellen〉で言葉遊びをしているわけです。「概念という類的普遍的なもののありさまで」というのが抽象的でとっつきにくいですが、要は、個々の事物を、［チワワ→犬→哺乳類→動物→生物→有機体→……］というように、より大きな集合体の類型に当てはめて、定型化させていくような形で表象するということです。「表象する」というのは、ありのままに思い浮かべる、現前化するというより、記号論理学的・自然科学的に処理可能な形式、「概念」へと落とし込む操作ということでしょう。

それに対して、ハイデガーが「ロゴス」の「原初的本質 das anfängliche Wesen」と言っているのは、これま

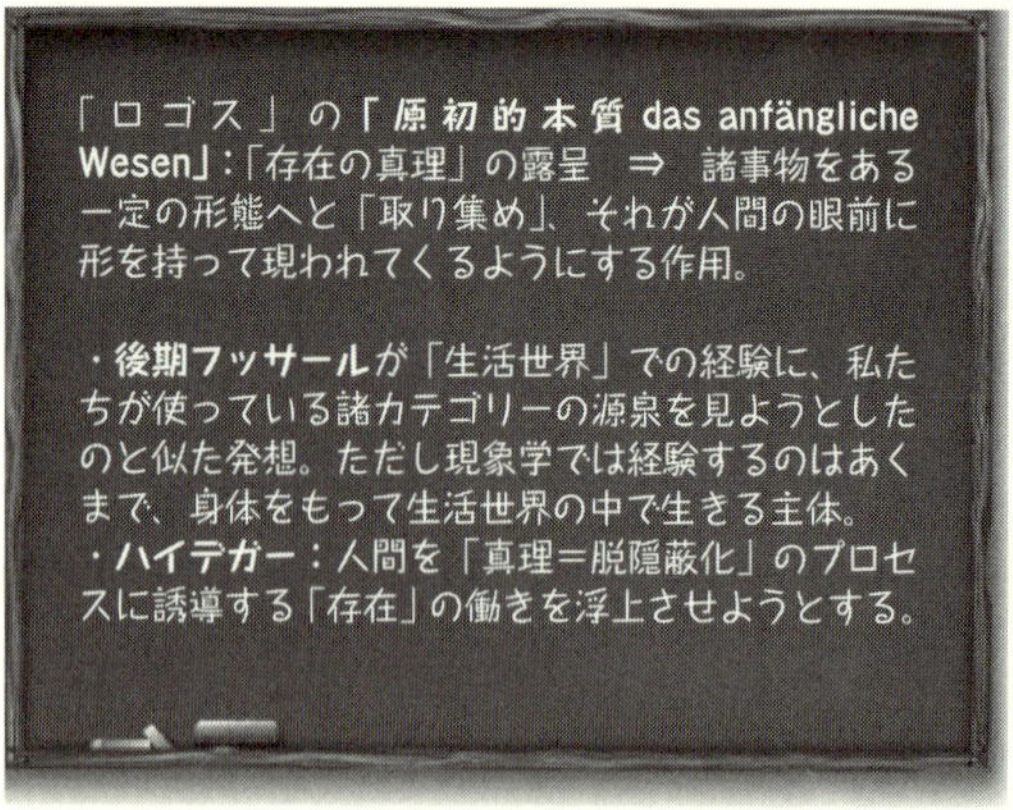

「ロゴス」の「原初的本質 das anfängliche Wesen」：「存在の真理」の露呈 ⇒ 諸事物をある一定の形態へと「取り集め」、それが人間の眼前に形を持って現われてくるようにする作用。
・後期フッサールが「生活世界」での経験に、私たちが使っている諸カテゴリーの源泉を見ようとしたのと似た発想。ただし現象学では経験するのはあくまで、身体をもって生活世界の中で生きる主体。
・ハイデガー：人間を「真理＝脱隠蔽化」のプロセスに誘導する「存在」の働きを浮上させようとする。

でこの講義で見てきたような意味で、「存在の真理」を露呈していくこと、言い換えれば、諸事物をある一定の形態へと「取り集め」、それが人間の眼前に形を持って現われてくるようにする作用です。定型化された〈Logik〉の原型になるような作用ですね。プラトンやアリストテレスの段階で既に、「ロゴス」の原初的な取り集めと脱隠蔽化の作用、開け開きという次元を捨象して、〈Logik〉を定型化し、かつ実体として固定化する傾向が生じていたわけです。ハイデガーはそうした、プラトン－アリストテレス以降の――論理学者たちの意に反して――形而上学化した「論理学」を批判するけれど、原初的な「ロゴス」を否定するつもりはないと断っているわけです。

> 論理学の諸体系がたとえいかに広大に繰り広げられようとも、それら論理学の諸体系のすべては、もしも、それらが、ロゴスの本質をほんのわずかなりともまずもって問うという課題をあらかじめなしで済まそうとし、しかもその際、みずからが何をなしているのかを知ることすらないままだとするならば、そのような論理学の諸体系は、私たちにとって、何の役に立つというのか。

先ほど私が説明したような意味での「原初のロゴス」の作用にハイデガーは関心があるわけですね。現代学者が「論理学」と呼んでいるものの根底では依然として「原初のロゴス」が働いていて、その「ロゴス」の層まで掘り下げて考えないと、「論理学」の規則が何のために存在しているのか、存在者のいかなる側面を現前化させるのか、どのように人間の思考や行動を制約しているのか、人間をどこに向かわせているか分からない、というようなことを示唆しているのでしょう。これは、後期のフッサールが「生活世界」での経験に、私たちが使っている諸カテゴリーの源泉を見ようとしたのと似たような発想ですね。フッサールが経験するのはあくまでも、身体をもって生活世界の中で生きる主体だと考えようとするのに対し、ハイデガーが、人間を

「真理＝脱隠蔽化」のプロセスに誘導する「存在」の働きを浮上させようとしているところが決定的に違っているわけですが。

もしも、私どもが、むろん実りある結果をもたらさないにはしても、世間から私どもに向かって投げかけられるいろいろな異論を、逆に世間に向けて投げ返そうと思えば、私どもは、もっと大きな権利をもって、こう言い述べることができるであろう。すなわち、ラティオー〔理性〕を拒絶するという意味での非合理主義は、「論理学」を墨守して譲らないというあり方のうちにこそ、見抜かれぬまま、また議論もされぬまま、支配している、と。というのも、「論理学」は、ロゴスへの省察や、ロゴスにもとづいているラティオー〔理性〕の本質への省察から逃れることができると、信じ込んでいるからである。

ここも言葉遣いの割には、言っていることはシンプルですね。「論理（学）」がそもそもどういうものか、どうやって生まれきてきたか分からない、考えもしないで、浅薄な論理学至上主義の態度を取る奴こそ非合理主義だと言うわけです。ここでドイツ語の〈Vernunft〉やギリシア語の〈nous〉ではなく、ラテン語の〈ratio〉という言葉を使っているのは、恐らく、ラテン語系の民族への対抗意識がハイデガーの中に若干残っていることの反映かもしれませんし、〈ratio〉が元々「計算」という意味だったことを皮肉る意味を込めているのかもしれません。

「価値」に反対して思索することは、世間の人が「価値」として表明しているすべてのものが、つまり、「文化」とか「芸術」とか「学問科学」とか「人間の尊厳」とか「世界」とか「神」とかが、無価値であると主張することではない。むしろ、究極のところは、次の点を洞察することが肝要である。すなわち、何かを「価値」として特徴づけることによって、まさに、そのように価値づけられたものが、みずからの尊厳を剝奪されるという点が、それである。ということは、何かを価値として評価することによって、その価値づけられたものは、ただ、人間のなす価値評定のための対象としてのみ、許容されるということにほかならない。しかし、何かがその存在においてそれとして存在するゆえんのものは、それの対象性のうちで汲み尽くされはしないし、ましてや、対象性が価値の性格をもっている場合には、いよいよもって汲

――み尽くされはしない。

「何かを『価値』として特徴づけることによって、まさに、そのように価値づけられたものが、みずからの尊厳を剝奪される」というのは逆説的な表現ですが、その後の、人間のなす価値評定（die Schätzung des Menschen）のための対象としてのみ、許容される」というフレーズで意味が分かりますね。この場合の人間というのは、実存として自己を存在に向かって開いている人間、本来的な在り方をしている人間ではなくて、狭い形而上学的な世界観に閉じこもり、現在の自分の目に入るものが全てだと思ってしまうような、「ヒト」化した人間でしょう。

――すべての価値づけの作用は、それが積極的肯定的な価値づけを行っている場合でも、一つの主観化である。価値づけの作用は、存在者を、そのあるがままに放っておかず、つまり、存在するとおりのままにさせず、むしろ、価値づけの作用は、存在者を、ただ、みずからの価値づける行為の客観としてのみ――妥当させて是認する。価値客観性を証明しようとする奇妙な努力は、みずからが為していることを知らないのである。

先ほど新カント学派やシェーラーやハルトマンといった価値の客観的実在性を主張する哲学者のことをお話ししましたが、そういう議論も結局、主体（主観）による「存在者」の「価値付け werten」する「行為 Tun」の帰結を、客観的なものと見なしているわけだから、それは事実上、存在者の「主観化」ではないか、と言っているわけです。確かに、「価値」というのは、〝自然〟界に実在するわけではなく、人間が付与しない限り、どこにも見当たらないし、触れられません。人間が自分の都合で仮に付与した属性が〝客観的〟だと主張するのは、人間次第で存在者の数を決めていることになります。ハイデガーはそうした「主観化」に反対しているというわけです。

――ホモー・フーマーヌス〔人間ラシイ人間〕のフーマーニタース〔人間性〕の根本特徴を、「世界内存在」として指摘することは、次のことを主張してはいない。すなわち、人間は、たんにキリスト教的に理解された意味における一つの「世俗的」な本質をもつものにすぎず、したがって、神に背を向け、「超越者」

から切り離されてさえいるのだ、などということを主張してはいない。世間のひとは、「超越者」という この語によって、もっと判然といえば超絶的なものと呼ばれるであろうようなものを、念頭に置いている。超絶的なものとは、超感性的な存在者のことである。この超感性的な存在者は、あらゆる存在者のうちの第一原因という意味における最高の存在者と見なされている。こうした第一原因であるものとして、神が考えられるわけである。ところが、これに対して、「世界内存在」という名称における「世界」とは、天上的なものと区別された地上的存在者のことを断じて意味しているのではなく、また、「聖職的なもの」と区別された「世俗的なもの」のことを意味しているのでもない。

これは、西欧の言葉にある程度詳しい人でないとピンと来ない話ですね。「世俗的なもの」の原語は、〈weltlich〉です。「世界」を意味する〈Welt〉の形容詞形です。〈Welt〉には、「世俗」とか「世間」という意味もあります。そのため、ハイデガーの著作を、人間を超えた「存在」なるもの、恐らく、神のようなものについて語っているのだろうという漠然とした先入観で読み始めた人は、〈In-der-Welt-Sein〉に、世俗内存在とか、世間内存在という意味を読み込んでしまうかもしれない。そこまでベタな勘違いをしなくても、この世界を超えていく「超越者 die Transzendenz」との対比で、「世界内存在」の〝世界〟を卑俗で日常的な常識が支配する世界としてイメージしてしまう。「超絶者」の原語は、〈das Transcendente〉で、あまり違わないです。〈die Transzendenz〉の方が、「超越性」とも訳せる抽象的・哲学的な言葉であるのに対し、〈das Transcendente〉の方が、より具体的な、人格性を帯びたもの、人間の想像を超えているもの、というような〈transcendent〉という形容詞の日常語的なニュアンスをより強く出しているような印象があります。「聖職者的なもの」の原語は、〈(das) Geistliche〉です。「精神」を意味する〈Geist〉から派生した形容詞です。「聖職者的」はやや限定しすぎで、「教会的」とか「霊的」といった意味だと考えて下さい。

「世界」とは、「世界内存在」という先の規定においては、およそまったく、なんらの存在者や存在者の領域などを意味してはおらずに、むしろ、存在の開けを意味している。人間が存在し、人間が人間であるのは、人間が、存在へと身を開き－そこへと出で立つあり方をする者であるかぎりにおいてなのである。人間は、存在そのものがそれとしてあるゆえんの存在の開けのなかへと、出で立つのであり、存在そのものは、投げとして、みずからのために、人間の本質を「気遣い」のなかへと投げ入れたのである。このような具合に投げ出されて、人間は、存在の開けの「なか」に立っている。「世界」とは、存在の開けた明るみであり、その存在の開けた明るみのなかへと、人間は、みずからの投げ出された本質にもとづき、またみずからのその本質のほうから、出で立つのである。

「世界」自体が「存在者」でないというのはいいとして、「存在者の領域 Bereich von Seiendem」ではなく、「存在の開け Offenheit des Seins」であるというのが分かりにくいですね。「存在者の領域」というのは、動物界(Tierwelt)とか植物界(Pflanzenwelt)とか物質界(materialische Welt)とか精神世界(geistige Welt)というような、存在者をカテゴリー・属性別に分けた領域のことでしょう。そうした閉じた領域ではなくて、「開け」であるということを強調したいのでしょう。実際、これまで見てきたハイデガーの理屈からすれば、「存在」というのは何か決まった実体を持っているわけではなく、人間も関与する脱隠蔽化の作用によって、「真理」が現われてくるということなので、「開けている」ということは言えるでしょう。その「存在の真理」の「(開けた)明るみ Lichtung」に、人間は、これまで見てきたように、「実存(エク－システンツ)Ek-sistenz」として、我が身を開いて立っている存在者として、自らの周囲の諸存在者や自己自身の現存在について「気遣い」しながら関与しているわけです――渡邊さんは〈Lichtung〉を「明るみ」と訳していますが、これは〈lichten(伐採する＝照らし出し)〉という動詞を名詞化したものなので、「明るくすること」とか「照明」と訳して、人間も関与する動的性格を強調した方がいいかもしれません。

ただ、そうだとすると、「世界内存在」という言い方が気になりますね。「内(中)in」と言うだけで、どうしても私たちは、「閉じた領域」の中に何かが入っているような図を思い浮かべがちです。それでハイデガーは、現存在は世界の中に投げ込まれている自分を見出すのだけど、それは限定のない「存在の開け」の「なか」ということであって、〝世界〟なるものの中に閉じ込められていると言いたいわけではないと断っているわけです。そもそも、「閉じた」ということを言えるには、その「領域」の「外部」に立つ、つまり「超越する」ことが必要ですね。人間は、「動物」とか「植物」の属性を明確に定義し、それ以外の要素を完全に無視すれば、動物界や植物界の領域を画定し、それを「外」から客観的に観察しているかのような体を装うことは一応できますが、人間自身が何を「気遣い」しているのか、どこに向かっているのかを把握して、領域確定することはできません。生物学的な対象としての「ヒト」についてなら可能で、有意味でしょうが、自らの存在を含めてあらゆる方向に「気遣い」する人間の「実存」を無理に領域確定し、それを超越論的に眺めるような真似をしても無意味でしょう。フッサールであれば、対象に対する意識の志向性という側面に絞って、「超越（論）」的な視点を取ることを正当化するかもしれませんが、ニーチェであれば、人間が自らの作り出すパースペクティヴの〝外〟に立って、自分自身を認識の対象にできるかのようにすれば、〝対象〟としての〝自分〟自身を捏造することになってしまうでしょう。そういう問題もあって、サルトルが〈In-der-Welt-Sein〉を〈être-dans-le-monde〉と直訳したのに対し、メルロ＝ポンティは、「中に」という意味の前置詞〈dans〉を、「〜に接して」、英語だと大体〈at〉に相当する〈à〉に置き換えて、〈être au monde〉という言い方をしています。

だが、断じて、人間は、まず最初に世界のこちら側にいて、「自我」であれ「我々」であれどう考えられようとも、ともかくなんらかの「主観」として、人間であるのではまったくない。人間は実際、断じて、まず初めにまたたんに主観であって次にそれでいながらたしかにつねに同時に客観へも関係するといったような主観であるのではまったくない。したがって、人間の本質は、主観―客観―関係のうちに存するであろうなどということはない。むしろ、人間は、まずもってみずからの本質において、存在の開けのなかへと入るべく、存在へと身を開き―そこへと出で立ちつつあるのである。この存在の開けた局面がまずあってこそそれによって、そのうちで客観への主観の「関係」が「存在」しうるようになるゆえんの、「主観と客観との相互の」「間柄の場面」が、開かれ明るくされてくるのである。

「世界」と「主観／客観」の関係がよく分かりませんが、恐らく、「世界の中」に「主観」としての「自我」あるいは「我々」――「我々 Wir」というのは、フッサールの「間主観性」とか、マルクス主義の一部に見られる、「階級」を集合主体として想定するような議論を念頭に置いているのかもしれません——が、自己完結的、自立的な実体として存在するのではない、ということでしょう。「世界」が領域確定できないのと同様に、「私」あるいは「我々」の〝主観〟としての輪郭が確定しているわけではない。「実存」としての〝私（たち）〟の気遣いはどの方向にどのように向かっているのか分かりません。それと相関的に、〝私たち〟が対峙する〝客観〟も未確定です。

物心ついてない子供が、周囲にあるいろんな物や人間に対して手当たり次第に引き寄せられ、次々と関心と動作（気遣い）の焦点を移動させている状態を念頭に置くと、分かりやすいのではないかと思います。そういう子供には自他の区別ははっきりしていない、つまり「明るく」ないわけですが、物心ついてくると、犬、猫、玩具、両親、兄弟など周囲の存在者を客体として同定し、それらに「気遣っ」ている自らの存在を意識するようになるわけです。「主観」が確立される前に、〝主客〟の間に「気遣いする／される」関係、「間柄の場面 Beziehung」——素朴に訳すと、「関係」あるいは「関わり」です——が成立しているわけです。

こうした関係の「地」になっているのが「存在」であり、「存在」を基盤とする、関係（の一端）が露わになるのが、「明るみ」です。その「明るみ」の中で、「主観（体）」の、そして「主観」が関わっている「客観」の輪郭がはっきりしてくる。最初から、「主観」が実体的に確立していて、自らの「外部」に実在する「客観」という単純な二者関係ではない、というわけです。

一〇八頁を見ると、自分は神の存在／非存在についても、自分は何も決め付けるようなことは言っていないのに、世の中の人はそうだと決め付けている、と断っていますね。そのうえで、『根拠の本質について』（一九二九）という自分の著作の注の一つから引用していますね。この著作は、事物が存在する根拠をめぐるプラトンからカントに至るまでの議論を概観する内容になっていて、特にライプニッツとカントが中心になっています。『道標』にも収められています。

——すなわち、「現存在を世界内存在として存在論的に解釈することによっては、神に対する可能的なあり方について、積極的肯定的にも、また消極的否定的にも、態度決定は下されてはいない。そうはいってもしかし、超越の開明によってこそ、なによりもまず、現存在の十分な概念が獲得されるのであり、そうした現存在を念頭に置いてこそ、現存在のなす神への関わりについて存在論的に事情はどうなっているのかが、いまや問われるのである」、と。

神の存在については敢えて態度決定しないと言っているわけですね。『存在と時間』や『根拠の本質について』では、「超越 Transzendenz」を、普通の神学などとはかなり異なった意味で使っています。つまりこの「世界」の物理的限界を超えて、高次の領域に通じているというようなことではなく、「世界内存在」としての自分の在り方を、自分の存在根拠を問い直す「気遣い」、というような、カントの言う「超越論的 transzendental」に近い意味で使っています。カントの言う「超越論的」というのは、認識を可能ならしめる条件に関わる、ということです。ハイデガーも、自分自身の在り方に目を向けることを、「超越」と呼んでいるようです。

すなわち、存在の真理への問いにもとづいて思索するところの思索は、形而上学が問いうるよりもいっそう原初的に問うのだということ、これである。存在の真理にもとづいてこそ初めて、聖なるものの本質が、思索されることができる。聖なるものの本質にもとづいてこそ初めて、神性の本質が、思索されることができる。神性の本質の光のなかでこそ初めて、「神」という語が何を名指すべきなのかが、思索されることができ、また言い述べられることができるのである。あるいは別の言い方をすれば、もしも私たちが、人間たちとして、つまり、存在へと身を開きそこへと出で立つ本質をもつ者たちとして、神というものが人間へと関わってくるありさまを経験することが許されているはずであるとすれば、私たちは、まずもって、右のような文言のすべてを、慎重綿密に理解しまた聴き取ることができるようにならなければならないのではないであろうか。いったい神というものは近づいてきているのかそれとも遠ざかっていっているのかどちらなのか、という問いが、そのうちでのみ問われうるような次元のなかへと、なによりもまず立ち入って思索することを、人間がなさないならば、どのようにして現代の世界歴史に所属する人間が、およそほんのわずかでも真剣にまた厳密に、神というものは近づいてきているのかそれとも遠ざかっていっているのかどちらなのか、といったことなどを、問うことができるというのであろうか。

回りくどい言い方をしていますが、要は、神がいるかいないか、神がいるとして私たちから遠ざかっているのかを論じるには、まず、「神性 Gottheit」とか「聖なるもの das Heilige」の本質を明らかにしないといけない、ということです。人間に置き換えて考えてみましょう。AさんBさんが実在するか問う以前に、AさんBさんが人間として存在していると見なすための要件、「人間性」の本質を掘り下げて考える必要がある。私たちは、普段「人間性」とはどういうものか分かり切っているという前提で、AさんBさんの実在について語っているが、本当に分かっているのか。それがこの本でのハイデガーの問題提起ですね。犬のラッキーとかジョンが実在するかどうかを問う時も、犬性とか動物性について知っていないといけない。ましてや、神のように直接見ることも聞くことも普通の人には不可能な、しかも単数か複数かも定かでない存在者に関しては、その基本的な存在性格を明らかにしないといけない。「神」の〝存在〟の基盤になるはずの「神性」や「聖なるもの」を論じないといけないし、それらが私たち人間に対して現前しうるのか、いかにしてか、ということを明らかにするには、ハイデガーが言っている意味での「存在の真理」、現存在に対して、「存在」は私たちに対してどれだけどのようにして顕わになっているかを、論じないといけない。自分はそういう基礎的な作業を慎重にやっているとアピールしているわけですね。それを理解できない単純な人が、無神論呼ばわりして騒いでいるだけ、と言いたいのでしょう。

これに続けて、どうして自分がそんなに慎重なのか、有神論／無神論のいずれかはっきりさせないのはそういう問題に無関心なのではなく、存在それ自体ゆえに、自分の「思索」に制約がかかっているのだということを述べていますね。もっともそうですが、やはり言い訳っぽいですね。

(…) 思索は、現今の世界の運命の瞬間にあっては、人間に対して、みずからの歴史的居場所の原初的次元のなかへはいってゆくように指令を与える。このようにして思索が存在の真理を言い述べることによって、思索は、あらゆる価値やどんな存在者よりもいっそう本質的である事柄に、みずからを委ねたのである。思索が形而上学を克服するのは、思索が、形而上学よりももっと高く上昇しつつ、形而上学を超え出ていって、どこかに向けて形而上学を止揚するというやり方によってではなく、むしろ、思索が、最も身

「下降 Abstieg」：日常性へ「降り」ていって、「存在」を下から分析。

ハイデガーの「思索」は既存の「形而上学」を解体して、「存在」との接点を更新することを目指す。いきなり「形而上学」の体系を論破すべく、その体系全体を見据え、基本概念を批判するわけではない。

↓

私たちにとって「最も身近なもの das Nächste」、つまり「存在」に定位して考えを進めていく。裸の実存の、「存在（の真理）」との日常的な接点にこそ、人間の「人間らしさ」が現われる。

近なものの近さのうちへと、立ち帰って下りてゆくというやり方によってである。こうした下降は、人間が主観性のなかへと道を踏み間違えて入り込み増長しているところでは特に、上昇よりも、いっそう困難であり、またいっそう危険である。下降は、ホモー・フーマーヌス〔人間ラシイ人間〕の、存在へと身を開き－そこへと出で立つあり方にそなわる、貧しさのうちへと導く。存在へと身を開き－そこへと出で立つあり方のなかでは、形而上学に由来するホモー・アニマーリス〔動物的人間〕の圏域は、捨て去られる。この圏域の支配こそは、世間のひとが生物学主義と表示したり、あるいはまたプラグマティズムという題目のもので知っていたりするものの無分別と勝手気儘《きまま》の、間接的なまた遥かに遡る遠因なのである。

ここもややこしそうな言い方をしていますが、言わんとしていることは分かりますね。ハイデガーの「思索」は既存の「形而上学」を解体して、「存在」との接点を更新することですが、いきなり「形而上学」の体系を論破すべく、その体系全体を見据え、基本概念を批判するというのではなく、私たちにとって「最も身近なもの das Nächste」、つまり「存在」に定位して考えを進めていくということでしょう。「存在」というと、ものすごく抽象的で形而上学的な次元の話のように聞こえますが、この場合の「存在」というのは、『存在と時間』で論じているような、日常的な気遣いを通して浮上してくる、各種の「～がある」という諸経験のことです。ハイデガーは、自分はそういう日常性へ「降り」ていって、「存在」を下から分析しているのだと言っているわけです。恐らく単に〝日常〟に戻るというより、様々の抽象的な既成観念をいったん放棄し、観念的・知性的に貧しい状態になっていき、そこで、存在に対して身を開き、存在の真理の現われに立ち会っている「実存」としての自己を再発見する、というようなこと、フッサールの用語で言えば、「判断停止（エポケー）」

して、「生活世界」に回帰するというようなことでしょう。ハイデガーにとって、そうした裸の実存の、「存在（の真理）」との日常的な接点にこそ、人間の「人間らしさ」が現われるわけです。

主観中心主義的な思考に囚われた〝私たち〟が、そういう状態へと降りていくのが困難なのは分かるとして、「危険 gefährlich」というのはどういうことでしょう。周囲の人から非難されるという危険もあるかもしれませんが、恐らく、ニーチェのツァラトゥストラとか、ヘルダリンのように、半神とか超人になる妄想に囚われ、狂気に陥る危険というようなことでしょう。フッサールの現象学では、「判断停止」はあくまで仮想的なもので、それを実行して、自らの意識的経験の基本的枠組みを産出する超越論的主観性の働きとか、生活世界とかに遡行するとしても、理性的に哲学している私はそのまま無事で入られるようですが、ハイデガーは、本格的な「下降 Abstieg」は、実存の在り方に大きな変化をもたらす可能性があると見ているようです。

「形而上学に由来するホモー・アニマーリス〔動物的人間〕の圏域は、捨て去られる」というのがやや唐突ですが、恐らく、多くの科学主義的な人は様々な既成観念を取り去って、素朴な生のレベルまで降りていったら、動物としての人間の本性、獣性のようなものが見出されると思い込んでいるようだけど、そうではないよ、むしろ、存在の「開け」に呼応して自らの身を開いていく、人間ならではの「実存」が露わになるはずだ、と言いたいのでしょう。そういう人間を動物的に理解する風潮と「プラグマティズム」を結び付けているのも面白いですね。ドレイファス等のアメリカの分析哲学系のハイデガー研究の人たちは、ハイデガーの日常的な「気遣い」の分析を、プラグマティズムと接続する形で理解しようとしているのに、本人は、「プラグマティズム」を、近代の科学主義的な形而上学に侵された人間観と見て拒否しているわけです。無論、あまり「プラグマティズム」のことを勉強しないで、食わず嫌い的に拒否しているだけの可能性が高いと思います。

ハイデガーの「倫理学」——思索者のいる場所（エートス）

では、〔九　存在論・倫理学を超えてエートスの思索へ〕という見出し語のところに入ります。ボーフレの第二の問い、「存在論と倫理学」との関係についての問いへの返答です。一般的にハイデガー哲学には普通の意味での「倫理」はないと言われます。善と何か、正義とは何か、という話は基本的にしませんし、そのうえ、先ほど見たように「価値」を主観主義的だと言って批判するとなると、私たちが普通「倫理学的」だと思っているような議論はできません。ハイデガーの影響を強く受けたレヴィナスは、ハイデガーの「存在論」を掘り下げ直す形で、「他者」の「顔」をめぐる議論を展開します。その問題を既にボーフレが提起していたわけです。「存在論」とある種の「倫理学」の間に関係があるのかという問いにボーフレ自身が取り組んでいて、それについて答えてほしいと要請しているわけです。

『存在と時間』が刊行されたのち、間もなくして、ある若い友人が、私に次のように質問したことがあった。すなわち、「いつあなたは倫理学を書くのか」、と。人間の本質が、きわめて本質的に、すなわち、ただひとえに存在の真理への問いにもとづいてのみ思索されるところでは、ただしその際、人間は、それにもかかわらず、存在者の中心にまで高められることはないから、それで、どうしても、なんらかの拘束力のある指教への要求が目覚めてこざるをえない。つまり、存在のほうへと向かいつつ存在へと身を開きそこへと出で立つあり方にもとづいて経験された人間は、いかに運命的に生きるべきなのか、ということを言い述べてくれる諸規範への要求が、目覚めてこざるをえないのである。

『存在と時間』では、存在それ自体との関係における人間の「運命」と、それに対する「覚悟性」の関係を論じているので、間接的に、いかに生きるべきかという倫理的な問いかけをしているように見えるわけです。多くの人が実際、そういう印象を持ったはずです。そういう印象を持った若者から、実際、そういう質問を受けたということですね。「存在者の中心にまで高められたことはないから」というフレーズがどういう意味合いなのか分かりにくいですが、恐らく、「いかなるものにも縛られない神の位置にまで高められたことはないから」という意味で言っているのでしょう。人間は自らの「存在」の意味についての問いを発し、「世界」の中に「投げ出されている」自らの在り方を「企投」し直すことのできる特別な存在者として位置付けられますが、自分で自分の存在を規定する法則を作り出すことはできそうにないので、現存在はどのような規則——訳では規範という言葉が使われていますが、原語は〈Regeln〉なので、「規則」と訳すのが正確です——に従っ

て、自己を方向付けたらいいのか、というもう一つの〃問い〃が生じてきます。「世界」の中に、得体のしれない何かによって投げ出されている自分を発見し、自分の「存在」の意味を問うのはいいとして、その問いに対する直接の答えはなかなか見つかりそうにない。神が答えをくれるのならいいのですが、（少なくとも『存在と時間』の段階の）ハイデガーは神が存在するとしたらその「存在」とは何か考えるべき、と言うだけです。だったら、〃せめてどう生きたらいいか、教えてほしい〃と言いたくなりますね。「指教」という妙な熟語を使っていますが、元の言葉は〈Anweisung〉。通常は、単に「指示」「命令」「訓示」という意味ですが、訳者は宗教的・倫理的な「教え」という意味合いが込められていると考えて、こういう訳にしたのでしょう。

倫理学への願望は熱心に充足を求めてやまず、その熱心さは、人間の明らさまな困惑や、隠された困惑が、ともに等しく測り知れないほどにまで増大するのに応じて、いよいよ激しくなっている。次のような状況においては、倫理学による拘束に向けて、あらゆる気遣いが払われてゆかざるをえない。すなわち、大衆という本質状態のなかに引き渡された技術の人間は、みずからの計画や行為全体を、技術に対応した形で、取り集めて整序することによってのみ、どうやら頼りになる安定性へともたらされうるだけであるという状況が、それである。

これ、何となく分かりますね。というか、よく聞く話のような気がしますね。技術の急速な発展によって、各人の社会の中での役割が取り換え可能な機械の部品のように画一化され、各人は自分らしさを失っていく。伝統的な価値観も急激に崩壊しているので、どうやって生きたらいいか分からない。機械の部品になり切れたらいいのに、それは何か不安だ。そういう大衆社会的メンタリティの中で、人生訓的な倫理へのニーズが高まる——これは現代日本でよく見かける現象ですね。ハイデガーの哲学は、「覚悟」とか「企投」とか「実存」など、いかにもそれらしい言葉が並んでいるので、そういう期待で彼の著作を読んだ人は、生き方の基準をもっと示してほしいと思うでしょう。

ただ、一一五頁を見ると、焦って答えを出そうとしてはダメで、まずは「存在」についての「思索」を進めないといけない、と念を押していますね。安易に、〃倫理〃的な話を始めるべきではないということでしょう。

私もよく話題にするのですが、簡単に言えば、「哲学は人生論でいいのか」という話です。哲学は直接的に生き方の指針を示すようなものではありません。思索を深めていって、その帰結が、ある人たちに生き方の指針を与えるのであればいいけれど、最初からそれを狙ったら、安っぽいカウンセリングになってしまいます。ハイデガーは、「存在」に関する深い「思索」をして一定の答えが得られないうちに、早急に〝倫理〟に走ってはいけないと間接的に釘を刺している感じですね。

「存在論」と「倫理学」との間の関係をもっと精密に規定することを私たちが試みるまえに、私たちは、「存在論」とか「倫理学」とかがそのものとして何であるのかを、問わなければならない。慎重によく考えてみる必要があるのは、次の点である。すなわち、右の二つの題目のうちで名指されているでもあろう事柄は、思索である以上すべてに先立って存在の真理を思索しなければならないような思索にとって、課題とされている事柄に、なおも適切でありまたそれの近くにとどまり続けているものであるのかどうか、という点がそれである。

ここはポイントが分かりにくいですが、要は、「存在論と、ある可能な倫理学との関係を、明確にさせること」を目指して、ハイデガーの意見を求めるボーフレの質問は、「存在論 Ontologie」と「倫理学 Ethik」の区別を前提にしているわけですが、その区別は、「存在の真理」の思索においてちゃんと根拠があるのか、と問い返しているわけです。確かに、哲学を、これを扱うのが「存在論」、これを扱うのが「倫理学」、これを扱うのが認識論、これを扱うのが美学……というような分類は恣意的です。改めて考えてみると、それぞれの個別のテーマのために、「哲学」をやっているみたいで、転倒している感じがします。「哲学」の本質に即して、その分類の根拠、あるいは、意味するところについてきちんと考えないといけない。そうした、そもそも論は正当なのですが、ずるい感じもしますね。哲学者は答えにくい質問に応答する時、「あなたの質問の前提になっている……」という言い方をよくします（笑）。

「倫理学」が、「論理学」と「自然学」と一緒に並べられて初めて登場するのは、プラトンの学派においてである。こうした分野別の学問的諸学科が成立するのは、思索を「哲学」へと変貌させ、しかも哲学をエピステーメー（学問）へと変貌させ、果ては学問そのものを学校や学校事業に属する事柄へと変貌させてしまうような時代において、なのである。このように理解された哲学を通り抜けて、学問科学が成立し、思索が過去のものとなってゆくのである。こうした時代よりも前の思索者たちは、なんらの「論理学」をも、またなんらの「倫理学」をも、ましてや「自然学」といったもののことなどを知ってはいない。けれども、それにもかかわらず、彼らの思索は、非論理的でもなければ、非道徳的でもない。「フュシス」（「自然」）に至っては、彼らは、あらゆる後代の「自然学」がもはや断じて達成することのできなかったような深さと広さにおいて、これを思索したのであった。

プラトンが分類を始めた張本人で、「哲学」を、学校で教える学問にしたわけです。学問として探究し、教えやすくするために、分類したわけです。プラトンが始めた学問としての「哲学」から、後に、数学とか詩学（文学研究）、自然科学などが分岐していくことになります。この連続講義で、『形而上学入門』に即して見たように、プラトン以前においては、「哲学」は、人間に不可避的に押し寄せてくる「存在」＝〈physis〉を探究する「思索」であったわけです。ソクラテス以前の哲学者たちは、原初的な形であったけど、強固な論理（ロゴス）によって事物の本質を探究していたということですね。ソフォクレスの悲劇作品の中に、アリストテレスの「倫理学 Ethik」に関する講義よりももっと根源的に「エートス Ethos」の本質に迫るものがある、と述べていますね。これも『形而上学入門』に出てきた話ですね。「エートス」はご承知のように、英語の〈ethics〉やドイツ語の〈Ethik〉の語源になったギリシア語で、元々は「住み慣れた場所」とか「習慣」というような意味です。『形而上学入門』にも出てきましたが、私たちは「当為 Sollen」と「存在 Sein」を分けて考えるのを当たり前と思っていますが、「イデア」の世界とは無縁だったソクラテス以前の哲学者にとっては、現実世界とは違うどこかに「善（のイデア）」の基準があるわけではないし、〈physis〉の探求は、いわゆる〝自然〟の研究ではなく、〝倫理〟的なものを含めた人間の在り方の探求でもあったわけです。

ソクラテス以前の哲学者であるヘラクレイトスの格言が引用されていますね。〈ἦθος ἀνθρώπῳ δαίμων（ethos anthropos daimon）〉。これを渡邊さんは、暫定的に「エートストハ、人間ニトッテ、ダイモーンデアル」と訳していますね。ハイデガーはこれの通常のドイツ語訳として、〈Seine Eigenart ist dem Menschen sein Dämon（みずからの固有な性格は、人間にとって、みずからの守護霊である）〉というのを示しています。ソクラテスが、自らの「ダイモーン」の声に従っていたというのは有名な話ですね。これから、英語の〈demon〉が派生したわけです。

この翻訳は、現代的な考え方をしているが、ギリシア的な考え方をしていない。実は、エートスとは、居場所、住む場所のことを意味しているのである。この語は、そのうちに人間が住んでいる開けた圏域のことを名指している。人間の居場所という開けた局面は、人間の本質へとふりかかってきてそのように来着しながら人間の近さのうちにとどまるものを、出現させるのである。人間の居場所は、人間がみずからの本質においてそこへと帰属しているゆえんのものの来着を含み、保持している。そうしたものが、ヘラクレイトスの語によれば、ダイモーン、すなわち、神というものなのである。したがって、あの格言が言い述べているものは、次のことである。すなわち、人間は、みずからが人間であるかぎり、神というものの近くに住む、ということ、これである。ヘラクレイトスのこの格言と一致するある出来事の物語を、アリストテレスが報告している（『動物部分論』A巻第五章六四五a一七）。

「居場所 Aufenthalt」とか「開けた圏域 das Offene」という言い方をしているところからして、ハイデガーは〈Ethos〉を、「存在」に近い意味で理解しようとしているようですね。その人間がその生成に関わった、「存在の開け」という感じでしょうか。これまで見てきたようにハイデガーは、「伐採地」という意味の〈Lichtung〉を、「真理」や「開け」と関連付けて使います。それを更に「神」と結び付けているわけですが、この場合の「神」というのは、人間に人格神として対峙するものというより、もっと漠然とした守護霊的なものの集合体のようなものなのでしょう。

プラトン、アリストテレス以前の原初的な思索家としてヘラクレイトスを参照しているのに、ヘラクレイトスについての逸話をアリストテレスの著作から引用するのはヘンな感じがしますが、ヘラクレイトス自身のオリジナルな著作が失われ、アリストテレスを含む後代の著作家による引用を通して哲学的断片が伝えられているだけという状態です。伝記についても、ここでハイデガーが引用しているような逸話が断片的に伝えられているだけです。

> 「ヘラクレイトスについて、世間のひとは、彼のところを訪ねてみたいと思った見知らぬ人たちにヘラクレイトスが言ったというある語句のことを、語り伝えている。入っていってみると、その人たちは、ヘラクレイトスが、パン焼きかまどのところで、体を暖めているのを見た。その人たちは、驚いて立ち停まってしまった。それも、とりわけ、ヘラクレイトスが、躊躇《ちゅうちょ》しているその人たちに、もっと勇気を出すようにと語りかけ、次のような語句を吐きながら、その人たちに入ってくるようにと促したからであった。すなわち、〈というのも、ここにも神々は現存するのだから〉、と。」

何か無欲な賢人にありそうなエピソードですが、パン焼きかまどの傍が彼の「居場所」になっていることと、彼自身が語ったとされる最後の一文で、「神々」の「現存」が語られている点で、先ほどの一文と対応しているという話になりそうですね。この最後の一文が、先ほどの文の原型かどうか定かではありませんが、対応しているように見えますね。〈δαίμων〉が〈θεοὺς（神々）〉になっているので、同じ文だとは言えません――細かいことを言うと、ホメロスの段階では両者は明確に区別されていなかったけれど、プラトン以降、区別して使われるようになった、ということです。ハイデガーがそう暗示しているのは間違いないでしょう。「現存する」の原語は、英語の be 動詞に当たる〈εἶναι〉です。

> 見知らぬ訪問客たちの一団は、その好奇心にみちた厚かましさで、思索者のところへ押しかけてくるのだが、思索者の居場所をちらりと一瞥しただけで、幻滅を感じて途方に暮れてしまう。その一団の思い込みによれば、思索者というものは、人々がふだん行っているありふれた平凡な暮らし方とは違って、あらゆる点で、例外的で稀有でしたがって刺戟的興奮にみちた特徴を呈しているような状態のなかにいるはずで、そうした思索者に出会えるに相違ないと一団は思い込んでいる。その一団は、自分たちが思索者のところを訪問すれば、面白い噂話の種を――少なくとも暫くの間は――提供してくれるような事柄を見つけられると、期待している。思索者のところを訪問しようと思っているその見知らぬ人たちは、もしかした

ら思索者が、沈思瞑想に耽って、思索に専念しているまさにそうした瞬間において、その思索者を見物できるかもしれないと予期している。

これ現代でありそうな話ですね。有名な哲学者はすごい生き方をしているはず、仙人のような世間離れした生き方をしている、という類の思い込みが、そしてそれを見物したいという欲望が古代ギリシアに既にあったわけですね。そういう非日常的なものを見たい。メディアによく出てくる哲学者や社会学者は大体変人――あるいは、変人でなければならないという使命感から変人を演じている普通の人――ですね（笑）。そういう人たちが、ヘラクレイトスが家で普通の生活をしている場面を見て、期待外れでがっかりする。

ところが、そうしたことの代わりに、好奇心にみちた人たちは、ヘラクレイトスが、パン焼きかまどのそばにいるのを見つけたのである。これは、かなりありふれたまた見栄えのしない場所である。ただし、そうはいっても、ここではほんとうならパンが焼かれる。ところがヘラクレイトスは、パン焼きかまどのところで、パン焼きに精を出すことさえしていないのである。ヘラクレイトスがそこに居るのは、ただ、自分の体を暖めるためだけであるにすぎない。そういうわけで、ヘラクレイトスは、それでなくともありふれたこの場所で、自分の暮らしのまったくの貧しさを、露顕させていることになる。寒さに凍えている一人の思索者の光景などは、興味を呼び起こす面をほとんど示してはくれない。それであるから、実際また、好奇心にみちた人々は、この幻滅的な光景に接して、もっと近づいてみようとする気持ちをただちに失ってしまう。

私には〝偉大な哲学者〟が、沈思黙考するわけではなく、こういういかにも貧乏くさい生活をしている方が興味深い気がするのですが、この人たちは、ヘラクレイトスがパン焼きで名人芸でも披露したら、多少は満足したのでしょうか。最近は何だか、哲学者の一発芸とか意外な才能みたいなのをありがたがる風潮がありますね。それも結構昔からあるベタな発想かもしれません。そういう状況で、先ほどの「というのも、ここにも神々は現存するのだから」という文が語られるわけです。「ここ」というのが、ヘラクレイトスに相応しい「居場所 ethos」だとすると、二つの文が重なってきますね。

この語句は、思索者の居場所（エートス）と思索者の振る舞いとを、別の光のなかにおき入れる。訪問者たちが果たしてただちにこの語句を理解したかどうか、いや、訪問者たちが果たしてそもそもこの語句を理解したかどうか、そしてそのあとですべてをこの別の光のなかで別様に見るに至ったかどうか、それについてはこの物語はなにも言い述べてはいない。けれども、この出来事の物語が語り伝えられ、現今の私たちになおも伝承されているということは、その出来事の物語の報告する事柄が、この思索者の雰囲気に由来し、またその雰囲気を特徴づけていることにもとづいている。カイ・エンタウタ〔ココニモ〕、「ここにも」、つまり、このパン焼きかまどのところ、この当たりまえの場所、そこでは、どんな事物もどんな状態も、どんな振る舞いもどんな思索もみな、よく親しんだ馴染《なじ》みの、つまり、親しく好ましいものであるが、そこにも、「というのも、ここにも」、すなわち、この親しく好ましいものの圏域のうちにも、エイナイ・テウース〔神々ハイル〕、「神々は現存するのだ」というわけである。

「思索者の居場所」と「思索者の振る舞い（Tun）」という言い方をしているのが意味ありげですね。「思索者」であるヘラクレイトスは、見物人が想像するような、世間から浮いた、生活を感じさせないような場所、いかにも抽象的な観念が浮遊しているように見える場所ではなく、「当たりまえの場所 ein gewöhnlicher Ort」にいて、当たり前すぎる普通の振る舞いをしている。「思索」は、思索者自身が日常生活を送る場所で生まれ、そこから分離することはない。そういう「思索」と生活が密着している場所に、神々もいる、ということのようですね。

　これを踏まえてハイデガーは、ヘラクレイトスの格言〈ἦθος ἀνθρώπῳ δαίμων〉を思い切って意訳しています。「（親しく好ましい）居場所は、人間にとって、神というものの（親しく好ましく―ない・尋常なら―ざるものの）現存のための開けた局面である Der (geheure) Aufenthalt ist dem Menschen das Offene für die Anwesung des Gottes (des Un-geheuren)」。いろいろ付け足していますが、特に、「開かれた場所」という概念の付け足しが目立ちますね。今まで見てきたようにこれは、「明るみ＝真理」が現われてくる場、ということですね。従って、「神＝尋常ならざるもの」というのは、実質的には「存在」≒〈physis〉のことだと考えていいでしょう。

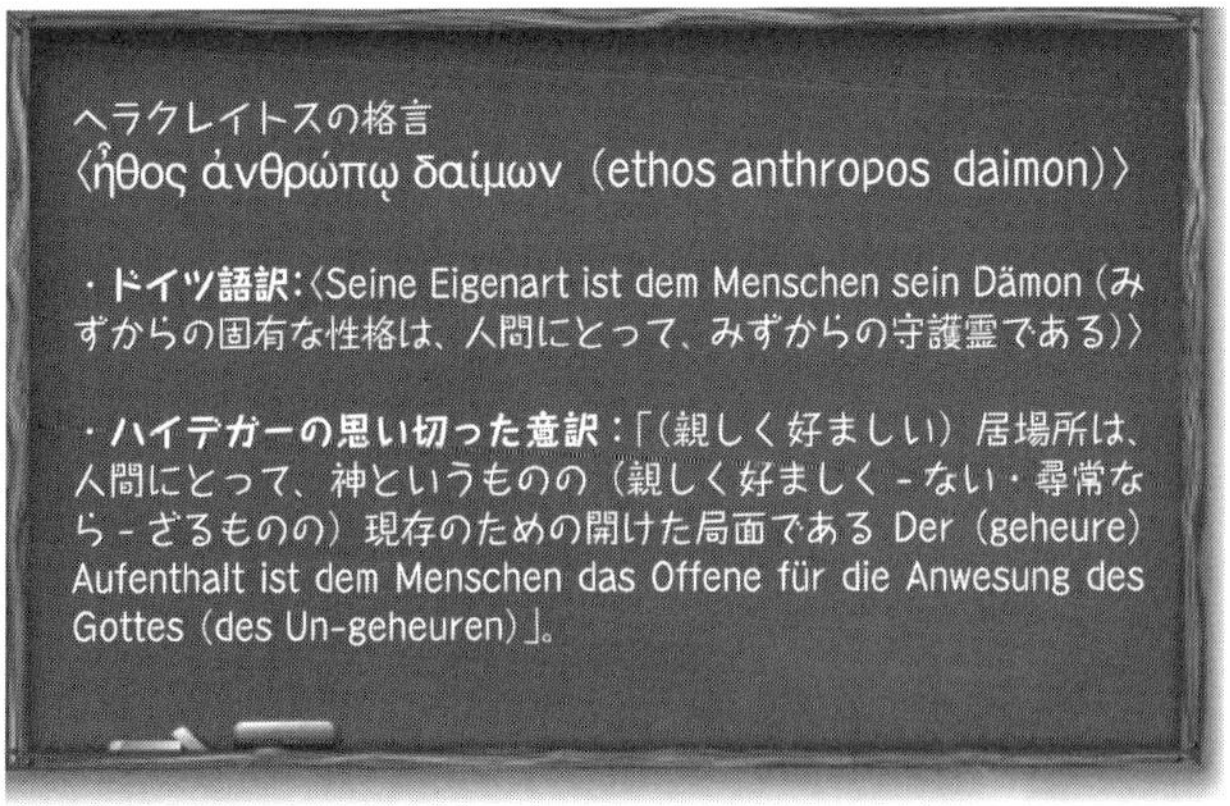

ヘラクレイトスの格言
〈ἦθος ἀνθρώπῳ δαίμων（ethos anthropos daimon)〉
・ドイツ語訳：〈Seine Eigenart ist dem Menschen sein Dämon（みずからの固有な性格は、人間にとって、みずからの守護霊である）〉
・ハイデガーの思い切った意訳：「（親しく好ましい）居場所は、人間にとって、神というものの（親しく好ましく - ない・尋常なら - ざるものの）現存のための開けた局面である Der (geheure) Aufenthalt ist dem Menschen das Offene für die Anwesung des Gottes (des Un-geheuren)」。

「親しく好ましく－ない＝尋常なら－ざる」とややこしく訳されているのは、〈un-geheuer〉という形容詞ですが、これは見て分かるように、〈geheuer〉という形容詞の否定形です。〈geheuer〉は昔のドイツ語で、「親しい」とか「好ましい」という意味で使われていましたが、現代ドイツ語では単独で使われることはほとんどなく、否定辞の〈nicht〉とセットにして、〈nicht geheuer〉で、「疑わしい」「不確実」「不気味な」といった意味で使われるのが普通です。一方、〈ungeheuer〉の方は、「ものすごく巨大な」「強烈な」「不気味な」といった意味の形容詞として、日常的によく使われます。名詞の〈Ungeheuer〉は、怪物、モンスターという意味です。ハイデガーは、〈geheuer／ungeheuer〉の対比で、「慣れ親しんだもの」こそ、その本性が露わになると「恐ろしい」というニュアンスを出したいのでしょう。これは何回か出てきた、〈heimlich（アットホームな）／unheimlich（不気味な）〉と同じような感じですね。〈heimlich／unheimlich〉の方がこの文脈に合っているような気もしますが、〈daimon〉はギリシア人にとって必ずしも「不気味」ではないので、「ものすごい」というニュアンスがある〈geheuer/ungeheuer〉を選んだのでしょう。

根源的な「倫理学」とは？

> ところで、エートス〔居場所〕という語の根本規定に即するならば、エーティク〔倫理学〕という名称は、人間の居場所のことをよく考え抜くものだということになるが、もしもそうであるべきならば、その場合には、存在の真理を、存在へと身を開きそこへと出で立つものとしての人間の原初的境域にほかならぬものとして思索する思索は、それ自身においてすでに、根源的な倫理学であることになるであろう。

〈Ethik〉が〈Ethos〉について、人間が本来属する場所について考える学であるとして、その〈Ethos〉に、先ほどハイデガーがヘラクレイトスの格言から拡大解釈したように、「神（々）」＝〈physik〉が現前（anwesen）する開けた場、「存在」の真理が露わになる空間という意味が含まれているとすれば、「倫理学 Ethik」は必然的に、「存在」の「思索」を含意していることになります――先ほどの拡大解釈からここまで言ってしまうのは、結構強引ですね。「境域」の原語は〈Element〉で、この言葉は、第五回でも見たように、「元素」という意味の他に、その事物が本来属している領域という意味もあります。和辻なら、ここから、具体的な空間としての世間とか風土の話に繋げていくところでしょうが、ハイデガーは、〈ethos〉を具体的な場所としてではなく、「存在」の「真理」が現われる「場」という抽象的、〝存在〟論的な意味に絞って話を進めていきたいようです。

けれども、その場合でもまた、この思索は、それが存在論であるからという理由で初めて倫理学であるのではない。というのも、オントロギー〔存在論〕は、いつもただ、存在者（オン）をその存在において思索するにすぎないからである。しかしながら、存在の真理が思索されないでいるかぎりは、あらゆる存在論は、その基礎を欠いたままにとどまるのである。それゆえに、『存在と時間』を皮切りとして存在の真理のうちへと先駆的に思索しようと試みた思索は、みずからを、基礎的存在論と表示したのであった。この基礎的存在論は、存在の真理の思索がそれにもとづいて成り立ってくるゆえんの本質根拠のなかへと立ち帰ろうと努めている。

ここは一見、『存在と時間』以来のハイデガーの主張の要約のように見えますが、少し注意する必要があります。彼は自分のやっていることが、通常の意味での「存在論」ではなく、「存在の真理」へと「思索」を遂行する「基礎的存在論 Fundamentalontologie」だと念押ししているわけです。「存在者をその存在において思索する」というのは、それと同じことではないのか、という気がしますが、どうも、この場合の「その存在において in seinem Sein」というのは、その存在者がどのように「存在」しているかは予め決まっている所与と見なして、ということのようです。「存在の真理」がどのように現われてくるかは、問うていない。従って、「存在論であるからという理由で初めて倫理学であるのではない」、と言う時の「存在論」は、「存在」を所与のものとして固定化する既成の存在論のことでしょう。少し後の箇所で、「形而上学の『存在論』》Ontologie《der Metaphysik」という言い方をしています。つまり、プラトン以降の形而上学的前提の下にある、「哲学」という学問の一部門としての「存在論」ということです。そういう風に限定された「存在論」と、同じ哲学の一部門である「倫理学」との間に、必然的な結び付きなど、ないというわけです。両者の間に繋がりがあるかどうかは、「存在」の「真理」が暴露されてくる、根源的な場面まで掘り下げて、「思索」しないことには何とも言えない、それがハイデガーのスタンスです。

存在の真理を問い、こうして人間の本質の居場所を、存在のほうから、また存在へと向けて規定するような思索は、倫理学でもなければ、存在論でもないのである。それゆえに、倫理学と存在論との両者相互の関係への問いは、右のような思索の圏域のうちでは、もはやなんらの地盤をももってはいない。そうはいっても、あなたの問いは、もっと根源的に思索されるならば、ある意味と、ある本質的な重さとを保持しているのである。

予想通りですね。事実上のゼロ回答ですね。「存在の真理」への関与という面から見た、「人間本質の居場所」が大事なのであって、それは「倫理学」とも「存在論」とも関係ない、従って、「存在の真理」をめぐって思索している私にそんなこと聞くのはお門違い、ということです。ただ、そういう不愛想なことを言う哲学者がよくやるように、でもあなたの質問は無意味じゃないんだよ的なフォローを入れてますね（笑）。

すなわち、次のように問うことがなされなければならない。つまり、もしも思索というものが、存在の真理をよく思索し抜きつつ、フーマーニタース〔人間性〕の本質を、存在へと身を開き－そこへと出で立つあり方として、そのあり方の存在への帰属性にもとづきながら、規定するのだとすれば、そのときにはこうした思索は、存在と人間に関するたんに理論的な、眼前に見据えて表象する作用にすぎないものにとどまり続けるのか、それとも、このような認識から、同時に、活動的人生に対する指教が引き出されることができ、こうしてその指教が活動的人生の手に渡されて役立てられることができるのであるのか、どちらなのであろうか、と。

これまで見てきたように、ハイデガーは、「存在の真理」に対する関係という面から、「人間性」を掘り下げて論じるべきだと主張してきました。そうした「思索」が、両者の関係について純粋に「理論」的に表象するだけでいいのか、それとも、「存在の真理」が順調に進むようにするため、何かガイドラインを示す必要はないのか、という問題は確かにあります。『存在と時間』は、人間の「存在の真理」の関係を記述しているだけに見えながら、「本来性」とか「覚悟性」といった、実践へと駆り立てるような言葉があります。「理論と実践」、この場合正確に言うと、「純粋に理論だけか、実践への指針も伴うべきか」という問いが出てくるわけです。「思索」なので、軸はあくまで「理論」の方にあります。

「活動的人生 das tätige Leben」という言葉が出てきました。これは当然、「活動的生活」とも訳せます。そうなると、ハンナ・アーレントの『人間の条件 Human Condition』のドイツ語版のタイトル《Vita activa》を連想しますね。『人間の条件』では、ポリスにおける「活動的生活」が、西欧的な「人間性」の形成に重要な役割を果たしていることがかなり詳しく論じられています——拙著『ハンナ・アーレント「人間の条件」入門講義』をご覧下さい。アーレントは、遺著になった『精神の生活』に至るまで、アリストテレスにおける「観想(理論)的生活 bios theoretikos = vita contemplativa／政治(活動)的生活 bios politikos = vita activa」の区別に拘り続けました。この箇所は、ハイデガーとアーレントが、アリストテレスを介して繋がっていることを暗示しているようで、面白いですね。

その答えは、次のようなものになる。すなわち、こうした思索は、理論的でもなければ、実践的でもない、と。そうした思索は、そのような区別の以前に、みずからを呼び求め促して生起するのである。こうした思索は、それがあるかぎりは、存在への追想的思索であって、それ以外のなにものでもないのである。そうした思索は存在を思索するのだが、それは、みずからが、存在に帰属するからこそであり、またそれが存在に帰属するというのも、その思索が、存在によって、存在の真理の守護のうちへと投げ込まれ、かつその守護のために語りかけられ要求されているからである。このような思索は、なんらの結果をも生まない。そうした思索は、なんらの効果をも挙げない。そうした思索は、それが存在することによって、みずからの本質を充足している。しかし、そうした思索が存在するのは、それがみずからの問題事象を言い述べることによってである。思索の問題事象には、そのつどいつも歴史的に、ただ一つの発語、みずからの問題事象性に即した発語というものが、帰属している。この発語の、事象内容を含んだ拘束性は、諸学問科学の妥当性よりも、本質的に、いっそう高次である。なぜなら、その拘束性のほうが、より自由だからである。というのも、その拘束性は、存在をあるがままにして——存在させる、からである。

分かったような分からないような〝答え〟ですね。要するに、「存在の真理」に向かう「思索」は、「理論／実践」の区別に当てはまらない、ということです。私たちの常識では、「理論」というのは対象に対して第三者的に距離を取って観察することから始まります——〈theory〉の語源になったギリシア語の動詞〈thorein〉は、「見つめる」「観察する」「見物する」という意味で、〈bios theoretikos（観想的生活）〉というのは、諸事物を作り出し、取引する生業、ポリスの公的領域での活動から引き下がり、距離を置いて冷静に観察する生活です。しかし、ここまで見てきたように、ハイデガーの言い分として、「思索」というのは、暇人が気が向いた時に適当に始めるものではなく、「存在」からの呼びかけによって否応なく始まるもので、それに応じた人間の「実存」、「真理」に関わる姿勢に何らかの影響を与えます。その意味で、〝実践〟的なのですが、ただし、「思索」はあくまで「思索」なので、それ自体としては何か具体的な「結果」や「効果」をもたらすわけではない、ということですね。ただ「思索」が自らが取り組んでいる問題になっている事象に即して、つまり現われつつある「真理」に即した言葉を発すること（Sage）が、その人間のその後の思索と活動に一定の「拘束性 Verbindlichkeit」を及ぼすということですね。自分の発した言葉に自分が縛られるというのは何かヘンな話ですが、ハイデガーの言っている「発語 Sage」というのは、暇人がたまたま口にした無意味な駄弁ではなく、「存在」に促されて発する言葉、それを発した者を、真理の「守護 Wahrnis」の役目に就かせる、ソフォクレス、ヘラクレイトス、パルメニデス、ヘルダリンのような特殊な言語なので、拘束力を持つのでしょう。「守護」と訳されている〈Wahrnis〉は、〈Wahrheit（真理）〉とかけた言葉遊びになっています。〈Wahrnis〉というのはハイデガーの造語で、「維持する」とか「守る」という意味の動詞〈wahren〉を名詞化したものと見ることができます。両者に語源的な繋がりがあるかどうかはっきりしませんが、ハイデガーはこの言葉遊びで、生成してくる「真理」は誰かによって守られ、言語化されるべきと考えているのでしょう。

「発語」という言い方で、現代哲学にある程度詳しい人は、分析哲学の「言語行為 speech act」論を思い浮かべるでしょう。言語行為論では、命題の論理的構造や意味ではなく、その言葉を発するという行為によって生じる効果を問題にします。例えば、「火事だ！」と叫ぶことで避難をするように促すとか、「～ということに合意します」とお互いに宣言することで、契約を成立させる、といったことです。言語行為論の創始者であるJ・L・オースティン（一九一一－六〇）の用語では、前者は発語媒介行為（perlocutionary act）、後者は発語内行為（illocutionary act）と呼ばれます。そうした言葉を発する行為それ自体を、発語行為（locutionary act）と言います。渡邉さんが「発語」という訳語を採用しているのは、言語行為論を意識してのことでしょう。無論、言語行為論が想定している「発語」の「力 force」というのは、「発語」したという事実が他者に及ぼす「力」ですが、ここでハイデガーが言っているのは、「存在の真理」の守護者へと召喚された人間の「発語」が備えている、その人自身に対する拘束力です。言語行為論者は、「存在」という抽象的な概念も、発語主体自身に対する拘束力も認めないでしょう。

「存在」の「潜勢態」から「現勢態」へと向かう「真理＝脱隠蔽化」の運動とか、実存がそれに巻き込まれるといったことを認めない人からしてみれば、そんな〝発語〟の〝拘束力〟などというのは主観的な話で、学問の諸分野を統制する規則の「有効性 Gültigkeit」には少なくとも間主観的なリアリティがあるということでしょう。フッサールならそう言うでしょう。しかしハイデガーにとっては、「存在の真理」に由来する「拘束力」は、学問的ディシプリンの「有効性」を遥かに超えた力を発揮し、その人の「実存」に影響を与えるのです。

「存在の家」と憤怒、否定。そして「法」

──この思索は、存在の家を建てることに従事する。こうした存在の家として、存在の継ぎ目は、そのつどいつも運命的に、人間の本質を、存在の真理のうちに住むあり方のなかへと、差し向ける。この住むことが、「世界内存在」（『存在と時間』五四頁）の本質である。「内存在」を「住む」ことであるとしたあそこでの指摘は、なんら語源的な遊びではない。一九三六年の講義においては、「功業多けれど、詩人的にこそ、／人間は、この大地の上に住む」というヘルダーリンの語句への指摘がなされたが、その指摘も、みずからを学問科学から詩のうちへと救おうとするような思索を飾り立てるための装飾ではまったくない。存在の家という言い方も、「家」という比喩的映像を存在に当てはめて転用することではけっしてない。むしろ、事象に即して思索された存在の本質にもとづいてこそ、私たちは、他日、「家」とか「住む」といったことが何であるのかを、よりよく思索することができるであろう。

「思索」は、「存在の家」を建てること、厳密に言えば、「存在の真理」の領域を切り開いて、そこに人間が居住できるようにする、ということですね。「存在の家」が「言葉」だということを思い出せば、このメタファーはそれなりに説得力があります。私たちは、自分の周囲の物や人に、「大地」とか「空」とか「家」とか「父／母／子」とか、固定的な名前が付いたものとして存在しているおかげで、動物のそれとは恐らく根本的に異なる、人間化された「世界」の中に安定的に「住む」ことができるわけです。もし、「家」とか「敷居」とか「家族」といった言葉がなかったら、私たちは、自分がどこかに「住んでいる」という意識を持つことさえできないでしょう。

語源遊びというのは、『存在と時間』で、「中で」という意味の前置詞〈in〉と、「住む」という意味の動詞〈wohnen〉が語源的に関係している、という記述が出てくることを指しています。「内存在」とはどういうことか、つまり〈In-der-Welt-Sein（世界内存在＝世界の内にあること）〉という造語における「内にあること」の意味を分析した、第一二節です——ハイデガーも随所で分析哲学っぽいことをやっているわけです。岩波文庫の熊野純彦訳で該当箇所を見ておきましょう。第一巻の二七〇～二七一頁です。

——「なか in」は、innan- に由来し、これは住む、habitare〔居住する〕、滞在しているということであって、「でan」が意味するのは、私が或るものに慣れている、親しんでいる、世話をしているということである。

――「なか」には、habito〔私は住んでいる〕、diligo〔私は愛着をもっている〕という意味での colo〔私は世話をしている〕という語義がある。

〈in〉は元々、「住む」とか「慣れ親しんでいる」「気遣う」といった動詞と連関していて、「世界内存在」という言葉は、世界に住む、慣れ親しむ、そこで遭遇するものに気遣う、といった意味が含まれている、というわけです。ただ、〈innan〉はゲルマン系の古語なので、ラテン語と組み合わせて説明するのは不整合なのですが、ゲルマン語の語彙や文法がまだはっきり確立していなかった時代の話なので、ラテン語を使っているのでしょう。この箇所の少し後に、ドイツ語で「私は〜ある Ich bin〜」の〈bin〉は、「〜のもとに〜」という意味の前置詞〈bei〉と関係あるという話が出てきます。「存在する」ことは、その場に「住み着く」ことを含意しているようですね。この辺のハイデガーの元ネタは、ヤーコプ・グリム（一七八五―一八六三）のようです。

とにかく、「存在の真理」に接した人間は、言語によってその「真理」の領域を拡張・整備し、自分がその「中に」住み着くための「家」として、言語的な世界を建設する、ということのようです。

――そうはいっても、しかし、思索は、存在の家を、けっして創造するのではない。思索は、存在へと身を開きそこへと出で立つ歴史的な在り方を、つまり、ホモー・フーマーヌス〔人間ラシイ人間〕のフーマーニタース〔人間性〕を、無傷の健全なものの出現の領域のうちへと大切に見守りながら導く。

先ほどは「存在の家」の「建設に従事する an〜bauen」と言っていたのに、ここでは「創造する」のではない、と言っているので、矛盾しているように聞こえますが、これは神のようにゼロから創造するのではなく、「存在」から与えられる「真理」の光に導かれて、その光の下で見出される存在者たちを、「言葉」で繋ぎ合わせ、組み立て、自分の「住処」にする、ということでしょう。「無傷の健全なもの das Heile」というのは、「存在」それ自体、形而上学に汚染されていない「存在」ということでしょう。人間は、「家」の絶対的な主人ではなく、「家」は「存在」≒〈physis〉を迎え入れる場所ということでしょう。

このような言い方をすると、人間の言語を介しての「存在の家」の建設は極めてポジティヴで、愉しそうな感じがしますが、一三一頁以降で、そうではない、別の側面もあることが指摘されています。

無傷の健全なものと同時に、存在の開けた明るみのうちには、憤怒に燃えた悪事も出現する。憤怒に燃えた悪事の本質は、人間的行為のたんなる背徳性のうちに存するのではない。むしろ、憤怒に燃えた悪事の本質は、深い激怒の邪悪さにもとづくのである。しかし、無傷の健全なものと、深い激怒に駆られたものという二つのものが、存在のうちに生き生きとあり続けることができるのは、実はただ、存在そのものが争いを含んだものであるかぎりにおいてのみ、である。争いを含んだもののうちにこそ、否む働きの本質由来が隠れ潜んでいるのである。

これは、『形而上学入門』で見た「ポレモス（闘い）」の話を別の側面から述べていると考えたらいいでしょう。「存在」は予定調和的に現われてくるのではなく、その「現われ」とは別の「現われ」の可能性を排除して現われてくる。あるいは、存在が新たに現われてくる時には、その勢いによって、それまでの「存在の家」が破壊されねばならない。ソフォクレスの『アンティゴネ』で言うと、〈deinon（ものすごいもの）〉の作用です。ここで、「憤怒」と訳されているのは、〈Grimm〉という名詞です。激しい怒りの感情という意味です。「悪事」の原語は〈Böse〉ですが、この単語は別に人間の悪事だけでなく、「悪」一般を指す言葉なので、単に「悪」とだけ訳した方がいいでしょう。創造の業を働く神が「全きもの＝無傷なもの das Heile」であると同時に、「憤怒に燃えたもの」であり、人間に対して害をなすというのは、神話のモチーフでありそうですね。

否む働きをするものは、非ずという面を含んだものとして、開かれて明るくされてくる。この非ずという面を含んだものは、「いいえ」という形で言明されることができる。しかし、「非ず」ということそのものは、けっして、否定という、いいえ－を言い述べることのうちから生じてくるのではない。どんな「いいえ」もみな、それがみずからを主観性の定立力への依怙地《いこじ》な固執と誤解せずに、むしろ、存在へと身を開き－そこへと出で立つあり方のなす、あるがままに存在－させる「いいえ」にとどまり続けるかぎりは、そうした「いいえ」はどれもみな、開かれて明るくされた否む働きの要求に応えているのである。あらゆるいいえは、非ずということの肯定にすぎない。どんな肯定もみな、承認の働きにもとづく。承認の働きは、それが目指しているものを、みずからへと到来させるのである。ところが世間のひとは、否む働きなどは存在者そのもののうちのどこにも見出されることはできない、と思い込んでいる。たしかに、かりに世間のひとが、否む働きを、なにか存在者の形で、また存在者に付着する存在者的な性状の形で、捜し求めるならば、そのかぎりでは、右の思い込みは、正しい。けれども、そのような具合に捜し求めるならば、世間のひとは、否む働きを探し求めているのではない。

ここでハイデガーが拘っているのは、「否む働き Nichten」、英語の〈not〉に相当するドイツ語の〈nicht〉によって表現される否定的・破壊的な事態が生じるのは、人間の主観によるのか、それとも「存在の真理」の現われに伴うのか、という問題です。「いいえ Nein」というのは、人間の言葉として発せられる「否 Nicht」です。「否」から「いいえ」が生じるのであって、その逆ではありません。

ヘーゲルやマルクスの弁証法では、「否定」は個々の人間の意識を超えた歴史の運動の中で生じてくるものですが、実証的な自然科学においては、ほとんど意味を持ちません。自然界を観察する限り、否定や肯定の記しがどこかに付いているわけではありません。ハイデガーは、そうした「否定」の実在性を〝否定〟する議論を〝否定〟しようとしているわけです。

それに加えて、サルトルの『存在と無 L'Être et le Néant』を意識しているのではないかと思います。「無 le néant」というのは、存在の否定です。サルトルは、自らの既存の在り方の「否定 négation」を通して、意識が自らの無自覚的な在り方（即自存在）を反省的に捉え直し自由になっていくことを強調します。主体が否定を行っているわけです。それに対してハイデガーは、「存在」が「抗争」や「悪」を伴いつつ現われてくる運動に対して、人間の「実存 Existenz」が身を開く＝外に立つ（ek-sistieren）ことによって、「否定」が生まれるのであって、主体の意識の中でだけ「否定」が生じるとは考えません。「承認 Anerkennen」という言い方は、何だか人間の方に拒否権があるように聞こえますが、〈Anerkennen〉は英語の〈recognition〉と同じで、「認知」「認識」の意味もあります。この場合も「認知」の方に軸があって、まず「存在」それ自体における「否定」、破壊的な強い作用を認知し、それを「存在の真理」として受け止め、それを「いいえ」という言葉に代表される否定的な言葉によって表現するということでしょう。

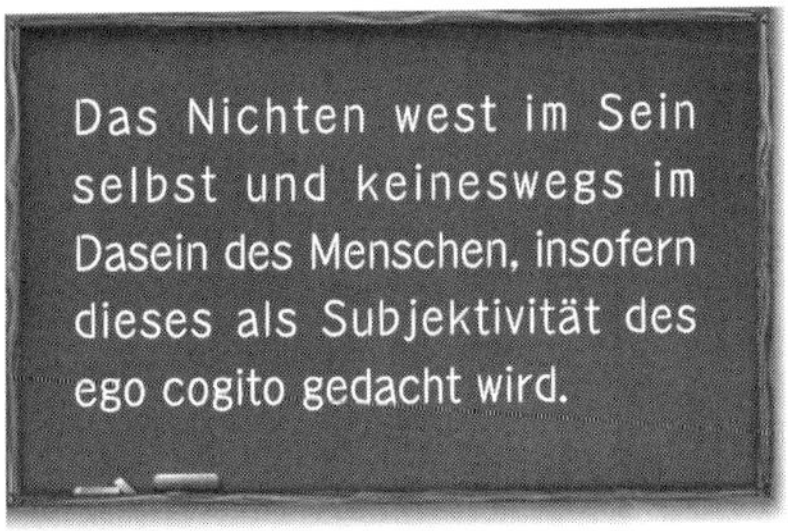
Das Nichten west im Sein
selbst und keineswegs im
Dasein des Menschen, insofern
dieses als Subjektivität des
ego cogito gedacht wird.

否む働きは、存在そのもののうちに生き生きとあり続けてはいるが、しかし、人間の現存在が、エゴー・コーギトー〔我レ思惟ス〕の主観性として考えられるかぎり、そうした人間の現存在のうちには、断じて生き生きとあり続けることなどはない。現存在が否む働きをするのは、けっして、主観性としての人間が拒否の意味における否むことを遂行するかぎりにおいてではない。むしろ、現ー存在が否む働きをするのは、そこにおいて人間が存在へと身を開きー出で立つゆえんの本質としての現ー存在が、それ自身、存在の本質に帰属しているかぎりにおいて、なのである。

「生き生きとあり続ける」と訳されていますが、前々回も見たように、原文には「生き生きと」に当たる言葉はなく、「本質」という意味の名詞〈Wesen〉を動詞化した〈wesen〉という動詞一語です。「現成」と訳した方がいいでしょう。そもそも、この訳だと、人間を思考する主体としてのみ捉える誤りを脱すれば、「否む働き」が人間の中で生き生きと現われてくる、と言っているように取れますが、そうではありません。原文は黒板のようになっています。〈das Nichten（否む働き）〉は〈Sein selbst（存在そのもの）〉に〈wesen（現成する）〉のであって、〈Dasein des Menschen（人間の現存在）〉の内にではない、ということを言っているだけで、どういう条件であれば後者にも現成するか、という話ではありません。〈insofern ～（かぎり）〉以下は、「人間の現存在」の説明です。それを踏まえて訳し直すと、「否む働きは、存在そのもののうちに現成するのであって、エゴー・コーギトー〔我レ思惟ス〕の主観性として考えられるかぎりの人間の現存在のうちに現成するということは決してない」となります。要は先ほど言った通りです。「否」は「存在」の運動の本質に属す作用であって、人間の見方次第で○×が付いているわけではない、ということです。

それゆえに、ヘーゲルとシェリングにおける絶対的観念論にあっては、非ずということが、否定の否定性として、存在の本質のうちで現出してくる。この存在が、ところが、そこでは、絶対的現実性という意味において、無制約的な意思として思索されており、この無制約的な意思は、みずから自身を意思し、しかも知の意思として、また愛の意思

後期のハイデガーの重要課題

［アリストテレス→ライプニッツ→カント→シェリング→ニーチェ］を軸に、「存在史」を描き直すこと。

ヘーゲルやシェリング：絶対的観念論＝個々の人間の主観を越え、歴史全体を巻き込みながら運動する「精神」とか「絶対者」を想定する観念論。「否」は存在の本質から「現出する」ものとして位置付けられる。ハイデガーは、「絶対的現実性 absolute Wirklichkeit」を付与されている点を評価

↓

シェリング的な無意識、神話的意識→ニーチェの言う「力への意志 Wille zur Macht」

として、みずから自身を意思している。こうした意思のうちでは、まだ、力への意思としての存在は秘め隠されている。しかしながら、なにゆえに絶対的主観性の否定性は「弁証法的」な否定性であるのか、また、なにゆえにその弁証法をとおして否む働きがなるほど前面に現れ出てきながらも、しかし同時に本質においては覆い隠されるのか、ということは、ここでは論究されることができない。

ヘーゲルやシェリングの絶対的観念論、つまり個々の人間の主観を超え、歴史全体を巻き込みながら運動する「精神」とか「絶対者」を想定する観念論では、「否」が存在の本質から「現出する」ものとして位置付けられ、「絶対的現実性 absolute Wirklichkeit」を付与されていることを評価しているわけですね。そしてそうした「否」を生み出している「無制約な意志 der unbedingte Wille」に注目している。この講義の第一回でお話ししたように、シェリングは、ヤーコプ・ベーメの影響を受けて、人間の意識の「根底（無底）」に見出される、匿名の「（神的）意志」と「悪」や「無」との関係を論じているので、そうしたことを念頭に置いているのでしょう。そうしたシェリング的な無意識、神話的意識が、ニーチェの言う「力への意志 Wille zur Macht」に繋がっているというわけです。「存在」と「力」と「意志」の絡み合いという視点から、「アリストテレス→ライプニッツ→カント→シェリング→ニーチェ」を軸に、「存在史」を描き直すことが後期のハイデガーの重要な課題になります。

絶対的な観念論の「弁証法」において、「否む働きがなるほど前面に現れ出てきながらも、しかし同時に本質においては覆い隠される（verhüllt）」というのは、観念論的な議論の「否定」の捉え方が甘くて、「存在」それ自体の次元にまで論及し切れていない、ということでしょう。ハイデガーはここでは説明する余裕がない

と言っていますが、何故不十分なのか想像できますね。「存在」の運動の中核に、「精神」とか「絶対者」のような、人間をモデルにした意志の〃主体〃らしきものが想定されているし、その〃主体〃が、個々の人間たちと弁証法的に相互作用しながら歴史的に発展していくという設定なので、否定であれ肯定であれ全ては「主観性」による評価に依拠する、という見方と両立可能です。人間の意志の働きに還元できない、「存在」それ自体の運動を見るべき、というハイデガーの立場とは相容れません。

ところで、ボーフレの第二の問いは、存在論と倫理学の関係の話だったのに、「否定」と「否」の話はそれからかなり離れてしまった感じがしますね。ハイデガーはボーフレにかこつけて言いたいことを言っているだけなので、もうとっくに関係なくなっていると言えなくもないですが、一三六頁を見ると、そうでもなさそうだということが分かります。

> 人間が、存在の真理のなかへ入り込むべく、存在へと身を開き－そこへと出で立ちながら、存在へと帰属するかぎりにおいてのみ、存在そのもののほうから、人間にとって法律と規律とならざるをえないようなもろもろの指令の割り当てが、起こってくることができる。

「法 Gesetz」も「規律 Regel」も「指令 Weisungen」を「割り当てる zuweisen」ものです——ちょっとした言葉遊びです。ただ、その「指令」は、基本的には「禁止」「抑制」、つまり「否」です。「否定」の話は、法や規律による「禁止」と関係ありそうですね。細かいことですが、〈Gesetz〉を「法律」と訳すと、国会で制定した法律とか判例法のような、実定法の話をしているように聞こえますので、単に「法」、あるいは「掟」と訳しておいた方がいいような気がします。

ハイデガーはちゃんと整合的に論じていないですが、利害関係や各人の人生経験などの主観的な要因を超えたところに、「〜してはならない」と命じる「法」の起源があるのか、そういう起源は全て宗教的・形而上学的幻想なのか、というのは現代思想が取り組むべき重要なテーマです。カントは、因果法則の支配する世界と道徳法則の世界をはっきり分けたうえで、法を、後者を前者に翻訳するための媒体のようなものとして位置付けました。現代のカントの影響を受けたリベラル系の法哲学者や、ハーバマスは言い方は違いますが、大体、そういう捉え方をしています。しかし、そういう二元論的な枠組みでは満足できないで、現実かつ精神的な歴史の発展の中で「法」の生成の仕組みを論じたのが、ヘーゲルです。マルクスは、道徳法則の世界を否定し、「法」や「道徳」を物質的利害関係の延長で説明しようとしました。ヘーゲルやマルクスのような歴史哲学による「法」の生成過程の説明は、現代ではそのままでは通用しないでしょう。レヴィナスは、暴力によって消し去ることができない「他者の顔」の現前性を倫理の基礎にしようとしました。ラカン（一九〇一－八一）は、許されない欲望に対して、「否 non」と言う「父」の「名 nom」を受け継ぐことによって、主体の内に法が書き込まれる、という議論をしています。父の「名＝否 nom (non)」ですね。フランス系の現代思想だと、批判的な言及も含めて、これを起点に議論することが多いのですが、実際の「法」の歴史に即して検証するには、文化人類学や法制史に関して膨大な資料が必要なので、なかなか説得力のある説明が出てきません。いずれにしても、ハイデガーが個々の人間の経験を超えたところに、「法」の「否」の起源を見ようとしているのは間違いありません。

> 割り当てることとは、ギリシア語では、ネメイン〈割リ当テルコト〉と言われる。ノモス〈割リ当テラレタモノ・慣習・法律〉とは、たんに法律にすぎぬのではなく、むしろ、もっと根源的には、存在から送り届けられた定めのうちに秘められている割り当てのことである。この割り当てのみが、人間を存在のなかへと定め置くことをなしうる。このような接合する定めのみが、担いかつ結びつけることをなしうる。

先ほどの「割り当てる」というドイツ語の動詞に相当するギリシア語の動詞「ネメイン nemein」の名詞形が、「法」を意味する「ノモス nomos」だという話ですね。つまり、ギリシア人にとって「法」とは、人間にいろいろな行為への指示を「割り当てる」ものだったわけです。〈nomos〉が、「割り当てる」あるいは「分配する」ものであることについては、アーレントが『人間の条件』で言及していますし、カール・シュミットも『大地のノモス』（一九五〇）で援用しています。アーレントの場合、各人の「家」を中心とする私的領域を境界付けし、公的領域を際立たせるものとして「法」を性格付け、シュミットの場合、大地を区画し、それぞれの領域を支配する権限を確定し、秩序を作り出すものとして、「法」を捉えています――拙著『ハンナ・アーレント「人間の条件」入門講義』及び『カール・シュミット入門講義』をご覧下さい。具体的な場所としての土地を「割り当てる」ことが「法」の起源だとすると、先ほどの「居場所」という意味での「エートス」の話と繋がってきますね。各人が本来属すべき「居場所（エートス）」を明示し、境界線を確定するのが「法」である、というような話ができそうですね。ハイデガーはここで「土地」の話をしていないので、本人がそこまで考えていたかどうか分かりませんが。

ところで、先ほどの引用の「定め置く verfügen」と「接合する定め Fügung」は「法」に関連する言葉です。いずれも、〈Fug〉という名詞から派生した言葉ですが、この講義の第四回で見たように、これは「法」「権利」「正義」「管轄」が原義の言葉です。〈ver-〉という接頭辞を付けて動詞化した〈verfügen〉は一定の権限をもって「指図する」「指定する」「処理する」という意味です。〈ver-〉を付けないで動詞化した〈fügen〉は「はめ合わせる」とか「接ぎ当てる」という意味で、〈Fügung〉はそれを再名詞化したものです。つまり、人間には、「存在」それ自体の運動に即して割り当てられた持ち分、使命のようなものがあり、各人がそれに従って生きることで、法秩序（ノモス）が生じるということのようです。

それよりほかの仕方では、あらゆる法律は、たんに人間的理性の拵《こしら》えものであるにとどまる。規律のあらゆる設立にもましていっそう本質的であるのは、人間が、存在の真理へと至ってそのなかに居場所をもつまでになるということである。このような居場所が初めて、支えとなりうる堅牢なものの経験を叶えてくれる。あらゆる態度の支えを贈ってくれるのは、存在の真理である。

「法」は、人間の「理性」による拵えものであるように見えるけど、それは私たちが主観主義的な見方をしているからだということのようですね――この場合の「理性 Vernunft」は、存在からのメッセージを聴き取る〈nous〉ではなく、計算によって人工物を作り出す人間の能力ということでしょう。「法」の大本は「存在の真理」であって、「存在の真理」によって与えられる各自の「エートス（居場所）」を守っていくということが、「法」による禁止よりも根源的だということですね。つまり、［存在の真理の開示→真理の守護→居場所＝エー

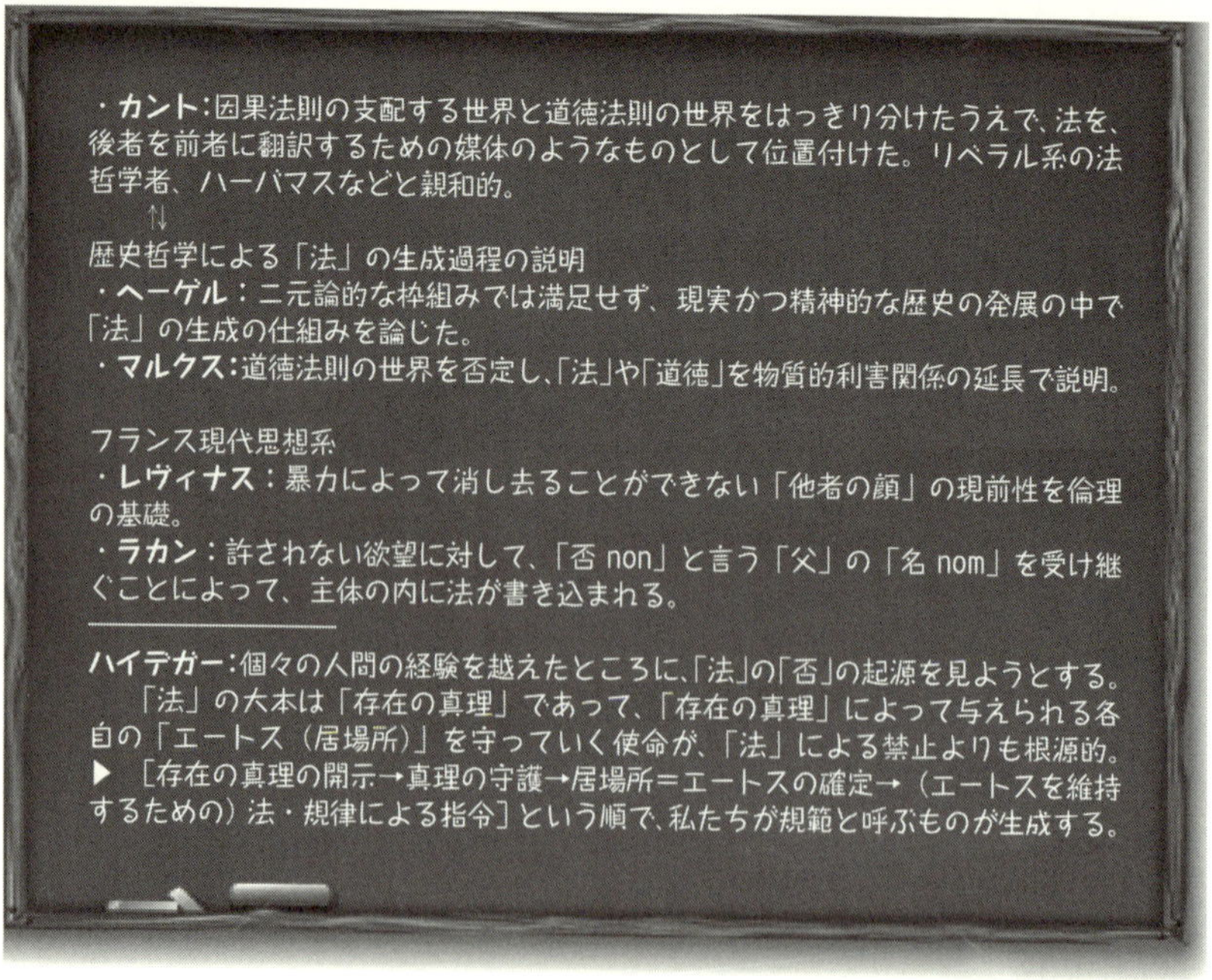
・カント：因果法則の支配する世界と道徳法則の世界をはっきり分けたうえで、法を、後者を前者に翻訳するための媒体のようなものとして位置付けた。リベラル系の法哲学者、ハーバマスなどと親和的。
⇅
歴史哲学による「法」の生成過程の説明
・ヘーゲル：二元論的な枠組みでは満足せず、現実かつ精神的な歴史の発展の中で「法」の生成の仕組みを論じた。
・マルクス：道徳法則の世界を否定し、「法」や「道徳」を物質的利害関係の延長で説明。
フランス現代思想系
・レヴィナス：暴力によって消し去ることができない「他者の顔」の現前性を倫理の基礎。
・ラカン：許されない欲望に対して、「否 non」と言う「父」の「名 nom」を受け継ぐことによって、主体の内に法が書き込まれる。
ハイデガー：個々の人間の経験を越えたところに、「法」の「否」の起源を見ようとする。
「法」の大本は「存在の真理」であって、「存在の真理」によって与えられる各自の「エートス（居場所）」を守っていく使命が、「法」による禁止よりも根源的。
▶［存在の真理の開示→真理の守護→居場所＝エートスの確定→（エートスを維持するための）法・規律による指令］という順で、私たちが規範と呼ぶものが生成する。

トスの確定→（エートスを維持するための）法・規律による指令］という順で、私たちが規範と呼んでいるものが生成する、という話のようです。

思索と詩作――辿っていくべき「畝 Furschen」を作る

ところで、しかし、存在の思索は、理論的態度と、実践的態度とに対しては、どのような関係においてあるのであろうか。存在の思索は、あらゆる考察を凌駕している。なぜなら、存在の思索は、そのうちで初めてテオーリア〔観想的理論〕の見る働きが居場所を定めて活動しうるゆえんの光のことを、気遣うからである。思索は、存在の開けた明るみに注意を向けるが、その際に思索は、存在についてのみずからの発語を、存在へと身を開きそこへと出で立つあり方の住まいとしての言葉のなかへと、はめ込むというやり方をする。それであるから、思索は、一つの行為である。けれども、それは、一つの行為でありながら、同時に、あらゆる実践を凌駕している。思索は、行動や制作を越え出てもっと高く聳えるのだが、それは、功業の偉大さによってではなく、また、影響作用の結果によってでもなく、むしろ、その思索が成果を生むこともなくひたすら実らせ達成

――する働きを行うその取るに足らぬささやかなありさまによって、なのである。

今までの話から、「思索」が「理論（観想）」と「実践」を超えた次元にある、というのは十分予想できる展開ですね。まず、「思索」は、「理論」の「観想」する働きに必要な「光」を提供する。先ほどお話ししたように、〈theoria〉の原義は、「じかくり見つめること」です。「存在の真理」のための「開け＝明るみ」がないと、理論は対象を捉えることができないわけです。

「思索」が白らの「発語」を、「実存（＝存在へと身を開きそこへと出で立つあり方）の住まいとしての言葉 Sprache als die Behausung der Ek-sistenz」に「はめ込む」というのが少し難しそうですね。具体的には、歴史的に形成された言語空間の中で、自らの属する言語共同体に向かって、言葉を発するということでしょう。言語行為論で言われているように、他者たちに通じる言葉で、他者に向かって発語すれば、それによって自分のその後の「行為 Tun」は拘束され、方向付けられます。実際に目の前に相手がいなくても、その言語を使って考えれば、その言語の文法や歴史的慣習、言説形成のルールに従うことになるので、拘束されることになります。「行為」というのは、そうした言語によって構成される「家」の掟に、自分を縛るということでしょう。そういう風に行為論的――無論、言語行為論で想定されている「行為」とイコールではないです――に解釈すれば、先ほどの「発語」の存在の真理に由来する「拘束力」の話も、神秘主義的でない仕方で説明できます。

そうやって、主体の個別の「行動 Handeln」や「制作 Herstellen」を、言語というレベルで制御するという意味で、「思索」は、「実践 Praxis」を凌駕する「行為」であるということになるのでしょう。メタ・レベルで制御しているという話なので、「思索」による直接的な効果は関係ないわけです。

――というのも、思索は、みずからの発語において、ただ、存在の言われたことのない語を、言葉へともたらすにすぎないからである。

「存在の家」は、現われつつある「存在の真理」を全面的に包摂しているわけではなく、「言語」化することを通して、「存在の家」の建設を完成させることが、「思索」の使命であるわけです。

――「言葉へともたらす」という、右でなされた言い方は、いまはまったくその言葉どおりに受け取られねばならない。存在は、みずからを開き明るくしながら、言葉となってくるのである。存在は、つねに、言葉へと至る途上にある。この来着してくるものを、存在へと身を開き－そこへと出で立つ思索は、今度はその思索みずからの側からして、そのみずからの発語において、言葉へともたらすわけである。言葉は、このようにしてそれ自身が、存在の開けた明るみのなかへと引き上げられる。このようにして初めて、言葉は、あの秘密にみちた、それでいてつねに私たちを隅から隅まで支配する仕方において、存在している。このように充実した姿で本質のうちにもたらされた言葉は、歴史的に存在することによって、存在は、追想的思索のなかに保存される。

「言葉」が発せられることによって、「存在」と私たちとの関係が打ち立てられる、私たちが「存在」にアクセスすることが可能になる。つまり、「○○がそこにある」とか「◆◆はそこにあったが、今はない」、とか言うことが可能にあり、私たちは、「存在の真理」に照らして、物事の真偽を語れるようになるわけです。「存在の真理」の「開け＝明るみ」がなかったら、「○○がある」という観念を持つことさえできません。逆に言うと、私たちは「言葉」がなければ、「存在」はないも同然です。ポスト構造主義系の議論だったら、「存在」とは言語の文法を成り立たしめている諸規則の効果である、というような議論になりそうですが、ハイデガーはそういう方向に話を持っていきません。「存在」から受けた合図を、言葉へ変換して、「家」を建てるに当たって、その最初の基礎を築くヘルダリンのような詩人が肝心なわけです。言語からなる「存在の家」は歴史の中で様々な人の手によって、完成され、それに伴って、「存在の真理」が開けてくる。無論、存在の全てが露わになるわけではなく、一度言語化されても歴史の中で忘却される部分があるので、歴史の中で「存在」の運動の後を辿る、「追想的思索 Andenken」が必要になるわけです「追想」の話は前回も出てきましたね。ヘルダリンに『追想』（一八〇三）という題の賛歌があります。

存在の思索は、その単純な本質のために、私たちにとっては、見分け難いものとなっている。しかしながら、それとは反対に、かりに私たちがその単純なものという不慣れなものと親しくなったとするならば、その場合には今度はただちに、もう一つ別の苦渋が私たちに襲いかかってくるのである。つまり、存在の

――こうした思索は、勝手気儘《きまま》な恣意に転落するのではないのかという嫌疑が、湧き上がってくるわけである。――というのも、存在のその思索は、存在者に依拠してみずからを支えることなどできないからである。

これ、当然の疑問ですね。今更という感じはしますね。「存在」というのは、あまりにも単純で具体的に規定することができないので、何とでも言えそうです。「言語」によって、「真理」として現われているといっても、凡人にはどのように「存在」から「言語」への変換が成されているのか検証のしようがありません。精々、「言語」で表現されている「存在の真理」を後追いして再構成することしかできません。しかし、それが本当の「存在の真理」なのかどうかメタ・レベルで判定することはできない。では何を手がかりにして、「思索」すればよいのか？ それがボーフレの第三の問いに関わってきます。

――〈哲学ヲ、タンナル冒険的企テニ化セシメルコトナク、シカモソレデイテ、ドンナ探究ニモ含マレテイル冒険ノ要素ヲ、ドノヨウニシテ、救イ出スベキナノカ〉、と。

「タンナル冒険的企テ une simple aventurière」というのは、簡単に言えば、単なる妄想の産物、根拠のない思い込みということでしょう。それでも、「冒険ノ要素 l'élément d'aventure」は必要だと言う時の「冒険」とは、狂気に陥る危険、あるいは社会から排除される危険にもかかわらず、既存の思考の枠組みを外れていく勇気ということでしょう。

一四二頁を見る限り、ハイデガーはこの問いに正面からは答えていません。「思索」は単に冒険しているわけではなく、向こうから到来する「存在」によって語りかけられ、「存在」に拘束され、その語りかけられた内容を「発語」しているのだ、と今までの議論を繰り返しています。

――思索は、歴史的に追想的思索をなしながら、存在の運命へと注意を向けることによって、すでにその思索は、運命に即応したしかるべき適切なものに、みずからを拘束してしまっている。それにもかかわらず、冒険的なものは、残り続ける。すなわち、思索のたえざる危険というありさまにおいて、である。この単純なものは、なるほどそれ自体においてではないにしても、しかし人間にとっては、最も危険なものにとどまり続けるからであって、どうして、そうでないことなどがあるであろうか。

「思索」は、言語や歴史を介して存在の運命に縛られているので、あまりデタラメな企てはできないのだということを前提にしたうえで、それでも、私たちの在り方を根底で規定している「単純なもの＝存在」は得体の知れない「危険 Gefahr」を秘めている、と言っているわけです。説明がないので具体的にどういうことを念頭に置いているのかはっきりしませんが、「存在」というのが、精神分析で言う「無意識」の「欲動」、あるいは「エス」のように、特定の規則に従うことのない、力の流れのようなものであり、「言語」も、フロイトの想定する「自我」、あるいはラカンの「象徴界」のように、その奔流のうえにちょこっと乗っかって、辛うじて制御しているだけだとすると、確かに「危険」ですね。いつ、何かの裂け目から噴き出してくるか分からない。先ほどの「悪」とか「憤怒」、あるいは『アンティゴネ』という作品の根底にある〈deinon（ものすごいもの）〉は、「存在」の危なさ、無軌道の暴力性を示しているように思えます。

> 私たちは、『されど山小屋のなかに人間は住む』という断片のなかでの言葉に関するヘルダーリンの語のほうに、たえず思いを馳せるからである。ヘルダーリンというこの詩人は、言葉を、「もろもろの財宝のうちの最も危険なもの」と呼んでいるのである。

この部分は、初版にだけ出ていて、他の版では、「危険」と「分裂」に関するハイデガー自身の文に差し替えられています。この「断片」は、現在出回っているヘルダリン全集では、「森の中で Im Walde」というタイトルで収められています。「言葉」が、「もろもろの財宝のうちの最も危険なもの der Güter Gefährlichstes」という点がポイントですね。「言葉」は荒れ狂う存在の力を、制御して、諸存在者の間に秩序を生み出す媒体ですが、種々の存在者には言語による意味付けには収まらない力が潜んでいて、存在者と言葉の間にギャップがあるので、現存在の実存を攪乱し、場合によっては自我を崩壊させかねない、混乱を引き起こします。この詩句の解釈については、『ヘルダリンと詩の本質』（一九三六）という講演で詳しく論じられています。

一四四頁に、「存在」に関わる「思索」が従うべき三つの規則が述べられています。空虚な妄想になったり、狂気に陥ったりしないために必要な規則ということでしょう。「省察の厳密さ die Strenge der Besinnung」「発語の慎重綿密さ die Sorgfalt des Sagens」「語の慎ましさ die Sparsamkeit des Wortes」の三つが挙げられます。意外と普通というか、分析哲学の規則だと言ってもそれほどおかしくありませんね。「存在」と「言語」の関係は危険だからこそ、普通でないとダメなのかもしれません。

で、最後の一節です。

来たるべき思索は、もはや哲学ではない。なぜなら、来たるべき思索は、形而上学よりも、いっそう根源的に思索するからであり、また形而上学という名称は、哲学と等しいもののことを言っているからである。しかしまた、来たるべき思索は、ヘーゲルが要求したように、「知恵への愛」という名称を脱ぎ捨てて、絶対知という形態における知恵そのものに成りきってしまうことも、もはやできない。思索は、さしあたりまず先駆けて用意を整えるみずからの本質の貧しさのうちへと、下降してゆく。思索は、言葉を、単純な発語のなかへと取り集める。言葉が、存在の言葉であるのは、ちょうど、雲が、天空の雲であるのと同様である。思索は、みずからの発語によって、言葉のなかに、目立たない畝《うね》を作る。その畝は、農夫が、ゆっくりと歩みながら、畑のなかにつけてゆく畝よりも、もっと遥かに目立たないものなのである。

これはクリアですね。既存の知の体系を起点とすることなく、形而上学的な前提の下で抽象的な概念をあれこれ操作するのではなく、「存在」が「真理」として現われてくる場面に立ち会うことが、思索にとって肝心なわけです。しかも、傍観者的に立ち会うのではなく、自らの「発語」によって「存在の家」の建設に加わる。歴史的に形成された「存在の家」には、過去の様々な人の発語が複雑に絡み合った形で記録されているせいで、「存在」がどのように運動して、どのように自分たちに影響を与えているのか曖昧になっているのでしょう。手がかりが多すぎる、見方によっては、少なすぎるので、「存在」にどうアプローチしていいか分からない。だから、自分の後に続く人のために、辿っていくべき「畝 Furschen」を作る作業をする人が必要になる。それが「思索」です。それは、現われつつある「存在の真理」に対応する新しい言葉を作り出す「詩作」と不可分の関係にある

「畝 Furschen」を作る作業をする人

↓

「思索」＝現われつつある「存在の真理」に対応する新しい言葉を作り出す「詩作」と不可分の関係。詩人や思索者の作業は、自分自身をこの世界、人間の世界から放逐しかねない危険な「企て」。

常識化された「人間性」を越えたところに、「存在の番人」としての人間の本質、危険なミッションがある。

のでしょう。彼らの作業は、自分自身をこの世界、人間の世界から放逐しかねない危険な「企て」です。常識化された「人間性」を超えたところに、「存在の番人」としての人間の本質、危険なミッションがある、というのがこの本を通じてのハイデガーの主張です。

■質疑応答

Q　思索と詩作が常に持つ危険性は、あるいは「否む働き」は、最初に「畝」を作っている者には判別が付かないということでしょうか？　後から振り返ってみて、歴史化された記憶を辿っていくうちに、その「畝」が自分たちの世界を「否定」する「危険」だったと分かる。本人としては肯定的にやっているつもりなのに、後の時代から見ると、それが「存在」の「否む働き」だと判明する。それは、「危険」なのだけど、その「危険」が結果としてプラスに働いてしまう、といったこともあるのでしょうか？

A　重要なご指摘ありがとうございます。その通りだと思います。何が起こるか予測しきれないから「危険」です。大体、どの程度のことか予測できるのなら「リスク」です。「思索」や「詩作」は、「存在」と私たちとの関係を根底から掘り崩し、意味が消失した、あるいは消失しかけている言葉の荒れ地の中に「畝」を作ろうというのですから、何が起こるか分からない。自分ではちゃんと「畝」を掘り直して、崩壊しかけている世界を建て直しているつもりかもしれないけど、第三者的に見れば、ぶっ壊しているだけ。あるいは、その逆もあるかもしれない。ただ、そうした「存在の家」の基礎工事のやり直しの進行中には、誰も第三者的に冷静な見方をすることができません。冷静に分析するためのメタ言語などない、それもまた崩壊しかかっているのだから。哲学者が、そうした事態を観察するためのメタ言語を持っているか否かという点で、ハイデガーとフッサールや分析哲学者は対極的な立場ですし、アーレントはちょっと微妙な位置にいる。「観察者」の立場を重視しているけれど、実際に哲学者が「観察者」になれるということなのかどうか微妙です。足場となる言語がないので、後世の人の「追想的思索」に評価を委ねざるを得ない。

ハイデガーの実人生を見ると、そんなに危険な感じはしないですが、少なくとも考えていることは、ラカン、フーコー、デリダに劣らないくらいラディカルですね。

やたらにギリシア語の引用が多く、それを強引にドイツ語へ移し替えた妙な言葉が散りばめられたハイデガーの文章は確かに読みにくい。ギリシア語を習ったことのない人は、ギリシア語の部分を読み飛ばしたくなる。しかし、読み飛ばすと、文脈が読めない。苦行である。

入門書の著者は、「いやギリシア語全然できなくても読めますよ！」、と言うべきなのだろうが、私はそうは言わない。

これを機にギリシア語の初歩を学んで、ハイデガーがどういう言葉に拘っているのかくらいは分かるようになるべきである。ドイツ語を勉強したことがないので、ハイデガー用語がどう奇妙なのかピンと来ないなら、ドイツ語を勉強すべきである。ハイデガーが引用しているヨルク伯爵というのが誰か分からず話が読めなかったら、注を見て原典を探し、どういうことを言った人か確認すべきである。

そうした態度こそが、哲学に限らず、人文系の学問の基礎となる「教養」だ。

自分の基礎知識の不足に気付き、自分に欠けているものを補おうとすることが肝心である。無論、それはいつまでやってもきりがない。ギリシア語どころか、ドイツ語だって初心者が哲学書の原典を読めるようになるまで習得するにはかなり時間がかかる。ドイツ語ができるようになっても、プラトンからフッサールに至るオーソドックスな哲学史が頭に入っていないと、ハイデガーが何に拘って、どういう方向に行こうとしているのかピンと来ない。

なかなか「答え」に辿りつかないが、少なくとも、次に何を学び、何を調べるべきか次第に分かるようになり、ばらばらだった知識が徐々に繋がり、多様な解釈・応用ができるようになる。

それが「教養」の醍醐味である。

学問をするうえで当たり前の話なのだが、近年の研究者の卵や学問好きは、一筋縄ではいかないテクストを読むため「教養」を積み重ねていくことを面倒がり、○×式の答えをすぐに出してくれる、シンプルな〝公式〟をありがたがる。自分の○×脳では理解できないことは、すぐに「無意味！」と決めつける。「平易な書き方ができないのは、無内容だから、難しい言葉でごまかしているだけ！」などと嘯く。科学用語の不正確な（比喩的）使用を理由に、「ポストモダン」系の思想を全否定するソーカル等――実際にはその孫引きの孫引き――の主張に接して、「ああ、やっぱり！」と言って勝手に納得する。そういう輩は次は「哲学」否定、延いては、「人文系学問」の全否定に行き着く。

そして何も学ばない。

集合痴の狂乱に抵抗したい人に本書を読んで頂ければ幸いである。

二〇一八年一月

拝金主義の傾向がますます強まる金沢大学にて

ハイデガーの思想をより発展的に理解するための参考図書

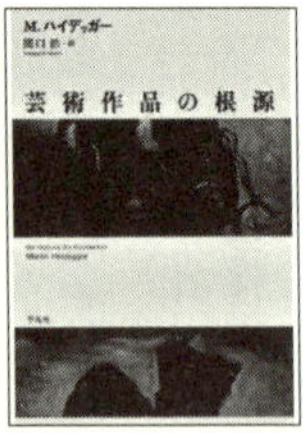

マルティン・ハイデガー『芸術作品の根源』関口浩訳
ライブラリー（2008年）
単行本（2002年）
平凡社

◎ハイデガー『芸術作品の根源』

ゴッホの『靴』における、道具存在や物性の描かれ方の分析を起点に、「(芸術)作品」と「真理」の関係を論じるハイデガーの芸術論。アテネのアクロポリスのパルテノン神殿に即して、人間（民族）が居住する場として「フュシス」によって指定され、自己閉鎖的な性格を持つ「大地」と、「フュシス」の自己を開け開いていく運動が発動し、民族の運命が展開していく場としての「世界」との闘争という図式を描き出し、その闘争の中に「作品」、及びそれを生み出す「テクネー（技術）」を位置付ける。「真理」「作品」「世界」「大地」「テクネー」「フュシス」「現われ」「エネルゲイア（現実態）」「物性」「道具存在」「詩作」「根源」などのハイデガーの重要概念が相互に密に関連付けられながら、議論が展開していく。そのため、短いテクストだがかなり難解。文学研究者のティモシー・クラークによる入門書『マルティン・ハイデガー』では、このテクストにおける「作品」論が、ハイデガー思想全体を理解するカギになっている。

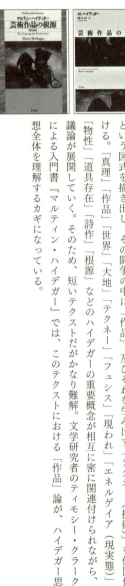

リチャード・ローティ
Richard Rorty
Essays on Heidegger and Others
Cambridge University Press
（1991）

◎リチャード・ローティ　Essays on Heidegger and Others

言説の合理性・簡潔性を追求してきた分析哲学と、プラグマティズムの行為論を再接続したうえで、ハイデガーやガダマーなどの解釈学の手法を導入することを試みた異端の分析哲学者ローティの「ポスト・ニーチェ（≒ポストモダン）」系の論文集。「ハイデガー、偶然性、プラグマティズム」では、現存在の歴史性に含まれる偶然性と、それを引き受ける覚悟性という側面から『存在と時間』を読み、普遍的な基礎付け抜きの民主主義的ユートピアを志向するデューイの議論と接続することを試みる。「ウィトゲンシュタイン、ハイデガー、言語」では、世界内での現存在の日常的言語実践（気遣い）に注目した点でハイデガーを評価しつつ、「おしゃべり」を超えた「真正さ」をラディカルに求める態度を相対化すべく、『論理哲学論考』から『哲学探究』にかけてのウィトゲンシュタインの議論の変化を対置する。「ハイデガー、クンデラ、ディケンズ」では、西欧形而上学を克服するための唯一の道を禁欲的に歩もうとしているように見えるハイデガーの姿勢と、ほぼ同じことを目指しながら、多元的なやり方があることを示唆するクンデラやディケンズの文学の手法を対比している。その他、デリダ、ド・マン、フロイト、リオタール、カストリアディスなど、ポストモダン系とされる思想家に関する論考が収められている。

ヒューバート・L・ドレイファス
『世界内存在──『存在と時間』における日常性の解釈学』
門脇俊介　監訳／榊原 哲也／貫成人／森一郎／轟孝夫 訳
（2000 年）
産業図書

◎ドレイファス『世界内存在』

人工知能批判やフーコーの研究でも知られるヒューバート・ドレイファスによる、独仏のオーソドックスなそれとはかなり異なる視点からのハイデガー読解。『存在と時間』の「世界内存在」論を、与えられた環境の中で様々な方向に「気遣い」している主体の振る舞いや身体性の記述として、プラグマティズム的に理解する試み。「実存」の分析から「存在と時間」の関係の解明に至る道筋に注目する通常の『存在と時間』読解では軽視されがちの「手元存在」と「手前存在」の関係や、現存在の日常活動における「適所性 Bewandtnis」の位置付け、「有意義性 Bedeutsamkeit」と科学の関係などが、〝普通の人〟にも理解しやすい形で解明されている。現存在の日常的活動や、気分や不安などをめぐるハイデガーの記述を、

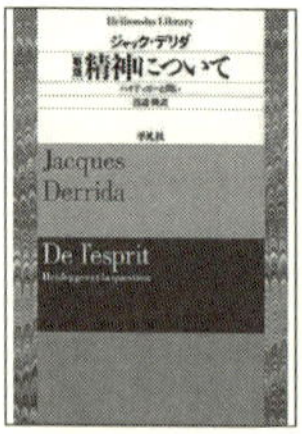

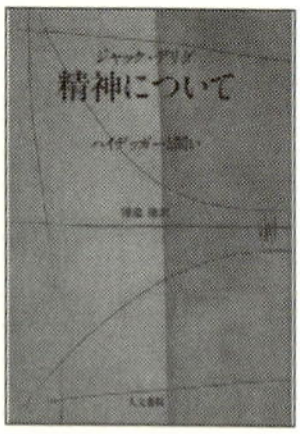

ジャック・デリダ
『精神について』
単行本（1990年）
『新版 精神について――ハイデッガーと問い』ライブラリー（2010年）
港道隆 訳
平凡社

ペーター・スローターダイク
『「人間園」の規則――ハイデッガーの『ヒューマニズム書簡』に対する返書』
（2000年）
仲正昌樹 訳
御茶の水書房

文脈化された「志向性」と読み替え、フッサールやサールの「志向性」と関連付けて、分析哲学系の人にも受け入れやすい形にしたところに特徴がある。同じ著者による『インターネットについて』では、キルケゴールやメルロ＝ポンティを援用する形で、身体を介しての主体間の相互作用の問題が論じられており、ハイデガーの顧慮＝他者への気遣い（Fürsorge）論やヒト（das Man）論に通じている。

◎デリダ『精神について』

ナチス時代のハイデガーの政治的なスタンスが最も顕著に表われているとされる、『学長就任演説（ドイツの大学の自己主張）』と『形而上学入門』を、「精神 Geist」のメタファー系という視点から、戦後のトラークル論と絡めて読解することを試みた、脱構築的なハイデガー論。ハイデガー研究者・批判者がさほど重視していなかった「精神」という形象が、西欧を支配してきたプラトン的形而上学を克服して、新しい「原初」との関係を打ち立てようとするハイデガーの企てと深く結び付いており、既存の秩序を焼き尽くすホロコースト（燔祭）の「炎」を含意していることを暗示する。拙著『〈ジャック・デリダ〉入門講義』（作品社）では、この読解をデリダ自身の思想の中核にあるものとして位置付けている。

◎スローターダイク『「人間園」の規則』

ハイデガーの『ヒューマニズム書簡』でテーマになっている「人間性」と、「書簡」という形式に着目し、両者の密接な繋がりを、古代のローマの〈humanitas〉の概念や、プラトンの『法律』で記述される「人間」の飼育術にまで遡って明らかにすることを試みた挑発的な著作。「人間性」がヒトの自然本性に由来するものではなく、エクリチュールの伝承を通して生成するものであると主張すると共に、活字文化の中で権威を保持してきた啓蒙的知識人の時代が、インターネットによって終焉する可能性を示している。遺伝子技術による「人間」のコピー化を既定の事実と見なしているかのような記述や、ハーバマスのコミュニケーション行為の理論を権威主義の権化として揶揄していたことから、フランクフルト学派などのリベラル左派から激しく批判され、論争となった。

	ラカン『エクリ』 フーコー『言葉と物』
1967	ハイデガー『道標』 デリダ『声と現象』『グラマトロジーについて』『エクリチュールと差異』 パウル・ツェランがハイデガーを訪問
1968	フランス、ドイツ、アメリカなどで学生蜂起 ハーバマス『認識と関心』 ドゥルーズ『差異と反復』
1969	ドゥルーズ『意味の論理学』 ヤスパース死去 アドルノ死去
1970	ハイデガー『現象学と神学』
1975	フーコー『監獄の誕生』 アーレント死去
1976	ハイデガー死去 『シュピーゲル』誌によるハイデガーへのインタビュー（1966）公表
1987	ファリアス『ハイデガーとナチズム』 デリダ『精神について』
1989	ハイデガー『アリストテレスの現象学的解釈』（ナトルプ報告）
2013	ハイデガー全集の一環として「黒ノート」刊行

	シュミット『大地のノモス』 アーレントがハイデガーを訪問
1951	アーレント『全体主義の起源』 ハイデガー、復職→名誉教授 ウィトゲンシュタイン死去
1952	ツェラン『罌粟と記憶』
1953	ハイデガー『形而上学入門』→ハーバマスのハイデガー批判 レーヴィット『ハイデガー——乏しき時代の思索者』 ウィトゲンシュタイン『哲学探究』 ハイデガー「技術への問い」講義
1954	ハイデガー『思索の経験より』『思索とは何の謂いか』 ブロッホ『希望の原理』(～59) 手塚富雄がハイデガーを訪問
1955	マルクーゼ『エロスと文明』 ツェラン『閾から閾へ』
1956	アドルノ『認識論のメタクリティーク』 カルナップ『意味と必然性』
1957	ハイデガー『根拠律』
1958	アーレント『人間の条件』
1959	ハイデガー『言葉への途上』『放下』
1960	サルトル『弁証法的理性批判』 ガダマー『真理と方法』 ツェラン『子午線』 クワイン『言葉と対象』
1961	ベルリンの壁建設 アイヒマン裁判 ハイデガー『ニーチェ』 レヴィナス『全体性と無限』 フーコー『狂気の歴史』
1962	アイヒマンの死刑執行 ハイデガー『物についての問い』『技術と転回』 レヴィ＝ストロース『野生の思考』 ハーバマス『公共性の構造転換』 オースティン『言語と行為』
1963	ハーバマス『理論と実践』
1964	アドルノ『本来性という隠語』「パラタクシス」 マルクーゼ『一次元的人間』
1966	アドルノ『否定弁証法』

	水晶の夜 ハイデガー「ニーチェ 反時代的考察第二編」講義 フッサール死去
1939	第二次世界大戦勃発 フロイト『モーセと一神教』 ハイデガー「認識としての力への意思についての教説」講義 フロイト死去
1940	ハイデガー『真理についてのプラトンの教説』 ゲーレン『人間』 ベンヤミン死去
1941	独ソ戦開始 レーヴィット『ヘーゲルからニーチェへ』 ブルトマン『ヨハネ福音書注解』 バルト『ローマ書講解』
1942	ベンヤミン『歴史の概念について』 メルロ＝ポンティ『行動の構造』 カルナップ『意味論序説』 ハイデガー「ヘルダリンの讃歌『イスター』」講義
1943	ハイデガー『真理の本質について』『ヘルダリンの詩作の解明』 サルトル『存在と無』 バイスナー編ヘルダリン全集刊行開始（～85）
1944	ハイデガー『ヘルダリンの詩の解明』（～68） カッシーラー『人間』
1945	第二次世界大戦終結 メルロ＝ポンティ『知覚の現象学』
1946	サルトル『実存主義はヒューマニズムである』 ハイデガー、教職停止
1947	ハイデガー『ヒューマニズム書簡』 ホルクハイマー＋アドルノ『啓蒙の弁証法』 コジェーヴ『ヘーゲル読解入門』
1948	ブルトマン『新約聖書神学』（～53） ツェラン『骨壺の中の砂』
1949	ドイツ連邦共和国（西ドイツ）、ドイツ民主共和国（東ドイツ）建国 レヴィナス『フッサールとハイデガー』 レーヴィット『歴史における意味』 ライル『心の概念』 ハイデガー、ブレーメン講演
1950	ハイデガー『杣径』

	カルナップ『哲学における偽の問題』 シェーラー『宇宙における人間の地位』 プレスナー『有機的なものの諸段階と人間』 ハイデガー、フライブルク大学正教授に就任
1929	世界大恐慌 ハイデガー『カントと形而上学の問題』 オルテガ『大衆の反逆』 ハイデガー「形而上学の根本諸概念：世界－有限性－孤独」講義 カッシーラー vs. ハイデガー、ダヴォス討論
1930	ローゼンベルク『二〇世紀の神話』 レヴィナス『フッサール現象学の直観理論』
1932	ベルクソン『道徳と宗教の二源泉』 カルナップ『言語の論理的分析を通しての形而上学の克服』 シュミット『政治的なものの概念』 ユンガー『労働者』 『経済学哲学草稿』（マルクス）の刊行
1933	ヒトラー、首相に就任 ドイツとバチカンの間でコンコルダート（政教条約）締結 レーヴィット『キルケゴールとニーチェ』 ハイデガー、フライブルク大学学長就任→『学長就任演説』
1934	長いナイフの夜（レーム事件） ハイデガー「ヘルダリンの讃歌『ゲルマーニエン』と『ライン』」講義 ハイデガー、学長辞任
1935	ドイツ、再軍備宣言 ニュルンベルク法制定 ブロッホ『この時代の遺産』 ハイデガー「形而上学入門」講義 ハイデガー「芸術作品の起源」講義（～36）
1936	ベルリン・オリンピック フッサール『ヨーロッパ諸学の危機と超越論的現象学』 ベンヤミン『複製技術時代の芸術作品』（～39） エイヤー『言語・真理・論理』 ハイデガー「シェリング『人間的自由の本質について』」講義 ハイデガー「ニーチェ、芸術としての力への意志」講義（～37） ハイデガー『哲学への寄与』論考執筆（～38）
1937	ハイデガー「西洋的思考におけるニーチェの形而上学的な根本の立場」講義
1938	ドイツ、オーストリアを併合 ミュンヘン会談→ドイツ、ズデーテン地方を併合

	トラークル『詩集』 ヘリングラート編ヘルダリン全集の刊行開始（～23）
1914	第一次世界大戦勃発
1915	ハイデガー「ドゥンス・スコトゥスの範疇論と意義論」（教授資格論文） トラークル『夢の中のセバスティアン』
1917	ロシア革命 フロイト『精神分析入門』
1918	第一次世界大戦終結 シュペングラー『西洋の没落』 ブロッホ『ユートピアの精神』
1919	ドイツ、スパルタクス団の蜂起 ドイツ、ワイマール共和国成立 ヤスパース『世界観の心理学』 バルト『ローマ書（第一版）』 シュミット『政治的ロマン主義』 ハイデガー、カトリックからプロテスタントに宗旨変え ハイデガー、フッサールの助手になる
1920	ユンガー『鋼鉄の嵐』 ナトルプ『社会理想主義』 フロイト『快楽原則の彼岸』
1921	ウィトゲンシュタイン『論理哲学論考』 ブルトマン『共観福音書伝承史』 シュミット『独裁』
1922	バルト『ローマ書（第二版）』 シュミット『政治神学』
1923	ヒトラー、ミュンヘン一揆 カッシーラー『象徴形式の哲学』（～29） ルカーチ『歴史と階級意識』 ハイデガー、マールブルク大学員外教授に就任 フロイト『自我とエス』
1925	ヒトラー『我が闘争』 ユンガー『火と血』 フロイト『否定』
1926	シェーラー『知識形態と社会』 ブルトマン『イエス』
1927	ハイデガー『存在と時間』
1928	フッサール『内的時間意識の現象学』（ハイデガー編） ベンヤミン『ドイツ悲劇の根源』

ハイデガー関連年表

1889	ウィトゲンシュタイン誕生 ヒトラー誕生 ハイデガー誕生 ベルクソン『時間と自由』
1891	フッサール『算術の哲学』
1892	リッケルト『認識の対象』 ベンヤミン誕生
1893	フレーゲ『算術の基本法則』(～1903)
1896	ベルクソン『物質と記憶』
1899	リッケルト『文化科学と自然科学』 チェンバレン『一九世紀の基礎』
1900	ディルタイ『解釈学の成立』 フロイト『夢判断』 フッサール『論理学研究』(～01)
1901	ニーチェ『力への意志』(エリーザベト・ニーチェ編)
1902	コーエン『純粋認識の論理学』
1903	アドルノ誕生
1904	コーエン『純粋意志の倫理学』
1905	ディルタイ『体験と創作』 ラスク『法哲学』
1906	アーレント誕生
1907	ベルクソン『創造的進化』
1909	ユクスキュル『動物の環境と内的世界』 ハイデガー、フライブルク大学神学部に入学
1910	ディルタイ『精神科学における歴史的世界の構成』 ナトルプ『精密科学の論理的基礎』 カッシーラー『実体概念と関数概念』 ホワイトヘッド+ラッセル『プリンキピア・マテマティカ』
1911	ナトルプ『哲学』 ラスク『哲学の論理学並びに範疇論』 ハイデガー、哲学部に転部
1912	ラスク『判断論』
1913	フッサール『イデーンⅠ』 ヤスパース『精神病理学総論』

【著者略歴】

仲正昌樹（なかまさ・まさき）

1963年広島生まれ。東京大学総合文化研究科地域文化研究専攻博士課程修了（学術博士）。現在、金沢大学法学類教授。専門は、法哲学、政治思想史、ドイツ文学。古典を最も分かりやすく読み解くことで定評がある。また、近年は、『Pure Nation』（あごうさとし構成・演出）でドラマトゥルクを担当し自ら役者を演じるなど、現代思想の芸術への応用の試みにも関わっている。

・最近の主な著作に、『ヘーゲルを越えるヘーゲル』（講談社現代新書）
・最近の主な編・共著に、『政治思想の知恵』『現代社会思想の海図』（ともに法律文化社）
・最近の主な翻訳に、ハンナ・アーレント著／ロナルド・ベイナー編『完訳カント政治哲学講義録』（明月堂書店）
・最近の主な共・監訳に、ドゥルシラ・コーネル著『自由の道徳的イメージ』（御茶の水書房）

〈後期〉ハイデガー入門講義

2019年3月25日第1刷印刷
2019年3月30日第1刷発行

著　者　仲正昌樹

発行者　和田肇
発行所　株式会社作品社
〒102-0072　東京都千代田区飯田橋2-7-4
Tel 03-3262-9753 Fax 03-3262-9757
http://www.sakuhinsha.com
振替口座 00160-3-27183

装　幀　小川惟久
本文組版　有限会社閏月社
印刷・製本　シナノ印刷(株)

Printed in Japan
落丁・乱丁本はお取替えいたします
定価はカバーに表示してあります
ISBN978-4-86182-739-6 C0010